G. Gurdjieff

Begegnungen mit bemerkenswerten Menschen

SPHINX

Aus dem Französischen und Englischen
von François Grunwald und Hans-Henning Mey
Durchgesehene und korrigierte Neuausgabe

Von diesem Werk erschien eine französische Ausgabe unter dem Titel
G. Gurdjieff *Rencontres avec des hommes remarquables*
(René Julliard, Paris 1960) sowie eine Fassung in englischer Sprache
unter dem Titel G. Gurdjieff *Meetings with Remarkable Men*
(E. P. Dutton & Co., Inc., New York 1963; und
Routledge & Kegan Paul, London 1963).

Die Deutsche Bibliothek – CIP-Einheitsaufnahme
Gurdjieff, Georges I.:
All und alles / G. I. Gurdjieff. - [Geb. Neuaufl.]. - Basel : Sphinx
Einheitssacht.: All and everything ‹dt.›
Ser. 2. Gurdjieff, Georges I.: Begegnungen mit bemerkenswerten Menschen. - 1992
Gurdjieff, Georges I.:
Begegnungen mit bemerkenswerten Menschen / G. Gurdjieff.
[Aus dem Franz. und Engl. von François Grunwald mit Hilfe von
Hans-Henning Mey. Neubearb. von Hans-Henning Mey]. -
Basel : Sphinx, 1992
(All und alles / G. Gurdjieff ; Ser. 2)
Einheitssacht.: Meetings with remarkable men ‹dt.›
ISBN 3-85914-190-2
NE: Mey, Hans-Henning [Bearb.]

Umschlaggestaltung: Charles Huguenin
Satz: Sphinx, Basel
Herstellung: Clausen & Bosse, Leck
Printed in Germany
ISBN 3-85914-190-2

ANMERKUNG DES HERAUSGEBERS DER FRANZÖSISCHEN AUSGABE DIESES BUCHES VON 1960

Im Sommer 1922 kam ein Unbekannter nach Frankreich, Georg Iwanowitsch Gurdjieff. Er wurde begleitet von einer kleinen Gruppe von Männern und Frauen, die ihn in Moskau und Sankt Petersburg kennengelernt hatten, ihm während der Revolution in den Kaukasus gefolgt waren, mit ihm versucht hatten, ihre Tätigkeit abseits vom Krieg in Konstantinopel weiterzuführen, die dann vor einer drohenden Krise aus der Türkei geflohen waren und sich nun, nach einer Flucht durch verschiedene europäische Länder, auf der Suche befanden nach einem zum Verkauf angebotenen Landsitz in der Umgebung von Paris.

Sie kauften von der Witwe Maître Laboris, des Anwalts von Dreyfus, deren große Besitzung Prieuré d'Avon nahe bei Fontainebleau. Gurdjieff gründete dort eine erstaunliche Gemeinschaft, die sofort große Neugier erregte.

In diesen Nachkriegsjahren, als so viele Illusionen zerstört worden waren, empfand das Abendland ein tiefes Bedürfnis nach Gewißheit. Anfangs kamen Engländer in den Prieuré, angelockt durch P. D. Ouspensky (russischer Schriftsteller, geboren 1877, gestorben 1947 in London). Später schlossen sich ihnen Amerikaner an.

Kritiker, Verleger, Ärzte, die meisten trugen einen bekannten Namen. Sie gingen in den Prieuré wie zu einer Erfahrung, die zwar schwierig war, ihnen aber – wenn Gurdjieff der war, als den man ihn beschrieb – das Tor zum Wissen öffnen würde.

Der Prieuré entsprach ihrer Hoffnung.

Als Gurdjieff siebenundzwanzig Jahre später in Paris starb, war sein Name dem breiten Publikum noch unbekannt, sein Werk unveröffentlicht und der Platz, den er in der Geschichte des Denkens einnehmen würde, unmöglich zu bestimmen. Aber Ideen waren nun weitergegeben, und von wie weit her sie auch kommen mochten – Gurdjieffs Ideen scheinen wirklich zu einer sehr hohen und fernen Überlieferung zu gehören –, sie hatten einen geeigneten Boden gefunden, um darin zu keimen.

Wer war Gurdjieff?

Georg Iwanowitsch Gurdjieff wurde am 1. Januar 1877 (nach dem alten russischen Kalender) in Alexandropol geboren, in der bislang osmanischen Provinz Kars, die gerade von den Armeen des Zaren erobert worden war.

Was seine Eltern, seine Kindheit und seine Erziehung betrifft, so können wir den Leser nur auf die ersten Kapitel dieses Buches verweisen.

In dem darauf folgenden Lebensabschnitt, der rund zwanzig Jahre dauerte, verschwand Gurdjieff.

Man weiß nur, daß er weite Reisen unternahm, vor allem nach Zentralasien. Diese Jahre waren für die Entwicklung seines Denkens von größter Bedeutung. Er sagt selbst:*

«Ich war nicht allein. Es gab alle möglichen Spezialisten unter uns. Jeder arbeitete und studierte nach den Methoden seiner speziellen Wissenschaft. Wenn wir uns nachher trafen, teilten wir uns die erreichten Resultate mit.»

Er spielt hierbei auf die Gruppe der *Wahrheitssucher* an. Bis jetzt wußten wir nicht, wer diese Jugendgefährten Gurdjieffs gewesen waren. *Be-*

* In P. D. Ouspensky, *Auf der Suche nach dem Wunderbaren: Fragmente einer unbekannten Lehre*, Verlag der Palme, Innsbruck 1950; DVA, Stuttgart 1951; O.W. Barth Verlag, Weilheim 1966.

gegnungen mit bemerkenswerten Menschen stellt uns einige von ihnen vor und geht auf Einzelheiten ihrer Abenteuer und Reisen ein. Der Leser muß sich jedoch erinnern, daß dieses Buch, wenn es eine Autobiographie ist, gewiß keine Autobiographie im gewöhnlichen Sinn des Wortes ist. Er darf weder alles wörtlich nehmen (ebensowenig übrigens wie alles zum Symbol erheben) noch, um bis zu den Ursprüngen des Wissens zurückzugehen, eine systematische Erforschung des Flußlaufes des Pjandje oder der Gebirge von Kafiristan zu unternehmen versuchen. Denn obwohl die Erzählung unleugbar echt klingt, scheint es offensichtlich zu sein, daß Gurdjieff die Spuren verwischen wollte...

Wir finden Gurdjieff 1913 in Rußland wieder. Im Frühjahr 1915 kommt es in Moskau zur Begegnung Ouspenskys mit Gurdjieff. Ouspensky hatte eine wissenschaftliche Ausbildung. Er veröffentlichte 1909 ein Buch über die vierte Dimension. In der Hoffnung, im Orient eine Antwort auf die Fragen zu finden, für die die abendländische Wissenschaft seiner Meinung nach keine Lösung hatte, unternahm er eine große Reise nach Indien und Ceylon. Er kehrte von dieser Reise mit der Überzeugung zurück, daß seine Suche nicht vergeblich gewesen war und daß im Orient tatsächlich etwas existierte, aber «*daß das Geheimnis viel tiefer und viel besser aufbewahrt wurde, als er vorausgesehen hatte*». Er bereitete schon eine neue Reise vor, diesmal nach dem russischen Zentralasien und nach Persien, als man ihm von einer erstaunlichen Persönlichkeit erzählte, die kürzlich in Moskau erschienen sei.

Sein erstes Zusammentreffen mit Gurdjieff sollte alle seine Pläne völlig verändern.

«Ich erinnere mich noch sehr gut an diese Begegnung. Wir gingen zu einem kleinen Café in einer lärmigen Seitenstraße. Dort sah ich dann einen Mann von orientalischem Typus, nicht mehr jung, mit schwarzem Schnurrbart und stechenden Augen. Erstaunlicherweise schien er mir verkleidet zu sein, so wenig paßte seine Erscheinung zur Umgebung und Atmosphäre. Ich war immer noch unter dem Einfluß meiner Eindrücke aus dem Osten. Dieser Mensch mit dem Gesicht eines indischen Radjas oder arabischen Scheichs, den ich mir sofort in weitem Burnus oder vergoldetem Turban vorstellte, saß hier in einem kleinen Café, wo Kleinhändler und Handlungsreisende sich zu treffen pflegten, angetan mit einem schwarzen Mantel mit Samtkragen und einem schwarzen steifen Hut. Diese Ausstattung machte

einen merkwürdigen, unerwarteten und fast erschreckenden Eindruck: ein schlecht verkleideter Mensch.»

Keine der Fragen, die ihm Ouspensky stellte, brachte Gurdjieff in Verlegenheit. Überzeugt, daß dieser Mann der Weg zu dem Wissen sein könnte, das er im Orient vergeblich gesucht hatte, wurde Ouspensky Gurdjieffs Schüler. Er gab später einen genauen Bericht von eindrucksvoller Ehrlichkeit über die sieben Jahre, die er bei seinem Lehrmeister verbrachte, um all das zu erhellen und zu entwickeln, was dieser ihm bei jenem ersten Gespräch in Moskau 1915 angedeutet hatte.

Aber Gurdjieff zog mitten im Krieg auch andere Sucher an. Zum Beispiel den Komponisten Thomas de Hartmann (geboren 1885 in der Ukraine, gestorben 1956 in New York), der in Rußland schon recht bekannt war. Seinen Kenntnissen und seiner Arbeit, die er Gurdjieff zur Verfügung stellte, haben wir es zu verdanken, daß dessen musikalisches Werk uns überliefert wurde.

Die Revolution überraschte Gurdjieff, von Schülern umgeben, in Essentuki nördlich des Kaukasus. Er hatte dort gerade das Fundament gelegt zu einem ersten *Institut für die harmonische Entwicklung des Menschen.* Als der Bürgerkrieg ausbrach, führte er mit einigen Schülern erfolgreich eine gefahrvolle Expedition über die Pässe des Kaukasus durch. Nachdem er auf diese ungewöhnliche Weise Tiflis erreicht hatte, das vorübergehend verschont geblieben war, machte er dort ein neues Institut auf. Als dann auch der Süden des Kaukasus von der Revolution überrannt wurde, floh er mit seinen Schülern nach Konstantinopel, wo sie das Institut von neuem eröffnen konnten.

Dieser Reiseweg führte immer weiter nach Westen, bis nach Fontainebleau, wo Gurdjieff endlich geeignete Bedingungen fand, um das Institut auf einer soliden Grundlage zu errichten.

Von den Engländern, die zu ihm kamen, hebt sich die Gestalt Orages ab. Um in den Prieuré zu kommen, verkaufte er seine Zeitschrift *The New Age*, in der er sich vierzehn Jahre lang Bernhard Shaws Aussage zufolge als «*der brillanteste Essayist dieser Zeit*» erwiesen hatte; weder auf literarischem noch auf wirtschaftlichem Gebiet war ihm irgend etwas fremd. Orage war für viele junge Schriftsteller mehr als ein Ratgeber gewesen: eine Art älterer Bruder.

Margaret Anderson gehörte zwei Jahre später auch zu dieser Gruppe. Sie hatte 1914 in New York eine avantgardistische Zeitschrift, *The Little Review*, gegründet, in der sie dem amerikanischen Publikum Apollinaire, Cocteau, Gide, Satie, Schönberg, Picasso, Modigliani, Braque u.a. vorstellte. Sie setzte sich sogar der Gefahr aus, ins Gefängnis zu kommen, da sie es wagte, in ihrer Zeitschrift den *Ulysses* von James Joyce zu veröffentlichen. Als sie an dem Punkt anlangte, wo sie sich nicht mehr nur mit geistigem Raffinement zufriedengeben konnte, beschloß auch sie, zu Gurdjieff zu gehen.

In diesen ersten Jahren hatten nur wenige Franzosen mit Gurdjieff Kontakt. Ein unvergeßlicher Mann, Alexander von Salzmann, fand in Tiflis zu ihm. Er war Maler und Bühnenbildner. Seine Frau war Französin. Sie machte später Gurdjieffs Denken in Frankreich bekannt und führte ihm die Gruppen zu, denen er nach dem Schließen des Prieuré seine Lehre weitergab.

Katherine Mansfield schrieb bei der Ankunft im Prieuré: «*...ein sehr schönes altes Schloß, umgeben von einem wunderbaren Park... Man kümmert sich um die Tiere, bestellt den Garten, musiziert...man soll zu den Dingen erwachen, anstatt über sie zu reden.*»

Und später: «*...innerhalb von drei Wochen fühle ich, daß ich in Indien, Arabien, Afghanistan, Persien Jahre verbracht habe...es gibt bestimmt keinen zweiten Ort auf der Welt, wo man das lernen könnte, was man hier lernt.*»

Über Katherine Mansfields Aufenthalt im Prieuré ist viel Tinte geflossen.

«*Von der Verleumdung*», schreibt Pierre Schaeffer in «Le Monde», «*bleibt immer etwas hängen. Was zum Beispiel Katherine Mansfield betrifft, so wird man schließlich, indem man es bis zum Überdruß in Druckbuchstaben wiederholt, Gurdjieffs Gastfreundschaft mit dem unglücklichen Ende der kleinen Schwindsüchtigen in Verbindung bringen.*»

Als die schon sehr kranke Katherine Mansfield darum bat, in den Prieuré aufgenommen zu werden, lehnte Gurdjieff, der den Ernst ihres Zustandes sah, zunächst ab. Katherine Mansfield starb einige Monate später im Prieuré, und Gurdjieff erhielt als Belohnung, wie Ouspensky schreibt, «*das entsprechenden Maß von Verleumdung und Lügen*».

René Daumal und Luc Dietrich sind unter den französischen Schriftstellern diejenigen, denen Gurdjieffs Unterweisung am unmittelbarsten geistige Nahrung war. André Rousseaux schreibt im *Figaro Littéraire* in der Erkenntnis, daß der Wert eines geistigen Einflusses an der Qualität der Werke gemessen wird, die er anregt: «*Wenn uns zum Beispiel bewiesen würde, daß René Daumal Gurdjieff wirklich viel von dem verdankt, was wir an ihm schätzen und bewundern, so würde uns dies in unserer Bewunderung für Gurdjieff sehr bestärken*...» Tatsächlich folgte Daumal zehn Jahre lang Gurdjieffs Unterweisung, und *Le Mont Analogue* (*Der Analog*), welcher Alexander von Salzmann gewidmet ist, durch den Daumal Gurdjieff kennenlernte, ist eine leicht durchschaubare, dichterische Umsetzung der inneren Erfahrung, nach der Daumal und seine Kameraden strebten.

Leidenschaftliche Stellungnahmen für oder gegen Gurdjieff gab es einige Jahre nach seinem Tod, als sein Name die Öffentlichkeit erreichte und von Leuten mißbraucht wurde, die ihn nicht gekannt hatten. So entstanden Absurditäten, für die natürlich niemand jemals auch nur ansatzweise einen Beweis lieferte.

Gurdjieff verbot niemandem sein Haus.

Man wüßte gern, welche tiefen Eindrücke der Erzbischof von Canterbury empfing, als er ein Wochenende im Prieuré verbrachte, oder Louis Jouvet, als er ihn in Paris besuchte.

Unter diesen Sonntagsbesuchern war auch Denis Saurat, ein typischer Hochschullehrer, damals Leiter des Institut Français im Vereinigten Königreich, der so seinen Freund A. R. Orage wieder traf. Beim Betreten des Prieuré fürchtete Denis Saurat vor allem, daß er hinters Licht geführt würde, und er brauchte mehr als zehn Jahre, um die vielfältigen Eindrücke zu «verdauen», die er an jenem Tag empfing.

Viele Jahre später faßte er den Eindruck, den er aus dem Gespräch mit Gurdjieff gewonnen hatte, so zusammen: «*Ich bin in keiner Weise ein Schüler Gurdjieffs. Der kurze Kontakt mit ihm hinterließ in mir den Eindruck einer sehr starken menschlichen Persönlichkeit, verbunden oder gekrönt von einer sehr hohen moralischen und zugleich metaphysischen Geistigkeit. Hierunter verstehe ich, daß mir schien, daß allein die höchsten sittlichen Absichten sein Verhalten bestimmten und daß er andererseits von der geistigen Welt Dinge wußte, die nur wenige Menschen wissen, und daß er wirklich ein Meister war auf dem Gebiet der Intelligenz und des Geistes.*»

Die einzige öffentliche Veranstaltung Gurdjieffs und seiner Schüler während dieser Zeit war eine Vorführung sakraler Tänze und von «Bewegungen» im Théâtre des Champs-Elysées im Oktober 1923. Diese Übungen wurden als eine Rekonstruktion von Derwischtänzen und sakralen Zeremonien (die der Autor auf seinen Reisen durch Zentralasien mit angesehen hatte) und zugleich als eine Erziehungsmethode vorgestellt.

Die Pariser waren kaum darauf vorbereitet, in Tänzen, auch wenn es sakrale waren, etwas anderes zu sehen als einfach ein Schauspiel. Sollte der Tanz eine Sprache sein, so hätten sie sich gewünscht, daß man ihnen den Schlüssel zu ihr verrate.

Gurdjieff hielt sich jedoch bei diesen Einwänden nicht auf und führte seine Schüler einer noch schwierigeren Prüfung entgegen. In Begleitung von vierzig Schülern brachte er seine Ideen nach New York und gab dort Aufführungen seiner «Bewegungen». Sie schifften sich am 4. Januar 1924 ein.

Man findet in der Presse von damals die Besprechung von zwei Aufführungsfolgen, die eine gab er im Neighbourhood Playhouse, die andere in der Carnegie Hall.

Einige Wochen nach seiner Rückkehr nach Frankreich wurde er bei einem Autounfall schwer verletzt und kam nur langsam wieder zu Kräften. Da er sah, daß ihm nur wenig Zeit blieb, um die Aufgabe zu erfüllen, die er auf sich genommen hatte, schloß er das Institut teilweise und wurde Schriftsteller, um «*seine Ideen in einer allen zugänglichen Form weiterzugeben*».

Von da an und mehrere Jahre hindurch wurde für ihn das Schreiben zu einer wesentlichen Verpflichtung. Er hörte gleichwohl nie auf, Musik zu komponieren, und improvisierte fast täglich auf einer Art tragbarem Harmonium von kurdischer, armenischer oder afghanischer Musik inspirierte Hymnen, Gebete oder Melodien, die Thomas de Hartmann in Noten setzte und bearbeitete. Diese einfache und tiefe Musik ist ein weiterer wesentlicher Teil seines Werkes.

In den Beruf des Schriftstellers fügte er sich mit jener Art handwerklicher Geschicklichkeit, die ihm in seiner Jugend erlaubt hatte, so viele andere Berufe zu erlernen.

Im ersten Kapitel von *Beelzebubs Erzählungen für seinen Enkel* berichtete er selbst über die Schwierigkeiten, auf die er am Anfang stieß.

Nach einigem Zögern hatte er sich entschlossen, in russisch zu schreiben. Seine Heimatsprachen waren, neben dem Griechischen, Armenisch und Türkisch. Er dachte in persisch. Er machte Witze auf russisch. Er erzählte Anekdoten in englisch *«mit einer orientalischen Einfachheit, die durch ihre scheinbare Naivität verwirrte»*. Er verhehlte nicht seine Verachtung für die grammatischen Konventionen, die er in den großen Bereich dessen einbezog, was er mit einem Anflug von Ironie «den guten Ton» nannte. Dagegen zeigte er tiefes Interesse für die Redensarten der Volksweisheit und gebrauchte mit großer Geschicklichkeit Sprichwörter, die er dem legendären Mulla Nassr Eddin zuschrieb, selbst wenn sie Eigenbau waren.

Jene, die in der Zeit mit ihm verkehrten, haben ihn oft bis in die vorgerückten Nachtstunden hinein schreiben sehen, im Prieuré, auf Reisen, an Kaffeehaustischen in der Provinz und natürlich im Café de la Paix, das, wie er sagte, «sein Büro» war. Er fügte hinzu, daß, wenn er sich stark konzentrieren müsse, das Kommen und Gehen aller möglichen Menschen um ihn herum auf seine Arbeit anregend wirke.

Sobald ein Kapitel beendet war, ließ er es schnell übersetzen, um es den Menschen in seiner Umgebung vorlesen zu lassen, deren Reaktionen er dabei beobachtete. Durch diese Erfahrung belehrt, arbeitete er es um. Und er fing den Text so oft von vorne an, wie es notwendig war.

Ungefähr zehn Jahre lang schrieb er so. Er verfaßte nicht nur ein Buch unter dem Titel ALL UND ALLES, sondern drei große Werke, deren offensichtliche Vielfalt seiner Absicht entspricht, seine Ideen in drei Etappen und drei verschiedenen Formen weiterzugeben.

Das erste Werk unter dem Titel BEELZEBUBS ERZÄHLUNGEN FÜR SEINEN ENKEL. EINE OBJEKTIV UNPARTEIISCHE KRITIK DES LEBENS DES MENSCHEN zielt, wie er schreibt, darauf hin, *«ohne Schonung und Kompromiß die im Denken und Fühlen des Lesers seit Jahrhunderten eingewurzelten Meinungen und Ansichten über alles in der Welt Existierende zu vernichten»*.

Für diejenigen Leser, die diesen Zweifel an sich selbst auf sich genommen haben, bestimmt er das zweite Werk: BEGEGNUNGEN MIT BEMERKENSWERTEN MENSCHEN, durch das er *«den Leser mit dem für eine neue Schöpfung nötigen Material bekanntmachen und dessen Richtigkeit und Qualität beweisen»* will.

Das dritte Werk unter dem Titel DAS LEBEN IST NUR WIRKLICH, WENN

«ICH BIN» hat zum Ziel, *«im Denken und Fühlen des Lesers – anstelle der jetzt von ihm wahrgenommenen eingebildeten Welt – eine Vorstellung zu bilden, die der in Wirklichkeit existierenden Welt entspricht.»* Es wurde für die kleine Anzahl derer geschrieben, die sich wirklich auf seine Lehre eingelassen hatten.

Das erste dieser drei Werke war zu dem Zeitpunkt, als Gurdjieff starb, in den Vereinigten Staaten im Druck. Es erschien nacheinander in New York *, London **, Innsbruck *** und schließlich 1956 in Paris ****.

Das zweite Werk, das wir dem Publikum elf Jahre nach dem Tod des Autors übergeben, ist von Bedeutung, weil es nähere Angaben über den bisher geheimnisvollsten Abschnitt in Gurdjieffs Leben bringt.

Als Gurdjieff zu schreiben aufgehört und den Prieuré endgültig geschlossen hatte, zog er nach Paris. Dort nahm er mit einem diesmal französischen Schülerkreis die direkte Unterweisung wieder auf, wobei er in der Lage war, die verschiedensten Ausdrucksmittel einzusetzen, die er sicher beherrschte.

Er fuhr während dieser Zeit häufig in die Vereinigten Staaten, mit Ausnahme der Kriegsjahre, die er ganz in Paris verbrachte.

Er starb in Paris am 29. Oktober 1949.

Die erste Stimme, die sich einige Tage nach seinem Tod erhob, kam aus Amerika. Es war die des Architekten Frank Lloyd Wright, der erklärte:

«Kipling hat einmal gesagt, daß diese Zwillinge – er meinte damit den Orient und den Okzident – sich niemals würden verstehen können. Aber im Leben Gurdjieffs, in seinem Werk und seinem Wort gibt es eine aus der Tiefe asiatischer Weisheit stammende Philosophie, gibt es etwas, was der abendländische Mensch verstehen kann. Sowohl im Werk dieses Mannes als auch in seinem Denken – in dem, was er tat, und in der Art, wie er es tat – begegnet der Okzident wirklich dem Orient.»

* Harcourt Brace, *All and Everything.*

** Routledge and Kegan Paul, *All and Everything.*

*** Verlag der Palme, *All und Alles, Beelzebubs Erzählungen für seinen Enkel.*

**** Editions Janus, distribué par Denoël, *Récits de Belzébuth à son Petit-Fils.*

ANMERKUNG DER ÜBERSETZER DER FRANZÖSISCHEN AUSGABE DIESES BUCHES VON 1960

Gurdjieffs Werk hat viele Seiten. Doch gleichviel, durch welche Form er sich ausdrückt, seine Stimme ist immer ein Ruf.

Er ruft, weil er an dem inneren Chaos leidet, in dem wir leben.

Er ruft, damit wir die Augen öffnen.

Er fragt uns, warum wir da sind, was wir wollen, welchen Kräften wir gehorchen. Er fragt uns vor allem, ob wir verstehen, was wir sind.

Er will, daß wir alles in Frage stellen.

Und weil er uns drängt und sein Drängen uns zu einer Antwort zwingt, entsteht zwischen ihm und uns eine Beziehung, die ein wesentlicher Bestandteil seines Werkes ist.

Fast vierzig Jahre lang erklang dieser Ruf mit solcher Macht, daß Menschen aus der ganzen Welt zu ihm kamen.

Ihm zu begegnen war allerdings stets eine Prüfung. In seiner Gegenwart erschien jede Haltung künstlich. Ob zu ehrerbietig oder im Gegenteil anmaßend, sie wurde vom ersten Augenblick an zunichte. Es blieb da nur noch ein Menschenwesen, das ohne Maske für einen Moment so dastand, wie es wirklich war.

Eine unbarmherzige und für manche unerträgliche Erfahrung.

Diese Menschen verziehen ihm nicht, daß er sie durchschaut hatte, und sobald sie außer Reichweite waren, taten sie ihr Bestes, um sich zu rechtfertigen. So entstanden die phantastischsten Legenden.

Gurdjieff selbst machte sich über die Geschichten lustig. Wenn nötig ging er sogar soweit, sie zu verursachen, wenn auch nur, um Neugierige loszuwerden, die den Sinn seiner Suche zu verstehen unfähig waren.

Was diejenigen angeht, die ihm näherzukommen vermochten und für die diese Begegnung ein bestimmendes Ereignis war, so kam ihnen jeder Versuch, sie zu beschreiben, lächerlich vor. Deshalb sind direkte Berichte so selten.

Der Einfluß, den er ausübte und noch immer ausübt, ist freilich untrennbar mit dem Menschen Gurdjieff verbunden. Daher ist es gerechtfertigt, etwas über sein Leben, wenigstens in großen Zügen, wissen zu wollen.

Aus diesem Grund haben es seine Schüler für notwendig erachtet, diese Erzählungen zu veröffentlichen, die ursprünglich dafür bestimmt waren, einem begrenzten Schüler- und Gästekreis laut vorgelesen zu werden. Gurdjieff spricht hier von dem unbekanntesten Abschnitt seines Lebens: seiner Kindheit, seiner Jugend und den Anfängen seiner Suche.

Wenn aber Gurdjieff von sich erzählt, so deshalb, weil er seinem wahren Ziel dienen will. Denn es handelt sich offensichtlich nicht um eine Autobiographie im engeren Sinn des Wortes. Für ihn ist die Vergangenheit nur insoweit berichtenswert, als sie beispielhaft ist. Was er in seinen Abenteuern andeutet, sind nicht Vorbilder, die äußerlich nachgeahmt werden sollen, vielmehr eine ganz ande-

re Weise, dem Leben zu begegnen, die uns direkt berührt und uns eine Wirklichkeit anderer Natur ahnen läßt.

Gurdjieff war nicht nur Schriftsteller, konnte es nicht sein. Seine Aufgabe war eine andere.

Gurdjieff war ein Meister.

Dieser im Orient so geläufige Begriff des Meisters ist im Westen so gut wie unbekannt. Er weist auf nichts Bestimmtes hin, sein Gehalt ist äußerst vage, wenn nicht gar verdächtig.

Gemäß der traditionellen Anschauung beschränkt sich die Aufgabe des Meisters nicht auf das Unterweisen einer Lehre, sondern erfordert eine wirkliche Verkörperung des Wissens, dank der der Meister in anderen ein Erwachen auslösen und ihnen allein durch seine Gegenwart bei ihrer Suche helfen kann.

Er ist dazu da, um die Bedingungen für eine Erfahrung zu schaffen, durch die das Wissen so vollständig wie möglich «gelebt» werden kann.

Das ist der eigentliche Schlüssel zu Gurdjieffs Leben.

Seit seiner Rückkehr in den Westen arbeitete er unaufhörlich daran, einen Kreis von Menschen um sich zu versammeln, die entschlossen waren, ein Leben mit ihm zu teilen, das auf die Entwicklung des Bewußtseins gerichtet war. Er legte ihnen seine Ideen dar, unterstützte und belebte ihr Suchen und führte sie zu der Überzeugung, daß, um vollständig zu sein, ihre Erfahrung alle Seiten des Menschen gleichzeitig einbeziehen müsse: Dies war die eigentliche Idee der «harmonischen Entwicklung des Menschen», auf die er jenes «Institut» gründen wollte, mit dessen Einrichtung er sich viele Jahre lang abmühte.

Um dieses Ziel zu erreichen, mußte Gurdjieff einen zähen Kampf führen mitten durch all die Schwierigkeiten, die nicht nur Krieg, Revolution und Emigration, sondern auch die Gleichgültigkeit der einen und die Feindseligkeit der anderen verursachten.

Um dem Leser eine Vorstellung zu geben von Gurdjieffs Kampf und der unermüdlichen Erfindungsgabe, die er entfaltete, um ihn durchzuhalten, wurde ein Kapitel hinzugefügt, das ursprünglich nicht für dieses Buch bestimmt war.

Es ist eine Erzählung, mit der er eines Abends eine offensichtlich recht indiskrete Frage nach der Finanzierung des Instituts beantwortete.

Diese erstaunliche Geschichte, die unter dem Titel Die materielle Frage *erscheint, dürfte zu einem besseren Verständnis dessen beitragen, wie das Leben eines Meisters und alle seine Handlungen der Erfüllung seiner Lebensaufgabe untergeordnet sind.*

Begegnungen mit bemerkenswerten Menschen

EINLEITUNG

Genau ein Monat ist vergangen, seit ich die erste Serie meiner Werke beendete – eine Zeitspanne, die ich ganz auf die Erholung der Teile meines «allgemeinen Daseins» verwenden wollte, die der reinen Vernunft unterstehen.

Wie ich im letzten Kapitel der ersten Serie sagte*, hatte ich mir versprochen, während dieser Zeit keine einzige Zeile zu schreiben und statt dessen – für das Wohlbefinden des verdienstvollsten dieser Teile – langsam und bedächtig all die Flaschen alten Calvados zu trinken, die mir der Wille des Schicksals zur Verfügung gestellt hatte in dem Weinkeller des Prieuré, der vor über hundert Jahren von Menschen, die den wahren Sinn des Lebens verstanden, mit so viel Sorgfalt angelegt worden war.

Heute steht mein Entschluß fest: Ich will mich ohne jeden Zwang und sogar mit großem Vergnügen wieder ans Schreiben be-

* Siehe *All und Alles: Beelzebubs Erzählungen für seinen Enkel*

geben, natürlich mit Unterstützung all der Kräfte, die mir bisher schon zu Hilfe kamen, und diesmal noch dazu mit Unterstützung der gesetzmäßigen kosmischen Ergebnisse, die durch die guten Wünsche der Leser der ersten Serie von allen Seiten auf mich einströmen.

Ich beabsichtige, den Vorarbeiten zur zweiten Serie eine jedermann verständliche Form zu geben, in der Hoffnung, daß diese Ideen als vorbereitende Baustoffe dienen können für die Errichtung einer neuen Welt im Bewußtsein der mir gleichen Geschöpfe – einer meiner Ansicht nach wirklichen Welt, die für jedes menschliche Denken ohne den geringsten Anflug von Zweifel als solche wahrnehmbar ist, anstelle jener Scheinwelt, die die heutigen Menschen sich einbilden.

In der Tat kann der Verstand eines heutigen Menschen, gleichviel, welches sein intellektuelles Niveau sein mag, die Welt nur aufgrund von Daten erkennen, die, wenn sie zufällig oder absichtlich aktiviert werden, in ihm alle möglichen phantastischen Impulse auslösen. Und diese Impulse bringen dadurch, daß sie das Tempo aller in ihm ablaufenden Assoziationen fortwährend verändern, sein gesamtes Funktionieren aus dem Gleichgewicht, und zwar mit solchen Folgen, daß jeder Mensch, der sich den Einflüssen des gewöhnlichen Lebens ein wenig zu entziehen und halbwegs vernünftig nachzudenken vermag, darüber entsetzt sein müßte, beeinträchtigt diese Disharmonie doch sogar die Dauer seines eigenen Lebens.

Um aber meinem Denken wie auch dem deinen Schwung zu geben, und das heißt einen gemäßen Rhythmus zu erreichen, will ich dem Beispiel des großen Beelzebub folgen und die Denkart eines von ihm und mir und vielleicht auch von dir Hochverehrten nachahmen, tapferer Leser meiner Schriften, natürlich sofern du den Mut aufgebracht hast, die Bücher der ersten Serie ganz bis zu Ende zu lesen.

Indem ich also die Denk- und Ausdrucksweise unseres teuren

Mulla Nassr Eddin* gebrauche, will ich sogleich eine, wie dieser Weise unter den Weisen gesagt hätte, «heikle philosophische Frage» aufwerfen.

Wenn ich mich gleich zu Beginn für ein solches Verfahren entschieden habe, so deshalb, weil ich in diesem Buch wie in den folgenden so oft wie möglich von der Klugheit dieses fast überall anerkannten Weisen Gebrauch zu machen gedenke, eines Weisen, dem, gewissen Gerüchten zufolge, bald von zuständiger Stelle der Titel *Einzigartig auf der Welt* offiziell zuerkannt werden soll.

Diese heikle philosophische Frage zeigt sich schon in jener Art von Verblüffung, die den Leser von den ersten Zeilen dieses Kapitels an zwangsläufig überkommen muß, wenn er die zahlreichen Tatsachen, auf denen seine festesten Überzeugungen auf medizinischem Gebiet beruhen, mit dem Umstand konfrontiert, daß ich, der Autor von *Beelzebubs Erzählungen für seinen Enkel*, zu einer Zeit, da nach dem Unfall, der mir beinahe das Leben gekostet hätte, das Funktionieren meines Organismus noch nicht völlig wiederhergestellt war – infolge der fortgesetzten aktiven Bemühungen, meine Gedanken für die Weitergabe an andere Menschen mit größtmöglicher Genauigkeit darzustellen –, daß ich eine völlig zufriedenstellende Erholung finden konnte dank dem reichlichen Genuß von Alkohol in Form von altem Calvados oder irgendeinem anderen seiner wunderbaren Vettern voll männlicher Kraft.

Offen gestanden müßte man, um diese unversehens aufgeworfene heikle philosophische Frage wahrheitsgemäß und erschöpfend zu beantworten, zunächst die Tatsache gerecht beurteilen, daß ich mich nicht streng an das Wort hielt, welches ich mir gegeben hatte, den gesamten alten Calvados zu trinken, der mir verblieben war.

Denn während dieser für meine Erholung bestimmten Zeit war es mir, all meinem automatischen Wunsch zum Trotz, nicht mög-

* Mulla Nassr Eddin, eine Legendengestalt in vielen Ländern des Vorderen Orients, verkörpert die Volksweisheit.

lich, mich auf diese fünfzehn Flaschen alten Calvados zu beschränken, und ich mußte ihr erhabenes Elixier verbinden mit dem von zweihundert weiteren Flaschen echtem altem Armagnac, auch sie von bezauberndem Anblick und nicht minder erhabenem Inhalt, damit diese Gesamtheit kosmischer Substanzen sowohl für meinen persönlichen Bedarf ausreichte wie auch für die ganze Horde derer, die in den letzten Jahren meine unvermeidlichen Assistenten bei diesen «Zeremonien» geworden sind.

Das Urteil, das über mich gesprochen würde, müßte schließlich berücksichtigen, daß ich vom allerersten Tag an meine Gewohnheit aufgab, Armanac aus Likörgläsern zu trinken, und ihn statt dessen aus Teegläsern trank. Und diese Änderung nahm ich, wie mir scheint, instinktiv vor, sicherlich, damit einmal mehr die wahre Gerechtigkeit triumphiere.

Ich weiß nicht, wie es um dich steht, tapferer Leser, aber was mich angeht, so hat mein Denken bereits zu seinem Rhythmus gefunden, und ich kann mich jetzt, ohne mir Gewalt anzutun, daranmachen, mit Volldampf weiterzuspinnen.

In dieser zweiten Serie beabsichtige ich unter anderem sieben Sinnsprüche aufzunehmen und zu erläutern, die uns aus ältesten Zeiten überkommen sind durch Denkmalinschriften, welche ich auf meinen Reisen zu entziffern Gelegenheit hatte – Sprüche, in denen unsere fernen Vorfahren gewisse Aspekte der objektiven Wahrheit darlegten, die für jede menschliche Vernunft faßbar sind, selbst für die der Heutigen.

Zum Auftakt möchte ich einen Spruch nehmen, der den nun folgenden Ausführungen gut als Ausgangspunkt dienen kann und der überdies ein hervorragendes Bindeglied ist zum Schluß der ersten Serie.

Der alte Spruch, den ich als Thema dieses ersten Kapitels ausgesucht habe, lautet folgendermaßen:

Nur der wird den Namen Mensch verdienen und auf etwas rechnen können, was für ihn von Oben vorbereitet wurde, der es ver-

standen hat, die erforderlichen Grundlagen zu erwerben, um sowohl den Wolf als auch das Lamm, die seiner Obhut anvertraut sind, unversehrt zu halten.

Eine «psychoassoziative» philologische Analyse dieses Spruches unserer Vorfahren, die einige echte Gelehrte in unserer Zeit durchführten – welche Gelehrte natürlich nichts mit denen gemein haben, die auf dem europäischen Kontinent wohnen – zeigte deutlich, daß das Wort *Wolf* hier ein Symbol ist für die Gesamtheit des grundlegenden und reflektorischen Funktionierens des menschlichen Organismus und das Wort *Lamm* ein Symbol für die Gesamtheit des Funktionierens des Gefühls. Was das Funktionieren des menschlichen Denkens betrifft, so ist es hier durch den Menschen selbst dargestellt – einen Menschen, der im Laufe seines verantwortlichen Lebens durch bewußte Bemühungen und absichtliche Leiden Eigenschaften zu erwerben vermochte, die ihm die Fähigkeit geben, jederzeit Bedingungen zu schaffen für eine mögliche gemeinsame Existenz dieser beiden individuellen Leben, die einander fremd sind und von unterschiedlicher Natur.

Nur ein solcher Mensch kann auf das rechnen und sich dessen würdig erweisen, was, wie dieser Spruch sagt, für ihn von Oben vorbereitet wurde und was dem Menschen ganz allgemein zugedacht ist.

Es ist interessant zu erwähnen, daß unter den vielen Rätseln, zu denen die verschiedenen asiatischen Völker aus alter Gewohnheit häufig greifen und die schelmisch listige Lösungen erfordern, es eines gibt – ein Wolf und, statt des Lamms, eine Ziege spielen auch darin eine Rolle –, das dem Wesentlichen unseres Spruches meines Erachtens recht gut entspricht.

Die Frage, die dieses raffinierte Rätsel stellt, ist folgende: Wie kann ein Mann, der einen Wolf, eine Ziege und in diesem Fall noch dazu einen Kohlkopf in seiner Obhut hat, sie von dem einen Ufer eines Flusses zum anderen übersetzen, wenn man einerseits bedenkt, daß er in seinem Kahn jeweils nur eine dieser drei Lasten mitnehmen kann, und andererseits, daß ohne seine ständige Aufsicht und direkte Einwirkung der Wolf jederzeit die Ziege und die Ziege den Kohlkopf fressen kann.

Die richtige Lösung dieses volkstümlichen Rätsels verlangt nicht nur, daß unser Mann Findigkeit an den Tag legt, wie sie jedem normalen Menschen eigen sein sollte, sondern auch, daß er nicht faul ist und seine Kräfte nicht schont, denn um sein Ziel zu erreichen, muß er den Fluß einmal zusätzlich überqueren.

Wenn wir auf die tiefe Bedeutung unseres ersten Spruches zurückkommen und dabei die Lehre beachten, die in der richtigen Lösung dieses volkstümlichen Rätsels beschlossen liegt, und wenn wir über sie nachdenken, indem wir all jene Vorurteile beiseite lassen, die als Ergebnisse aus den hohlen Gedanken des heutigen Menschen hervorgehen, dann können wir nicht umhin, mit dem Verstand zuzugeben und mit dem Gefühl anzuerkennen, daß jeder, der sich als Mensch bezeichnet, seine Faulheit überwinden und durch fortwährendes Erfinden neuer Kompromisse gegen die Schwächen ankämpfen muß, die er in sich entdeckt, um das Ziel zu erreichen, das er sich gesetzt hat, und jene zwei selbständigen Tiere unversehrt zu erhalten, die der Obhut seiner Vernunft anvertraut wurden und die ihrem Wesen nach einander entgegengesetzt sind.

In der Meinung, ich hätte dieses «Spintisieren, um meinem Denken Schwung zu geben» tags zuvor zu Ende geführt, nahm ich am folgenden Morgen all die in den ersten beiden Jahren meiner Tätigkeit als Schriftsteller geschriebenen Aufzeichnungen, die ich als Material für den Anfang dieser zweiten Serie benutzen wollte, und ging in den Park, um mich unter die Bäume einer historischen Allee zu setzen und zu arbeiten. Nachdem ich die ersten zwei oder drei Seiten gelesen hatte, vergaß ich alles um mich herum und versank in tiefes Nachdenken darüber, wie ich fortfahren sollte; und ich blieb dort, ohne ein einziges Wort zu schreiben, bis zum Einbruch der Dunkelheit sitzen. – Ich war so in Gedanken vertieft, daß ich nicht ein einziges Mal bemerkte, wie die jünste meiner Nichten, deren Aufgabe es war, darauf zu achten, daß der arabische Kaffee, den ich gewöhnlich bei intensiver körperlicher oder intellektueller Arbeit trinke, in meiner Tasse nicht zu kalt würde, den Kaffee austauschte, und zwar, wie ich später erfuhr, dreiundzwanzigmal.

Damit du das Schwerwiegende dieses Nachsinnens verstehen und dir wenigstens ungefähr vorstellen kannst, in welcher schwierigen Lage ich mich befand, muß ich dir sagen, daß, als ich diese Seiten gelesen und mir den gesamten Inhalt der Manuskripte, die ich als Einführung zu verwenden gedachte, assoziativ ins Gedächtnis zurückgerufen hatte, mir klar wurde, daß all das, womit ich mich während so vieler schlafloser Nächte abgemüht hatte, nun infolge der Veränderungen und Zusätze, die ich in der endgültigen Fassung der Bücher der ersten Serie vorgenommen hatte, meinem Ziel nicht mehr entsprach.

Diese Einsicht ließ mich fast eine halbe Stunde lang jenen Zustand empfinden, den Mulla Nassr Eddin so beschreibt: *ein Gefühl, als wäre man bis zu den Augenbrauen in eine Galosche hineingerutscht*; dann fand ich mich damit ab und beschloß, dieses Kapitel von A bis Z neu zu schreiben. Gleichwohl fielen mir weiterhin automatisch alle möglichen Sätze meines Manuskripts ein, und plötzlich kam mir eine Stelle in den Sinn, an der ich, um zu erläutern, warum ich mich in meiner Kritik an der zeitgenössischen Literatur so unerbittlich zeigte, einige Gedanken aufgenommen hatte aus der Rede eines alten persischen Gelehrten, die ich in meiner Jugend gehört hatte und die die Wesenszüge der heutigen Kultur meiner Ansicht nach ausgezeichnet beschrieb.

Ich hielt es einfach für unverzeihlich, dem Leser die geschickt zwischen den Zeilen dieser Stelle verborgenen Gedanken vorzuenthalten, denn für den, der sie zu entziffern vermag, würden sie wertvolles Material darstellen zum richtigen Verständnis dessen, was ich in den beiden letzten Serien zu erläutern gedenke in einer Form, die jedem *Wahrheitssucher* zugänglich ist.

Diese Überlegungen veranlaßten mich zu der Frage, wie ich es anstellen solle, um meiner Darstellung diejenige Form zu geben, die nach den bedeutenden Veränderungen an den Büchern der ersten Serie nun erforderlich war, ohne deshalb dem Leser diese Gedanken vorzuenthalten.

Offensichtlich entsprach das, was ich während der ersten beiden Jahre in diesem Schriftstellerberuf, zu dem ich mich gezwungen gesehen, verfaßt hatte, nicht mehr dem, was jetzt notwenig war.

Hatte ich doch damals fast alles als einen ersten Entwurf geschrieben in knapper, nur mir verständlicher Form, in der Absicht, dieses gesamte Material später zu sechsundreißig Büchern zu entwickeln, von denen jedes einer besonderen Frage gewidmet sein würde. Im Laufe des dritten Jahres gab ich all dem, was ich so verkürzt skizziert hatte, eine Form, die, wenn nicht allen, so doch zumindest denen zugänglich sein würde, die bereits mit abstraktem Denken vertraut waren. Da ich nun aber allmählich geschickter geworden war in der Kunst, hinter gefälligen, leicht verständlichen Wendungen ernste Gedanken zu verbergen und mit alltäglichen Vorstellungen der meisten heutigen Menschen solche Gedanken zu verknüpfen, *die nur mit der Zeit erkennbar sind*, bemerkte ich, daß ich nach einem Verfahren arbeiten müßte, das dem bislang angewandten genau entgegengesetzt war: anstatt zu versuchen, das Ziel, das ich mir gesetzt hatte, durch die Quantität der Werke zu erreichen, galt es nunmehr, allein durch ihre Qualität dahin zu gelangen. Und ich fing die Darstellung all dessen, was ich entworfen hatte, noch einmal von vorne an, in der Absicht, sie diesmal in drei Serien aufzuteilen, von denen jede ihrerseits in mehrere Bücher unterteilt sein würde.

Wenn ich also an jenem Tag in tiefes Nachdenken versunken war, so vielleicht auch deshalb, weil mir der weise Spruch vom Vorabend noch frisch in der Erinnerung stand, der den Rat gab, sich allezeit zu bemühen, daß der Wolf satt ist und das Lamm unversehrt bleibt.

Als jedoch bei Einbruch der Dunkelheit die bekannte Fontainebleauer Feuchtigkeit, durch meine Sohlen dringend, mein Denkvermögen beeinträchtigte, während von oben liebe kleine Gottesgeschöpfe, Vögelein genannt, auf meinem glatten Schädel immer häufiger eine kühle Empfindung hervorriefen, entstand in mir plötzlich der kühne Entschluß, auf nichts und niemanden Rücksicht zu nehmen, sondern als exkursartige Ausführung, wie Berufsschriftsteller sagen würden, in dieses erste Kapitel all die Stücke aufpoliert einzufügen, die mir in diesem Manuskript gefielen, das anfangs als Einführung in eines der sechsunddreißig Bücher dienen sollte. Erst danach würde ich mich wieder ans Schreiben begeben und mich dabei streng an den Grundsatz halten, den ich für die Schriften dieser Serie beschlossen hatte.

Diese Lösung hat einen doppelten Vorteil. Sie erspart meinem ohnedies schon überlasteten Gehirn neue überflüssige Anspannungen und gestattet den Lesern, vor allem denen, die meine früheren Werke gelesen haben, die *objektiv unparteiische* Meinung kennenzulernen, die in der Psyche einiger Menschen mit einer durch Zufall annähernd normalen Erziehung entstehen kann, über die Hervorbringungen der maßgeblichen Vertreter der heutigen Zivilisation.

In dieser Einleitung, die ursprünglich für das dreißigste Buch bestimmt war und den Titel trug *Warum ich Schriftsteller wurde*, sprach ich über die Eindrücke, die sich im Laufe des Lebens in mir angesammelt hatten und auf denen meine wenig schmeichelhafte Meinung über die Vertreter der zeitgenössischen Literatur beruht. In diesem Zusammenhang führte ich wie gesagt die Rede an, die ich in meiner Jugend während meines ersten Aufenthalts in Persien gehört hatte, als ich dort eines Tages einer Versammlung von Intellektuellen beiwohnte, in der man über die heutige Kultur diskutierte.

Unter denen, die an jenem Tag viel sprachen, befand sich der erwähnte alte persische Intellektuelle – intellektuell nicht im europäischen Sinn des Wortes, sondern in dem Sinn, den man dem Wort auf dem asiatischen Kontinent gibt, das heißt nicht nur dem Wissen, sondern auch dem Wesen nach. Er war übrigens sehr gebildet und besaß eine gründliche Kenntnis der europäischen Kultur.

Er sagte unter anderem folgendes:

«Es ist sehr bedauerlich, daß die gegenwärtige Kulturperiode, die wir die *europäische Zivilisation* nennen und die auch von künftigen Generationen so genannt werden wird, in der Menschheitsentwicklung ein Zwischenspiel ist; mit anderen Worten, daß sie sich in dem gesamten Vervollkommnungsprozeß der Menschheit gleichsam als eine Fehlanzeige, eine Fehlgeburt erweist, denn die Vertreter dieser Zivilisation vermögen ihren Nachkommen nichts Brauchbares für die Entwicklung des Geistes zu vererben, dieser wichtigsten Triebkraft der Selbstvervollkommnung.

Ein wesentliches Mittel, den Geist zu entwickeln, ist zum Beispiel die Literatur.

Doch was vermag die Literatur der heutigen Zivilisation den Menschen zu geben? Überhaupt nichts, es sei denn die Ausbreitung der *Wortprostitution*.

Der Hauptgrund für diesen Verfall der heutigen Literatur ist meines Erachtens der, daß sich das Augenmerk von selbst allmählich nicht mehr auf die Gediegenheit der Gedanken und die Genauigkeit ihrer Wiedergabe richtete, sondern auf ein Streben nach äußerlicher Gefälligkeit oder, anders gesagt, nach der Schönheit des Stils, woraus sich schließlich das ergab, was ich Worthurerei nannte.

Und in der Tat kann man bisweilen einen ganzen Tag damit verbringen, ein dickes Buch zu lesen, ohne daß man weiß, was der Verfasser sagen wollte, und erst gegen Ende der Lektüre, nachdem man wertvolle Zeit verloren hat, die ohnedies zu kurz ist, um den Pflichten im Leben nachzukommen, entdeckt man, daß diese ganze Musik auf einer winzigen, fast nichtssagenden Idee beruhte.

Die gesamte zeitgenössische Literatur läßt sich vom Inhalt her in drei Kategorien unterteilen: die erste umfaßt das, was man den wissenschaftlichen Bereich nennt, die zweite enthält Erzählungen und die dritte Beschreibungen.

In den wissenschaftlichen Büchern entwickelt man ausführliche Erörterungen über alle möglichen alten Hypothesen, die, da sie jedermann seit langem bekannt sind, jeweils in etwas anderer Form zusammengestellt, dargelegt und kommentiert werden.

In den Erzählungen oder, wie man auch sagt, in den Romanen, die ganze Bände füllen, wird meist geschildert, und zwar bis in alle Einzelheiten, wie es einem Hans Hansen und einem Lieschen Müller gelang, ihre *Liebe* zu befriedigen – jenes heilige Gefühl, das in den Menschen aufgrund ihrer Schwäche und Willenlosigkeit nach und nach entartete und in den Heutigen endgültig zu einem Laster wurde, während uns doch der Schöpfer die Möglichkeit einer natürlichen Bekundung dieses Gefühls gegeben hatte zu unserem Seelenheil und zu gegenseitigem moralischem Beistand, den ein mehr oder weniger glückliches Gemeinschaftsleben erfordert.

Die Bücher der dritten Kategorie geben Beschreibungen von Reisen und Abenteuern, von Flora und Fauna in den unterschiedlichsten Ländern. Werke dieser Art werden im allgemeinen von Leuten verfaßt, die niemals irgendwo gewesen sind und nie etwas in der Wirklichkeit gesehen haben, also von Leuten, die, wie man sagt, nie über die eigene Schwelle hinausgekommen sind. Sie lassen, von wenigen Ausnahmen abgesehen, ihrer Phantasie freien Lauf oder übernehmen allerlei Stücke aus Büchern, die von anderen Phantasten ihres Schlages geschrieben wurden.

Bei diesem kümmerlichen Verständnis für die Verantwortung und Tragweite literarischer Werke versteigen sich die modernen Schriftsteller in ihrem ausschließlichen Bemühen um Stilschönheit bisweilen zu einer unglaublichen Reim-Salbaderei, nur um eine, wie sie meinen, erlesene Fülle des Gleichklangs zu erreichen, und zerstören dadurch vollends die ohnehin schon dürftige Bedeutung dessen, was sie schreiben.

So seltsam es Ihnen auch erscheinen mag, meiner Ansicht nach erwächst der heutigen Literatur großer Schaden aus den Grammatiken – ich meine die Grammatiken der Sprachen jener Völker, die an dem *allgemeinen kakophonischen Konzert* der heutigen Zivilisation teilnehmen.

Diese Grammatiken werden zumeist künstlich festgelegt, und diejenigen, die sie aufgestellt haben und immer wieder verändern, gehören zu einer Kategorie von Menschen, die in bezug auf ein Verständnis für das wirkliche Leben und für eine aus ihm entstandene Sprache für die wechselseitigen Beziehungen völlig ungebildet sind.

Dagegen wurde, wie uns die Geschichte deutlich zeigt, bei den Völkern der Vergangenheit die Grammatik allemal nach und nach vom Leben selber geschaffen in Entsprechung zu den verschiedenen Stufen ihrer Entwicklung, den klimatischen Bedingungen der wichtigsten Stätte ihrer Existenz und den vorherrschenden Formen des Nahrungserwerbs.

In der heutigen Welt entstellen die Grammatiken einiger Sprachen den Sinn dessen, was der Schreibende mitteilen möchte, derart, daß der Leser, vor allem wenn er Ausländer ist, um die letzte Möglichkeit gebracht wird, die wenigen unbedeutenden Ideen zu erfassen, die darin enthalten sein mögen und die, anders ausgedrückt, d.h. ohne Beachtung der Grammatik, vielleicht verständlich geblieben wären.

Um das zuletzt Gesagte zu verdeutlichen», fuhr dieser alte persische Gelehrte fort, «will ich als Beispiel eine Episode aus meinem eigenen Leben nehmen.

Wie Sie wissen, ist mir von allen meinen Blutsverwandten nur ein Neffe aus der väterlichen Linie verblieben, der vor ein paar Jahren Ölquellen in der Gegend von Baku erbte und deshalb dorthin ziehen mußte.

Ich fahre von Zeit zu Zeit in diese Stadt, denn mein Neffe, der von seinen zahllosen Geschäften ständig in Anspruch genommen wird, kann sich nur selten freimachen, um mich, seinen alten Onkel, hier an unserem Geburtsort zu besuchen.

Der Distrikt Baku, wo sich diese Ölquellen befinden, ist zur Zeit ein Teil Rußlands, das als eine der großen Nationen der modernen Zivilisation eine Fülle von Literatur hervorbringt.

Fast alle Einwohner der Stadt Baku und ihrer Umgebung gehören zu Volksstämmen, die mit den Russen nichts gemein haben; in ihren eigenen vier Wänden sprechen sie ihre Muttersprache, doch bei ihren Beziehungen zur Außenwelt müssen sie natürlich die russische Sprache verwenden.

Während meiner Besuche dort kam ich aus verschiedenen persönlichen Gründen mit allen möglichen Leuten in Verbindung, und so entschloß ich mich, diese Sprache zu erlernen.

Im Laufe meines Lebens hatte ich viele Sprachen lernen müssen, daher stellte das Studium des Russischen für mich keine Schwierigkeit dar. Bald konnte ich es ziemlich fließend sprechen, aber natürlich wie alle Einwohner dieser Gegend mit einem Akzent und etwas bäuerlicher Ausdrucksweise.

Da ich gewissermaßen ‹Sprachwissenschaftler› geworden bin, halte ich es übrigens für notwendig, darauf hinzuweisen, daß es unmöglich ist, in einer fremden Sprache zu denken, selbst wenn man sie vollkommen beherrscht, solange man weiterhin in seiner Muttersprache oder in einer anderen Sprache spricht, in der man gewohnt ist zu denken.

Als ich daher russisch zu sprechen begann, während ich weiterhin persisch dachte, suchte ich in Gedanken ständig nach russischen Wörten, die meinen persischen Gedanken entsprachen.

Und da ich manchmal außerstande war, die einfachsten und alltäglichsten Gedanken auf russisch wiederzugeben, stieß ich auf einige zunächst unerklärliche Ungereimtheiten in dieser zivilisierten heutigen Sprache.

Mich interessierte diese Feststellung, und da ich frei war von allen Pflichten im Leben, machte ich mich daran, die russische

Grammatik und danach die Grammatiken anderer moderner Sprachen zu studieren.

Dabei wurde mir klar, daß die Ursache der von mir bemerkten Ungereimtheiten gerade in diesen künstlich aufgestellten Grammatiken lag, und ich kam wie gesagt zu der festen Überzeugung, daß die Grammatiken der Sprachen, in denen die heutige Literatur geschrieben wird, von A bis Z von Leuten erfunden wurden, die hinsichtlich echten Wissens auf einer niedrigeren Stufe stehen als die gewöhnlichen Menschen.

Als konkrete Veranschaulichung des soeben Gesagten will ich von den vielen Widersinnigkeiten, die mir von Anfang an in der russischen Sprache auffielen, diejenige hervorheben, die für mich Anlaß war, diese Frage eingehend zu erforschen.

Eines Tages, ich unterhielt mich gerade russisch und übersetzte wie immer meine nach persischer Art entstehenden Gedanken, brauchte ich einen Ausdruck, den wir Perser im Gespräch häufig verwenden, nämlich *mian-diaram*, was man im Französischen mit *je dis* und im Deutschen mit *ich sage* übersetzt. Doch wie sehr ich mich auch bemühte und in meinem Gedächtnis nach einem entsprechenden Wort des Russischen suchte, ich konnte keines finden, obwohl ich damals schon fast sämtliche Wörter dieser Sprache kannte, die, sei es in der Literatur, sei es im gewöhnlichen Umgang, von den Menschen aller Bildungsgrade gebraucht werden.

Als ich kein passendes Wort für diesen einfachen und bei uns so oft gebrauchten Ausdruck fand, glaubte ich zuerst, ich würde es noch nicht kennen, und fing an, in zahlreichen Wörterbüchern zu suchen und mich bei einigen als sachkundig geltenden Personen nach dem russischen Wort zu erkundigen, das meine persisch gedachte Formulierung wiedergäbe; aber es stellte sich heraus, daß es ein solches Wort nicht gibt und daß man statt dessen den Ausdruck *ja goworiu* verwendet, der dem persischen *mian-soïl-yaram*, dem französichen *je parle* oder dem deutschen *ich spreche* entspricht.

Da Sie als Perser zur Aufnahme von Wortbedeutungen das gleiche Denkvermögen haben wie ich, frage ich Sie jetzt: Fühlt ein Perser, der heutige russische Literatur liest, nicht notwendigerweise ein instinktives Unbehagen, wenn er auf ein Wort trifft, das eigentlich *soïl-yaram* bedeutet, und er dabei bemerkt, daß er ihm den Sinn des Wortes *diaram* geben muß? Natürlich fühlt er es: *soïl-yaram* und *diaram* oder sprechen und sagen sind zwei ganz verschiedene ‹Handlungen›.

Dieses kleine Beispiel ist bezeichnend für Tausende von Widersinnigkeiten in den Sprachen jener Völker, die die sogenannte Blüte der heutigen Zivilisation darstellen. Und gerade diese Widersinnigkeiten verhindern, daß die Literatur sich als ein Hauptmittel zur Entwicklung des Geistes in den zivilisierten Völkern erweist – wie auch in jenen anderen Völkern, die aus bestimmten (von Personen mit gesundem Menschenverstand bereits vermuteten) Gründen das Glück, als zivilisiert zu gelten, entbehren und sogar, wie die Geschichte bezeugt, üblicherweise als rückständig bezeichnet werden.

Wegen der vielen sprachbedingten Ungereimtheiten in der heutigen Literatur wird jeder Mensch, der eine mehr oder minder normale Denkfähigkeit besitzt und den Wörtern ihre wahre Bedeutung zu geben vermag – vor allem ein Mensch aus einem Volk, das nicht zum Kreis der typischen Vertreter der modernen Zivilisation gehört –, wenn er ein ungenau gebrauchtes Wort wie in dem obigen Beispiel hört oder liest, den allgemeinen Sinn des Satzes gemäß diesem falsch verwendeten Wort erfassen und schließlich etwas ganz anderes verstehen als das, was der Satz aussagen wollte.

Auch wenn die Fähigkeit, Wortbedeutungen zu erfassen, in den einzelnen Völkern verschieden ist, entstehen in allen Menschen auf die gleiche Weise durch das Leben selber die Grundlagen dafür, daß sie die sich wiederholenden Handlungen erkennen, die im Lebensprozeß der Menschen ihren festen Platz haben.

Das Fehlen eines Wortes mit der Bedeutung des persischen Wortes *diaram*, das ich als Beispiel wählte, im heutigen Russisch bestätigt meine scheinbar unbegründete Behauptung, daß es den ungebildeten Emporkömmlingen von heute, die sich als sprachkundige Grammatiker bezeichnen und zu allem Überfluß von ihrer Umgebung als solche angesehen werden, gelungen ist, sogar die vom Leben selbst entwickelte Sprache in ein deutsches Ersatzprodukt zu verwandeln.

Ich muß Ihnen hier sagen: als ich die russische Grammatik und die mehrerer anderer moderner Sprachen zu untersuchen begann, um die Ursache der zahlreichen Unstimmigkeiten zu ergründen, die man in ihnen findet, faßte ich aufgrund meiner Neigung zur Philologie den Entschluß, mich auch mit der Geschichte der Entstehung und Entwicklung der russischen Sprache vertraut zu machen.

Diese historischen Untersuchungen lieferten mir den Beweis, daß auch diese Sprache früher über genau passende Wörter verfügt hatte für all die Handlungen, die im Lebensprozeß der Menschen ihren festen Platz haben. Erst als diese Sprache, die im Laufe der Jahrhunderte eine recht hohe Entwicklungsstufe erreicht hatte, ihrerseits ein geeigneter Gegenstand wurde für das *Wetzen von Rabenschnäbeln*, das heißt ein Gegenstand für die Klügeleien einiger ungebildeter Emporkömmlinge, erlitten viele Wörter Entstellungen oder kamen sogar völlig außer Gebrauch, einfach weil sie den Anforderungen der zivilisierten Grammatik nicht genügten. Zu diesen gehörte eben das Wort, das unserem *diaram* entspricht und damals *skasiwaju* lautete.

Es ist erwähnenswert, daß sich dieses Wort bis in unsere Tage erhalten hat, daß es aber in seiner genauen Bedeutung nur von Leuten gebraucht wird, die, obgleich sie zum russischen Volk gehören, durch Zufall dem Einfluß der heutigen Zivilisation entzogen sind, das heißt von Bewohnern ländlicher Gebiete, die weit entfernt sind von jedem Kulturzentrum.

Diese künstlich erfundene Grammatik der modernen Sprachen, die die junge Generation jetzt überall erlernen muß, ist eine der Hauptursachen dafür, daß in den heutigen Europäern nur eine der drei für den Erwerb eines gesunden Geistes erforderlichen unabhängigen Grundlagen sich entwickelt, nämlich das Denken, das in ihrer Individualität meist eine Vorrangstellung einnimmt; während doch jeder Mensch mit normaler Vernunft wissen sollte, daß ohne das Gefühl und den Instinkt wahres, für den Menschen erreichbares Verständnis nicht entstehen kann.

Um all das, was über die Literatur der heutigen Zivilisation gesagt wurde, zusammenzufassen, kann ich keine treffendere Bestimmung finden als diese: Sie hat keine Seele.

Die moderne Zivilisation hat die Seele der Literatur zerstört wie die alles übrigen, worauf sie ihre wohlwollende Aufmerksamkeit richtete.

Meine unerbittliche Kritik an diesem Ergebnis der modernen Zivilisation ist um so gerechtfertigter, als den verläßlichsten historischen Angaben zufolge, die uns aus uralten Zeiten überkommen sind, die Literatur früherer Zivilisationen vielerlei enthielt, um die Entwicklung des menschlichen Geistes zu fördern; und die von Geschlecht zu Geschlecht überlieferten Ergebnisse dieser Entwicklung waren noch Jahrhunderte später spürbar.

Meines Erachtens kann man die Quintessenz einer Idee sehr wohl durch Anekdoten und vom Leben selbst erfundene Sprichwörter mitteilen.

Daher will ich mich, um den Unterschied zwischen der Literatur früherer Zivilisationen und der heutigen zu verdeutlichen, einer Anekdote bedienen, die bei uns in Persien weitverbreitet ist unter dem Titel *Das Gespräch der zwei Spatzen.*

Es wird erzählt, daß eines schönen Tages zwei Spatzen, ein alter und ein junger, auf dem Gesims eines hohen Hauses saßen.

Sie sprachen über einen Vorfall, der unter den Spatzen zur brennenden Tagesfrage geworden war: Die Haushälterin des Mullas hatte an einer Stelle, wo sich die Spatzen zum Spiel versammelten, etwas aus dem Fenster geworfen, was wie Reste von Haferflockenbrei aussah, sich aber als kleingehackter Kork entpuppte; und einige junge und noch unerfahrene Sperlinge, die sich darauf gestürzt hatten, wären beinahe daran krepiert.

Während sie so sprachen, plusterte sich der alte Spatz plötzlich auf und begann mit leidvoller Grimasse unter seinem Flügel nach den Flöhen zu suchen, die ihn peinigten – Flöhe, welche bekanntlich jene Spatzen heimsuchen, die nicht genug zu fressen haben; und als er einen erwischt hatte, sagte er mit tiefem Seufzer:

‹Ach ja, wie die Zeiten sich ändern; unsereins findet heute kaum mehr ein Auskommen.

Früher, da saß man, so wie wir jetzt, irgendwo auf einem Dach und döste ruhig vor sich hin, bis sich plötzlich unten auf der Straße ein Lärm erhob, ein Poltern und Rattern, und alsbald breitete sich ein Duft aus, der dich innerlich frohlocken ließ, denn man konnte sicher sein, wenn man zu der Stelle hinunterflog, wo sich all das ereignet hatte, daß man etwas finden würde, womit man seine wichtigsten Bedürfnisse befriedigen konnte.

Auch heutzutage fehlt es keineswegs an Lärm, Gepolter und Geratter – ganz im Gegenteil – und alle Augenblicke breitet sich ein Geruch aus, doch ein Geruch, der fast unerträglich ist; und wenn man mitunter aus alter Gewohnheit in einem Augenblick der Stille hinunterfliegt, um etwas Nahrhaftes zu suchen, dann kann man mit gespannter Aufmerksamkeit schauen, so viel man will, man findet nichts als ekelerregende Spuren von verbranntem Öl.›

Diese Erzählung spielt, wie Sie sicher bemerkt haben, auf die alten Pferdewagen und die heutigen Autos an, und obwohl die letzteren, wie der alte Spatz sagte, sogar noch mehr Lärm, Gepolter und Geruch verursachen als ihre Vorgänger, haben sie für die Ernährung der Spatzen nicht die geringste Bedeutung.

Und ohne Nahrung ist es selbst für Sperlinge schwierig, eine gesunde Nachkommenschaft hervorzubringen.

Diese Anekdote erläutert vortrefflich, worauf ich im Hinblick auf den Unterschied zwischen der heutigen Zivilisation und den Zivilisationen vergangener Zeitalter aufmerksam machen wollte.

In der modernen Zivilisation dient wie in den alten Zivilisationen die Literatur der Vervollkommnung der Menschheit, allerdings gibt es heutzutage auf diesem Gebiet wie auf allen anderen nichts Brauchbares für dieses wesentliche Ziel. Alles ist nur äußerlich. Alles ist, wie der alte Spatz sagte, bloß Lärm, Geratter und ekelerregender Geruch.

Jeder unparteiische Mensch kann diese meine Ansicht über die gegenwärtige Literatur auf überzeugende Weise bestätigt finden, wenn er auf den Unterschied im Grad der Gefühlsentwicklung achtet zwischen Menschen, die auf dem asiatischen Kontinent geboren wurden und dort ihr ganzes Leben verbringen, und Menschen, die, in Europa geboren, unter den Verhältnissen der heutigen Zivilisation erzogen wurden.

In der Tat, wie sehr viele Menschen bemerkt haben, erreicht bei allen heutigen Bewohnern des asiatischen Kontinents, die aufgrund geographischer oder anderer Umstände dem Einfluß der modernen Zivilisation nicht ausgesetzt sind, das Gefühl eine weit höhere Entwicklungsstufe als bei allen Europäern. Und da das Gefühl die Grundlage des gesunden Menschenverstandes ist, haben diese Asiaten, obgleich sie über weniger Allgemeinbildung verfügen, eine richtigere Auffassung von einem Gegenstand, den sie beobachten, als diejenigen, die zur Elite der heutigen Zivilisation gehören.

In einem Europäer entsteht das Verständnis für einen Gegenstand, den er beobachtet, nur durch eine umfassende *mathematische Kenntnis* desselben, während die meisten Asiaten das Wesen eines beobachteten Gegenstandes manchmal allein mit dem Gefühl und manchmal sogar nur mit dem Instinkt erfassen.»

An diesem Punkt seiner Rede griff der alte persische Gelehrte eine Frage auf, die gegenwärtig viele europäische «Kulturpropagandisten» beschäftigt.

Er sagte:

«Die Menschen Asiens waren eine Zeitlang lebhaft an der europäischen Literatur interessiert; da sie aber bald die ganze Nichtigkeit ihres Inhalts fühlten, ließ ihr Interesse allmählich nach, und heute wird sie kaum noch gelesen.

Zu dieser wachsenden Gleichgültigkeit hat meiner Ansicht nach vor allem jener Zweig der modernen Literatur beigetragen, den man unter dem Namen Romanliteratur kennt.

Diese berühmten Romane bestehen vorwiegend wie gesagt aus endlosen Beschreibungen einer unterschiedlich verlaufenden Krankheit, die unter den heutigen Menschen auftritt und sich durch deren Schwäche und Willenlosigkeit recht lange hinzieht.

Die Asiaten, die von der Mutter Natur noch nicht so weit entfernt sind, betrachten in ihrem Bewußtsein diesen psychischen Zustand, der sich sowohl in Männern wie in Frauen zeigt, ganz allgemein als menschenunwürdig und für den Mann als besonders erniedrigend – und sie fühlen für solche Leute instinktiv Verachtung.

Was nun die anderen Zweige der europäischen Literatur angeht, die wissenschaftlichen Werke, die beschreibenden und all die anderen Formen belehrender Darstellung, so fühlt der Asiate, der das Gefühlsvermögen in geringerem Maße verloren hat, das heißt der Natur nähersteht, so fühlt er halbbewußt und spürt instinktiv den völligen Mangel eines Schriftstellers an Wissen um die Wirklichkeit und an echtem Verständnis des Gegenstandes, über den er schreibt.

Und deshalb hörten die Menschen Asiens, die doch anfangs großes Interesse für europäische Literatur gezeigt hatten, nach und nach auf, ihr Beachtung zu schenken, und heutzutage ignorieren sie sie völlig; wohingegen in Europa die Regale der öffentlichen und privaten Bibliotheken und der Buchladen durch die täglich wachsende Zahl neuer Bücher zusammenbrechen.

Viele von Ihnen werden sich zweifellos fragen, wie sich das, was ich soeben sagte, mit der Tatsache in Einklang bringen läßt, daß die überwältigende Mehrheit der Asiaten streng genommen Analphabeten sind.

Hierauf antworte ich Ihnen, daß der wahre Grund für das fehlende Interesse an moderner Literatur deren eigene Unzulänglichkeit ist.

Ich habe selber gesehen, wie Hunderte von Analphabeten sich um einen einzigen Schriftkundigen versammelten, um der Lesung von heiligen Schriften oder von Erzählungen aus *Tausendundeiner Nacht* zuzuhören.

Sie werden mir natürlich entgegnen, die darin beschriebenen Ereignisse seien aus deren eigenem Leben genommen und seien daher für sie verständlich und interessant. Doch das ist nicht das Wichtige. Diese Texte, und besonders die *Erzählungen aus Tausendundeiner Nacht*, sind echte Werke der Literatur im vollen Sinn des Wortes.

Wer sie liest oder hört, fühlt deutlich, daß alles in ihnen Phantasie ist, doch wahrheitsgemäße Phantasie, so unwahrscheinlich einzelne Episoden auch sein mögen, verglichen mit den gewöhnlichen Lebensumständen der Menschen. Im Leser oder Zuhörer erwacht Interesse: voll Bewunderung für das feinfühlige Verständnis des Autors für die Psyche der Menschen aller Lebenspfade um ihn herum verfolgt er mit Neugier, wie aus kleinen Vorfällen des wirklichen Lebens nach und nach eine ganze Geschichte entsteht.

Die Erfordernisse der modernen Zivilisation haben noch eine andere, sehr typische Form der Literatur hervorgebracht, nämlich den *Journalismus*.

Diese neue Form der Literatur kann ich nicht mit Stillschweigen übergehen, denn abgesehen davon, daß sie zur Entwicklung des Geistes überhaupt nichts beiträgt, wurde sie meines Erachtens wegen ihres unheilvollen Einflusses auf die gegenseitigen Beziehungen der Menschen zu dem Grundübel der heutigen Zeit.

Wenn sich diese Form der Literatur in letzter Zeit weit verbreitet hat, so deshalb, weil sie nach meiner festen Überzeugung besser als alles andere auf die Schwächen und Ansprüche eingeht, die zu wachsender Willenlosigkeit führen. Sie läßt so in den Menschen auch die letzte Möglichkeit verkümmern, daß sie jene Grundlagen erwerben, die ihnen früher eine relative Erkenntnis ihrer eigenen Individualität gestatteten, was allein zur *Selbsterinnerung* führt – jenem absolut notwendigen Faktor in dem Vorgang der Selbstvervollkommnung.

Wegen dieser charakterlosen Tagesliteratur sondert sich das Denken der Menschen überdies noch mehr von ihrer Individualität ab, so daß das Gewissen, das in ihnen von Zeit zu Zeit noch wachgerüttelt wurde, jetzt aufgehört hat, an ihrem Denken teilzunehmen. Sie haben folglich nicht mehr jene Faktoren, die ihnen ehemals ein mehr oder weniger erträgliches Leben gewährten, wenn auch nur im Hinblick auf die gegenseitigen Beziehungen.

Zu unser aller Unglück schwächt diese journalistische Literatur, die sich im Leben der Menschen Jahr für Jahr weiter ausbreitet, den bereits geschwächten menschlichen Geist noch zusätzlich, indem sie ihn widerstandsunfähig allen möglichen Täuschungen und Verblendungen aussetzt, ihn irreführt und von einem halbwegs begründeten Denken abbringt und so in den Menschen, anstelle eines vernünftigen Urteils, unwürdige Eigenschaften anregt wie etwa Skepsis, Empörung, Angst, falsche Scham, Heuchelei, Stolz und so fort.

Um Ihnen die ganze Schädlichkeit dieser neuen Form der Literatur für die Menschen konkreter vor Augen zu führen, will ich Ihnen einige Vorfälle erzählen, die durch Zeitungslektüre ausgelöst wurden und an deren Wirklichkeit für mich kein Zweifel besteht, da es der Zufall wollte, daß ich an ihnen beteiligt war.

In Teheran hatte ich einen engen Freund, einen Armenier, der mich einige Zeit vor seinem Tod zu seinem Testamentsvollstrecker bestimmt hatte.

Er hatte einen schon etwas älteren Sohn, der aus beruflichen Gründen mit seiner kinderreichen Familie in einer europäischen Großstadt lebte. Eines Tages fand man ihn und alle Mitglieder seiner Familie nach einem unheilvollen Abendessen tot auf. Als Testamentsvollstrecker mußte ich mich an den Ort dieses furchtbaren Geschehens begeben.

So erfuhr ich, daß der Vater dieser unglücklichen Familie mehrere Tage hintereinander in einer der Zeitungen, die er bezog, lange Artikel gelesen hatte über eine Fleischerei, in der man, wie es hieß, auf unvergleichlich saubere Weise besondere Würste aus garantiert einwandfreien Produkten herstellte.

Zugleich stieß er in allen Zeitungen immer wieder auf große Inserate dieser neuen Fleischerei.

Schließlich wurde die Versuchung unwiderstehlich; und obwohl weder er noch seine Familie sich sehr viel aus Wurst machten – denn sie waren alle in Armenien aufgewachsen, wo man keine Wurstwaren ißt – kaufte er sich einige Würste. Noch am selben Abend aßen sie sie zum Abendbrot, und die ganze Familie vergiftete sich tödlich.

Da mein Argwohn durch dieses ungewöhnliche Vorkommnis geweckt worden war, gelang es mir etwas später, mit Hilfe eines Beamten der Geheimpolizei das Folgende ans Licht zu bringen:

Eine große Firma hatte zu einem niedrigen Preis eine gewaltige Menge Wurst gekauft, die, ursprünglich für das Ausland bestimmt, infolge einer Verzögerung im Versand nicht angenommen worden war. Um diese Menge so schnell wie möglich loszuwerden, sparte diese Firma nicht mit Geld für Reporter, die sie mit dieser unheilvollen Werbekampagne in den Zeitungen betraute.

Ein anderes Beispiel:

Während eines Aufenthaltes in Baku las ich an mehreren aufeinanderfolgenden Tagen in der örtlichen Presse, die mein Neffe bezog, lange Artikel, sie nahmen fast die halbe Zeitung ein, in denen die wunderbaren Leistungen und Verdienste einer berühmten Schauspielerin überschwänglich gefeiert wurden.

Man sprach von ihr mit solcher Eindringlichkeit und Begeisterung, daß selbst ich alter Mann Feuer und Flamme war und eines

Abends alles, was ich zu tun hatte, beiseite schob, meine festen abendlichen Gewohnheiten änderte und ins Theater ging, um diesen Stern zu sehen.

Und was glauben Sie, was ich sah? Etwas, das auch nur annähernd dem entsprach, was man über sie geschrieben hatte in jenen Artikeln, die eine halbe Zeitung füllten?

Nichts dergleichen.

Im Laufe meines Lebens hatte ich viele Vertreter dieser Kunst erlebt, gute und schlechte, und ich kann ohne Übertreibung sagen, daß ich eine Zeitlang als großer Fachmann auf diesem Gebiet galt.

Ohne nun aber auf meine persönlichen Ansichten über Kunst im allgemeinen einzugehen, sondern von einem alltäglichen Standpunkt aus gesehen, muß ich gestehen, daß ich in meinem ganzen Leben nie jemand Vergleichbares zu dieser Berühmtheit gesehen hatte, was den Mangel an Begabung betrifft und das Fehlen der elementarsten Kenntnisse in der Schauspielkunst.

In allen ihren Darbietungen auf der Bühne zeigte sich ein solcher Mangel an Daseinskraft, daß ich persönlich, selbst in einem Anflug von Altruismus, diesem Wunder nicht die Rolle eines Küchenmädchens in meinem Haus anvertraut hätte.

Wie ich später erfuhr, hatte ein Industrieller aus Baku – ein typischer Raffineriebesitzer, der zufällig reich geworden war – mehreren Reportern eine hübsche Summe zukommen lassen mit dem Versprechen, sie zu verdoppeln, wenn es ihnen gelänge, eine Berühmtheit aus seiner Geliebten zu machen, einem bisherigen Zimmermädchen im Haus eines russischen Ingenieurs, das er während geschäftlicher Besuche bei diesem Ingenieur verführt hatte.

Noch ein Beispiel:

In einer weit verbreiteten deutschen Zeitung las ich von Zeit zu Zeit hehre Loblieder auf einen Maler; und aufgrund dieser Artikel entstand in mir die Meinung, daß dieser Künstler eine Art Phänomen sei in der modernen Kunst.

Mein Neffe hatte sich in der Stadt Baku gerade ein Haus gebaut, das er im Hinblick auf seine Hochzeit im Inneren reich auszugestalten beschloß. Da er in jenem Jahr zweimal auf ergiebige Ölvorkommen gestoßen war, die ihm ansehnliche Gewinne in Aussicht stellten, empfahl ich ihm, keine Kosten zu scheuen und jenen berühmten Maler kommen zu lassen, damit der die Innenausstattung des Hauses überwache und einige Fresken male. So würden seine gewaltigen Ausgaben wenigstens seinen Nachfahren zugute kommen, die die Fresken und andere Werke dieses unvergleichlichen Meisters erben würden.

Mein Neffe befolgte meinen Rat. Er überbrachte diesem berühmten europäischen Künstler die Einladung sogar selbst. Und bald darauf traf der Maler auch ein, der einen ganzen Schwarm von Assistenten und Handwerkern mitbrachte und sogar, wie mir schien, einen eigenen Harem – natürlich im europäischen Sinn des Wortes. Und ohne jede Eile machte er sich schließlich an die Arbeit.

Das Ergebnis der Arbeit dieser Berühmtheit war, daß erstens die Hochzeit verschoben wurde und daß man zweitens ziemlich viel Geld ausgeben mußte, um den ursprünglichen Zustand wiederherzustellen, damit danach einfache persische Handwerker alles in einer dem echten Kunstsinn gemäßeren Weise dekorieren, bemalen und ausschmücken konnten.

Doch um den Journalisten Gerechtigkeit widerfahren zu lassen – in diesem Fall beteiligten sie sich nahezu uneigennützig an der Karriere dieses Malerlings, einfach aus Kameradschaft und in einer bescheidenen Nebenbeschäftigung.

Als letztes Beispiel will ich Ihnen eine schlimme Geschichte erzählen, die durch einen Oberbonzen dieser besonders schädlichen heutigen Literatur verursacht wurde.

In der Zeit, da ich in der Stadt Chorassan lebte, begegnete ich eines Tages in dem Haus von gemeinsamen Bekannten einem jungen europäischen Paar und freundete mich mit ihnen an. Sie kamen mehrmals nach Chorassan, aber jedesmal nur für kurze Zeit.

Auf Reisen in Begleitung seiner jungen Frau sammelte mein neuer Freund Informationen und machte Analysen, um die Wirkung des Nikotins verschiedener Tabaksorten auf den Organismus und die Psyche des Menschen zu bestimmen.

Nachdem er in mehreren asiatischen Ländern die nötigen Materialien zu diesem Problem zusammengetragen hatte, kehrte er mit seiner Frau nach Europa zurück und begann, ein umfangreiches Buch über die Ergebnisse seiner Forschungsarbeit zu schreiben.

Da die junge Frau offensichtlich aufgrund ihrer Jugend und Unerfahrenheit die Notwendigkeit der Vorsorge für Schlechtwetterperioden nicht beachtet und während dieser Reisen alle ihre Geldmittel ausgegeben hatte, sah sie sich genötigt, um ihrem Mann die Möglichkeit zu geben, sein Buch zu Ende zu schreiben, in einem großen Verlagshaus eine Stelle als Stenotypistin anzunehmen.

In diesem Verlagshaus verkehrte ein gewisser Literaturkritiker, der ihr dort häufig begegnete. Er entbrannte, wie man sagt, in Liebe zu ihr und versuchte in dem Bestreben, seine Begierde zu befriedigen, intime Beziehungen mit ihr anzuknüpfen. Doch als ehrenhafte Frau, die ihre Pflicht kannte, ging sie auf seine Annäherungsversuche nicht ein.

Während in dieser treuen Gattin eines europäischen Mannes die Moral triumphierte, nährte dieser in jeder Hinsicht widerwärtige Zeitgenosse in dem Maße, wie seine Lust unbefriedigt blieb, in sich das Verlangen nach Rache, wie es für solche Leute üblich ist; und durch alle möglichen Intrigen gelang es ihm, daß sie ohne jeden Grund ihre Stelle verlor. Als dann ihr Mann, mein junger Freund, sein Buch abgeschlossen und veröffentlicht hatte, machte sich dieses Pestgeschwür unserer Zeit daran, aus Rachsucht in der Zeitung, deren Mitarbeiter er war, und selbst in anderen Zeitungen und Zeitschriften, eine ganze Serie von Artikeln zu schreiben, die durch ihre falschen Darstellungen das Buch so sehr im Mißkredit brachten, daß es ein völliger Mißerfolg wurde, das heißt, daß keiner sich dafür interessierte oder es kaufte.

Und so spitzten sich durch die Machenschaften eines dieser skrupellosen Vertreter jener charakterlosen Literatur die Dinge derart zu, daß dieser redliche Forscher und seine geliebte Frau, nachdem sie ihr letztes Geld aufgebraucht hatten und nicht einmal mehr Brot kaufen konnten, sich in gegenseitigem Einverständnis erhängten.

Meiner Ansicht nach sind die Literaturkritiker durch ihr Ansehen und ihren Einfluß als Schriftsteller auf die breite Masse der naiven und leicht beeindruckbaren Menschen tausendmal schädlicher als all die sabbernden Reporterknaben.

Ich kannte zum Beispiel einen Musikkritiker, der niemals in seinem Leben ein Musikinstrument in der Hand gehabt hatte und folglich kein praktisches Musikverständnis besaß: er wußte nicht einmal, was ein Klang ist oder was der Unterschied ist zwischen den Tönen c und d. Doch aufgrund der Anomalien der modernen Zivilisation nahm er die verantwortliche Stelle eines Musikkritikers ein und wurde für die Leser einer angesehenen und weitverbreiteten Zeitung zu einer Autorität. Und natürlich ließen seine auf völligem Unverständnis beruhenden Hinweise in den Lesern unausrottbare Ansichten über das Thema Musik entstehen – jenes Thema, das eigentlich gleich einem Leuchtfeuer sein sollte für das richtige Verstehen einer Seite der Wahrheit.

Die Öffentlichkeit weiß nie, wer da schreibt; sie kennt nur die Zeitung, die einer Gruppe routinierter Geschäftsleute gehört.

Was die, die in diesen Blättern schreiben, wirklich wissen, oder was in der Redaktion hinter den Kulissen vor sich geht, erfährt der Leser niemals; daher nimmt er alles, was in den Zeitungen steht, für bare Münze.

Nach meiner felsenfesten Überzeugung – und jeder mehr oder weniger unparteiisch Denkende wird zu der gleichen Feststellung kommen – erwirbt ein Mensch, der sich durch die in der heutigen Zivilisation vorhandenen Mittel zu entwickeln versucht, aufgrund dieser journalistischen Literatur ein Denkvermögen, das bestenfalls der ‹ersten Edisonschen Erfindung› entspricht, und was die Empfindungsfähigkeit angeht, so entwickelt er in sich, wie Mulla Nassr Eddin sagen würde, das ‹Feingefühl einer Kuh›.

Die führenden Leute der modernen Zivilisation, die auf einer sehr niedrigen Stufe der moralischen und psychischen Entwicklung stehen, sind gleich Kindern, die mit dem Feuer spielen, außerstande, die Kraft und Tragweite der Wirkung solcher Literatur auf die breite Masse der Menschen zu erkennen.

Nach dem Eindruck zu urteilen, den das Studium der Alten Geschichte in mir hinterließ, hätten die führenden Köpfe früherer Zivilisationen es nie zugelassen, daß eine derartige Anomalie so lange andauert.

Diese meine Auffassung wird durch uns überlieferte zuverlässige Nachrichten bestätigt, in denen davon die Rede ist, welch wachsame Haltung die Herrscher unseres Landes vor nicht so langer Zeit gegenüber der Tagesliteratur einnahmen, einer Zeit, da dieses Land zu den bedeutendsten Nationen zählte, das heißt, da Babylon als das einzige allgemein anerkannte Kulturzentrum auf der Erde zu uns gehörte.

Diesen Nachrichten zufolge gab es auch dort eine Tagespresse in Form bedruckter Papyri, natürlich in sehr viel geringerer Menge als heute. Doch damals waren die Mitarbeiter dieser literarischen Zeitschriften nur ältere und befähigte Menschen, die wegen ihrer bedeutenden Verdienste und ihres ehrbaren Lebens allgemein bekannt waren. Es bestand sogar eine Regel, nach der solche Menschen erst nach einer Eidesleistung zur Ausübung ihrer Tätigkeit zugelassen wurden; und sie hießen daher vereidigte Mitarbeiter, so wie es heute vereidigte Sachverständige, Geschworene und so weiter gibt.

Dagegen kann heutzutage jeder Grünschnabel Journalist werden, sofern er es versteht, sich hübsch und, wie man sagt, literarisch auszudrücken.

Die Psyche und das Wesen dieser Ausgeburten der modernen

Zivilisation, die die Zeitungen und Zeitschriften mit ihren Hirngespinsten füllen, lernte ich besonders gut kennen und im allgemeinen einschätzen, da ich in der Stadt Baku drei oder vier Monate lang Gelegenheit hatte, jeden Tag mit ihnen zusammenzutreffen und einen Meinungsaustausch zu führen.

Ich hatte mich nach Baku begeben, um den Winter bei meinem Neffen zu verbringen. Eines Tages kamen mehrere junge Leute zu ihm und baten ihn um die Erlaubnis, in einem der Säle im Erdgeschoß seines Hauses, in denen er ursprünglich ein Restaurant hatte einrichten wollen, Sitzungen ihrer ‹Neuen Gesellschaft der Literaten und Journalisten› abhalten zu dürfen.

Mein Neffe gab sofort seine Einwilligung, und vom nächsten Tag an kamen diese jungen Leute abends in seinem Haus zu ihren, wie sie es nannten, Hauptversammlungen und gelehrten Debatten zusammen.

Außenstehende waren zu diesen Versammlungen zugelassen, und da ich des Abends frei war und mein Zimmer neben ihrem Tagungsraum lag, hörte ich bei ihren Diskussionen häufig zu. Bald sprachen mich einige von ihnen an, und allmählich entstanden zwischen uns freundschaftliche Beziehungen.

Die meisten waren noch sehr jung, schwach und verweichlicht; und bei einigen verrieten die Gesichtszüge, daß sich ihre Eltern aus Willensschwäche dem Trunk oder anderen Leidenschaften hingegeben hatten oder daß die Besitzer dieser Gesichter selber schlechten Gewohnheiten verfallen waren, die sie vor anderen verbargen.

Wenngleich Baku nur eine kleine Stadt ist, verglichen mit den meisten großen Städten von heute, und die Zeitgenossen, die sich dort versammelten, bestenfalls ‹niedrig fliegende Vögel› waren, habe ich nicht die geringsten Bedenken, verallgemeinernd alle ihre Kollegen in einen Topf zu werfen.

Und ich fühle mich deshalb dazu berechtigt, weil ich später während meiner Reisen in Europa oft mit Vertretern dieser modernen Literatur in Berührung kam und sie alle auf mich denselben

Eindruck machten: nämlich einander zu gleichen wie ein Ei dem anderen.

Der einzige Unterschied zwischen ihnen lag in dem Grad ihrer Bedeutung, die von dem literarischen Organ abhing, für das sie schrieben, das heißt von dem Ruf und der Auflage der Zeitung oder Zeitschrift, in der ihre Hirngespinste erschienen, oder von der Solidität des Wirtschaftsunternehmens, dem das betreffende Organ samt allen seinen literarischen Arbeitern gehörte.

Viele von ihnen heißen aus irgendeinem Grund Dichter. Gegenwärtig wird in ganz Europa jedem, der ein kurzes Stück Unsinn verfaßt wie etwa:

Grüne Rosen
Purpurmimosen
Göttlich sind ihre Posen
Gleich hängenden Gedenklosen

und so weiter, von seiner Umgebung der Titel Dichter zuerkannt; und manch einer setzt diesen Titel sogar auf seine Visitenkarte.

Bei diesen heutigen Journalisten und Schreibern ist der Korpsgeist stark entwickelt, sie unterstützen sich bei jeder Gelegenheit und loben einander über den grünen Klee.

Mir scheint sogar, dieser Zug ist die Hauptursache für ihren zunehmenden Einfluß und ihr unberechtigtes Ansehen bei der breiten Masse und für die unbewußte, kriecherische Lobhudelei, die die Menge gegenüber diesen Nullen, als welche man sie mit reinem Gewissen bezeichnen kann, an den Tag legt.

Bei den erwähnten Zusammenkünften in Baku stieg gewöhnlich einer von ihnen auf das Podium und las etwas vor in der Art der Verse, die ich soeben anführte, oder sprach darüber, warum der Minister irgendeines Staates sich während eines Banketts zu irgendeiner Frage so und nicht anders geäußert habe; danach beendete er in den meisten Fällen seine Rede mit einer Ankündigung folgender Art:

‹Ich übergebe jetzt einer einzigartigen Leuchte der Gelehrsamkeit in unserer Zeit das Wort, Herrn Soundso, der in einer äußerst wichtigen Angelegenheit durch Zufall in unsere Stadt gekommen ist und so liebenswürdig war, an unserer heutigen Versammlung teilnehmen zu wollen. So wird uns jetzt die hohe Ehre zuteil, seiner bezaubernden Stimme mit eigenen Ohren zuhören zu können.›

Und wenn dann diese Berühmtheit auf dem Podest erschien, begann sie ihre Rede gewöhnlich mit diesen Worten:

‹Meine verehrten Damen und Herren! Mein Kollege war so bescheiden, mich eine Berühmtheit zu nennen.› (Hier muß darauf hingewiesen werden, daß er nicht hatte hören können, was sein Kollege gesagt hatte, da er aus einem anderen Zimmer gekommen war, dessen Tür geschlossen war.)

‹Offen gestanden, bin ich im Vergleich zu ihm nicht einmal würdig, mich in seiner Gegenwart hinzusetzen.

Nicht ich bin eine Berühmtheit, sondern er – ist er doch nicht nur in unserem gesamten großen Rußland bekannt, sondern in der ganzen zivilisierten Welt. Seinen Namen wird die Nachwelt mit Herzklopfen aussprechen, und keiner wird je vergessen, was er für die Wissenschaft und das Wohl der Menschheit getan hat.

Wenn dieser Halbgott der Wahrheit gegenwärtig in dieser unbedeutenden Stadt lebt, so nicht durch Zufall, wie es scheinen mag, sondern wohl aus gewichtigen Gründen, die nur er kennt.

Sein wahrer Platz ist nicht unter uns, sondern an der Seite der alten olympischen Götter›, und so weiter und so fort.

Erst nach einer solchen Vorrede gab diese neue Berühmtheit einige Absurditäten von sich, z.B. über das Thema: Warum die Sirikizi gegen die Parnakalpi Krieg führten.

Nach diesen gelehrten Sitzungen gab es stets ein Essen mit zwei Flaschen billigem Wein. Viele ließen etwas von der Vorspeise in ihren Taschen verschwinden – eine Scheibe Wurst oder einen Hering mit einem Stück Brot, und wenn dies jemand zufällig bemerkte, sagte der Betreffende lässig: ‹Das ist für meinen Hund; der

Schelm hat seine Gewohnheiten und erwartet immer etwas, wenn ich spät nach Hause komme.›

Am nächsten Tag erschien in allen örtlichen Zeitungen ein Bericht über die Versammlung, der in einem unglaublich bombastischen Stil abgefaßt war; die Reden waren mehr oder weniger genau zitiert, aber natürlich wurde nicht erwähnt, wie bescheiden das Abendessen gewesen war und daß man sich mit einem Stück Wurst davongemacht hatte... für den Hund.

Solche Leute schreiben in den Zeitungen über alle möglichen ‹Wahrheiten› und wissenschaftlichen Entdeckungen. Und der naive Leser, der sie nicht sieht und ihr Leben nicht kennt, bildet sich eine Meinung über Ereignisse und Ideen aus dem Geschwafel dieser Schreiberlinge, die offensichtlich krank, unerfahren und hinsichtlich des Sinns des menschlichen Lebens ungebildet sind.

In fast allen Städten Europas sind die Verfasser von Büchern und Zeitungsartikeln, mit ganz wenigen Ausnahmen, genau solche unreifen Wirrköpfe, die vor allem durch ihre Erbanlagen und ihre spezifischen Schwächen zu dem wurden, was sie sind.

Meiner Ansicht nach kann es nicht den geringsten Zweifel geben: Diese journalistische Literatur ist wegen ihrer demoralisierenden und verderblichen Wirkung auf die Psyche der Menschen die wichtigste und offenkundigste aller Ursachen für die vielen Anomalien in der heutigen Zivilisation. Zu meinem großen Erstaunen hat von all den Regierungen der Völker der heutigen Zivilisation keine einzige dies je bemerkt, und obwohl jede mehr als die Hälfte der Staatseinkünfte für den Unterhalt von Polizei, Gefängnissen, Justizbehörden, Kirchen, Krankenhäusern usw. ausgibt und zahllose Beamte, Priester, Ärzte, Geheimpolizisten, Staatsanwälte, Propagandisten und dergleichen bezahlt, nur um die Treue und Moral ihrer Bürger aufrechtzuerhalten, gibt keine auch nur einen Pfennig aus, um diese offensichtliche Ursache vieler Verbrechen und Mißverständisse mit der Wurzel auszureißen.»

So endete die Rede des alten gebildeten Persers.

Nun denn, tapferer Leser (der du vielleicht schon kalte Füße bekommst), da ich nun mit dieser Rede fertig bin – die ich nur deshalb hier einfügte, weil meiner Meinung nach die in ihr formulierten Gedanken sehr lehrreich und nützlich sein können für jene naiven Zeitgenossen, die die heutige Zivilisation im Hinblick auf die Vervollkommnung der menschlichen Vernunft für unvergleichlich höher halten als die früheren Zivilisationen – kann ich jetzt diese Einleitung abschließen und mich an die Überarbeitung des Materials machen, das für diese Serie meiner Werke bestimmt ist.

Wie ich mit dem Umschreiben dieses Materials beginne, in der Absicht, ihm eine möglichst verständliche Form zu geben, kommt mir der Gedanke, daß auch diese meine Arbeit in Übereinstimmung mit einer sehr vernünftigen Lebensregel durchgeführt werden sollte, auf die unser großer Mulla Nassr Eddin häufig hinwies und die er so formulierte: *Bemühe dich ständig und in allem, das Nützliche für die anderen mit dem Angenehmen für dich selbst zu verbinden.*

Um die erste Hälfte dieser sehr vernünftigen Regel unseres verehrten Lehrers brauche ich mir keine Sorge zu machen, denn die Ideen, die ich in diese Serie aufzunehmen gedenke, entsprechen ihr voll und ganz. Was allerdings das Angenehme für mich selbst anbelangt, so möchte ich es dadurch erreichen, daß ich diesem Material eine Darstellungsform gebe, die mir das Leben, verglichen mit dem, das ich vor meiner Tätigkeit als Schriftsteller hatte, in mancher Hinsicht erträglicher machen wird.

Damit man verstehen kann, was ich mit dem Ausdruck «ein erträgliches Leben» meine, muß gesagt werden, daß nach allen meinen Reisen in jene Länder Asiens und Afrikas, die aus irgendeinem Grund in den letzten fünfzig Jahren viele Leute zu interessieren begannen, ich seit langem als Zauberer und Fachmann für «Fragen nach dem Jenseits» gelte.

Und folglich meinten alle, die mit mir zusammentrafen, sie hätten zur Befriedigung ihrer müßigen Neugier hinsichtlich dieser Frage nach dem Jenseits das Recht, mich zu stören oder mich zu zwingen, ihnen etwas über mein persönliches Leben oder irgendein Vorkommnis während meiner Reisen zu erzählen.

Und ganz gleich, wie müde ich war, ich mußte etwas antworten, sonst hätten sie sich beleidigt gefühlt und hätten sich in ihrem Mißmut stets boshaft über mich ausgelassen, um mich und meine Tätigkeiten in Verruf zu bringen.

Deshalb habe ich beschlossen, bei der Überarbeitung des Materials für diese Serie ihm die Form von Einzelerzählungen zu geben, in welche verschiedene Gedanken eingefügt würden, die als Antworten dienen können auf viele der mir häufig gestellten Fragen, so daß, falls ich erneut mit dreisten Müßiggängern zu tun haben sollte, ich sie einfach auf dieses oder jenes Kapitel zu verweisen vermag, das ihre automatische Neugier befriedigen kann. Und dies wird mir zugleich die Möglichkeit geben, mich mit einigen von ihnen, wie sie es gewohnt sind, nur entsprechend dem Strom der Assoziationen zu unterhalten, und wird so meinem aktiven Denken hin und wieder eine Atempause verschaffen, die unerläßlich ist für die bewußte und gewissenhafte Erfüllung der Pflichten im Leben.

Von den Fragen, die mir Menschen aller Klassen und aller Bildungsgrade oft stellten, kehrten die folgenden am häufigsten wieder:

1. Welchen bemerkenswerten Menschen ich begegnet sei?
2. Welche Wunder ich gesehen hätte?
3. Ob der Mensch eine Seele habe und sie unsterblich sei?
4. Ob der Wille des Menschen frei sei?
5. Was das Leben sei, und warum es das Leiden gebe?
6. Ob ich an die Lehre des Okkultismus und des Spiritismus glaube?
7. Was Hypnose, Magnetismus und Telepathie seien?
8. Wie mein Interesse an diesen Fragen erwacht sei?
9. Was mich veranlaßt habe, mein System zu entwickeln und in dem Institut, das meinen Namen trägt, in die Praxis umzusetzen?

Ich werde also jetzt diese Serie in einzelne Kapitel einteilen, die ausnahmslos Antworten sind auf die erste der angeführten Fragen, nämlich: welchen bemerkenswerten Menschen ich begegnet sei? In diesen Erzählungen werde ich all die Ideen und Gedanken, die ich in dieser Serie bekanntmachen möchte, nach dem Prinzip der logischen Aufeinanderfolge anordnen, damit sie als vorbereitende Baustoffe dienen können, und gleichzeitig werde ich all die anderen Fragen beantworten, die mir oft gestellt wurden. Darüber hinaus will ich diese Erzählungen in eine solche Abfolge zusammenstellen, daß dabei die Umrisse einer Autobiographie deutlich hervortreten.

Ehe ich weitergehe, halte ich es für notwendig, den Ausdruck «bemerkenswerter Mensch» zu erklären, denn wie alle festen Begriffe wird er von den heutigen Menschen ständig in einem relativen, das heißt subjektiven Sinn verstanden.

Zum Beispiel ist für viele Leute ein Taschenspieler ein bemerkenswerter Mensch, sobald sie allerdings das Geheimnis seiner Kunststücke erfahren, hört er in ihren Augen auf, bemerkenswert zu sein.

Um zu definieren, wer als bemerkenswert angesehen und bezeichnet werden kann, will ich, um es kurz zu machen, einstweilen nur sagen, auf welche Menschen ich persönlich diesen Ausdruck anwende.

Nach meinem Dafürhalten kann allein der Mensch bemerkenswert genannt werden, der durch seine Geistesgaben sich von seiner Umgebung deutlich abhebt und der sich bei den Äußerungen, die von seiner Natur herrühren, beherrschen kann, wobei er sich zugleich gerecht und tolerant zeigt gegenüber den Schwächen der anderen.

Da der erste derartige Mensch, den ich kennenlernte und dessen Einfluß in meinem ganzen Leben Spuren hinterließ, mein Vater war, werde ich mit ihm beginnen.

MEIN VATER

In den letzten Jahrzehnten des vorigen und in den ersten Jahren dieses Jahrhunderts besaß mein Vater großes Ansehen als *Aschoch,* das heißt als Dichter und Erzähler. Er war bekannt unter dem Namen Adasch, und wenngleich er kein berufsmäßiger Aschoch war, sondern nur ein Amateur, erfreute er sich bei den Bewohnern zahlreicher Gebiete Transkaukasiens und Kleinasiens großer Beliebtheit.

Mit dem Namen Aschoch bezeichnet man überall in Asien und auf dem Balkan die lokalen Barden, die Lieder, Gedichte, Legenden, Volkssagen und Geschichten aller Art verfassen, vortragen und singen.

Obwohl die Menschen, die ein solche Laufbahn einschlugen, früher in den meisten Fällen nicht lesen und schreiben konnten, da sie als Kinder nicht einmal eine Volksschule besucht hatten, besaßen sie gleichwohl ein solches Gedächtnis und eine so rasche Auffassungsgabe, daß es für heutige Begriffe fast ans Wunderbare grenzt.

Sie kannten nicht nur unzählige und oft sehr lang ausgesponnene Erzählungen und Gedichte auswendig und sangen die verschiedensten Melodien aus dem Gedächtnis, sondern sie trugen auch, ihrer eigenen «subjektiven Eingebung» folgend, Improvisationen über bekannte Themen vor, wobei sie die passenden Reime und wechselnden Rhythmen mit erstaunlicher Schnelligkeit zu finden wußten.

Heute würde man nach Menschen mit solchen Fähigkeiten vergebens suchen. Schon im meiner Kindheit sagte man, daß sie immer seltener würden.

Ich lernte mehrere von ihnen kennen, einige der berühmtesten jener Zeit, und ihre Gesichter prägten sich meinem Gedächtnis tief ein.

Die Gelegenheit, sie zu hören, verdanke ich meinem Vater, der mich als Kind manchmal zu den Sängerwettbewerben mitnahm, auf denen Dichter-Aschochs aus vielen Ländern: aus Persien, der Türkei, dem Kaukasus und sogar aus verschiedenen Teilen Turkestans, vor einer großen Volksmenge in Improvisation und Gesang miteinander wetteiferten.

Das spielte sich gewöhnlich auf folgende Weise ab:

Einer der Teilnehmer an einem solchen Wettstreit, der durch das Los bestimmt worden war, stellte, eine improvisierte Melodie singend, seinem Gegenüber eine religiöse oder philosophische Frage, oder er fragte ihn nach dem Sinn und Ursprung einer bekannten Legende, einer Überlieferung oder einer Glaubensauffassung. Der andere antwortete darauf mit einer eigenen improvisierten Melodie; und diese subjektiven Melodien mußten immer miteinander übereinstimmen, sowohl in der Tonart wie auch in dem, was die echte Musikwissenschaft den *ansapalnischen Widerhall* nennt.

Alles wurde in Versen gesungen, vornehmlich auf Turkotatarisch, das damals die gemeinsame Sprache der verschiedenen Völker dieser Gegend war, von denen jedes einen eigenen Dialekt hatte.

Ein solcher Wettbewerb dauerte Wochen, manchmal sogar Monate und endete mit der Verteilung von Preisen und Geschenken. Sie bestanden gewöhnlich aus Tieren, Teppichen oder anderen Wertsachen und wurden von den Zuhörern denjenigen Sängern zuerkannt, die sich nach einstimmigem Urteil besonders ausgezeichnet hatten.

In meiner Kindheit konnte ich drei großen Wettbewerben beiwohnen. Der erste fand in der Türkei in Van statt, der zweite in Aserbeidschan in der Stadt Karabach, der dritte in der Gegend von Kars in der kleinen Stadt Subatan.

In den Städten Alexandropol und Kars, wo meine Familie lebte, wurde mein Vater oft zu abendlichen Veranstaltungen eingeladen, zu denen man eigens kam, um seine Geschichten und Lieder zu hören.

Je nach Wunsch der Anwesenden erzählte er die eine oder andere Legende, von denen er unzählige kannte, oder gab die Dialoge zwischen den verschiedenen Personen als Gesang wieder.

Eine ganze Nacht war manchmal nicht lang genug, um mit einer Geschichte zu Ende zu kommen, so daß sich die Zuhörer am folgenden Abend erneut versammelten.

Am Abend vor Sonn- und Feiertagen, an denen wir Kinder am nächsten Morgen nicht früh aufstehen mußten, erzählte mein Vater uns gewöhnlich eine Geschichte von den großen Völkern des Altertums und von bemerkenswerten Menschen oder von Gott, der Natur oder geheimnisvollen Wundern; und immer schloß er mit einer Erzählung aus *Tausendundeiner Nacht*, von denen er so viele kannte, daß er sie uns sicherlich tausendundeine Nacht lang hätte erzählen können.

Unter den starken Eindrücken, die diese Geschichten meines Vaters in mir zurückließen und die mein ganzes Leben prägten, ist einer, der mir in späteren Jahren vielleicht nicht weniger als fünfmal als «vergeistigender Faktor» diente und in mir ein Verständnis für das Nichtverstehbare weckte.

Dieser starke Eindruck, der mir später als vergeistigender Faktor diente, kristallisierte sich in mir, als mein Vater eines Tages die *Legende von der vorsintflutlichen Sintflut* erzählte und sang und darüber zwischen ihm und einem seiner Freunde eine Diskussion entstand.

Dies geschah zu einer Zeit, da mein Vater unter dem Druck der Verhältnisse genötigt war, den Beruf des Tischlers auszuüben.

Der betreffende Freund besuchte ihn oft in seiner Werkstatt, und manchmal verbrachten sie die ganze Nacht damit, den Sinn alter Legenden und Sprüche zu enträtseln.

Dieser Freund meines Vaters war niemand anders als der Erzpriester der Garnisonskirche von Kars, Vater Borsch, der Mann, der bald mein erster Lehrer werden sollte, der Gründer und Schöpfer meiner jetzigen Individualität, anders gesagt, *der dritte Aspekt meines inneren Gottes.*

In der Nacht, in der diese Diskussion stattfand, befand ich mich in der Werkstatt zusammen mit meinem Onkel, der aus einem benachbarten Dorf, wo er große Gemüsegärten und Weinberge besaß, in die Stadt gekommen war.

Mein Onkel und ich saßen auf weichen Hobelspänen ruhig in einer Ecke und hörten dem Gesang meines Vaters zu, der die Legende von dem babylonischen Helden Gilgamesch erzählte und uns ihren Sinn erklärte.

Die Auseinandersetzung entstand, als mein Vater den 21. Gesang dieser Legende beendet hatte, in welchem ein gewisser Ut-Napischtim Gilgamesch erzählt, wie das Land Schurupak durch Überschwemmung vernichtet wurde.

Als mein Vater nach diesem Gesang anhielt, um seine Pfeife zu stopfen, sagte er, seiner Meinung nach stamme die Gilgamesch-Legende von den Sumerern, einem viel älteren Volk als die Babylonier, ohne Zweifel rühre die Geschichte von der Sintflut in der hebräischen Bibel von dieser Legende her, und sie sei ein wichtiger Bestandteil der christlichen Weltanschauung; nur die Namen und verschiedene Einzelheiten seien an einigen Stellen geändert worden.

Dem widersprach der Erzpriester und brachte viele Gegenargumente vor, und die Diskussion wurde bald so hitzig, daß sie sogar vergaßen, mich ins Bett zu schicken, was sie gewöhnlich in einem solchen Fall taten.

Mein Onkel und ich verfolgten diese Auseinandersetzung mit so großem Interesse, daß wir, ohne uns zu rühren, bis zum Morgengrauen auf den weichen Hobelspänen liegen blieben, bis mein Vater und sein Freund ihre Diskussion endlich beendeten und auseinandergingen.

Dieser 21. Gesang wurde in jener Nacht so oft wiederholt, daß er sich meinem Gedächtnis fürs ganze Leben einprägte.

Es hieß dort:

Ich werde dir, Gilgamesch,
Ein trauriges Geheimnis der Götter offenbaren:
Wie sie einst zusammenkamen
Und beschlossen, das Land Schurupak zu überfluten.
Ohne seinem Vater Anu etwas zu sagen,
Noch dem Herrn, dem großen Enlil,
Noch dem, der das Glück verteilt, Nemuru,
Nicht einmal dem Fürsten der Unterwelt, Enua,
Rief der helläugige Eya seinen Sohn Ubaretut zu sich
Und sagte ihm: «Mein Sohn, baue dir eigenhändig ein Schiff;
Nimm deine Nächsten mit
Sowie Vierfüßer und Vögel deiner Wahl,
Denn unwiderruflich haben die Götter beschlossen,
Das Land Schurupak zu überfluten.»

Die Diskussion über ein solches Thema zwischen diesen beiden Männern, die bis ins vorgerückte Alter verhältnismäßig normal gelebt hatten, führte durch das Material, das sich in mir in der Kindheit aus den starken Eindrücken entwickelte, die ich während dieser Auseinandersetzung empfing, zu günstigen Ergebnissen für die Bildung meiner Individualität. Übrigens wurde mir das erst viel später, genau vor dem Weltkrieg, bewußt; doch seit der Zeit haben diese Ergebnisse nicht mehr aufgehört, für mich der vergeistigende Faktor zu sein, von dem ich sprach.

Der anfängliche Schock für meine Gedanken- und Gefühlsassoziationen, der zu dieser Erkenntnis führte, entstand aus folgendem:

Ich las eines Tages in einer Zeitschrift einen Artikel, in dem berichtet wurde, daß man unter den Ruinen Babylons einige Schrifttafeln gefunden habe, von denen die Gelehrten behaupteten, sie seien nicht weniger als viertausend Jahre alt. In der Zeitschrift waren auch der Text und dessen Übersetzung abgedruckt – es war die Legende vom Helden Gilgamesch.

Als ich erkannte, daß es die gleiche Legende war, die ich als Kind so oft von meinem Vater gehört hatte, und besonders als ich in diesem Text den 21. Gesang der Legende in fast der gleichen Fassung wiederfand wie in der Erzählung meines Vaters, ergriff mich eine starke «innere Erregung», als ob mein ganzes Schicksal davon abhinge. Was mich besonders beeindruckte, war die mir noch unerklärliche Tatsache, daß diese Legende durch Generationen von Aschochs über Jahrtausende hinweg bis in unsere Tage in fast unveränderter Form hatte überliefert werden können.

Als mir nach diesem Ereignis das segensreiche Ergebnis der Eindrücke, die ich in meiner Kindheit durch die Erzählungen meines Vaters empfangen hatte, schließlich klar wurde – ein Ergebnis, das in meinem Wesen jenen vergeistigenden Faktor kristallisierte, der mir das Verständnis eröffnete für das, was gewöhnlich nicht verstehbar erscheint –, da bedauerte ich oft, daß ich zu spät begonnen hatte, den alten Legenden die große Bedeutung beizumessen, die sie, wie ich jetzt einsehe, wirklich haben.

Eine andere Legende, die ich von meinem Vater über dieselbe

vorsintflutliche Sintflut gehört hatte, gewann für mich nach diesem Ereignis eine ganz besondere Bedeutung.

In dieser Legende wurde berichtet, daß vor langer, langer Zeit, siebzig Generationen vor der letzten Sintflut – und eine Generation zählte damals hundert Jahre – zu der Zeit, als noch Land war, wo jetzt Wasser ist, und Wasser war, wo jetzt Land ist, es eine große Zivilisation gab, deren Mittelpunkt die Insel Haninn bildete, die selbst der Mittelpunkt der Erde war.

Die Insel Haninn lag, wie ich aus anderen geschichtlichen Angaben erfuhr, ungefähr dort, wo heute Griechenland liegt.

Die einzigen Menschen, die diese erste Sintflut überlebten, waren einige Mitglieder einer Bruderschaft, die *Imastun** hieß und eine ganze Kaste bildete. Diese Brüder waren einst auf der ganzen Erde vertreten, aber der Hauptsitz ihrer Bruderschaft befand sich auf dieser Insel.

Die Imastun waren Gelehrte. Sie beschäftigten sich unter anderem mit der Astrologie, und gerade vor jener Sintflut hatten sie sich über die ganze Erde verteilt, um die Himmelsphänomene von verschiedenen Orten aus zu beobachten. Aber wie weit sie auch voneinander entfernt waren, sie blieben ständig miteinander in Verbindung und berichteten mit Hilfe der Telepathie dem Zentrum ihrer Gemeinschaft von ihrer Forschung.

Dazu gebrauchten sie Pythias, die ihnen gleichsam als Empfangsapparate dienten. Im Trancezustand empfingen und notierten diese Pythias unbewußt all die Nachrichten, die ihnen die Imastun übermittelten. Je nach dem Ort, aus dem die Mitteilungen kamen, schrieben sie sie in einer der vier vereinbarten Richtungen nieder. Genauer gesagt, Nachrichten aus Ländern, die östlich der Insel lagen, wurden von oben nach unten geschrieben; solche aus

* Das Wort *Imastun* bedeutet im Altarmenischen «Weiser». Diesen Titel gab man auch bemerkenswerten historischen Persönlichkeiten, z.B. wird er noch heute dem Namen König Salomos vorangestellt.

Gegenden, die südlich von ihr lagen, von rechts nach links; Mitteilungen aus dem Westen (wo sich damals Atlantis befand und noch weiter entfernt das heutige Amerika) von unten nach oben; und von links nach rechts Mitteilungen, die aus den Gebieten kamen, wo jetzt Europa liegt.

Und da ich nun im logischen Ablauf der Darlegung dieses Kapitels, das dem Gedächtnis meines Vaters gewidmet ist, seinen Freund, meinen ersten Lehrer, Vater Bosch, erwähnt habe, halte ich es für unerläßlich, hier ein Verfahren zu beschreiben, das diese beiden Männer ersonnen hatten, die bis ins Alter normal gelebt und die die Pflicht auf sich genommen hatten, mich, einen unbewußten Jungen, auf das verantwortliche Leben vorzubereiten, und die durch ihre gewissenhafte und unparteiische Haltung mir gegenüber es verdienen, heute, nach so vielen Jahren, für mein Wesen *zwei Aspekte der Göttlichkeit meines inneren Gottes* darzustellen. Als ich später in der Lage war, dieses Verfahren zu begreifen, erschien es mir als ein sehr originelles Mittel zur Entwicklung des Geistes und zur Selbstvervollkommnung.

Sie nannten es *Kastusilia*; ich glaube, diese Bezeichnung kommt aus dem Altassyrischen; wahrscheinlich hatte mein Vater sie aus irgendeiner Legende übernommen.

Dieses Verfahren bestand in folgendem:

Einer von ihnen stellte dem anderen unerwartet eine Frage, die auf den ersten Blick fehl am Platz war, und der andere gab ohne Hast, mit größter Ruhe und tiefem Ernst eine logische und vernünftige Antwort.

Zum Beispiel: Als ich eines Abends in der Werkstatt war, trat unvermutet mein künftiger Lehrer ein, und ohne sich die Zeit zu nehmen, sich zu setzen, fragte er meinen Vater: *«Wo ist Gott in diesem Augenblick?»*

Mein Vater antwortete ganz ernst: *«Gott ist gerade in Sarikamisch.»*

Sarikamisch ist ein Waldgebiet an der Grenze zwischen dem

alten Rußland und der Türkei, das wegen seiner hohen Tannenbäume in ganz Transkaukasien und Kleinasien bekannt ist.

Darauf fragte der alte Priester:

«Und was macht Gott dort?»

Mein Vater erwiderte, Gott stelle dort doppelte Leitern her, und an ihrer Spitze befestige er das Glück, damit einzelne Menschen und ganze Staaten auf ihnen hinauf- und herabsteigen könnten.

Diese Fragen und Antworten erfolgten in bedächtigem und ruhigem Ton, als hätte einer von ihnen nach dem Tagespreis für Kartoffeln gefragt und der andere geantwortet, die Kartoffelernte sei in diesem Jahr sehr schlecht gewesen. Ich sollte erst viel später verstehen, was für reiche Gedanken in solchen Dialogen verborgen waren.

Sehr oft führten sie Gespräche dieser Art, und ein Fremder hätte sie wohl für alte Schwätzer gehalten oder für irrtümlich freigelassene Asylinsassen. Viele Fragen und Antworten, die mir damals sinnlos schienen, gewannen für mich später, als ich auf ähnliche Probleme stieß, einen tiefen Sinn, und erst da verstand ich die ungeheure Bedeutung, die sie für die zwei alten Männer besaßen.

Mein Vater hatte eine einfache, klare und ganz bestimmte Anschauung vom Ziel des menschlichen Lebens. Er sagte mir in meiner Jugend viele Male, jeder Mensch solle vor allem danach streben, innere Freiheit zu erlangen und sich so ein glückliches Alter zu bereiten. Ihm zufolge sei dieses Ziel so unerläßlich und zwingend notwendig, daß es jedem ohne Grübelei verständlich sein sollte. Um es aber zu erreichen, müsse der Mensch von Kindheit an und bis zum Alter von achzehn Jahren Grundlagen erwerben, die es ihm ermöglichen, folgende vier Gebote ständig zu befolgen:

Erstens – seine Eltern zu lieben.

Zweitens – sexuelle Reinheit zu bewahren.

Drittens – allen die gleiche Höflichkeit zu erweisen, gleichviel, ob sie reich sind oder arm, Freunde oder Feinde, Machthaber oder Sklaven, welcher Religion sie auch angehören; dabei aber innerlich frei zu bleiben und niemals einer Person oder einer Sache zu sehr zu trauen.

Viertens – die Arbeit um ihrer selbst willen zu lieben und nicht wegen des Gewinnes.

Mein Vater liebte mich als seinen Erstgeborenen besonders und übte großen Einfluß auf mich aus.

In meinem Innersten empfand ich ihn nicht als einen Vater, sondern als einen älteren Bruder. Seine häufigen Gespräche mit mir und seine ungewöhnlichen Erzählungen begünstigten in meinem Wesen das Entstehen poetischer Bilder und hoher Ideale.

Mein Vater stammte aus einer griechischen Familie. Seine Vorfahren hatten in Byzanz gelebt und waren kurz nach der Eroberung von Konstantinopel ausgewandert, um der Verfolgung durch die Türken zu entgehen.

Zuerst ließen sie sich im Herzen der Türkei nieder, später aber zogen sie aus bestimmten Gründen – es war vor allem die Suche nach günstigeren klimatischen Verhältnissen und besseren Weidemöglichkeiten für ihre Viehherden, die einen Teil ihres ungeheuren Reichtums bildeten – an die Ostküste des Schwarzen Meeres in die Nähe der Stadt, die jetzt Gümüschchane heißt. Noch später, kurz vor dem letzten großen russich-türkischen Krieg, zwangen sie erneute Verfolgungen durch die Türken, nach Georgien auszuwandern.

In Georgien trennte sich mein Vater von seinen Brüdern, zog weiter nach Armenien und ließ sich dort in der Stadt Alexandropol nieder, die noch kurz vorher den türkischen Namen Gumri getragen hatte.

Als der Familienbesitz geteilt wurde, fielen meinem Vater unter anderem zahlreiche Viehherden zu, die damals als ein großer Reichtum galten.

Ein oder zwei Jahre später verlor er all sein ererbtes Vermögen durch eine jener Katastrophen, gegen die der Mensch machtlos ist – und zwar unter folgenden Umständen:

Kurze Zeit nachdem mein Vater sich mit seiner ganzen Familie, seinen Hirten und Herden in Armenien niedergelassen hatte, gaben – wie es damals Sitte war – die armen einheimischen Familien ihm als dem reichsten Herdenbesitzer ihre eigene kleine Anzahl Hornvieh und andere Haustiere in Obhut, wofür sie während der Saison eine gewisse Menge Butter und Käse erhielten. Gerade als seine Herden auf diese Weise um einige tausend Stück vermehrt worden waren, brach eine aus Asien eingeschleppte Rinderpest aus und verbreitete sich in ganz Transkaukasien.

Diese Epidemie wütete so heftig unter dem Vieh, daß in weniger als zwei Monaten fast alle Tiere umkamen; nur einige überlebten abgemagert bis zum Skelett.

Da mein Vater bei der Übernahme dieser Rinder der Sitte gemäß auch deren Versicherung gegen alle möglichen Risiken übernommen hatte – sogar das Reißen durch Wölfe, was recht häufig geschah – verlor er durch dieses Unglück nicht nur seine eigenen Herden, sondern war auch gezwungen, fast all sein übriges Hab und Gut zu verkaufen, um für die umgekommenen Tiere der anderen Schadenersatz zu leisten.

So wurde mein Vater, der bis dahin ein wohlhabender Mann gewesen war, von einem Tag zum anderen bettelarm.

Unsere Familie bestand damals nur aus sechs Personen: meinem Vater, meiner Mutter, meiner Großmutter, die ihren Lebensabend bei ihrem jüngsten Sohn, meinem Vater, verbringen wollte, und drei Kindern: mir, meinem Bruder und meiner Schwester. Ich war der älteste und mag zu jener Zeit ungefähr sieben Jahre alt gewesen sein.

Nach dem Verlust seines Vermögens sah sich mein Vater gezwungen, ein Gewerbe zu betreiben, da der Unterhalt einer Familie wie der unseren, die bis dahin durch ein Leben im Wohlstand verwöhnt worden war, viel Geld kostete. So nahm er alles, was von seinem früheren, großzügig geführten Haushalt übrig geblieben war, und eröffnete zunächst ein Holzlager und damit verbunden, wie es dort üblich war, eine Tischlerei zur Herstellung aller möglichen Gegenstände.

Da aber mein Vater niemals in seinem Leben Handel getrieben hatte und somit keine geschäftliche Erfahrung besaß, erwies sich das Holzlager gleich im ersten Jahr als Fehlschlag.

Er mußte das Lager auflösen und sich auf die Werkstatt beschränken, wobei er sich auf die Herstellung kleiner Gebrauchsgegenstände aus Holz spezialisierte.

Vier Jahre waren seit der ersten großen Katastrophe verstrichen. Die ganze Zeit über wohnte unsere Familie in Alexandropol. Inzwischen war die berühmte Festung Kars in die Hände der Russen gefallen, die mit Eifer ihren Wiederaufbau betrieben.

Dadurch boten sich in Kars gute Verdienstmöglichkeiten; und da auch mein Onkel sich dort niedergelassen hatte und ihm zuredete, verlegte mein Vater seine Werkstatt dorthin. Zuerst ging er allein, später holte er seine ganze Familie nach.

Diese hatte sich in den letzten Jahren noch um drei «kosmische Apparate zur Nahrungsumwandlung» vermehrt in Gestalt meiner drei jüngeren, damals wirklich reizenden Schwestern.

Sobald wir in Kars waren, schickte mich mein Vater auf die griechische Schule, sehr bald aber brachte er mich in der russischen Stadtschule unter.

Da ich recht begabt war, brauchte ich nur wenig Zeit für die Hausaufgaben und konnte in meiner freien Zeit meinem Vater in der Werkstatt helfen. Sehr bald hatte ich sogar einen eigenen Kundenkreis, zuerst unter meinen Schulkameraden, für die ich verschiedene Dinge herstellte, wie z.B. Gewehre, Federkästen usw. Allmählich ging ich zu ernsteren Arbeiten über und machte alle möglichen kleineren Reparaturen in den Häusern der Leute.

Obwohl ich damals noch ein kleiner Knirps war, erinnere ich mich an unser Familienleben bis in die kleinsten Einzelheiten. Auf diesem Erinnerungsbild hebt sich die ganze Größe der Gelassenheit und des Gleichmutes ab, die mein Vater angesichts der Unglücksfälle, die ihm widerfuhren, in all seinen Bekundungen nach außen hin beibehielt.

Ich kann jetzt mit Sicherheit sagen, daß er sich trotz seines erbitterten Kampfes gegen die Widrigkeiten, die wie aus einem Füllhorn über ihn niedergingen, in allen schwierigen Lebensumständen die Seele eines echten Dichters bewahrte.

Das war auch meiner Meinung nach der Grund, warum in unserer Familie, trotz der großen Not, eine ungewöhnliche Atmosphäre der Eintracht und Liebe herrschte und der Wunsch, einander zu helfen.

Dank der ihm angeborenen Fähigkeit, in den kleinsten Dingen des Lebens glückliche Anregungen zu finden, war er für uns auch in den quälendsten Augenblicken unseres Familienlebens eine Quelle des Mutes; er steckte uns alle an mit seiner Unbesorgtheit und erweckte in uns die erwähnten glückhaften Impulse.

Da ich über meinen Vater schreibe, darf ich seine Ansicht über das, was man die «Frage nach dem Jenseits» nennt, nicht mit Stillschweigen übergehen. Darüber hatte er, wie zu erwarten, eine ganz besondere und zugleich einfache Anschauung.

Ich erinnere mich, daß ich ihm bei meinem letzten Besuch eine jener typischen Fragen stellte, mit deren Hilfe ich seit dreißig Jahren eine Art Untersuchung durchführte bei der Begegnung mit bemerkenswerten Menschen, die Fähigkeiten erworben hatten, durch die sie die bewußte Aufmerksamkeit anderer auf sich zogen. Ich bat ihn, natürlich mit der nötigen Vorsicht, die für mich in solchen Fällen üblich geworden war, mir ganz einfach und «ohne zu philosophieren» zu sagen, welche persönliche Meinung er sich im Laufe seines Lebens über die Frage gebildet habe: hat der Mensch eine Seele, und ist diese Seele unsterblich?

«Wie soll ich es dir sagen?» antwortete er. «An jene Seele, die die Leute dem Menschen zuschreiben und von der sie behaupten, sie existiere nach dem Tod unabhängig weiter und wandere – daran glaube ich nicht. Und doch, *etwas* bildet sich im Menschen im Verlaufe seines Lebens; das ist für mich außer Zweifel!

Ich erkläre es mir folgendermaßen: Der Mensch wird mit einer Anlage geboren, dank der gewisse Erfahrungen im Laufe seines Lebens eine bestimmte Substanz in ihm hervorbringen, und aus dieser Substanz bildet sich allmählich jenes *Etwas*, das ein vom physischen Körper fast unabhängiges Leben zu erlangen vermag.

Nach dem Tod zerfällt dieses Etwas nicht gleichzeitig mit dem physischen Körper, sondern erst später, nachdem es sich von diesem Körper gelöst hat.

Obgleich dieses Etwas aus demselben Stoff wie der physische Körper gebildet wird, hat es eine viel feinere Beschaffenheit und besitzt vermutlich eine weitaus größere Empfänglichkeit für alle möglichen Wahrnehmungen. Die Feinheit seiner Wahrnehmung ist meiner Meinung nach wie... erinnerst du dich an das Experiment, das du mit der nicht ganz gescheiten Armenierin Sando machtest?»

Er spielte auf ein Experiment an, das ich viele Jahre zuvor während eines Aufenthaltes in Alexandropol in seiner Gegenwart gemacht hatte. Dabei versetzte ich Menschen unterschiedlicher Typen in verschiedene Grade der Hypnose, um alle Einzelheiten jener Erscheinung aufzuklären, die von gelehrten Hypnotiseuren als Verlagerung der Empfindlichkeit nach außen oder als Fernwirkung von Schmerzempfindungen bezeichnet wird.

Ich machte das folgendermaßen:

Aus einer Mischung aus Lehm, Wachs und sehr feinem Bleischrot formte ich eine Figur, die ungefähr dem Medium glich, das ich in Hypnose versetzen wollte – das heißt in jenen psychischen Zustand, der gemäß einer Wissenschaft, die aus sehr alten Zeiten auf uns gekommen ist, durch den *Verlust der Initiative* gekennzeichnet ist und der nach der Klassifikation der Schule von Nancy dem dritten Grad der Hypnose entspricht. Dann rieb ich irgendeinen Körperteil des Mediums sorgfältig mit einer Salbe aus einer Mischung aus Oliven- und Bambusöl ein, schabte danach diese Schicht vom Körper des Mediums ab und trug sie auf dem entsprechenden Teil der Figur auf. Daraufhin konnte ich viele Einzelheiten, die mich an diesem Phänomen interessierten, untersuchen.

Eine Sache hatte meinen Vater besonders in Erstaunen versetzt: Wenn ich die mit Öl eingeriebene Stelle der Figur mit einer Nadel berührte, so zuckte die gleiche Stelle an dem Medium, und wenn ich etwas stärker stach, erschien genau an dem entsprechenden Punkt des Mediums ein Tropfen Blut. Daß aber das Medium, in den Wachzustand zurückgebracht, sich an nichts erinnerte und behauptete, es habe überhaupt nichts gespürt, dies hatte meinen Vater am meisten überrascht.

Auf dieses Experiment, das in seiner Gegenwart ausgeführt worden war, bezog er sich nun, als er sagte:

«Genau so reagiert dieses *Etwas* sowohl vor wie auch nach dem Tod des Menschen, bis zu seinem Zerfall, auf gewisse Umwelteinwirkungen und bleibt ihrem Einfluß unterworfen.»

Wie ich erwähnte, gebrauchte mein Vater mir gegenüber im Hinblick auf meine Erziehung das, was ich «beharrliche Vorgehensweisen» nennen möchte. Eine der auffallendsten Vorgehensweisen, deren unbestreitbar segensreiche Wirkung ich später stark spüren sollte – eine Wirkung, die auch jene bemerkten, die mit mir in Berührung kamen bei meinen Expeditionen auf der Suche nach der Wahrheit in den verlassensten Gegenden der Erde –, bestand darin, daß in meiner Kindheit (das heißt in dem Alter, da sich im Menschen die Grundlagen für die Antriebe bilden, über die er im Laufe seines verantwortlichen Lebens verfügt) mein Vater bei jeder passenden Gelegenheit Maßnahmen ergriff, damit statt jener Antriebsfaktoren, die man Verwöhntheit, Ekel, Widerwille, Feigheit, Kleinmut usf. nennt, sich in mir die Grundlagen ausbildeten für eine Haltung innerer Gleichgültigkeit gegenüber all dem, was gewöhnlich jene Antriebe erzeugt.

Ich erinnere mich sehr wohl, wie er zu diesem Zweck manchmal einen Frosch, einen Wurm, eine Maus oder ein anderes Tier, das geeignet war, solche Antriebe hervorzurufen, heimlich in mein

Bett legte oder wie er mich zwang, ungiftige Schlangen in die Hand zu nehmen und sogar mit ihnen zu spielen.

Unter all diesen beharrlichen Vorgehensweisen gab es eine, die die Menschen um mich herum, meine Mutter, meinen Onkel, meine Tante und unsere alten Hirten, ganz besonders beunruhigte; sie bestand darin, daß er mich zwang, früh am Morgen, wenn der Schlaf eines Kindes so süß ist, aufzustehen und zum Brunnen zu gehen und mich mit kaltem Quellwasser ganz zu übergießen und danach nackt umherzulaufen. Und wenn ich mich zu sträuben versuchte, gab er mir niemals nach, und obgleich er sehr gütig war und mich liebte, züchtigte er mich unbarmherzig.

In späteren Jahren erinnerte ich mich oft daran und dankte ihm dann von ganzem Herzen für das, was er für mich getan hatte.

Andernfalls hätte ich die unzähligen Schwierigkeiten meiner Reisen niemals überwinden können.

Er führte ein fast pedantisch regelmäßiges Leben und zeigte sich in diesem Punkt gegen sich selbst ganz unerbittlich.

Zum Beispiel war er es gewohnt, früh zu Bett zu gehen, um früh am Morgen das in Angriff zu nehmen, was er abends zuvor beschlossen hatte, und er machte niemals eine Ausnahme, nicht einmal am Abend der Hochzeit seiner Tochter.

Ich sah meinen Vater 1916 zum letzten Mal. Er war damals zweiundachzig Jahre alt und noch bei voller Gesundheit und Kraft. Die ersten grauen Haare in seinem Bart konnte man kaum wahrnehmen.

Er starb ein Jahr später, aber nicht eines natürlichen Todes.

Dieses traurige und für alle, die ihn kannten, und vor allem für mich, schmerzliche Ereignis trug sich während der letzten großen periodischen Psychose der Menschen zu.

Als unsere Familie beim Angriff der Türken auf Alexandropol fliehen mußten, wollte er seine Heimstätte nicht dem Verderben preisgeben. Bei dem Versuch, den Familienbesitz zu retten, wurde er verwundet. Er starb bald danach und wurde von einigen alten Leuten beerdigt, die in der Stadt zurückgeblieben waren.

Alle seine handschriftlichen Aufzeichnungen, all die von ihm diktierten Legenden und Gesänge, die meiner Meinung nach das schönste Andenken an ihn gewesen wären, gingen zum Unglück jedes vernünftig denkenden Menschen während der wiederholten Plünderungen unseres Hauses verloren. Dennoch ist es nicht unmöglich, daß durch ein Wunder einige hundert Gesänge, die auf Phonographenwalzen aufgenommen worden waren, unter den Gegenständen, die ich in Moskau zurückließ, erhalten blieben.

Es wäre sehr schade für alle, die noch alte Folklore schätzen, wenn sich diese Aufnahmen nicht wiederfinden ließen.

Um dem inneren Auge des Lesers die Individualität meines Vaters und die Eigenart seines Geistes besser zu zeigen, werde ich hier einige seiner «subjektiven Aussprüche» anführen, die er gerne im Gespräch benutzte.

In diesem Zusammenhang finde ich es interessant, auf eine Tatsache hinzuweisen, die ich übrigens nicht allein bemerkte: Jedesmal, wenn er einen dieser Aussprüche im Gespräch gebrauchte, schien es allen, daß er im richtigen Moment kam und nicht besser hätte gesagt werden können; wenn dagegen jemand anders versuchte, sie zu verwenden, gingen sie stets daneben oder schienen einfach Unsinn zu sein.

Hier einige davon:

1. *Ohne Salz kein Zucker.*
2. *Asche ist ein Kind des Feuers.*
3. *Die Soutane ist dazu da, einen Dummkopf zu verbergen.*
4. *Er ist unten, weil du oben bist.*
5. *Wenn der Pfarrer nach rechts geht, muß der Schulmeister doch wohl nach links gehen.*
6. *Wenn der Mensch feige ist, so beweist dies, daß er einen Willen hat.*
7. *Nicht die Quantität der Nahrung sättigt den Menschen, sondern das Fehlen der Gier.*

8. *Aus der Wahrheit erwächst die Ruhe des Gewissens.*
9. *Gäbe es weder Elephant noch Pferd, dann wäre selbst der Esel ein Herr.*
10. *In der Dunkelheit ist die Laus schlimmer als ein Tiger.*
11. *Wenn «Ich» in mir da ist, zählen weder Gott noch Teufel.*
12. *Wenn du es erst einmal auf die Schultern genommen hast, ist es die leichteste Sache der Welt.*
13. *Ein Bild der Hölle: ein Modeschuh.*
14. *Das Unglück auf Erden stammt von der Besserwisserei der Frauen.*
15. *Nichts Dümmeres als ein intelligenter Mann.*
16. *Glücklich ist, wer sein Unglück nicht sieht.*
17. *Der Lehrer ist der große Lichtspender – wer ist dann der Esel?*
18. *Feuer erhitzt Wasser, aber Wasser löscht Feuer.*
19. *Tschinghis Khan war mächtig, unser Polizist aber ist, wenn man so will, noch mächtiger.*
20. *Wenn du Nummer Eins bist, so ist deine Frau Nummer Zwei, aber wenn deine Frau Nummer Eins ist, so sei lieber Null; dann ist wenigstens das Leben deiner Hühner nicht mehr in Gefahr.*
21. *Wenn du reich sein willst, stell dich gut mit der Polizei.*
    Wenn du berühmt sein willst, stell dich gut mit den Journalisten.
    Wenn du satt werden willst – mit deiner Schwiegermutter.
    Wenn du Frieden haben willst – mit deinen Nachbarn.
    Wenn du schlafen willst – mit deiner Frau.
    Wenn du deinen Glauben verlieren willst – mit deinem Pfarrer.

Um das Bild meines Vaters zu vervollständigen, muß ich noch über eine Eigenheit seiner Natur berichten, die man heute selten beobachtet und die alle, die ihn gut kannten, um so mehr überraschte.

Als ihn die Not zwang, einen Handel zu betreiben, um seinen Lebensunterhalt zu verdienen, nahmen die Geschäfte von Anfang an einen so schlimmen Verlauf, daß seine Freunde und all diejenigen, die mit ihm geschäftlich in Berührung kamen, ihn für einen unpraktischen, ja auf diesem Gebiet sogar unintelligenten Menschen hielten.

Und tatsächlich ging jedes Geschäft, das mein Vater unternahm, um Geld zu verdienen, schief und brachte keines der Ergebnisse, die andere damit erzielt hätten.

Dies rührte jedoch nicht von mangelnder praktischer Veranlagung her oder davon, daß ihm in dieser Hinsicht geistige Fähigkeiten fehlten, sondern einfach von dieser Eigenheit seiner Natur.

Diese Eigenheit, die er wohl schon als Kind erworben hatte, würde ich so formulieren: «Eine instinktive Abneigung, aus der Naivität oder dem Mißgeschick anderer persönlichen Vorteil zu ziehen.»

Anders gesagt, da er ein höchst redlicher und anständiger Mann war, hätte mein Vater sein eigenes Wohlergehen niemals wissentlich auf dem Unglück seines Nächsten aufgebaut. Da aber die meisten Menschen um ihn herum typische Vertreter der heutigen Mentalität waren, zögerten sie nicht, seine Ehrlichkeit zu mißbrauchen und ihn vorsätzlich übers Ohr zu hauen, wobei sie unbewußt versuchten, den Wert jener Charaktereigenschaft herabzusetzen, auf der alle Gebote Unseres Gemeinsamen Vaters beruhen.

Kurzum: man hätte in idealer Weise auf meinen Vater einen Ausspruch anwenden können, den die Anhänger aller Religionen gegenwärtig anführen, um in Form eines praktischen Ratschlages die Anomalien unseres Alltags zu kennzeichnen:

Schlage – und du wirst nicht geschlagen.

Aber wenn du nicht schlägst, werden sie dich alle wie Sidors Ziege verprügeln.

Obwohl er oft in Ereignisse verwickelt wurde, die sich der Kontrolle des Menschen entziehen und für die Menschheit alle möglichen Katastrophen mit sich bringen, und wenngleich er von seiten der Leute, die ihn umgaben, fast immer schmutzige Machenschaften erleiden mußte, welche eigentümlich an die des Schakals erinnerten, wurde er niemals mutlos, und ohne sich mit irgend etwas zu identifizieren, blieb er innerlich frei und immer er selbst.

Daß in seinem häuslichen Leben alles fehlte, was seine Umwelt für Reichtum hielt, störte ihn nicht im geringsten; er war bereit, alles hinzunehmen, wenn er nur Brot hatte und Ruhe in den Stunden, die er der Meditation widmete.

Was ihm am meisten mißfiel, war, am Abend gestört zu werden, wenn er sich ins Freie setzte und die Sterne betrachtete.

Ich für meinen Teil kann heute nur sagen, daß ich mir von ganzem Herzen wünsche, so sein zu können, wie ich ihn im Alter kannte.

Das Grab, worin die sterblichen Überreste meines teuren Vaters ruhen, habe ich aufgrund nicht beeinflußbarer Lebensumstände persönlich nicht gesehen, und es ist unwahrscheinlich, daß ich in Zukunft Gelegenheit haben werde, es zu besuchen. Ich beauftrage deshalb am Ende dieses meinem Vater gewidmeten Kapitels denjenigen meiner Söhne – ob dem Blut nach oder im Geist – der die Möglichkeit hat, dieses einsame Grab zu finden, verlassen infolge von Ereignissen, die durch jene menschliche Geißel hervorgerufen wurden, die man «Herdeninstinkt» nennt, dort einen Grabstein zu errichten mit folgender Inschrift:

Ich bin du,
Du bist ich,
Er ist unser,
Beide sind wir sein.
So sei alles für unsern Nächsten.

MEIN ERSTER LEHRER

Wie ich schon im vorhergehenden Kapitel erwähnt habe, war mein erster Lehrer Vater Borsch. Als Erzpriester der Garnisonskirche von Kars war er damals das geistige Oberhaupt in jenem gesamten Gebiet, das kurz zuvor von den Russen erobert worden war.

Durch ganz zufällige Lebensumstände wurde er für mich zu einem *grundlegenden Faktor für die zweite Schicht meiner jetzigen Individualität.*

Ich besuchte damals die Stadtschule von Kars. Eines Tages wurden unter den Schülern Sänger für den Chor der Festungskirche ausgesucht, und da ich eine gute Stimme hatte, gehörte ich zu den Auserwählten. Von da an ging ich zum Singen und Üben regelmäßig in diese russische Kirche.

Der würdige alte Erzpriester interessierte sich für unsere kleine Gruppe, weil die Melodien der verschiedenen geistlichen Lieder, die im Laufe des Jahres von dem Chor gesungen werden sollten, seine eigenen Kompositionen waren. Er kam oft zu unseren

Gesangsübungen und war, da er Kinder liebte, zu uns kleinen Chorknaben sehr freundlich.

Aus irgendeinem Grund war er recht bald mir gegenüber besonders wohlwollend, vielleicht, weil ich eine für ein Kind bemerkenswerte Stimme besaß, die, wenn ich die zweite Stimme sang, selbst in einem großen Chor deutlich zu hören war; vielleicht auch, weil mir der Schalk im Nacken saß und er solche «Lausbuben» mochte. Wie dem auch sei, er zeigte mir gegenüber ein wachsendes Interesse und half mir bald sogar bei meinen Schulaufgaben.

Als ich gegen Ende des Jahres die Kirche eine ganze Woche lang nicht aufsuchen konnte, weil ich mir ein Trachom zugezogen hatte, kam Vater Borsch, sobald er dies erfuhr, in unser Haus in Begleitung von zwei Augenärzten der Armee. Nachdem diese mich untersucht hatten, beschlossen sie, mir einen Krankenpfleger zu schicken, der mir zweimal am Tag Kupfersulfatkauterisationen verabreichen und alle drei Stunden eine gelbe Pomade auftragen sollte; dann verließen sie uns.

An jenem Tag war mein Vater zu Hause.

Der alte Priester und er – diese beiden Männer, die bis ins Alter ein verhältnismäßig normales Leben geführt hatten und fast die gleichen Überzeugungen vertraten, wenngleich sie in sehr unterschiedlichen Verhältnissen auf das verantwortliche Alter vorbereitet worden waren – sprachen damals zum ersten Mal miteinander.

Schon bei dieser ersten Begegnung fühlten sie sich zueinander hingezogen, und danach besuchte der alte Priester oftmals meinen Vater. Sie setzten sich in den hinteren Teil der Werkstatt auf weiche Hobelspäne, tranken Kaffee, den mein Vater dort zubereitete, und unterhielten sich stundenlang über alle möglichen religiösen und geschichtlichen Themen. Ich erinnere mich, wie aufmerksam der Priester wurde, wenn mein Vater auf Assyrien zu sprechen kam, dessen Geschichte er sehr gut kannte und für das sich Vater Borsch in jener Zeit aus irgendeinem Grund besonders interessierte.

Vater Borsch war damals fast siebzig Jahre alt. Er war groß, hager, hatte ein feines Gesicht und war von zarter Gesundheit, aber von starkem und robustem Geist. Er zeichnete sich aus durch die Tiefe und Weite seines Wissens; sein Leben und seine Ansichten unterschieden sich von denen seiner Umgebung, die ihn deshalb für einen Sonderling hielt.

Tatsächlich gab sein äußeres Leben Anlaß zu einer solchen Ansicht, etwa dadurch, daß er, obwohl er wohlhabend war, ein hohes Einkommen bezog und das Recht auf eine besondere Wohnung hatte, nur ein Zimmer und eine Küche im Wächterhaus der Kirche bewohnte, wohingegen seine Vikare, Priester, die viel weniger verdienten als er, in Wohnungen von sechs bis zehn Zimmern mit allem erdenklichen Komfort lebten.

Er führte ein sehr zurückgezogenes Leben, verkehrte mit wenigen Menschen und machte keine Besuche. Niemand hatte Zutritt zu seinem Zimmer außer mir und seinem Burschen, der es aber nicht in seiner Abwesenheit betreten durfte.

Seine Pflichten erfüllte er gewissenhaft, und seine gesamte Freizeit widmete er der Wissenschaft, besonders der Astronomie und der Chemie. Manchmal beschäftigte er sich zur Muße mit Musik, spielte Violine oder komponierte geistliche Lieder, von denen mehrere in Rußland sehr bekannt wurden.

Einige dieser Lieder, die er in meiner Gegenwart komponiert hatte, hörte ich viele Jahre später zufällig auf dem Grammophon, zum Beispiel: *Auf deinen Ruf, Herr; Süßes Licht; Dir sei Ruhm* und andere.

Der Priester besuchte meinen Vater oft, meistens am Abend, wenn beide frei waren von ihren Pflichten.

Um, wie er sagte, «andere nicht in Versuchung zu führen», bemühte er sich, es so einzurichten, daß seine Besuche unbemerkt verliefen, da er eine sehr bedeutende Stellung in der Stadt einnahm und fast jeder ihn vom Sehen kannte, wohingegen mein Vater nur ein einfacher Tischler war. Während eines ihrer Gespräche, das in meiner Anwesenheit in der Werkstatt stattfand, kam Vater Borsch auf mich und meine schulische Ausbildung zu sprechen.

Er sagte, er sehe in mir einen besonders begabten Knaben und halte es für sinnlos, wenn ich auf der Schule acht Jahre absitzen sollte, nur um am Ende das Zeugnis der dritten Klasse zu erhalten.

Tatsächlich war damals die Organisation der Stadtschulen absurd. Die Schule umfaßte acht Stufen, und jede mußte man ein Jahr lang besuchen, um am Ende der Schulzeit ein Zeugnis zu erhalten, das dem dritten Jahr eines siebenklassigen Gymnasiums entsprach.

Deswegen riet Vater Borsch meinem Vater nachdrücklich, mich aus der Schule zu nehmen und zu Hause unterrichten zu lassen, wobei er versprach, mich in einigen Fächern selbst zu unterweisen. Er sagte auch, ich könnte, wenn ich später ein Zeugnis benötigen sollte, das Examen für die entsprechende Klasse in jedem beliebigen Gymnasium ablegen.

Nach einem Familienrat wurde dies dann auch beschlossen. Ich verließ die Schule, und Vater Borsch übernahm meine Erziehung, wobei er mich in einigen Fächern selbst unterrichtete und bei den übrigen andere Lehrer für mich fand.

Anfangs waren meine Lehrer zwei Priesteranwärter: Ponomerenko und Krestowsky, die, nachdem sie das Theologische Seminar absolviert hatten, in der Kirche als Sakristane dienten, während sie auf ihre Ernennung zu Militärpfarrern warteten. Auch der Arzt Sokolow gab mir Stunden.

Ponomerenko unterrichtete mich in Geographie und Geschichte, Krestowsky in Religion und Russisch, Sokolow in Anatomie und Physiologie; Mathematik und die anderen Fächer gab mir Vater Borsch selber.

Ich ging mit großem Eifer an die Arbeit.

Obgleich ich sehr begabt war und leicht lernte, fand ich kaum Zeit, meine vielen Unterrichtsstunden vorzubereiten, und hatte fast keine freie Minute.

Viel Zeit nahm der Weg von dem Haus eines Lehrers zu dem

eines anderen in Anspruch, da sie in verschiedenen Stadtteilen wohnten; besonders lang war der Weg zu Sokolow, der in dem Lazarett der Festung Tschakmak vier oder fünf Kilometer außerhalb der Stadt wohnte.

Meine Familie hatte mich zuerst zum Priesteramt bestimmt; aber Vater Borsch hatte eine ganz besondere Ansicht über das, was ein wirklicher Priester sein sollte.

Seiner Auffassung nach sollte ein Priester nicht nur für die Seelen seiner Gemeindemitglieder sorgen, sondern auch alle ihre körperlichen Krankheiten kennen und zu heilen verstehen.

Die Aufgaben des Priesters sollten ihm zufolge verbunden sein mit denen des Arztes. Er sagte, wie ein Arzt, der sich nicht in die Seele seines Patienten einzufühlen vermag, ihm keine wirkliche Hilfe leisten könne, so könne man auch kein guter Priester sein, wenn man nicht gleichzeitig Arzt sei, denn Körper und Seele seien verbunden, und oft sei es unmöglich, das eine zu heilen, weil die Krankheitsursache in dem anderen liege.

Er war dafür, daß ich eine medizinische Ausbildung erhielte, aber nicht im üblichen Sinne des Wortes, sondern wie er es verstand, das heißt mit dem Ziel, Arzt für den Körper und Priester für die Seele zu werden.

Ich selber jedoch fühlte mich zu einem ganz anderen Weg hingezogen. Von Kindheit an hatte ich eine Neigung, alle möglichen Dinge herzustellen, deshalb träumte ich von einem technischen Fach.

Da man noch nicht endgültig entschieden hatte, welchen Weg ich einschlagen sollte, fing ich an, mich sowohl auf die Laufbahn eines Priesters als auch auf die eines Arztes vorzubereiten, um so mehr, als es gewisse Fächer gab, die für beide Berufe notwendig waren.

Danach nahmen die Dinge von selbst ihren Lauf, und da ich leicht lernte, konnte ich in beiden Richtungen Fortschritte machen. Ich fand auch Zeit, zu verschiedenen Themen eine große Anzahl

Bücher zu lesen, die mir Vater Borsch gab oder die mir zufällig in die Hände fielen.

Der Erzpriester arbeitete mit mir intensiv in allen Fächern, die er übernommen hatte. Oft behielt er mich nach der Stunde noch bei sich, gab mir Tee und ließ mich manchmal einige Lieder, die er gerade komponiert hatte, vorsingen, um die Stimmen zu überprüfen.

Während dieser langen Besuche sprach er mit mir offen über die Themen der gerade beendeten Stunde oder über abstrakte Fragen. So bildete sich allmählich zwischen uns eine solche Beziehung, daß er mit mir wie mit seinesgleichen sprach.

Ich gewöhnte mich bald an ihn, und das Gefühl der Scheu, das ich zuvor ihm gegenüber empfunden hatte, verschwand. Obwohl ich vor ihm großen Respekt bewahrte, vergaß ich mich doch manchmal und begann mit ihm zu diskutieren; was ihn keineswegs beleidigte, sondern, wie mir heute scheint, ihm sogar gefiel.

In seinen Gesprächen mit mir kam er oft auf die Geschlechtsfrage zu sprechen.

Im Hinblick auf die Geschlechtslust sagte er einmal folgendes:

«Wenn ein Jugendlicher seine Begierde auch nur einmal befriedigt, ehe er erwachsen ist, dann geschieht mit ihm dasselbe wie mit dem Esau der Bibel, der für ein Linsengericht sein Erstgeburtsrecht verkaufte, das heißt das Wohl seines ganzen Lebens. Gibt nämlich ein Jugendlicher dieser Versuchung auch nur ein einziges Mal nach, so verliert er für den Rest seines Lebens die Möglichkeit, ein achtenswerter Mensch zu sein.

Die Befriedigung der Begierde vor dem Erwachsenenalter hat die gleiche Wirkung, wie wenn man in den Most aus Mollawaly* Alkohol gießt.

Genau wie der Most, in den man auch nur einen Tropfen Alkohol gegossen hat, nur Essig werden kann, so läßt die Befriedigung

* Mollawaly ist ein kleiner Ort südlich von Kars, wo man besonderen Wein macht.

des Geschlechtstriebes vor dem Erwachsenenalter einen jungen Menschen in jeder Hinsicht zu einer Art Ungeheuer werden. Wenn dagegen ein junger Mensch erwachsen ist, kann er tun, was ihm beliebt, wie der Most, der zu Wein geworden ist, jede beliebige Portion Alkohol vertragen kann: das wird ihn nicht nur nicht verderben, sondern man kann soviel Prozent erhalten, wie man will.»

Vater Borsch hatte eine sehr originelle Auffassung von der Welt und dem Menschen.

Seine Ansichten über den Menschen und den Sinn seiner Existenz unterschieden sich ganz und gar von denen seiner Umgebung und allem, was ich in dieser Beziehung gehört und gelesen hatte.

Ich will hier einige seiner Gedanken erwähnen, die sein Verständnis für den Menschen und für das, was von ihm verlangt ist, veranschaulichen können.

Er sagte:

«Der Mensch ist bis zur Mündigkeit für keine seiner Handlungen, gute oder böse, absichtliche oder unabsichtliche, verantwortlich; verantwortlich sind allein diejenigen seiner Verwandten, die bewußt oder durch zufällige Umstände die Pflicht auf sich genommen haben, ihn auf das verantwortliche Leben vorzubereiten.

Die Jugendjahre sind für jeden Menschen, gleichviel ob Mann oder Frau, die Zeitspanne für die Weiterentwicklung der ursprünglichen Empfängnis im Mutterschoß bis zur vollen Reife.

Von diesem Zeitpunkt an, das heißt, sobald diese Entwicklung abgeschlossen ist, wird der Mensch für alle seine absichtlichen und unabsichtlichen Bekundungen persönlich verantwortlich.

Gemäß den im Laufe jahrhundertelanger Beobachtungen durch Menschen von reiner Vernunft entdeckten und überprüften Naturgesetzen endet diese Entwicklung bei den Männern zwischen dem zwanzigsten und dem dreiundzwanzigsten Lebensjahr und bei den Frauen zwischen dem fünfzehnten und dem neunzehnten Lebensjahr, je nach den geographischen Verhältnissen ihres Geburtsortes und des Ortes ihrer Ausbildung.

Wie die weisen Menschen vergangener Epochen erkannten, wurden diese Zeitspannen von der Natur den Gesetzen entsprechend festgelegt zur Erlangung eines unabhängigen Daseins mit persönlicher Verantwortung für alle seine Bekundungen; doch unglücklicherweise beachtet man sie heutzutage fast überhaupt nicht mehr. Und dies beruht meiner Ansicht nach hauptsächlich auf der nachlässigen Einstellung in der heutigen Erziehung zur sexuellen Frage, einer Frage, die im Leben jedes Menschen die wichtigste Rolle spielt.

Was die Verantwortlichkeit betrifft, so kann es sich herausstellen, daß die meisten heutigen Menschen, die den Zeitpunkt der Volljährigkeit erreicht oder sogar schon überschritten haben – so sonderbar dies auf den ersten Blick erscheinen mag – für keine ihrer Bekundungen verantwortlich sind; und dies kann man meiner Meinung nach als gesetzmäßig ansehen.

Einer der Hauptgründe für diese Absurdität liegt darin, daß die Heutigen in diesem Alter meist ohne den entsprechenden Menschen des anderen Geschlechts sind, welcher ihren Typus notwendig ergänzen muß, der aus Gründen, die von ihnen unabhängig sind, aber aus den großen Gesetzen hervorgehen, in sich *etwas Unganzes* ist.

Wer in diesem Alter zur Ergänzung seines Typus keinen entsprechenden Typus des anderen Geschlechts neben sich hat, ist gleichwohl den Naturgesetzen unterworfen und kann nicht lange ohne Befriedigung seiner geschlechtlichen Bedürfnisse bleiben. Wenn er dann aber mit einem Typus in Berührung kommt, der seinem eigenen nicht entspricht, fällt er nach dem Gesetz der Polarität bis zu einem gewissen Grade unter den Einfluß dieses nicht entsprechenden Typus und verliert unabsichtlich und unmerklich fast alle wesentlichen Bekundungen seiner Individualität.

Deswegen ist es absolut notwendig, daß jeder Mensch im Laufe seines verantwortlichen Lebens einen Menschen des anderen Geschlechts von entsprechendem Typus neben sich hat, damit sie sich gegenseitig in jeder Beziehung ergänzen.

Diese unerläßliche Notwendigkeit wurde übrigens in fast allen Epochen von unseren fernen Vorfahren sehr gut verstanden, die ihre Hauptaufgabe bei der Schaffung von Bedingungen für ein mehr oder weniger normales Gemeinschaftsleben darin sahen, die Wahl des entsprechenden Typus des anderen Geschlechts für jeden so gut und so genau wie möglich zu treffen.

Bei den meisten alten Völkern herrschte sogar die Sitte, diese Wahl zwischen den beiden Geschlechtern im Hinblick auf eine Ehe, die sogenannte «Verlobung», im siebten Lebensjahr des Jungen und im ersten Lebensjahr des Mädchens zu treffen. Von dieser Zeit an hatten beide Familien des so früh verlobten zukünftigen Paares die Verpflichtung, beiderseits so zu handeln, daß all die den Kindern während ihres Heranwachsens anerzogenen Gewohnheiten, ihre Neigungen, Tendenzen und ihr Geschmack sich entsprachen.»

Ich erinnere mich auch sehr gut an folgende Worte des alten Priesters:

«Damit ein Mensch im verantwortlichen Alter wirklich ein Mensch ist und nicht ein Taugenichts, muß seine Erziehung strengstens auf den folgenden zehn Grundsätzen beruhen, die ihm von frühester Kindheit an eingeflößt werden müssen:

1. *Der Gewißheit, daß jeder Ungehorsam bestraft wird.*
2. *Der Hoffnung, nur für ein Verdienst belohnt zu werden.*
3. *Liebe zu Gott, aber Gleichgültigkeit gegenüber den Heiligen.*
4. *Gewissenbissen wegen Tierquälerei.*
5. *Der Furcht, Eltern und Lehrer zu betrüben.*
6. *Gleichmut gegenüber Teufeln, Schlangen und Mäusen.*
7. *Der Freude, mit dem zufrieden zu sein, was man hat.*
8. *Kummer über den Verlust des Wohlwollens anderer.*
9. *Geduld im Ertragen von Schmerz und Hunger.*
10. *Dem Streben, frühzeitig sein Brot zu verdienen.»*

Zu meiner tiefen Betrübnis war es mir nicht vergönnt, beim Tode dieses würdigen und für unsere Zeit außergewöhnlichen Mannes zugegen zu sein, um dem irdischen Leben meines unvergeßlichen Lehrers – meines zweiten Vaters – die letzte Ehre zu erweisen.

Viele Jahre nach seinem Tod waren die Priester und Gemeindemitglieder der Kirche von Kars höchst erstaunt und neugierig, als sie ein Unbekannter eines Sonntags bat, sie möchten über einem einsamen und vergessenen Grab – dem einzigen nahe der Kirche – einen Trauergottesdienst halten. Sie sahen dann, wie dieser Fremde, der mit großer Mühe seine Tränen zurückhielt, den Priestern freigebig dankte und, ohne jemanden anzuschauen, seinem Kutscher befahl, ihn zum Bahnhof zu fahren.

Ruhe in Frieden, teurer Lehrer! Ich weiß nicht, ob ich deine Träume erfüllt habe oder sie heute erfülle, die Gebote jedoch, die du mir gabst, habe ich in meinem ganzen Leben nicht ein einziges Mal übertreten.

BOGATSCHEWSKY

Bogatschewsky oder Vater Evlissi ist heute noch am Leben. Er ist in der glücklichen Lage, in einem Kloster der Bruderschaft der Essener nicht weit von der Küste des Toten Meeres Assistent des Abtes zu sein.

Gewissen Mutmaßungen zufolge wurde dieser Orden zwölfhundert Jahre vor Christi Geburt gegründet. In dieser Bruderschaft, sagt man, empfing Jesus seine erste Initiation.

Ich lernte Bogatschewsky oder Vater Evlissi kennen, als er noch recht jung war. Er hatte gerade sein Studium am Russischen Theologischen Seminar beendet und wartete als Kantor an der Garnisonskirche von Kars auf seine Priesterweihe. Bald nach seiner Ankunft in Kars erklärte er sich auf die Bitte meines Lehrers, des Vaters Borsch, bereit, mein Lehrer zu werden als Ersatz für Krestowsky, ebenfalls ein Seminarabsolvent, der einige Wochen zuvor die Stelle eines Regimentspriesters in Polen erhalten hatte. Bogatschewsky war sein Nachfolger an der Garnisonskirche.

Bogatschewsky erwies sich als ein geselliger, freundlicher Mann; er gewann bald das Vertrauen der gesamten Priesterschaft, sogar das des Priesteranwärters Ponomerenko, eines ungeschlachten Grobians, der mit niemandem auf gutem Fuß stand. Mit Bogatschewsky jedoch kam er so gut aus, daß sie schließlich bei den Stadtgärten in der Nähe der Feuerwehr gemeinsam eine Wohnung nahmen.

Obgleich ich damals noch sehr jung war, entstanden bald zwischen Bogatschewsky und mir fast kameradschaftliche Beziehungen.

Ich besuchte ihn häufig in meiner freien Zeit, und nach meinen Unterrichtsstunden am Nachmittag blieb ich oftmals da, um mich auf andere Fächer vorzubereiten oder um seinen Gesprächen mit Ponomerenko und den vielen Bekannten zuzuhören, die sie ständig besuchten. Manchmal half ich den beiden bei einfachen Hausarbeiten.

Zu den häufigen Besuchern gehörten Wseslawsky, ein Militäringenieur und Landsmann Bogatschewskys, und der Artillerieoffizier und Pyrotechniker Kusmin. Um den Samowar sitzend, diskutierten sie über alle möglichen Dinge.

Ich hörte den Gesprächen Bogatschewskys und seiner Freunde immer sehr aufmerksam zu, denn da ich zu der Zeit zahlreiche Bücher über die verschiedensten Themen auf griechisch, armenisch und russisch las, war ich an vielen Fragen interessiert; aber weil ich noch sehr jung war, nahm ich niemals an ihren Gesprächen teil. Die Meinungen dieser Männer waren für mich maßgebend, damals hatte ich größten Respekt vor denen, die ein Hochschulstudium absolviert hatten.

Übrigens gaben gerade die Gespräche und Diskussionen dieser Leute, die sich bei meinem Lehrer Bogatschewsky versammelten, um in dem eintönigen Leben der abgelegenen und langweiligen Stadt Kars die Zeit totzuschlagen, den ersten Anstoß für mein Interesse an abstrakten Fragen.

Da dieses Interesse in meinem Leben eine große Rolle spielte und meine ganze spätere Existenz prägte und da die Ereignisse, die dieses Interesse weckten, in der Zeit stattfanden, auf die sich meine Erinnerungen an Bogatschewsky beziehen, will ich etwas länger bei diesem Thema verweilen.

Es begann eines Tages während eines Gesprächs. Sie diskutierten lebhaft über Spiritismus und unter anderem über das Tischrücken, ein Thema, das damals alle Welt leidenschaftlich erregte.

Der Militäringenieur behauptete, dieses Phänomen sei das Werk von Geistern. Die anderen bestritten dies und führten es auf andere Naturkräfte zurück, zum Beispiel auf Magnetismus, die Anziehungskraft, auf Autosuggestion und so weiter, aber die Tatsache selbst leugnete keiner.

Ich hörte wie gewöhnlich aufmerksam zu, und jede Meinung interessierte mich in höchstem Maße.

Obgleich ich schon viele Bücher über «alles mögliche» gelesen hatte, erfuhr ich zum ersten Mal von diesen Dingen.

Dieses Gespräch über Spiritismus machte einen um so stärkeren Eindruck auf mich, als meine Lieblingsschwester vor kurzem gestorben war und ich meinen großen Schmerz noch nicht verwunden hatte. Ich dachte oft an sie, und die Fragen nach dem Tod und dem Leben jenseits des Grabes bemächtigten sich meiner, ohne daß ich es wollte. Was an jenem Abend gesagt wurde, schien eine Antwort zu sein auf die Gedanken und Fragen, die unbewußt in mir erwacht waren und nach einer Lösung verlangten.

Als Ergebnis ihrer Diskussion beschlossen sie, ein Experiment mit einem Tisch zu machen.

Hierfür war ein dreibeiniger Tisch erforderlich. In einer Ecke des Zimmers stand ein solcher, aber der Militäringenieur, der Spezialist auf dem Gebiet war, wollte ihn nicht benützen, weil der Nägel hatte. Er erklärte, der Tisch dürfe nicht das geringste Stück Eisen enthalten. Deshalb schickten sie mich zu einem Photographen in der Nachbarschaft, um ihn zu fragen, ob er nicht einen solchen Tisch habe.

Er hatte einen, und ich nahm ihn gleich mit.

Es war Abend. Nachdem wir die Türen verriegelt und das Licht gedämpft hatten, setzten wir uns alle hin, legten in einer bestimmten Weise die Hände auf den Tisch und warteten.

Nach zwanzig Minuten fing unser Tisch tatsächlich an, sich zu bewegen. Auf die Frage des Ingenieurs nach dem Alter eines Anwesenden antwortete der Tisch, indem er, mit einem Bein klopfend, die Zahl anzeigte.

Wie und warum er klopfte, war mir unverständlich; ich versuchte nicht einmal, es mir zu erklären, so stark war der Eindruck der großen unbekannten Gebiete, die sich mir auftaten.

Was ich an diesem Abend hörte und sah, wühlte mich so tief auf, daß ich, nach Hause zurückgekehrt, die ganze Nacht und den nächsten Morgen darüber nachdachte und sogar beschloß, während meiner Stunden Vater Borsch darüber zu befragen. Ich erzählte ihm von der Unterhaltung und dem Experiment des vorhergehenden Tages.

«Das ist alles Unsinn», erwiderte mein erster Lehrer. «Grüble nicht über solche Sachen nach, sondern lerne das, was du wissen mußt, um eine erträgliche Existenz zu führen.»

Und er konnte es nicht verkneifen, hinzuzufügen:

«Sieh, du kleiner Knoblauchkopf (das war sein Lieblingsausdruck), denk doch einmal nach: Wenn Geister wirklich mit Hilfe eines Tischbeins klopfen könnten, so würde das bedeuten, daß sie über physische Kräfte verfügen. Warum sollten sie in diesem Fall zu einem so verrückten und noch dazu komplizierten Mittel greifen, um sich mit den Menschen in Verbindung zu setzen? Sie könnten sicherlich ebensogut das, was sie sagen wollen, durch Berührung oder auf eine andere Art übermitteln...»

Wie sehr ich auch die Meinung meines alten Lehrers schätzte, seine kategorische Antwort konnte ich nicht ohne Kritik gelten lassen, um so mehr als mir schien, daß mein jüngerer Lehrer und seine Freunde, die das Seminar und andere Hochschulen besucht hatten, über gewisse Dinge vielleicht mehr wußten als der alte Mann, der zu einer Zeit studiert hatte, da die Wissenschaft noch nicht so fortgeschritten war.

So zweifelte ich trotz allen Respekts vor dem alten Mann an seinen Ansichten über gewisse Fragen, die höhere Dinge betrafen.

Folglich blieb meine Frage unbeantwortet. Ich versuchte sie durch das Lesen von Büchern zu lösen, die mir Bogatschewsky, Vater Borsch und andere gaben.

Mein Unterricht erlaubte mir jedoch nicht, mich lange mit einem fremden Gegenstand zu beschäftigen, nach einiger Zeit vergaß ich diese Frage und dachte nicht länger darüber nach.

Die Zeit verging. Ich arbeitete sehr intensiv mit allen meinen Lehrern, Bogatschewsky eingeschlossen; und nur hin und wieder, während der Ferien, besuchte ich meinen Onkel in Alexandropol, wo ich viele Freunde hatte. Dorthin ging ich auch, um etwas Geld zu verdienen. Ich brauchte immer Geld für persönliche Ausgaben: Kleidung, Bücher und so weiter, und auch um gelegentlich dem einen oder anderen in meiner Familie, die damals in großer Not war, zu helfen.

Wenn ich nach Alexandropol ging, um Geld zu verdienen, so deshalb, weil mich dort jeder als einen «Meister in der Kunst, alles herzustellen», kannte und man mich immer bat, etwas anzufertigen oder auszubessern. Der eine wollte ein Schloß repariert haben, der andere eine Uhr, bei einem dritten mußte aus einem örtlichen Stein ein besonderer Ofen gebaut und bei einem anderen ein Kissen für eine Aussteuer oder zur Ausschmückung eines Salons bestickt werden. Kurzum, ich hatte dort einen großen Kundenkreis und viel Arbeit und wurde für damalige Verhältnisse gut bezahlt. In Kars dagegen verkehrte ich mit Leuten, die meinem jugendlichen Verständnis nach zu den «gelehrten» und «höheren» Kreisen gehörten. Ich wollte nicht, daß sie mich für einen Handwerker hielten oder argwöhnten, daß meine Familie in Not sei und ich meinen Lebensunterhalt als einfacher Arbeiter verdienen müsse. All dies verwundete meine Eigenliebe damals tief.

So ging ich auch in jenem Jahr wie gewöhnlich zu Ostern nach Alexandropol, das etwa hundert Kilometer von Kars entfernt war, zur Familie meines Onkels, den ich sehr gern hatte und dessen Liebling ich stets gewesen war.

Am zweiten Tag nach meiner Ankunft sagte meine Tante beim Essen zu mir: «Hör mal zu, sei vorsichtig, daß dir nichts passiert!»

Ich war erstaunt. Was konnte mir denn passieren? Ich fragte sie, was sie damit meine.

«Ich glaube es selber nicht ganz», sagte sie, «aber eine Sache, die man dir gewahrsagt hatte, ist schon eingetroffen, und so fürchte ich, der Rest könnte auch eintreffen.» Und sie erzählte mir folgendes:

Anfang des Winters war, wie in jedem Jahr, der einfältige Eung-Aschoch Mardiross in Alexandropol aufgetaucht. Aus irgendeinem Grund hatte meine Tante es sich in den Kopf gesetzt, diesen Wahrsager zu sich zu bitten und ihn über meine Zukunft zu befragen. Er hatte ihr vieles prophezeit, was mich erwartete; ihrer Meinung nach waren gewisse Dinge schon eingetreten. Sie nannte mir einige, die sich inzwischen wirklich ereignet hatten.

«Aber Gott sei Dank», fuhr sie fort, «sind dir zwei Dinge noch nicht zugestoßen. Er sagte nämlich voraus, daß du an der rechten Seite eine Wunde haben und durch eine Feuerwaffe bald einen Unfall erleiden würdest.

Also, gib überall da gut acht, wo geschossen wird», mahnte meine Tante, indem sie mir versicherte, daß sie diesem Verrückten nicht glaube, es aber auf jeden Fall besser sei, sich in acht zu nehmen.

Ich war erstaunt über das, was sie mir sagte, weil sich zwei Monate zuvor tatsächlich ein Karbunkel an meiner rechten Seite gebildet hatte, das ich einen ganzen Monat lang hatte behandeln müssen, indem ich fast jeden Tag zum Lazarett ging, um es verbinden zu lassen. Aber ich hatte mit niemandem darüber gesprochen, und selbst zu Hause wußte keiner etwas davon; wie konnte also meine Tante, die weit entfernt von uns wohnte, davon erfahren haben?

Ich legte indes dieser Erzählung keine besondere Bedeutung bei, da ich an Wahrsager nicht im geringsten glaubte. Und bald vergaß ich diese Vorhersage.

In Alexandropol hatte ich einen Freund namens Fatinow. Er war mit einem gewissen Gorbakun befreundet, dem Sohn des Kommandeurs eines Regiments aus Baku, das nahe dem griechischen Viertel der Stadt stationiert war.

Ungefähr eine Woche nach der Erzählung meiner Tante kam dieser Fatinow zu mir und schlug mir vor, mit ihm und seinem Freund auf Wildentenjagd zu gehen. Sie hatten vor, sich zum Alagöz-See am Fuß des gleichnamigen Berges zu begeben.

Ich willigte ein, weil mir dieser Ausflug als eine gute Gelegenheit zum Ausruhen erschien. Ich war wirklich sehr erschöpft, da ich mich seit einiger Zeit mit Büchern über Neuropathologie, die mich fesselten, intensiv beschäftigte.

Übrigens hatte ich von Kindheit an gern gejagt. Als ich sechs Jahre alt war, hatte ich einmal ohne Erlaubnis das Gewehr meines Vaters genommen und war auf Spatzenjagd gegangen. Obgleich mich der erste Schuß umwarf, entmutigte mich dies keineswegs, sondern erhöhte nur meinen Eifer. Natürlich nahm man mir das Gewehr sofort weg und hing es so hoch, daß ich es nicht erreichen konnte; aber da machte ich mir selber eines aus alten Patronenhülsen, denen ich die Pappzylinder meines Spielgewehrs anfügte. Dieses Gewehr traf mit kleinen Bleikugeln genauso ins Schwarze wie ein richtiges Gewehr und war so begehrt unter meinen Kameraden, daß sie solche Gewehre bei mir bestellten. Von da an galt ich als ausgezeichneter Waffenschmied und hatte obendrein ein hübsches kleines Einkommen.

Zwei Tage später also holten mich Fatinow und sein Freund zur

Jagd ab. Wir hatten zwanzig Werst zu gehen; so brachen wir bei Tagesanbruch auf, um, ohne uns zu beeilen, am Abend dort anzukommen; wir wollten früh am nächsten Morgen den ersten Flug der Enten abpassen.

Wir waren zu viert, denn ein Soldat, der Bursche des Kommandeurs Gorbakun, hatte sich uns angeschlossen. Jeder von uns hatte Waffen, Gorbakun sogar ein Dienstgewehr. Als wir an dem See angekommen waren, machten wir Feuer, aßen, bauten eine Hütte und gingen schlafen.

Schon vor Sonnenaufgang aufgestanden, wählten wir jeder einen Sektor des Seeufers und warteten auf die Enten. Zu meiner Linken war Gorbakun mit dem Dienstgewehr. Er feuerte auf die erste Ente, die sich erhob, während sie noch recht niedrig flog, und die Kugel traf mich mitten ins Bein. Zum Glück ging sie nur durchs Fleisch, ohne den Knochen zu verletzen.

Natürlich verdarb dies die ganze Jagd. Mein Bein blutete sehr stark und begann mir weh zu tun, und meine Kameraden mußten mich auf einer aus den Gewehren hergestellten Tragbahre den ganzen Weg nach Hause tragen.

Die Wunde heilte zwar bald, da nur die Muskeln verletzt worden waren, doch hinkte ich lange Zeit.

Das Übereinstimmen dieses Unfalls mit der Vorhersage des örtlichen Orakels gab mir viel zu denken. Als ich später wieder einmal meinen Onkel besuchte und erfuhr, daß der Eung-Aschoch Mardiross erneut in der Gegend sei, bat ich meine Tante, ihn kommen zu lassen – was auch geschah.

Der Wahrsager war groß und dünn, hatte erloschene Augen und die nervösen, wirren Bewegungen eines Schwachsinnigen. Er zitterte von Zeit zu Zeit und rauchte unaufhörlich. Er war zweifellos ein sehr kranker Mensch.

Die Sitzung verlief auf folgende Weise:

Er saß zwischen zwei brennenden Kerzen, hielt einen Daumen vor seine Augen und starrte auf den Daumennagel, bis er in eine

Art Dämmerschlaf fiel. Dann fing er an zu erzählen, was er in dem Nagel sah; er sagte zuerst, wie die betreffende Person gekleidet war, dann, was ihr die Zukunft bringen würde.

Wenn er die Zukunft eines Abwesenden wahrsagte, erkundigte er sich zunächst nach dessen Namen, den Einzelheiten seines Gesichts, der ungefähren Richtung des Ortes, wo er lebte, und wenn möglich nach seinem Alter.

Bei dieser Gelegenheit sagte er mir abermals die Zukunft voraus. Wie seine Voraussagen in Erfüllung gingen, werde ich eines Tages erzählen.

In jenem Sommer war ich in Alexandropol auch Zeuge eines anderen Phänomens, für das ich keine Erklärung finden konnte.

Vor dem Haus meines Onkels war ein freies Gelände, in dessen Mitte ein kleiner Pappelhain stand. Ich hatte diesen Ort gern und ging oft mit einem Buch oder irgendeiner Arbeit dorthin.

Man sah dort immer Kinder spielen, die aus allen Teilen der Stadt gekommen waren. Sie bildeten eine bunt zusammengewürfelte Schar: da gab es Armenier, Griechen, Kurden und Tataren, die unglaublichen Lärm machten, was mich jedoch nie bei der Arbeit störte.

So saß ich eines Tages unter den Pappeln über einer Arbeit, die ein Nachbar bestellt hatte. Es galt, auf ein Wappenschild, das er am nächsten Tag anläßlich der Hochzeit seiner Nichte über die Tür seines Hauses hängen wollte, ein Monogramm mit den ineinander verflochtenen Initialen des Brautpaares zu zeichnen. Ich mußte auf dem Wappen auch das Datum und das Jahr unterbringen.

Gewisse starke Eindrücke prägen sich dem Gedächtnis tief ein. Ich erinnere mich noch, wie sehr ich mir den Kopf zerbrach, um die Zahl des Jahres 1888 aufs beste anzuordnen.

Ganz in meine Arbeit vertieft, hörte ich plötzlich einen furchtbaren Schrei. Ich sprang auf, überzeugt, eines der Kinder habe einen Unfall erlitten.

Ich rannte hin und sah das folgende Bild.

In der Mitte eines auf den Boden gezeichneten Kreises stand schluchzend einer der kleinen Buben und machte seltsame Bewegungen.

Die anderen standen in einiger Entfernung und lachten ihn aus.

Ich verstand nichts und fragte, was da vor sich gehe. Man sagte mir, der Knabe gehöre der Sekte der Jesiden an; man habe einen Kreis um ihn gezogen, und er könne so lange nicht aus dem Kreis heraus, wie dieser nicht weggewischt sei.

Das Kind versuchte tatsächlich mit aller Gewalt, diesen magischen Kreis zu verlassen, aber es kämpfte vergebens.

Ich lief zu ihm und wischte rasch einen Teil des Kreises weg, sofort sprang der Junge heraus und rannte, so rasch er nur konnte, auf und davon.

Ich war so verblüfft, daß ich lange wie angewurzelt dastand, bis endlich meine normale Denkfähigkeit zurückkehrte. Ich hatte zwar schon von diesen Jesiden gehört, aber nie über sie nachgedacht. Dieser erstaunliche Vorfall, der sich vor meinen Augen abgespielt hatte, zwang mich jetzt zu ernsthaftem Nachdenken.

Ich schaute mich um und sah, daß die Knaben zu ihren Spielen zurückgekehrt waren. In Gedanken versunken, begab ich mich an meinen Platz zurück und versuchte, an den Initialen weiterzuarbeiten. Die Arbeit fiel mir wahrlich nicht leicht, aber ich mußte sie auf jeden Fall vollenden.

Die Jesiden sind eine Sekte, die in Transkaukasien lebt, vorwiegend in der Nähe des Ararat. Manchmal werden sie auch *Teufelsanbeter* genannt.

Viele Jahre nach dem soeben geschilderten Vorfall konnte ich mich experimentell von der Richtigkeit dieses Phänomens überzeugen und feststellen, daß ein Jeside, um den ein Kreis gezogen wird, tatsächlich nicht aus eigenem Willen daraus entkommen kann.

Innerhalb des Kreises vermag er sich frei zu bewegen; je größer der Kreis ist, um so mehr Platz hat er dafür, aber er ist außerstande, den Kreis zu verlassen. Eine seltsame Kraft, die unvergleichlich größer ist als seine normale Kraft, hält ihn gefangen.

Mir selbst gelang es nicht, obwohl ich stark bin, eine schwache Frau aus dem Kreis herauszuziehen. Es bedurfte noch eines anderen, gleich starken Mannes.

Wird ein Jeside mit Gewalt aus einem Kreis herausgezogen, so fällt er sogleich in den Zustand der Katalepsie, der in dem Augenblick aufhört, wo man ihn in den Kreis zurückbringt. Und wenn er nicht dahin zurückgebracht wird, so kehrt er, wie wir feststellten, erst nach dreizehn oder einundzwanzig Stunden in den normalen Zustand zurück.

Es gibt kein anderes Mittel, ihn wieder in den normalen Zustand zu versetzen; jedenfalls vermochten meine Freunde und ich es nicht, obwohl wir alle Methoden beherrschten, die der heutigen Wissenschaft von der Hypnose zur Verfügung stehen, um einen Menschen aus dem Zustand der Katalepsie zu befreien. Nur ihre Priester konnten dies durch kurze Beschwörungsformeln.

Nachdem ich an jenem Abend das Wappenschild fertiggestellt und abgeliefert hatte, begab ich mich in das russische Viertel, wo die meisten meiner Freunde und Bekannten wohnten, in der Hoffnung, daß sie mir helfen könnten, diese seltsame Erscheinung zu enträtseln.

Der russische Teil von Alexandropol war das Viertel, in dem die gesamte örtliche Intelligenzija wohnte.

Es sollte erwähnt werden, daß ich seit dem achten Lebensjahr zufälliger Umstände zufolge in Alexandropol wie auch in Kars mit Freunden verkehrte, welche viel älter waren als ich und Familien angehörten, die sozial höher standen als die meiner Eltern.

In dem griechischen Viertel von Alexandropol, wo meine Eltern zunächst gewohnt hatten, besaß ich überhaupt keinen Freund. Meine Freunde wohnten alle auf der entgegengesetzten Seite der Stadt im russischen Viertel und waren Söhne von Offizieren, Beamten und Priestern.

Ich besuchte sie oft, und da ich so ihre Familien kennenlernte, erhielt ich allmählich Zutritt zu fast allen Häusern dieses Viertels.

Ich erinnere mich, der erste, mit dem ich über diese Erscheinung sprach, die mich so sehr erstaunt hatte, war mein guter Freund Ananiew, der auch viel älter war als ich. Er ließ mich gar nicht ausreden, sondern sagte voller Autorität:

«Diese Buben haben sich über deine Dummheit lustig gemacht, dich an der Nase herumgeführt und einfach zum Narren gehalten; das ist alles. Aber schau doch lieber, wie elegant das ist!» Er lief ins nächste Zimmer und kam sogleich zurück, wobei er noch im Gehen seine nagelneue Uniformjacke anzog: Er war gerade zum Postbeamten ernannt worden. Dann schlug er mir vor, ich solle mit ihm in den Stadtgarten gehen. Ich gab vor, keine Zeit zu haben, und ging zu Pawlow, der in derselben Straße wohnte.

Pawlow, ein Finanzbeamter, war ein guter Kerl, aber ein großer Trinker. In seinem Haus fand ich Vater Maxim, den Diakon der Festungskirche, den Munitionsoffizier Artemin, Hauptmann Terentiew, den Lehrer Stolmach und zwei andere, die ich kaum kannte. Sie tranken Wodka, und als ich eintrat, forderten sie mich auf, mich zu ihnen zu setzen, und boten mir ein Glas an.

Gesagt sei, daß ich in jenem Jahr schon begonnen hatte zu trinken, zwar nur wenig, aber ich lehnte niemals ein Gläschen ab, wenn es mir angeboten wurde. Dies hatte in Kars unter folgenden Umständen begonnen: Eines Morgens, als ich todmüde – ich hatte die ganze Nacht hindurch gelernt – gerade ins Bett gehen wollte, kam plötzlich ein Soldat, um mich zum Singen in der Kirche abzuholen.

An jenem Tag sollte auf einem der Forts ein Gottesdienst abgehalten werden – ich erinnere mich nicht mehr, zu wessen Ehren – und in letzter Minute wurde beschlossen, den Chor dabei einzusetzen. So schickte man Boten und Ordonnanzen in alle Teile der Stadt, um die Chorknaben zusammenzurufen.

Da ich die ganze Nacht nicht geschlafen hatte, erschöpften mich der Weg den steilen Hügel zum Fort hinauf und der Gottesdienst selber so sehr, daß ich mich kaum auf den Füßen halten konnte.

Nach dem Gottesdienst fand auf dem Fort ein Festessen für die geladenen Gäste statt, und für uns Chorknaben war ein besonderer Tisch gedeckt. Der Kantor, ein wackerer Zecher, sah, wie schwach ich war, und überredete mich, ein Gläschen Wodka zu trinken.

Als ich es getrunken hatte, fühlte ich mich tatsächlich viel besser, und nach dem zweiten Glas verschwand meine Schwäche vollends.

Von da an trank ich, wenn ich sehr müde oder nervös war, ein oder zwei, manchmal sogar drei Gläschen.

An jenem Abend nun trank ich bei meinen Freunden ebenfalls ein Glas Wodka. Doch wie sehr sie mich auch zu überreden versuchten, lehnte ich ein zweites ab. Die Gesellschaft war noch nicht betrunken, da man soeben erst begonnen hatte. Ich wußte, wie sich das in dieser fröhlichen Runde abspielte. Als erster bekam immer der Diakon einen Schwips. Wenn er leicht angesäuselt war, begann er gewöhnlich ein Gebet anzustimmen für den Seelenfrieden des rechtgläubigen und verehrten Alexander I.... Da ich ihn aber noch mißmutig dasitzen sah, konnte ich nicht umhin, ihm zu erzählen, was ich an jenem Tag gesehen hatte. Jedoch sprach ich nicht so ernsthaft wie zu Ananiew, sondern wählte einen etwas scherzenden Ton.

Jeder hörte mir aufmerksam und mit großem Interesse zu. Als ich meine Geschichte beendet hatte, äußerten sie ihre Meinung darüber. Als erster sprach der Hauptmann. Er sagte, er habe selbst kürzlich einen ähnlichen Fall beobachtet; einige Soldaten hätten auf dem Boden einen Kreis um einen Kurden gezogen, der sie daraufhin fast weinend anflehte, ihn wegzuwischen. Erst als er, der Hauptmann, einem Soldaten befohlen habe, einen Teil des Kreises zu entfernen, sei der Kurde fähig gewesen, ihn zu verlassen. «Ich denke», fügte der Hauptmann hinzu, «daß sie ein Gelübde ablegen, niemals einen geschlossenen Kreis zu verlassen. Und wenn sie ihn nicht verlassen, so nicht deshalb, weil sie es nicht können, sondern weil sie ihr Gelübde nicht brechen wollen.»

Der Diakon sagte: «Es sind Teufelsanbeter, und unter gewöhnlichen Verhältnissen rührt der Teufel sie nicht an, weil sie ihm gehören. Aber da der Teufel selber nur ein Untergebener ist und ihn sein Amt zwingt, allen sein Joch aufzuerlegen, so hat er, um den Schein zu wahren, die Unabhängigkeit der Jesiden beschränkt, damit die anderen Leute nicht vermuten, daß sie seine Diener sind. Es ist das gleiche wie mit Philipp...»

Philipp war der Polizist an der Straßenecke, den diese vergnügte Gesellschaft manchmal, wenn sie niemand anders hatte, Zigaretten und Getränke holen ließ... Der örtliche Polizeidienst brachte damals selbst die Hühner zum Lachen.

«Wenn ich zum Beispiel», fuhr der Diakon fort, «auf der Straße Krach mache, muß mich dieser Philipp auf jeden Fall auf das Polizeirevier bringen, und er wird dies zum Schein auch tun, damit es den anderen nicht sonderbar vorkommt, aber sobald wir um die Ecke biegen, wird er mich laufen lassen und dabei natürlich nicht vergessen zu sagen: ‹Und wie steht's mit einem kleinen Trinkgeld, Euer Gnaden?›

Naja, der Teufel macht's mit seinen Dienern, den Jesiden, genauso...»

Ich weiß nicht, ob er diese Geschichte geradewegs aus der Luft griff oder ob sie sich wirklich ereignet hatte.

Der Finanzbeamte sagte, daß er niemals von solchen Dingen gehört habe und daß es seiner Meinung nach nichts Derartiges geben könne. Er bedauere sehr, daß wir als intelligente Menschen an solche Ammenmärchen glauben und uns den Kopf darüber zerbrechen könnten.

Der Lehrer Stolmach antwortete, daß er im Gegenteil an die Realität übernatürlicher Erscheinungen glaube, und wenn auch die positive Wissenschaft diese noch nicht alle erklären könne, so sei er fest überzeugt, daß bei dem raschen Fortschritt der heutigen Zivilisation die Wissenschaft bald beweisen werde, daß alle Merkwürdigkeiten der metaphysischen Welt sich durch physische Ursachen vollkommen erklären ließen. «Was den Vorfall betrifft, von dem wir jetzt sprechen», fuhr er fort, «so handelt es sich meiner Ansicht nach um eines jener magnetischen Phänomene, die zur Zeit von den Leuchten der Wissenschaft in Nancy erforscht werden.»

Er wollte noch mehr sagen, aber Pawlow unterbrach ihn mit dem Ausruf: «Der Teufel hole alle Teufelsanbeter! Man gebe ihnen eine halbe Flasche Wodka, und kein Kreis wird sie mehr zurückhalten. Laßt uns auf das Wohl von Isakow trinken!» (Isakow war der Besitzer der dortigen Wodkabrennerei.)

Diese Äußerungen wirkten auf meine Gedanken keineswegs beruhigend, im Gegenteil: nachdem ich Pawlow verlassen hatte, begann ich nur um so mehr darüber nachzudenken. Zugleich kamen mir Zweifel gegenüber den Menschen, die ich bis dahin als gebildet betrachtet hatte.

Am nächsten Morgen traf ich zufällig den Chefarzt der 39. Division, Dr. Iwanow. Er war zu einem kranken armenischen Nachbarn gerufen worden, und man holte mich zum Dolmetschen. Dr. Iwanow genoß einen hervorragenden Ruf in der Stadt und besaß eine große Praxis; ich kannte ihn gut, da er oft zu meinem Onkel kam.

Nach dem Krankenbesuch sagte ich zu ihm:

«Euer Exzellenz!» (er hatte den Rang eines Generals). «Bitte erklären Sie mir, warum ein Jeside nicht aus einem Kreis herauskommen kann.»

«Ach, Sie meinen die Teufelsanbeter», sagte er, «das ist einfach Hysterie.»

«Hysterie?» fragte ich.

«Ja, Hysterie...» Und dann rasselte er eine lange Geschichte über Hysterie herunter; doch alles, was ich aus ihr entnehmen konnte, war, daß Hysterie eben Hysterie sei. Dies wußte ich schon, da es in der Bibliothek des Kars'schen Militärspitals nicht ein einziges Buch über Neuropathologie und Psychologie gab, das ich nicht gelesen hatte. Und ich hatte alles sogar sehr aufmerksam gelesen, indem ich bei fast jeder Zeile verweilte, so sehr wünschte ich in diesen Zweigen der Wissenschaft eine Erklärung für die Erscheinung des Tischrückens zu finden.

Deshalb verstand ich schon sehr gut, daß Hysterie Hysterie ist; aber ich wollte etwas mehr darüber wissen.

Je mehr ich die Schwierigkeit erkannte, eine Erklärung zu finden, um so mehr nagte in mir der Wurm der Neugierde. Einige Tage lang war ich nicht mehr ich selbst und wollte nichts tun. Ich dachte immer nur über eine einzige Sache nach: «Wo ist die Wahrheit? In dem, was in Büchern steht und von meinen Lehrern gelehrt wird? Oder in den Tatsachen, an denen ich mich stoße?»

Bald danach traf ein weiteres Ereignis ein, das mich nun völlig aus der Fassung brachte.

Als ich fünf Tage nach der Geschichte mit dem Jesiden früh zum Brunnen ging, um mich zu waschen – es war dort Sitte, sich morgens mit Quellwasser zu waschen – sah ich an der Ecke eine Gruppe von Frauen aufgeregt miteinander reden. Ich ging zu ihnen und erfuhr folgendes:

In jener Nacht war im Tatarenviertel ein *Gornach* erschienen. So nennt man im Volk einen bösen Geist, der in den Körper eines kürzlich Verstorbenen eindringt und in dessen Gestalt erscheint, um alle möglichen Untaten zu begehen, besonders an den Feinden des Verstorbenen.

Diesmal war ein solcher Geist im Körper eines Tataren, des Sohnes der Mariam Batschi, erschienen, der am Tag zuvor beerdigt worden war.

Ich wußte von dem Tod und der Beerdigung dieses Mannes, weil sein Haus neben unserem alten Haus stand, in dem wir vor unserem Umzug nach Kars gewohnt hatten, und ich tags zuvor dort gewesen war, um von den Hausbewohnern die Miete einzukassieren. Bei dieser Gelegenheit hatte ich auch einige Tatarennachbarn besucht und hatte gesehen, wie der Leichnam hinausgetragen wurde.

Ich kannte ihn gut, denn er hatte uns oft besucht. Es war ein junger Mann, der erst kürzlich Polizist geworden war.

Einige Tage zuvor war er während einer *Djigitowka* vom Pferd gefallen und hatte sich, wie man sagt, «die Gedärme verrenkt». Obgleich der Militärarzt Kultschewsky ihm ein volles Glas Quecksilber verabreicht hatte, «um seine Gedärme wieder einzurenken», war der arme Kerl gestorben und nach Tatarensitte eiligst beerdigt worden. Da war dann dieser böse Geist, so scheint es, in seinen Körper eingedrungen und hatte versucht, ihn nach Hause zurückzubringen. Zufällig hatte ihn jedoch jemand bemerkt, Alarm geschlagen und Sturm geläutet. Um zu verhindern, daß dieser Geist Unheil anrichtete, hatten die guten Nachbarn dem Tataren auf der Stelle die Kehle durchgeschnitten und ihn zum Friedhof zurückgetragen.

Die Anhänger der christlichen Religion dort glauben sogar, daß diese Geister nur in die Leichen von Tataren eindringen, weil die Tataren gemäß ihrer Sitte den Sarg nicht tief vergraben, sondern nur leicht mit Erde bedecken und oft sogar Nahrung hineinlegen. Es ist für die Geister schwierig, die Leiche eines Christen herauszuholen, die tief in der Erde liegt – deshalb ziehen sie Tataren vor.

Dieser Vorfall machte mich vollends betroffen.

Wie sollte ich mir das erklären? Was wußte ich von all dem?

Ich schaue mich um. An der Straßenecke stehen mein Onkel, der ehrwürdige Georgi Merkurow, und sein Sohn, ein Primaner, die mit einem Polizeibeamten über dieses Thema sprechen. Sie sind allgemein angesehen, haben alle viel länger gelebt als ich und wissen vieles, wovon ich noch nicht einmal geträumt habe. Sieht man auf ihren Gesichtern wenigstens Empörung, Kummer oder Erstaunen? Nein, sie scheinen sogar erfreut zu sein, daß es diesmal gelungen ist, den bösen Geist zu bestrafen und seine Untaten zu vereiteln.

Ich vertiefte mich wieder in die Bücher in der Hoffnung, durch sie den Wurm, der in mir nagte, befriedigen zu können.

Bogatschewsky half mir sehr. Doch leider mußte er bald fort, da er zwei Jahre nach seiner Ankunft in Kars zum Garnisonspriester in einer Stadt in Transkaspien ernannt wurde.

Während er in Kars mein Lehrer war, legte er unserer Beziehung eine besondere Regel auf: Obwohl er noch nicht Priester war, nahm er mir jede Woche die Beichte ab.

Als er fortging, befahl er mir, meine wöchentliche Beichte aufzuschreiben und ihm zu schicken, wobei er versprach, von Zeit zu Zeit zu antworten. Wir verabredeten, daß er seine Briefe an meinen Onkel schicken würde, der sie mir übergeben oder weiterleiten sollte.

Doch ein Jahr nachdem sich Bogatschewsky in Transkaspien niedergelassen hatte, verließ er den weltlichen Klerus, um Mönch zu werden. Gewissen Gerüchten zufolge kam er zu diesem Entschluß durch das Verhalten seiner jungen Frau, die eine Liebschaft mit einem Offizier hatte; Bogatschewsky jagte sie fort und wollte von da an nicht mehr in der Stadt bleiben noch auch weiterhin Priester sein.

Bald nach seiner Abreise ging auch ich von Kars fort nach Tiflis. In dieser Zeit erhielt ich durch meinen Onkel zwei Briefe von Bogatschewsky; danach hörte ich einige Jahre nichts mehr von ihm.

Sehr viel später traf ich ihn einmal durch Zufall in der Stadt Samara, als er gerade das Haus des dortigen Bischofs verließ. Er trug das Mönchsgewand eines bekannten Klosters.

Er erkannte mich nicht sofort, da ich inzwischen erwachsen war und mich stark verändert hatte, als ich ihm aber meinen Namen nannte, war er sehr erfreut, mich wiederzusehen, und einige Tage lang trafen wir uns häufig, bis wir beide Samara verließen.

Nach dieser Begegnung sah ich ihn nie wieder.

Später hörte ich, daß er in seinem Kloster in Rußland nicht hatte bleiben wollen, sondern bald in die Türkei gereist war, danach zum Berg Athos, wo er sich übrigens auch nicht lange aufhielt. Er sagte sich dann vom Mönchstum los und ging nach Jerusalem. Dort befreundete er sich mit einem Händler, der nahe dem Tempel des Herrn Rosenkränze verkaufte.

Dieser Händler war ein Mönch des Essener-Ordens. Nachdem er Bogatschewsky lange vorbereitet hatte, führte er ihn in seine Bruderschaft ein. Dank seines vorbildlichen Lebens wurde Bogatschewsky zum Vorsteher ernannt und einige Jahre später zum Prior in einem Kloster dieser Bruderschaft in Ägypten. Schließlich wurde nach dem Tode eines Assistenten des Abtes des Hauptklosters Bogatschewsky zu dessen Nachfolger berufen.

Über sein außerordentliches Leben während dieser Zeit erfuhr ich vieles bei einem Aufenthalt in Brussa aus Erzählungen eines meiner Freunde, eines türkischen Derwischs, der ihm oft begegnet war. Zuvor hatte mir auch mein Onkel einen Brief von ihm geschickt. Dieser enthielt außer einigen Segensworten eine kleine Photographie von ihm im Gewand eines griechischen Mönches und einige Ansichten heiliger Stätten in der Umgebung von Jerusalem.

Als Bogatschewsky noch in Kars war und auf die Priesterweihe wartete, legte er mir eine sehr originelle Ansicht über die Moral dar. Er lehrte mich damals, daß es auf Erden zwei Arten von Moral gebe: eine objektive, die im Laufe von Jahrtausenden vom Leben festgelegt wurde, und eine andere, subjektive, die für Einzelpersonen gelte wie auch für ganze Nationen, Königreiche, Familien, Gesellschaftsgruppen und so fort.

«Die objektive Moral», erklärte er mir eines Tages, «bildet sich durch das Leben und die Gebote, die uns Gott selbst durch die Stimme seiner Propheten gegeben hat. Sie wird allmählich zur Grundlage für die Entstehung dessen im Menschen, was man Gewissen nennt. Und dieses Gewissen unterstützt seinerseits die objektive Moral. Die objektive Moral ändert sich niemals, sie kann im Laufe der Zeit nur an Weite gewinnen. Die subjektive Moral dagegen ist eine Erfindung des Menschen und daher ein relativer Begriff. Sie ist für jeden Menschen und an jedem Ort verschieden und hängt von dem besonderen Verständnis von Gut und Böse ab, das zu einer bestimmten Zeit vorherrscht.

Zum Beispiel hält hier in Transkaukasien jedermann eine Frau, die ihr Gesicht nicht bedeckt, wenn sie mit Gästen spricht, für unmoralisch, verdorben und schlecht erzogen. Wenn in Rußland hingegen eine Frau ihr Gesicht bedeckte, ihre Gäste nicht empfinge und sich nicht mit ihnen unterhielte, so würde sie jeder als schlecht erzogen, unhöflich, unliebenswürdig und so weiter betrachten.

Ein anderes Beispiel: wenn ein Mann hier in Kars nicht jede Woche oder wenigstens alle zwei Wochen in den Hammam geht, so werden ihn seine Mitmenschen verachten, vor ihm Ekel empfinden und sogar glauben, er habe einen schlechten Geruch, auch wenn dies keineswegs zutrifft. Aber in Sankt Petersburg ist es das genaue Gegenteil: wenn dort einer nur davon spricht, daß er in den Hammam geht, gilt er als unerzogen, rückständisch, bäuerisch usw. Sollte er zufällig dennoch hingehen, so wird er dies vor den anderen verheimlichen, damit ihm niemand schlechten Geschmack nachsagt.

Damit du die Relativität der Begriffe Moral und Ehre besser verstehst, werde ich zwei Vorfälle nehmen, die sich in der letzten Woche unter den Offizieren in Kars zugetragen haben, und die einiges Aufsehen erregten.

Der erste ist der Prozeß gegen Leutnant K., der zweite der Selbstmord des Leutnants Makarow.

Leutnant K. wurde vor das Militärgericht gestellt, weil er den Schuhmacher Iwanow so brutal ins Gesicht geschlagen hatte, daß dieser ein Auge verlor. Der Gerichtshof sprach ihn frei, da die Ermittlungen ergeben hätten, daß der Schuhmacher Iwanow den Leutnant K. belästigt und beleidigende Gerüchte über ihn verbreitet hatte.

Da mich dieser Fall sehr interessierte, beschloß ich, ohne das Untersuchungsergebnis in Betracht zu ziehen, die Familie und die Bekannten des unglücklichen Mannes zu befragen, um die wahren Gründe für das Verhalten von Leutnant K. herauszufinden.

Ich erfuhr, daß dieser Leutnant ein Paar und dann noch zwei weitere Paar Stiefel bei dem Schuhmacher Iwanow bestellt hatte mit dem Versprechen, ihn am 20. des Monats, wenn er sein Gehalt bekommen würde, zu bezahlen. Als der Leutnant ihm das Geld am 20. nicht schickte, ging Iwanow zu ihm, um das, was ihm zustand, einzufordern. Der Offizier versprach, ihn am nächsten Tag zu bezahlen; aber am nächsten Tag verschob er es auf den übernächsten. Kurzum, er vertröstete Iwanow lange Zeit mit: *morgen, morgen.* Iwanow ging wieder und wieder zu ihm hin, da das Geld, das ihm Leutnant K. schuldete, eine sehr große Summe für ihn darstellte. Es war fast alles, was er besaß – die langjährigen Ersparnisse seiner Frau, einer Wäscherin, die sie pfennigweise zusammengespart und sie nun ihrem Mann gegeben hatte, damit er das Leder für die Stiefel des Leutnants kaufen konnte.

Übrigens verlangte der Schuhmacher Iwanow auch deshalb dringlich sein Geld, weil er sechs kleine Kinder zu ernähren hatte.

Leutnant K. begann sich schließlich über Iwanows Hartnäckigkeit zu ärgen. Er befahl seinem Burschen, Iwanow zu sagen, daß er nicht zu Hause sei; dann ließ er ihn einfach fortjagen und drohte ihm sogar mit dem Gefängnis. Zuletzt befahl der Leutnant seinem Burschen, er solle Iwanow eine gute Tracht Prügel verabreichen, falls er wiederkäme.

Der Offiziersbursche war ein gutmütiger Mann, und als Iwanow erschien, schlug er ihn nicht, wie sein Herr befohlen hatte, sondern versuchte ihn freundlich zu überreden, den Herrn Leutnant nicht weiter zu belästigen. Er lud ihn in die Küche ein, um mit ihm zu sprechen. Iwanow ließ sich auf einem Hocker nieder, und der Bursche begann, eine Gans zu rupfen, um sie zu braten.

Als Iwanow das sah, konnte er nicht umhin zu bemerken: ‹Da

sieht man's mal wieder, diese Herren essen jeden Tag gebratene Gans, aber ihre Schulden zahlen sie nicht; und meine Kinder müssen indessen Hunger leiden.›

In diesem Augenblick kam Leutnant K. zufällig in die Küche. Als er hörte, was Iwanow sagte, wurde er so wütend, daß er eine große Rübe vom Tisch nahm und Iwanow damit so brutal ins Gesicht haute, daß er ihm ein Auge ausschlug.

Der zweite Vorfall ist in gewisser Hinsicht das Gegenstück zum ersten: Ein Leutnant Makarow beging Selbstmord, weil er seine Schulden gegenüber einem gewissen Hauptmann Maschwelow nicht bezahlen konnte.

Hierbei muß gesagt werden, daß dieser Maschwelow, ein abgefeimter Kartenspieler, überall als großer Falschspieler gilt. Es vergeht kein Tag, an dem er nicht jemanden schröpft; es ist für alle offensichtlich, daß er betrügt.

Vor einigen Tagen spielte Leutnant Makarow mit einigen Offizieren, darunter auch Maschwelow, Karten und verlor nicht nur all sein Geld, sondern auch eine Summe, die er sich von diesem Maschwelow borgte mit dem Versprechen, sie ihm in drei Tagen zurückzuerstatten. Da die Summe recht groß war, konnte Leutnant Makarow sie nicht rechtzeitig beschaffen. Und weil er sein Wort nicht einzulösen vermochte, zog er es vor, sich lieber zu erschießen, als seine Ehre als Offizier zu beflecken.

Beide Ereignisse haben den gleichen Ursprung: Schulden. In dem einen Fall schlug der Schuldner dem Gläubiger ein Auge aus, in dem anderen erschoß sich der Schuldner. Warum? Einfach, weil der Kreis um Makarow diesen dafür verurteilt hätte, daß er seine Schulden dem Gauner Maschwelow nicht bezahlt hatte. Bei dem Schuhmacher Iwanow dagegen, selbst wenn alle seine Kinder verhungern müßten, wäre es nun einmal der Lauf der Dinge. Denn die Ehre eines Offiziers hat schließlich nichts damit zu tun, ob er seine Schulden an einen Schuhmacher bezahlt.

Ich wiederhole: Im allgemeinen kommen derartige Vorfälle unter den Menschen nur deshalb vor, weil man sie in der Kindheit, in dem Alter, da der künftige Mensch noch im Werden ist, mit allen möglichen Konventionen vollstopft und dadurch verhindert, daß die Natur jenes Gewissen in ihnen entwickelt, welches in dem jahrtausendelangen Kampf unserer Vorfahren gerade gegen diese Art von Konventionen Gestalt annahm.»

Bogatschewsky ermahnte mich oft, keine Konventionen zu übernehmen, weder die meiner unmittelbaren Umgebung noch die irgendwelcher anderen Leute.

Er sagte: «Die Konventionen, mit denen man vollgepfropft ist, bilden die subjektive Moral. Für das wirkliche Leben braucht man jedoch die objektive Moral, die nur aus dem Gewissen kommen kann.

Das Gewissen ist überall dasselbe. So, wie es hier ist, ist es in Sankt Petersburg, Amerika, Kamtschatka und auf den Salomoninseln. Heute bist du hier, aber morgen bist du vielleicht in Amerika. Wenn du ein wirkliches Gewissen hast und ihm entsprechend lebst, dann wird es immer gut um dich stehen, ganz gleich, wo du bist.

Du bist noch recht jung. Du hast das Leben noch nicht begonnen. Daß man dich jetzt für schlecht erzogen hält, daß du dich vielleicht nicht richtig zu verbeugen oder das rechte Wort nicht in der richtigen Weise zu sagen verstehst, dies ist nicht so wichtig, vorausgesetzt, daß du als Erwachsener, wenn du wahrhaft zu leben anfängst, ein wirkliches Gewissen hast, das heißt die Grundlage der objektiven Moral.

Die subjektive Moral ist ein relativer Begriff; wenn du mit relativen Begriffen vollgestopft bist, wirst du als Erwachsener immer und überall nach den konventionellen Ansichten und Begriffen, die du erworben hast, handeln und die anderen danach beurteilen. Du mußt nicht das lernen, was deine Umgebung für gut oder böse hält, sondern mußt im Leben so handeln, wie es dir dein Gewissen befiehlt.

Ein nicht eingeengtes Gewissen wird stets besser Bescheid wissen als alle Bücher und Lehrer zusammen. Doch solange dein eigenes Gewissen noch nicht völlig entwickelt ist, lebe gemäß dem Gebot unseres Lehrers Jesus Christus: *Was du nicht willst, daß man dir tu', das füg auch keinem andern zu.*»

Vater Evlissi, der jetzt alt ist, ist einer der seltenen Menschen auf Erden, dem es gelang, so zu leben, wie Unser Göttlicher Lehrer Jesus Christus es uns allen wünschte.

Mögen seine Gebete all jenen eine Hilfe sein, die fähig werden wollen, der Wahrheit gemäß zu leben!

HERR X. ODER KAPITÄN POGOSSIAN

Sarkis Pogossian – oder wie man ihn jetzt nennt: Herr X. – ist heute Eigentümer mehrerer großer Schiffe. Eines davon, das zwischen seinen geliebten Sunda- und Salomoninseln verkehrt, führt er selbst. Der Herkunft nach Armenier, wurde er in der Türkei geboren, verbrachte aber seine Kindheit in Transkaukasien in der Stadt Kars.

Ich lernte ihn kennen und befreundete mich mit ihm, als er, noch recht jung, sein Studium am Theologischen Seminar von Etschmiadzin beendete und sich auf das Priesteramt vorbereitete.

Schon bevor ich ihn kennenlernte, hatte ich durch seine Eltern von ihm gehört, die in Kars nicht weit von unserem Haus wohnten und meinen Vater oft besuchten.

Ich wußte, daß er ihr einziger Sohn war und daß er an dem *Temagan-Dpretz*, dem Theologischen Seminar von Eriwan, studiert hatte und dann an das Theologische Seminar von Etschmiadzin gegangen war.

Pogossians Eltern stammten aus der Stadt Erzerum und waren

nach Kars übersiedelt, bald nachdem die Russen diese Stadt eingenommen hatten.

Sein Vater war von Beruf *Poïadschi** und seine Mutter Goldstickerin, die Mieder und Gürtel für *Dschuppays*** anfertigte. Sie lebten selber sehr einfach und opferten alle ihre Einkünfte, um ihrem Sohn eine gute Erziehung zu geben.

Sarkis Pogossian besuchte seine Eltern selten, und ich hatte nie Gelegenheit, ihm in Kars zu begegnen. Sein Bekannschaft machte ich auf meiner ersten Fahrt nach Etschmiadzin. Vor meiner Abreise war ich einige Zeit in Kars bei meinem Vater gewesen, und als Pogossians Eltern erfuhren, daß ich bald nach Etschmiadzin reisen würde, baten sie mich, für ihren Sohn ein kleines Wäschepaket mitzunehmen.

Ich ging nach Etschmiadzin, um wieder einmal nach einer Antwort zu suchen auf die Fragen nach den übernatürlichen Erscheinungen, für die mein Interesse keineswegs geringer geworden war, sondern im Gegenteil sogar zugenommen hatte.

Ich muß hier erwähnen, daß ich mich aus lebhaftem Interesse für diese Erscheinungen, wie ich im vorigen Kapitel erzählte, auf Bücher gestürzt und auch an Wissenschaftler gewandt hatte in der Hoffnung, eine Erklärung zu erhalten. Als ich aber weder in den Büchern noch bei den Menschen, die ich fragte, befriedigende Antworten fand, richtete ich meine Suche auf die Religion. Ich besuchte verschiedene Klöster und befragte Menschen, die wegen ihrer Gefühlskraft bekannt waren. Ich las die Heilige Schrift und die Heiligenviten. Ich diente sogar drei Monate lang im Kloster Sanaïn dem berühmten Pater Eulampios und pilgerte in Transkaukasien zu fast allen «heiligen Stätten» der vielen verschiedenen Glaubensbe-

* *Poïadschi* bedeutet Färber. Menschen, die diesen Beruf ausüben, kann man immer daran erkennen, daß ihre Arme bis zu den Ellbogen von einer blauen Farbe, die nie verschwindet, eingefärbt sind.

** *Dschuppay* heißt die Tracht der armenischen Frauen in Erzerum.

kenntnisse. Während dieser Zeit wurde ich Zeuge einer ganzen Reihe weiterer Phänomene, deren Wirklichkeit unbestreitbar war, die ich mir aber auf keine Weise erklären konnte. Dies brachte mich noch mehr in Verwirrung.

Als ich mich zum Beispiel eines Tages mit einer Pilgergruppe aus Alexandropol zum Fest des Thrones an eine Stätte auf dem Berg Dschadschur begab, die den Armeniern unter dem Namen *Amena-Prdetz* bekannt ist, erlebte ich dort den folgenden Vorfall:

Ein Gelähmter aus dem Dorf Paldewan wurde auf einem Karren zu dem heiligen Ort gebracht. Ich kam mit den Verwandten, die den Kranken begleiteten, ins Gespräch, und wir legten den Weg gemeinsam zurück.

Dieser Gelähmte, kaum dreißig Jahre alt, litt seit sechs Jahren an der Krankheit. Zuvor war er bei bester Gesundheit gewesen und hatte sogar seinen Wehrdienst abgeleistet.

Nach seiner Rückkehr vom Militär war er kurz vor seiner Heirat erkrankt, wobei die ganze linke Seite seines Körpers erfaßt wurde. Trotz all der Behandlungen durch Ärzte und Heilpraktiker hatte ihm bislang nichts geholfen. Man hatte ihn sogar eigens zur Kur zu den Mineralquellen des Kaukasus gebracht, und jetzt führten ihn seine Verwandten hierher nach *Amena-Prdetz* in der verzweifelten Hoffnung, daß der Heilige ihm helfen und sein Leiden lindern würde.

Auf dem Weg zu dieser heiligen Stätte machten wir, wie alle Pilger, in dem Dorf Diskiant halt, um am Fuß einer wundertätigen Ikone des Erlösers zu beten, die in dem Hause einer armenischen Familie hing.

Da der Kranke auch beten wollte, wurde er ins Haus gebracht; ich half selber, den Unglücklichen zu tragen.

Bald danach gelangten wir an den Fuß des Berges Dschadschur, an dessen Abhang die kleine Kirche mit dem wundertätigen Grab des Heiligen lag.

Wir hielten an der Stelle, wo die Pilger ihre Kutschen, Wagen und Karren gewöhnlich zurücklassen, da der befahrbare Weg dort endet und der restliche Aufstieg von etwa vierhundert Metern zu Fuß bewältigt werden muß.

Viele gehen der Sitte gemäß barfuß; einige legen die Strecke sogar auf den Knien zurück oder auf eine andere besondere Weise.

Als man den Gelähmten vom Karren hob, um ihn hinaufzutragen, widersetzte er sich plötzlich, da er versuchen wollte, so gut er konnte, allein hinaufzukriechen.

Man setzte ihn auf den Boden, und er fing an, sich auf seiner gesunden Seite vorwärtszuschieben.

Es fiel ihm so schwer, daß man von Mitleid ergriffen wurde, doch er verweigerte jede Hilfe.

Unterwegs ruhte er sich häufig aus und kam schließlich nach drei Stunden oben an, schleppte sich zum Grab des Heiligen in der Mitte der Kirche, küßte den Grabstein und verlor das Bewußtsein.

Seine Verwandten versuchten mit meiner und der Priester Hilfe, ihn wiederzubeleben. Wir gossen ihm Wasser in den Mund und benetzten ihm den Kopf.

Und gerade als er wieder zu sich kam, ereignete sich das Wunder – seine Lähmung war verschwunden!

Im ersten Augenblick war er ganz sprachlos; als er aber begriff, daß er alle seine Glieder bewegen konnte, sprang er auf und fing fast zu tanzen an. Dann besann er sich plötzlich, warf sich mit lautem Schrei auf den Boden und begann zu beten.

Alle Anwesenden, der Priester an der Spitze, sanken sofort auf die Knie und stimmten in sein Gebet ein.

Dann erhob sich der Priester und sang inmitten der knieenden Gläubigen ein Tedeum der Danksagung zu Ehren des Heiligen.

Ein anderer Vorfall, der mich nicht weniger erstaunte, trug sich in Kars zu. In jenem Jahr herrschte in der ganzen Provinz eine furchtbare Hitze und Dürre; fast die gesamte Ernte war verdorrt, es drohte eine Hungersnot, und das Volk fing an, unruhig zu werden.

Im selben Sommer schickte das Patriarchat von Antiochien einen Archimandriten mit einer wundertätigen Ikone nach Rußland – ich erinnere mich nicht mehr, ob es das Bild des Hl. Nikolaus des Wundertäters oder das der Jungfrau war – um Geld zur Unterstützung der griechischen Opfer des kretischen Krieges zu sammeln.

Er zog mit seiner Ikone von Stadt zu Stadt und hielt sich hauptsächlich in den Orten auf, die eine große griechische Bevölkerung hatten; so kam er auch nach Kars.

Ich weiß nicht, welchen politischen oder religiösen Absichten es entsprach, aber Tatsache ist, daß die russischen Behörden in Kars wie auch anderswo dem Abgesandten einen eindrucksvollen Empfang bereiteten und ihm alle möglichen Ehrenbezeugungen erwiesen.

Wenn der Archimandrit in einer Stadt eintraf, wurde die Ikone von Kirche zu Kirche getragen, und die Geistlichkeit kam ihr mit allen Fahnen entgegen, um sie feierlich zu empfangen.

Am Tag nach der Ankunft des Archimandriten in Kars verbreitete sich das Gerücht, daß die gesamte Priesterschaft vor dieser wundertätigen Ikone einen besonderen Bittgottesdienst um Regen an einem Ort außerhalb der Stadt abhalten würde. Tatsächlich zogen am festgesetzten Tag, mit dem Glockenschlag zwölf, Prozessionen mit Bannern und Ikonen von allen Kirchen aus zu dem bezeichneten Platz.

An dieser Zeremonie beteiligten sich die alte griechische Kirche, die neu erbaute griechische Kathedrale, die Festungskirche, die Kirche des Kuban-Regiments und auch die Geistlichkeit der armenischen Kirche.

Es war ein ganz besonders heißer Tag.

In Anwesenheit der Bevölkerung hielten die Geistlichen, an ihrer Spitze der Archimandrit, einen feierlichen Gottesdienst ab. Anschließend zog die Prozession zurück in die Stadt.

Und da geschah nun eines jener Ereignisse, welche die Menschen von heute nicht zu erklären vermögen: Der Himmel bedeckte sich plötzlich mit Wolken, und die Leute waren noch vor den Toren der Stadt, als ein solcher Wolkenbruch niederging, daß alle bis auf die Haut durchnäßt wurden.

Zur Erklärung dieser Erscheinung könnte man natürlich wie in vielen anderen ähnlichen Fällen das stereotype Wort «Zufall» gebrauchen, ein Lieblingsausdruck unserer sogenannten denkenden Menschen; aber man kann nicht leugnen, daß dieser Zufall ein bißchen stark war.

Die dritte Begebenheit trug sich in Alexandropol zu, wohin meine Familie zurückgekehrt war und wo wir für kurze Zeit wieder in unserem alten Haus lebten.

Meine Tante wohnte gleich nebenan. Eine der Wohnungen in ihrem Haus war an einen Tataren vermietet, der im Rathaus als Schreiber oder Sekretär angestellt war.

Er lebte mit seiner alten Mutter und seiner kleinen Schwester zusammen. Bald darauf heiratete er ein hübsches Mädchen, eine Tatarin aus dem Nachbardorf Karadach.

Alles ging gut. Vierzig Tage nach ihrer Heirat besuchte die junge Frau nach Sitte der Tataren ihre Eltern. Sei es, daß sie sich dort erkältet hatte oder daß ihr sonst etwas zugestoßen war, als sie zurückkam, fühlte sie sich unwohl und legte sich ins Bett. Nach und nach verschlimmerte sich ihr Zustand.

Sie wurde medizinisch betreut, aber trotz der Behandlung durch mehrere Ärzte, zu denen, wenn ich mich richtig erinnere, der Stadtarzt Resnik und der frühere Stabsarzt Kultschewsky gehörten, wurde der Zustand der Kranken immer ernster.

Auf Anweisung von Dr. Resnik ging ein Krankenpfleger, ein Freund von mir, jeden Morgen zu ihr, um ihr eine Spritze zu geben. Dieser Krankenpfleger – ich erinnere mich nicht mehr an seinen Namen, weiß nur noch, daß er unglaublich groß war – schaute oft im Vorbeigehen zu uns herein.

Eines Morgens kam er, als meine Mutter und ich gerade Tee

tranken. Wir luden ihn ein, sich zu uns zu setzen, und im Laufe der Unterhaltung fragte ich ihn, wie es unserer Nachbarin gehe. «Sie ist sehr krank», antwortete er, «es ist ein Fall von galoppierender Schwindsucht, und zweifellos geht es bald mit ihr ‹zu Ende›.»

Während er noch bei uns war, kam eine alte Frau, die Schwiegermutter der Kranken, und bat meine Mutter um die Erlaubnis, in unserem Garten Hagebutten zu pflücken.

Unter Tränen erzählte sie, daß *Mariam-Ana* – so nennen die Tataren die Heilige Jungfrau – in der Nacht der Kranken im Traum erschienen sei und ihr befohlen habe, Hagebutten zu pflücken, sie in Milch zu kochen und zu trinken. Um die Kranke zu beruhigen, wollte die alte Frau das Befohlene ausführen. Der Krankenpfleger, der dies mit anhörte, konnte ein Lächeln nicht unterdrücken.

Meine Mutter gab ihr natürlich die Erlaubnis und half ihr sogar beim Pflücken. Nachdem ich den Krankenpfleger an die Tür begleitet hatte, ging auch ich zu ihnen in den Garten.

Wie groß war mein Erstaunen, als ich am nächsten Morgen auf meinem Weg zum Markt die alte Tatarin traf, die mit der Kranken gerade aus der Kirche Sev-Jam kam, wo die wundertätige Ikone der Jungfrau Maria hängt. Eine Woche später sah ich unsere junge Nachbarin die Fenster ihres Hauses putzen.

Es sei nebenbei erwähnt, daß Dr. Resnik diese Heilung, die ein Wunder zu sein schien, dem Zufall zuschrieb.

Diese unbestreitbaren Tatsachen, die ich mit eigenen Augen gesehen, wie auch viele andere, von denen ich gehört hatte und die alle auf das Vorhandensein von etwas «Übernatürlichem» hinwiesen, waren nicht mit dem vereinbar, was mir der gesunde Menschenverstand sagte, noch mit den Überzeugungen, die aus meinen bereits umfangreichen Kenntnissen auf dem Gebiet der Naturwissenschaften erwuchsen, die den Begriff übernatürlicher Erscheinungen ausschlossen.

Das Bewußtsein dieses Widerspruches ließ mir keine Ruhe und

war um so schwerer zu ertragen, als die Tatsachen und Beweise auf beiden Seiten gleichermaßen überzeugend waren. Ich setzte jedoch meine Suche fort, in der Hoffnung, irgendwann irgendwo die wahre Antwort auf jene Fragen zu finden, die mich unaufhörlich quälten.

Diese Suche führte mich unter anderem nach Etschmiadzin, dem Zentrum einer großen Religion, wo ich den roten Faden zu finden hoffte, der mir erlauben würde, aus dieser Sackgasse herauszugelangen.

Etschmiadzin oder, wie es auch heißt: Wagarschapat, ist für die Armenier das, was Mekka für die Mohammedaner und Jerusalem für die Christen ist. Es ist der Sitz des Katholikos aller Armenier und das Zentrum der armenischen Kultur.

Jedes Jahr findet hier im Herbst ein großes religiöses Fest statt, zu dem zahlreiche Pilger nicht nur aus allen Gegenden Armeniens kommen, sondern aus allen Teilen der Welt.

Eine Woche vor Beginn der Feierlichkeiten wimmelt es auf den Landstraßen der Umgebung von Pilgern. Die einen kommen zu Fuß, andere auf Karren und Wagen, wieder andere auf Pferden und Eseln.

Ich selber ging zu Fuß mit den Pilgern aus Alexandropol, nachdem ich mein Gepäck auf den Lastkarren der Molokanen geladen hatte.

Nach meiner Ankunft in Etschmiadzin suchte ich sofort, wie es Sitte war, alle heiligen Stätten auf und verrichtete dort eine kurze Andacht.

Dann ging ich in die Stadt, um eine Unterkunft zu suchen, aber es war unmöglich, eine zu finden, da alle Herbergen (Hotels gab es damals noch nicht) überfüllt waren. So entschloß ich mich, es wie viele andere zu machen und einfach außerhalb der Stadt unter einem Karren oder Wagen zu kampieren.

Da es noch früh am Tag war, beschloß ich, zuerst meinen Auftrag zu erledigen, nämlich Pogossian aufzusuchen und ihm das Paket zu übergeben.

Er wohnte nicht weit von der größten Herberge in dem Haus eines entfernten Verwandten, des Archimandriten Surenian. Ich traf ihn zu Hause an.

Er war ungefähr so alt wie ich, hatte dunkle Haare und einen kleinen Schnurrbart. Seine von Natur aus traurigen Augen blitzten bisweilen von innerem Feuer. Auf dem rechten Auge schielte er ein wenig.

Bei dieser ersten Begegnung erschien er mir sehr zart und scheu. Er erkundigte sich nach seinen Eltern, und als er im Laufe unserer Unterhaltung erfuhr, daß es mir nicht gelungen war, eine Unterkunft zu finden, ging er einen Augenblick hinaus und kam sogleich zurück, um mir vorzuschlagen, sein Zimmer mit ihm zu teilen.

Ich nahm natürlich an und eilte zu dem Wagen, um meine Habseligkeiten zu holen. Kaum hatte ich mit seiner Hilfe ein Bett für mich zurechtgemacht, als wir zu Vater Surenian zum Abendessen gerufen wurden. Dieser begrüßte mich freundlich und erkundigte sich nach Pogossians Familie und nach mancherlei in Alexandropol.

Nach dem Abendessen ging ich mit Pogossian fort, um mir die Stadt und die Heiligtümer anzusehen.

Während der Pilgerzeit, dies muß gesagt werden, herrscht auf den Straßen von Etschmiadzin die ganze Nacht hindurch reges Leben und Treiben, und alle Cafés und Aschchanes sind geöffnet.

Jenen Abend und die folgenden Tage verbrachte ich mit Pogossian. Er kannte alle Ecken und Winkel der Stadt und führte mich überall herum.

Wir besuchten Orte, zu denen gewöhnliche Pilger keinen Zutritt haben, und betraten sogar den *Kanzaran*, wo die Schätze Etschmiadzins aufbewahrt werden und zu dem nur sehr selten Einlaß gewährt wird.

Wir kamen uns bald näher, und allmählich entstand zwischen Pogossian und mir eine starke Bindung, besonders als wir in unseren Gesprächen unser beiderseitiges Interesse an den Fragen entdeckten, die mich beunruhigten. Wir hatten zu diesem Thema viel auszutauschen, und unsere Unterhaltungen wurden immer herzlicher und vertrauensvoller.

Pogossian beendete sein Studium auf dem Theologischen Seminar und sollte in zwei Jahren die Priesterweihe empfangen, aber seine seelische Verfassung entsprach dieser Situation in keiner Weise.

Trotz seiner Religiosität stand er seiner Umgebung sehr kritisch gegenüber, und es widerstrebte ihm, zu Priestern zu gehören, deren Lebensweise seinen Idealen völlig zuwiderlief.

Als wir Freunde geworden waren, erzählte er mir viele Dinge, die sich hinter den Kulissen im Leben der dortigen Priester abspielten; der Gedanke, als Geistlicher in dieser Umgebung leben zu müssen, ließ ihn innerlich leiden und weckte in ihm ein Angstgefühl.

Als die Festtage vorüber waren, blieb ich noch drei Wochen in Etschmiadzin und wohnte bei Pogossian im Hause des Archimandriten Surenian. Und so hatte ich mehr als einmal Gelegenheit, über die Themen zu sprechen, die mich bewegten – sei es mit dem Archimandriten selbst, sei es mit anderen Mönchen, denen er mich vorstellte.

Doch letztlich gab mir mein Aufenthalt in Etschmiadzin nicht das, wonach ich suchte, und ich mußte mich mit der Einsicht abfinden, daß ich es dort nicht finden würde. Ich verließ die Stadt mit einem bitteren Gefühl innerer Enttäuschung.

Pogossian und ich trennten uns als enge Freunde. Wir versprachen uns, einander zu schreiben und unsere Beobachtungen auf dem Gebiet auszutauschen, das uns beide interessierte.

Zwei Jahre später kam Pogossian eines schönen Tages nach Tiflis und richtete sich bei mir ein.

Er hatte sein Studium am Seminar beendet und war dann nach Kars gegangen, um einige Zeit bei seinen Eltern zu verbringen. Er brauchte jetzt nur noch zu heiraten, um eine Pfarrei zu erhalten.

Seine Verwandten hatten sich schon nach einer Braut für ihn umgeschaut, aber er befand sich in einem Zustand großer Unsicherheit und wußte nicht, was er tun sollte.

Zu jener Zeit war ich als Heizer im Lokomotivdepot von Tiflis beschäftigt. Früh morgens verließ ich das Haus und kam erst am Abend zurück.

Pogossian blieb den ganzen Tag liegen und las alle Bücher, die ich besaß. Abends gingen wir zusammen in die Gärten von Muschtaïd, und während wir durch die menschenleeren Alleen schlenderten, redeten wir endlos.

Als wir eines Tages in Muschtaïd spazierengingen, schlug ich ihm im Scherz vor, mit mir arbeiten zu gehen, und ich war nicht wenig erstaunt, als er am nächsten Tag darauf bestand, daß ich ihm helfen solle, im Depot eine Stelle zu finden.

Ich versuchte nicht, es ihm auszureden, sondern schickte ihn mit einem Brief zu einem meiner Freunde, dem Ingenieur Jaroslew, der ihm sogleich ein Empfehlungsschreiben an den Betriebsleiter gab, worauf er als Hilfsschlosser eingestellt wurde.

So ging es bis Oktober. Wir waren weiter in abstrakte Fragen vertieft, und Pogossian dachte nicht daran, nach Hause zurückzukehren.

Eines Tages lernte ich im Haus des Ingenieurs Jaroslew den Ingenieur Wassiliew kennen, der vor kurzem in den Kaukasus gekommen war, um die Strecke der geplanten Eisenbahnlinie zwischen Tiflis und Kars zu vermessen.

Nachdem ich ihm mehrere Male begegnet war, schlug er mir vor, mit ihm bei der Vermessung der Eisenbahnlinie als Aufseher und Dolmetscher zu arbeiten. Das Gehalt, das er mir anbot, war sehr verlockend; fast das Vierfache dessen, was ich bisher verdiente. Da mich meine Tätigkeit schon langweilte und anfing, ein Hindernis für meine Suche zu sein, nahm ich angesichts der Aussicht auf viel freie Zeit das Angebot an.

Ich schlug Pogossian vor, er solle «ganz gleich, als was» mitkommen; aber er lehnte ab, weil ihn seine Arbeit als Schlosser interessierte und er das Begonnene fortsetzen wollte.

Ich reiste mit dem Ingenieur drei Monate lang durch die engen Täler zwischen Tiflis und Karaklis und brachte es fertig, eine Menge Geld zu verdienen, da ich außer meinem offiziellen Gehalt mehrere nicht offizielle Einnahmequellen von recht fragwürdigem Charakter hatte.

Da ich im voraus wußte, durch welche Ortschaften und kleinen Städte die Eisenbahnlinie führen sollte, sandte ich heimlich einen Boten zu den örtlichen Behörden, um ihnen mitzuteilen, ich könnte es so «einrichten», daß die Eisenbahn durch die betreffenden Orte gelegt werde. In den meisten Fällen wurde mein Angebot angenommen, und ich erhielt privatim «für meine Bemühungen» eine Vergütung, die manchmal eine recht ansehnliche Summe ausmachte.

Als ich nach Tiflis zurückkehrte, besaß ich, zusammen mit Ersparnissen aus meinem früheren Einkommen, ein nicht unansehnliches Kapital. Da ich keine Lust mehr hatte, mir Arbeit zu suchen, beschloß ich, mich ganz dem Studium der Erscheinungen zu widmen, die mich interessierten.

Pogossian war inzwischen Schlosser geworden, hatte aber auch Zeit gefunden, sehr viele Bücher zu lesen.

Er war vor allem an der altarmenischen Literatur interessiert, von der er sich bei den gleichen Buchhändlern, die auch mich belieferten, zahlreiche Werke beschafft hatte.

Zu dieser Zeit kamen Pogossian und ich zu dem eindeutigen Schluß, daß es wirklich *etwas* gab, wovon die Menschen einst gewußt hatten, daß aber dieses Wissen heute vollkommen vergessen war.

Wir hatten alle Hoffnung verloren, in der heutigen Naturwissenschaft, in den Büchern oder unter den Menschen von heute irgendeinen Hinweis zu finden, der uns zu diesem Wissen führen konnte, und so lenkten wir unsere ganze Aufmerksamkeit auf die alte Literatur.

Als sich uns die Gelegenheit bot, eine ganze Sammlung altarmenischer Bücher zu erwerben, konzentrierte sich unser Interesse darauf, und wir beschlossen, nach Alexandropol zu ziehen und uns nach einem abgelegenen Ort umzusehen, wo wir uns ganz ihrer Erforschung widmen konnten.

In Alexandropol angekommen, wählten wir zu diesem Zweck die fünfzig Kilometer entfernt liegenden einsamen Ruinen der alten armenischen Hauptstadt Ani. Wir errichteten inmitten der Ruinen eine Hütte und ließen uns dort nieder; Lebensmittel bezogen wir von Hirten oder aus den benachbarten Dörfern.

Ani wurde im Jahr 962 die Hauptstadt der armenischen Könige aus der Dynastie der Bagratiden; 1046 wurde sie vom Kaiser von Byzanz erobert. Schon zu jener Zeit hieß sie die *Stadt der Tausend Kirchen.* Später brachten die Seldschuken sie in ihre Gewalt, zwischen 1125 und 1209 fiel sie fünfmal in die Hände der Georgier, ehe sie 1239 von den Mongolen eingenommen und 1313 schließlich durch ein Erdbeben völlig zerstört wurde.

Unter den Ruinen findet man unter anderem die Reste der im Jahre 1010 vollendeten Patriarchenkirche, die zweier Kirchen aus dem elften Jahrhundert und einer weiteren Kirche, deren Bau gegen 1215 vollendet wurde.

An dieser Stelle meiner Schriften kann ich eine Tatsache nicht mit Stillschweigen übergehen, die vielleicht für gewisse Leser von Interesse sein dürfte. Die historischen Angaben, die ich soeben über die alte Hauptstadt Armeniens, Ani, gemacht habe, sind die ersten und, wie ich hoffe, die letzten, die ich von dem auf Erden offiziell anerkannten Wissen übernehme; mit anderen Worten, es ist seit Beginn meiner literarischen Tätigkeit das erste Mal, daß ich zu einem enzyklopädischen Wörterbuch greife.

Über die Stadt Ani existiert noch heutzutage eine sehr interessante Legende, die verständlich macht, warum die Stadt, nachdem sie lange Zeit die Stadt der Tausend Kirchen genannt worden war, später den Namen *Stadt der Tausendundeinen Kirche erhielt.*

Diese Legende ist die folgende:

Einst beklagte sich die Frau eines Hirten bei ihrem Mann über das unwürdige Getriebe, das in den Kirchen herrsche.

«Nirgends kann man ruhig beten», sagte sie, «wohin man auch geht, die Kirchen sind so voll und laut wie Bienenstöcke.» Der Hirte, von der gerechten Empörung seiner Frau gerührt, begann eigens für sie eine Kirche zu bauen.

In alter Zeit hatte das Wort «Hirte» eine andere Bedeutung als heute. Früher waren die Hirten selbst die Eigentümer der Herden, die sie weideten; manche von ihnen besaßen sogar mehrere Schaf- und Rinderherden und galten als die reichsten Leute des Landes.

Als dieser Hirte seine Kirche vollendet hatte, nannte er sie die Kirche der frommen Hirtenfrau, und von da an hieß Ani die Stadt der Tausendundeinen Kirche.

Andere historische Quellen deuten darauf hin, daß es schon lange bevor dieser Hirte seine Kirche baute, viel mehr als tausend Kirchen in der Stadt gab. Neuere Ausgrabungen aber sollen einen Stein zutage gefördert haben, der die Legende von dem Hirten und seiner frommen Frau bestätigt.

Während wir so in den Ruinen dieser Stadt lebten und unsere Tage mit Lesen und Studieren verbrachten, unternahmen wir manchmal zur Entspannung Ausgrabungen in der Hoffnung, einen Fund zu machen.

Es gibt in den Ruinen von Ani viele unterirdische Gänge. In einem davon stießen Pogossian und ich bei unseren Grabungen eines Tages auf eine Stelle, wo der Boden eine andere Beschaffenheit hatte. Wir gruben weiter und entdeckten einen neuen, engeren, am Ende durch Steine versperrten Gang.

Nachdem wir die Steine beiseite geräumt hatten, zeigte sich uns ein kleiner Raum mit altersschwachen Wölbungen. Alles deutete darauf hin, daß dies eine Mönchszelle gewesen war.

In dieser Zelle war außer einigen Tonscherben und Stücken morschen Holzes, zweifellos Reste des Mobiliars, nichts übriggeblieben. Aber in einer nischenartigen Vertiefung lagen zahlreiche Pergamentrollen durcheinander. Einige davon zerfielen in Staub, andere waren mehr oder weniger gut erhalten.

Mit größter Behutsamkeit trugen wir diese Rollen in unsere Hütte und versuchten, sie zu entziffern.

Sie waren teils in Armenisch geschrieben, teils in einer uns unbekannten Sprache. Obgleich ich Armenisch sehr gut konnte – von Pogossian ganz zu schweigen – vermochten wir diese Manuskripte nicht zu verstehen, da es ein sehr altes Armenisch war, fast ohne Beziehung zu der heutigen Sprache.

Unser Fund erschien uns so interessant, daß wir alles übrige im Stich ließen und noch am gleichen Tag nach Alexandropol zurückkehrten, wo wir viele Tage und Nächte mit dem Versuch verbrachten, wenigstens einige Wörter zu entziffern.

Nachdem wir uns sehr abgemüht und zahlreiche Experten um Rat gefragt hatten, kamen wir schließlich zu dem Schluß, daß diese Pergamente einfach Briefe waren, die ein Mönch an einen anderen Mönch, einen gewissen Pater Arem, geschrieben hatte.

Unsere besondere Aufmerksamkeit erregte ein Brief, worin der Schreiber auf Nachrichten anspielte, die er über gewisse Geheimnisse erhalten hatte.

Dieses Pergament war allerdings eines von denen, die am meisten durch den Zeitlauf beschädigt worden waren, so daß wir ganze Wörter erraten mußten. Es gelang uns jedoch, den Brief vollständig zu rekonstruieren.

Was uns am meisten fesselte, war nicht der Anfang des Briefes, sondern das Ende.

Er fing mit einer langen Begrüßung an und berichtete dann über die kleinen alltäglichen Vorkommnisse im Leben eines Klosters, in welchem der Adressat früher anscheinend gelebt hatte.

Ein Absatz am Ende zog unsere Aufmerksamkeit besonders auf sich. Darin hieß es:

«Unserem ehrwürdigen Vater Telwent ist es endlich gelungen,

die Wahrheit über die Bruderschaft *Sarmung* in Erfahrung zu bringen. Ihr Ernos* hat tatsächlich in der Nähe der Stadt Siranusch bestanden. Vor fünfzig Jahren, bald nach der Völkerwanderung, zogen sie ihrerseits fort und ließen sich im Tal von Isrumin nieder, drei Tagesreisen von Nivssi entfernt, usw.» Dann ging der Brief auf andere Themen über.

Was uns am meisten erstaunte, war das Wort *Sarmung*, dem wir mehrere Male in dem Buch *Merkhawat* begegnet waren. Es ist der Name einer berühmten esoterischen Schule, die, der Überlieferung nach, 2500 Jahre vor Christi Geburt in Babylon gegründet wurde und von der bekannt ist, daß sie bis zum sechsten oder siebenten Jahrhundert nach Christus in Mesopotamien existierte. Über ihr Weiterbestehen kann man jedoch nirgends das geringste erfahren.

Man schrieb dieser Schule den Besitz eines großen Wissens zu, das den Schlüssel zu vielen geheimen Mysterien enthielt.

Wie oft hatten Pogossian und ich miteinander von dieser Schule gesprochen und davon geträumt, etwas Authentisches über sie zu erfahren! Und jetzt fanden wir plötzlich ihren Namen in diesem alten Pergament! Wir waren sehr erregt.

Doch außer dem Namen konnten wir aus diesem Brief nichts entnehmen.

Wir wußten ebensowenig wie zuvor, wann und wie diese Schule entstanden war, wo sie bestanden hatte und ob sie noch existierte.

Nach tagelangem mühevollem Forschen konnten wir nur folgendes feststellen:

Im sechsten oder siebenten Jahrhundert wurden die Nachkommen der Assyrer, die Aïssoren, von den Byzantinern aus Mesopotamien nach Persien vertrieben; und aller Wahrscheinlichkeit nach wurden diese Briefe in dieser Zeit geschrieben.

Ferner konnten wir nachweisen, daß die im Manuskript erwähn-

* Ernos bezeichnet eine Art Gemeinschaft.

te Stadt Nivssi das heutige Mossul gewesen war, die alte Hauptstadt des Landes Niewie, und daß heute noch die Bevölkerung der Umgebung hauptsächlich aus Aïssoren besteht. Wir zogen daraus den Schluß, daß der Brief wahrscheinlich auf dieses Volk anspielte.

Wenn es diese Schule wirklich gegeben hatte und sie damals ausgewandert war, dann konnte es nur eine aïssorische Schule gewesen sein; und falls sie noch existierte, müßte sie sich unter den Aïssoren befinden. Hielte man sich an die angegebenen drei Tagesreisen von Mossul, so müßte sie irgendwo zwischen Urmia und Kurdistan liegen, und es dürfte nicht so schwer sein, ihre Lage ausfindig zu machen. Wir beschlossen deshalb, uns dorthin zu begeben und, koste es, was es wolle, herauszufinden, wo die Schule lag, und dann ihr beizutreten.

Die Aïssoren, die Nachkommen der Assyrer, sind heute über die ganze Welt verstreut. Man findet Gruppen von ihnen in Transkaukasien, im Nordwesten Persiens, in der östlichen Türkei und im allgemeinen in ganz Kleinasien. Ihre Zahl schätzt man insgesamt auf ungefähr drei Millionen. Die meisten von ihnen sind Nestorianer und erkennen die Göttlichkeit Jesu Christi nicht an. Aber man findet unter ihnen auch Jakobiten, Maroniten, Katholiken, Gregorianer und andere; es gibt unter ihnen sogar Jesiden oder Teufelsanbeter, wenn auch nur in kleiner Zahl.

Missionare verschiedener Religionen legten kürzlich einen großen Eifer an den Tag, um die Aïssoren zu ihrem jeweiligen Glauben zu bekehren. Übrigens muß man den letzteren Gerechtigkeit widerfahren lassen: sie ließen sich nicht weniger eifrig bekehren, indem sie aus diesen «Bekehrungen» soviele Vorteile zogen, daß ihr Beispiel sprichwörtlich wurde.

Aber trotz ihrer Zugehörigkeit zu verschiedenen Glaubensbekenntnissen unterstehen fast alle ihre Gruppierungen einem einzigen Patriarchen, dem von Ostindien.

Die Aïssoren leben im allgemeinen in kleinen, von Priestern regierten Dörfern. Mehrere Dörfer bilden einen Distrikt oder Clan, der von einem Fürsten regiert wird, den sie Melik nennen. Alle Meliks sind dem Patriarchen unterstellt, dessen Amt vom Onkel an den Neffen vererbt wird und auf Simon, den Bruder unseres Herrn, zurückgehen soll.

Die Aïssoren litten sehr im letzten Krieg, in welchem sie zu einem Spielball in den Händen Rußlands und Englands wurden, so daß die Hälfte von ihnen als Opfer rachsüchtiger Kurden und Perser umkam. Wenn die anderen noch am Leben sind, so ist dies nur dem amerikanischen Diplomaten Doktor X. und seiner Frau zu verdanken.

Die Aïssoren, besonders die in Amerika – und es gibt dort viele –, sollten meiner Meinung nach, wenn Dr. X. noch am Leben ist, vor seiner Tür ständig eine aïssorische Ehrenwache unterhalten, und falls er tot ist, ihm an seinem Geburtsort ein Denkmal errichten.

Gerade in jenem Jahr, da wir beschlossen, zu unserer Expedition aufzubrechen, entstand unter den Armeniern eine große nationalistische Bewegung: die Namen der Helden, die für die Freiheit kämpften, waren in aller Munde, besonders der Name des jungen Andronikow, der später ein Nationalheld wurde.

Überall bildeten sich unter den türkischen und persischen wie auch unter den russischen Armeniern Parteien und Komitees; sie unternahmen Einigungsversuche, obwohl unter ihnen unaufhörlich schmutzige Streitereien ausbrachen. Kurzum, Armenien erlebte eine gewalttätige politische Explosion, wie sie dort von Zeit zu Zeit auftritt, mit den üblichen Folgeerscheinungen.

Eines Tages ging ich in Alexandropol wie gewohnt frühmorgens zum Fluß Arpa-Tschai, um zu baden. Auf halbem Weg holte mich Pogossian in Karakuli atemlos ein und sagte mir, er habe am Abend zuvor im Gespräch mit dem Priester Z. erfahren, daß das armenische Komitee unter den Parteimitgliedern einige Freiwillige suche, um sie mit einer besonderen Mission nach Musch zu betrauen.

«Zu Hause», fuhr Pogossian fort, «kam mir plötzlich der Gedanke, daß wir diese Gelegenheit für unsere Zwecke nutzen könnten, ich meine damit, um Spuren der Bruderschaft Sarmung zu entdecken. Und so bin ich bei Tagesanbruch aufgestanden, um mit dir darüber zu sprechen; da du aber nicht mehr zu Hause warst, lief ich dir nach, um dich einzuholen.»

Ich unterbrach ihn und gab ihm zu bedenken, daß wir erstens nicht Mitglieder einer Partei seien und zweitens...

Er ließ mich nicht ausreden und erklärte, daß er an alles gedacht habe und schon wisse, wie alles zu arrangieren sei; aber bevor er irgend etwas unternehme, müsse er wissen, ob ich mit einem solchen Verfahren einverstanden sei.

Ich antwortete, daß ich um jeden Preis in das Tal gelangen wolle, das einst Isrumin hieß, und daß es mir ganz gleich sei, wie ich dorthin käme, ob auf des Teufels Rücken oder sogar Arm in Arm mit dem Priester Wlakow. (Pogossian wußte, daß dieser Wlakow der Mensch war, den ich am meisten verabscheute, und daß mich seine Gegenwart auf mehr als einen Kilometer Entfernung erboste.)

«Wenn du sagst, daß du es arrangieren kannst», fügte ich hinzu, «dann tu, was du für richtig hältst und was die Umstände erfordern. Ich bin im voraus mit allem einverstanden, wenn wir nur an den Ort gelangen, den ich mir als Ziel gesetzt habe.»

Ich weiß weder, was Pogossian tat oder an wen er sich wandte, noch was er erzählte, aber das Ergebnis seiner Bemühungen war, daß wir einige Tage später, ausgestattet mit einer beträchtlichen Summe in russischer, türkischer und persischer Währung und mit vielen Empfehlungsbriefen für Personen, die in den Ortschaften entlang unserer geplanten Reiseroute wohnten, uns von Alexandropol in Richtung Kikisman auf den Weg machten.

Nach zwei Wochen erreichten wir das Ufer des Flusses Aras, der die natürliche Grenze zwischen Rußland und der Türkei bildet und überquerten ihn mit Hilfe unbekannter Kurden, die man uns entgegengeschickt hatte.

Uns schien, daß wir nun die größten Schwierigkeiten hinter uns hatten, und wir gaben uns der Hoffnung hin, daß alles Weitere glatt und erfolgreich verlaufen würde.

Wir gingen meistens zu Fuß und übernachteten bei Hirten oder Bauern, die uns in den zuvor besuchten Dörfern empfohlen worden waren, oder bei jenen Personen, für die wir Briefe aus Alexandropol besaßen.

Obgleich wir eine gewisse Verpflichtung auf uns genommen hatten und sie soweit wie möglich zu erfüllen suchten, verloren wir, dies sei zugegeben, das wahre Ziel unserer Reise nie aus den Augen, deren Route nicht immer mit den Orten übereinstimmte, für die man uns mit einem Auftrag betraut hatte: in solchem Fall zögerten wir nicht, diesen unerledigt zu lassen, und, ehrlich gesagt, empfanden wir dabei keine großen Gewissensbisse.

Als wir die russische Grenze passiert hatten, beschlossen wir, den Paß des Berges Agri-Dagh zu überqueren. Es war zwar der schwierigste Weg, er bot uns aber eine bessere Chance, den zahlreichen kurdischen Banden und den türkischen Sonderkommandos, die die armenischen Banden verfolgten, aus dem Weg zu gehen.

Nachdem wir den Paß überschritten hatten, bogen wir nach links in Richtung Van ab und ließen die Quellen der beiden großen Flüsse Euphrat und Tigris zu unserer Rechten liegen.

Während dieser Wanderung erlebten wir Tausende von Abenteuern, die ich nicht beschreiben werde. Eines ist allerdings darunter, das ich nicht mit Stillschweigen übergehen kann. Obgleich seit damals viele Jahre vergangen sind, kann ich mich noch immer nicht ohne Lachen an diesen Vorfall erinnern und auch nicht, ohne die damaligen Empfindungen wiederzuerleben, in die sich instinktive Furcht und die Vorahnung eines nahe bevorstehenden Unglücks mischten.

Seit diesem Vorfall war ich viele Male in recht kritischen Lagen. Zum Beispiel fand ich mich mehr als einmal von Dutzenden von Menschen umzingelt, an deren feindlicher Absicht kein Zweifel bestand; ich mußte den Pfad eines turkestanischen Tigers überqueren und war mehrmals die Zielscheibe eines Gewehres; aber nie wieder erlebte ich das gleiche Gefühl wie bei diesem Vorfall, so komisch er auch jetzt, im nachhinein, erscheinen mag.

Pogossian und ich wanderten friedlich dahin. Er summte einen Marsch und schwang dazu seinen Stock. Plötzlich erschien, ich weiß nicht woher, ein Hund, dann ein zweiter und noch einer und ein vierter – im ganzen ungefähr fünfzehn Schäferhunde, die uns alle anbellten. Pogossian warf unvorsichtigerweise einen Stein nach ihnen, worauf sie uns sofort ansprangen. Es waren sehr bösartige kurdische Schäferhunde. Sie hätten uns im nächsten Augenblick in Stücke gerissen, wenn ich Pogossian nicht instinktiv zu mir auf den Boden gezogen hätte. Da saßen wir beide mitten auf dem Weg.

Nur weil wir uns gesetzt hatten, hörten die Hunde auf, zu bellen und uns anzuspringen, und setzten sich ebenfalls, einen Kreis um uns bildend.

Es dauerte einige Zeit, ehe wir wieder zu uns kamen. Und als wir die Lage, in der wir uns befanden, endlich gewahr wurden, bekamen wir einen richtigen Lachanfall.

Solange wir sitzen blieben, blieben auch die Hunde sitzen, friedlich und still, und sie fraßen sogar mit sichtlichem Behagen das Brot aus unserem Rucksack, das wir ihnen zuwarfen, wobei einige aus Dankbarkeit sogar mit dem Schwanz wedelten. Sobald wir aber, auf ihr Wohlwollen vertrauend, Miene machten, uns zu erheben – «He, kommt nicht in Frage!» – sprangen sie sofort auf und fletschten angriffsbereit die Zähne: So mußten wir uns wieder hinsetzen.

Bei unserem zweiten Versuch zeigten sich die Hunde dermaßen angriffswütig, daß wir es ein drittes Mal nicht mehr wagten.

In dieser Lage blieben wir ungefähr drei Stunden. Und Gott weiß, wie lange wir noch hätten ausharren müssen, wenn nicht zufällig in der Ferne ein junges kurdisches Mädchen, das auf den

Feldern Kisiak sammelte, mit einem Esel erschienen wäre. Durch alle möglichen Zeichen gelang es uns schließlich, ihre Aufmerksamkeit zu erregen; sie kam näher, und als sie sah, was los war, holte sie die Hirten, denen die Hunde gehörten und die sich nicht weit entfernt hinter einer kleinen Anhöhe befanden.

Die Hirten kamen und riefen die Hunde zu sich. Aber erst als sie weit weg waren, wagten wir aufzustehen; denn noch im Weggehen behielten uns die Köter ständig im Auge.

Wie naiv waren wir gewesen zu glauben, wir hätten nach der Überquerung des Aras die schlimmsten Schwierigkeiten und Beschwerden hinter uns. In Wirklichkeit fingen sie dort erst an.

Die größte Schwierigkeit war, nachdem wir diesen Grenzfluß passiert und den Paß des Berges Agri Dagh überwunden hatten, daß wir uns nicht mehr als Aïssoren ausgeben konnten, was wir bisher getan hatten, denn wir befanden uns bereits bei der Begegnung mit den Hunden in einem von wirklichen Aïssoren bevölkerten Gebiet.

Als Armenier aufzutreten in Gegenden, wo sie damals von allen anderen Völkern verfolgt wurden, kam nicht in Frage. Es war nicht weniger gefährlich, sich als Perser oder Türke auszugeben. Zweifellos wäre es am einfachsten gewesen, als Russen oder Juden zu gelten, aber weder Pogossians äußere Erscheinung noch die meine erlaubten dies.

Zu jener Zeit mußte man besonders vorsichtig sein, wenn man seine wahre Nationalität verbergen wollte: Wer entlarvt wurde, schwebte in größter Gefahr, denn die Einheimischen waren nicht wählerisch in den Mitteln, um sich unerwünschter Fremdlinge zu entledigen.

Zum Beispiel hörten wir aus sicherer Quelle, daß Aïssoren kürzlich mehreren Engländern bei lebendigem Leib die Haut abgezogen hatten, weil diese versucht hatten, gewisse Inschriften abzuschreiben.

Nach langen Überlegungen beschlossen wir, uns als kaukasische Tataren zu verkleiden.

Wir nahmen, so gut wir konnten, den entsprechenden Wandel an unserer Kleidung vor und setzten unsere Reise fort.

Genau zwei Monate nachdem wir den Aras überquert hatten, kamen wir in die Stadt Z. Von dort aus mußten wir einen Engpaß in Richtung Syrien betreten und dann, bevor wir den berühmten Wasserfall von K. erreichten, in Richtung Kurdistan abbiegen, und irgendwo an dieser Straße hofften wir den Ort zu finden, der das Hauptziel unserer Reise war.

Wir hatten uns den Verhältnissen um uns herum schon hinreichend angepaßt, und alles ging ziemlich glatt, als ein unvorhergesehener Unfall alle unsere Pläne und Vorhaben über den Haufen warf.

Eines Tages aßen wir, am Wegrand sitzend, Brot und den Tarekh*, den wir mitgenommen hatten.

Plötzlich springt Pogossian mit einem Schrei auf, und ich sehe eine große gelbe Phalanga** sich unter seinen Füßen davonmachen.

Ich begriff sofort den Grund für seinen Schrei: ich sprang hinzu, tötete die Phalanga und stürzte zu Pogossian. Sie hatte ihn in die Wade gebissen.

Ich wußte, daß der Biß dieses giftigen Tieres oft tödlich ist, und so riß ich sofort seine Kleidung weg, um die Wunde auszusaugen. Als ich jedoch sah, daß er in den fleischigen Teil des Beines gebissen worden war, und da ich wußte, daß man sich beim geringsten Kratzer im Mund einer Blutvergiftung aussetzte, wählte ich das geringere Risiko für uns beide: Ich griff zu meinem Messer und schnitt rasch ein Stück aus der Wade meines Gefährten heraus – in der Hast jedoch schnitt ich etwas mehr weg als nötig...

* Ein stark gesalzener Fisch, der in dieser Gegend sehr geschätzt wird und den man nur im Vansee fängt.

** Eine Art Tarantel.

Als ich auf diese Weise jede Gefahr einer tödlichen Vergiftung beseitigt hatte, war ich nicht mehr so besorgt und fing gleich an, die Wunde zu waschen und sie recht und schlecht zu verbinden.

Da die Verletzung groß war und Pogossian viel Blut verloren hatte und alle möglichen Komplikationen zu befürchten waren, konnte man vorerst nicht daran denken, die Reise fortzusetzen.

Was tun? Eine Lösung mußte sofort gefunden werden.

Wir beschlossen, die Nacht an Ort und Stelle zu verbringen und am folgenden Morgen Mittel und Wege zu finden, um die fünfzig Kilometer entfernte Stadt N. zu erreichen, wo wir einem armenischen Priester einen Brief übergeben sollten – was wir unterlassen hatten, da diese Stadt nicht auf dem Weg lag, den wir vor dem Unfall festgelegt hatten.

Am nächsten Morgen mietete ich mit Hilfe eines sehr freundlichen alten Kurden, der zufällig vorbeikam, in einem kleinen Dorf in der Nähe eine Art Karren, der von zwei Ochsen gezogen wurde und der gewöhnlich Mist auf die Felder fuhr. Ich legte Pogossian hinein, und wir machten uns auf den Weg nach N.

Für diese kurze Strecke benötigten wir fast achtundvierzig Stunden, weil wir alle vier Stunden anhielten, um die Ochsen zu füttern.

In der Stadt N. gingen wir geradewegs zu dem armenischen Priester, für den wir neben dem Brief auch ein Empfehlungsschreiben hatten. Er empfing uns höchst liebenswürdig, und als er erfuhr, was Pogossian zugestoßen war, bot er ihm sogleich ein Zimmer in seinem Haus an; wir nahmen natürlich mit Dankbarkeit an.

Pogossians Fieber war unterwegs gestiegen, am dritten Tag zwar wieder gefallen, aber die Wunde eiterte und erforderte eine sorgfältige Behandlung. Wir mußten die Gastfreundschaft des Priesters fast einen ganzen Monat lang in Anspruch nehmen.

Durch diesen langen Aufenthalt in seinem Haus und die häufigen Gespräche über alle möglichen Themen entstanden zwischen dem Priester und mir allmählich engere Beziehungen.

Eines Tages erwähnte er beiläufig einen Gegenstand, der sich in seinem Besitz befand, und erzählte mir dessen Geschichte.

Es handelte sich um ein altes Pergament, auf dem eine Art Landkarte eingezeichnet war. Es befand sich seit langem im Besitz seiner Familie; er hatte es als Erbstück von seinem Urgroßvater erhalten.

«Vor zwei Jahren», so erzählte der Priester, «bekam ich Besuch von einem Mann, der mir völlig unbekannt war und der mich bat, ihm diese Karte zu zeigen.

Ich habe keine Ahnung, woher er wußte, daß sie in meinem Besitz ist.

Es erschien mir verdächtig, und da ich nicht wußte, wer er war, wollte ich sie ihm anfangs nicht zeigen und leugnete sogar, daß ich sie besäße. Als er aber weiter beharrlich darauf bestand, sagte ich mir: ‹Warum soll ich sie ihm nicht zeigen?› Und so brachte ich sie herbei.

Kaum hatte er das Pergament gesehen, da bat er mich, es ihm zu verkaufen, und bot mir zweihundert Pfund dafür. Das war gewiß eine große Summe, aber ich brauchte kein Geld und wollte mich nicht von einem vertrauten Gegenstand trennen, an dem ich als einem Erinnerungsstück hing; ich weigerte mich, es zu verkaufen.

Dieser Fremde, so erfuhr ich bald, war bei unserem Bey abgestiegen.

Am nächsten Tag kam ein Diener des Bey im Auftrag des Fremden und machte mir ein Angebot von fünfhundert Pfund für das Pergament.

Ich muß gestehen, daß mir, nachdem der Fremde gegangen war, viele Dinge verdächtig erschienen: so die Tatsache, daß dieser Mann allem Anschein nach eigens wegen dieses Pergaments von weither gekommen war, ferner die geheimnisvolle Art und Weise, wie er erfahren hatte, daß sich die Karte in meinem Besitz befindet, und schließlich das enorme Interesse, das er bei der Betrachtung der Karte zeigte.

All dies bewies mir, daß es sich um etwas sehr Kostbares handeln mußte. Obgleich mich die angebotene Summe von fünfhundert Pfund im Grunde verlockte, fürchtete ich, ich würde die Sache zu billig hergeben. Daher beschloß ich, vorsichtig zu sein, und weigerte mich von neuem.

Am Abend kam der Fremde wieder zu mir, diesmal in Begleitung des Bey persönlich. Als er mir erneut fünfhundert Pfund für das Pergament anbot, weigerte ich mich glattweg, es überhaupt zu verkaufen. Aber da er mit unserem Bey gekommen war, bat ich beide einzutreten.

Beim Kaffee sprachen wir über dieses und jenes. Im Laufe des Gespäches erfuhr ich, daß mein Besucher ein russischer Prinz war.

Er sagte mir, er interessiere sich sehr für Antiquitäten, diese Karte passe ausgezeichnet in seine Sammlung, und er habe sie als Kenner kaufen wollen. Er meinte, daß er eine weit über ihrem Wert liegende Summe angeboten habe, und hielt es für unsinnig, noch mehr zu zahlen; er bedauerte, daß ich sie ihm nicht verkaufen wollte.

Der Bey, der unserem Gespräch aufmerksam zuhörte, begann sich für dieses Pergament zu interessieren und äußerte den Wunsch, es sehen zu dürfen.

Als ich das Pergament gebracht hatte und sie es beide untersuchten, war der Bey ehrlich erstaunt, daß ein solcher Gegenstand so viel wert sein sollte.

Plötzlich fragte mich der Prinz, zu welchen Bedingungen ich ihm erlauben würde, eine Kopie von meinem Pergament zu machen.

Ich zögerte und wußte nicht, was ich antworten sollte, da ich offengestanden befürchtete, einen guten Kunden verloren zu haben.

Er bot mir darauf zweihundert Pfund an, wenn ich ihm erlaubte, diese Kopie zu machen. Ich schämte mich, weiter zu feilschen, denn meiner Meinung nach gab mir der Prinz diese Summe für nichts.

Bedenken Sie doch: nur für die Erlaubnis, eine Kopie von diesem Pergament machen zu dürfen, erhielt ich zweihundert Pfund! Ohne weiter zu überlegen, nahm ich das Angebot des Prinzen an, wobei ich mir sagte, daß das Pergament ja schließlich mir bleiben würde und ich es, wenn ich wollte, immer noch verkaufen könnte.

Am nächsten Morgen kam der Prinz zu mir. Wir breiteten das Pergament auf einen Tisch aus, er rührte Gips, den er mitgebracht hatte, mit Wasser an und strich ihn auf die Karte, die er vorher sorgfältig mit Öl eingerieben hatte. Nach einigen Minuten nahm er den Gips ab, wickelte ihn in ein Stück alten *Djedjin* ein, das ich ihm gab, zahlte mir zweihundert Pfund und ging davon.

So hat mir Gott für nichts und wieder nichts zweihundert Pfund zukommen lassen, und das Pergament habe ich noch immer.»

Die Erzählung des Priesters hatte mich sehr interessiert, doch ließ ich mir nichts anmerken und bat ihn einfach, wie aus Neugierde, mir doch diesen Gegenstand, für den ihm so viel Geld angeboten worden war, zu zeigen.

Der Priester wühlte in einer Truhe und nahm eine Pergamentrolle heraus. Als er sie entrollt hatte, konnte ich nicht sofort erkennen, was es war, als ich aber genauer hinsah... Großer Gott! Welche Erregung!...

Niemals werde ich diesen Augenblick vergessen.

Ich wurde von heftigem Zittern ergriffen, das um so stärker wurde, je mehr ich mich innerlich bemühte, es zu beherrschen.

Was ich da vor mir hatte – war es nicht genau das, worüber ich seit Monaten in langen schlaflosen Nächten nachgedacht hatte?

Es war eine Karte von dem, was man *Ägypten vor der Versandung* nennt.

Ich gab mir alle Mühe, gleichgültig zu erscheinen, und sprach von etwas anderem.

Der Prieser rollte das Pergament zusammen und legte es in die Truhe zurück. Ich war kein russischer Prinz, um für ein einfaches Kopierrecht zweihundert Pfund zu zahlen, und dennoch war diese Karte für mich vielleicht nicht weniger notwendig als für ihn. Ich beschloß daher auf der Stelle, daß ich um jeden Preis eine Kopie haben mußte, und überlegte, wie ich sie erlangen könnte.

Pogossian fühlte sich zu jener Zeit schon so wohl, daß wir ihn auf die Terrasse bringen konnten, wo er stundenlang in der Sonne saß.

Ich bat ihn, mir mitzuteilen, wann der Priester das Haus verließ, um seinen Geschäften nachzugehen, und am nächsten Tag schlich ich mich auf sein Zeichen hin heimlich in das Zimmer des Priesters, um einen Schlüssel zu der Truhe auszuprobieren.

Das erste Mal konnte ich mir nicht alle Einzelheiten des Schlosses merken, und erst beim dritten Mal gelang er mir nach langem Feilen, einen Schlüssel passend zu machen.

Eines Abends, zwei Tage vor unserer Abreise, betrat ich in Abwesenheit des Priesters sein Zimmer, nahm das Pergament aus der Truhe und brachte es in unser Zimmer, wo Pogossian und ich die Karte, auf die wir ein ölgetränktes Papier gelegt hatten, während der Nacht sehr sorgfältig durchpausten. Am nächsten Tag legte ich das Pergament wieder an seinen Platz.

Von dem Augenblick an, da ich diesen geheimnisvollen und verheißungsvollen Schatz, unbemerkbar in das Futter meiner Kleidung eingenäht, bei mir trug, schien es, als ob alle meine anderen Interessen und Pläne sich verflüchtigten. In mir entstand ein unwiderstehlicher Drang, auf dem schnellsten Wege zu den Stätten zu gelangen, wo ich mit Hilfe dieses Schatzes endlich jenen Wissensdurst stillen konnte, der mich seit zwei oder drei Jahren innerlich quälte und nicht zur Ruhe kommen ließ.

Nach dieser Tat, die, wenn sie sich auch rechtfertigen ließ, trotzdem eine unverzeihliche Handlung gegenüber dem armenischen Priester blieb, der sich uns so gastfreundlich gezeigt hatte, besprach ich mich mit meinem Kameraden Pogossian, der noch nicht ganz geheilt war, und überzeugte ihn davon, seine knappen Geldmittel nicht zu schonen, sondern zwei jener guten Reitpferde dieser Gegend zu kaufen, die uns während unseres Aufenthaltes aufgefallen waren und deren besonderer, schneller Trab im Paßgang uns begeisterte, damit wir so bald wie möglich in Richtung Syrien aufbrechen konnten.

Die Gangart dieser Pferde ist wirklich so ruhig, daß man auf ihnen fast mit der Fluggeschwindigkeit eines großen Vogels reiten und dabei ein Glas Wasser in der Hand halten kann, ohne einen einzigen Tropfen zu verschütten.

Ich will hier weder auf all die Zwischenfälle unserer Reise eingehen noch auf die unvorhergesehenen Umstände, die uns so manches liebe Mal zwangen, unsere Reiseroute zu ändern. Ich will nur sagen, daß wir auf den Tag genau vier Monate, nachdem wir von dem gastfreundlichen Priester Abschied genommen hatten, in der Stadt Smyrna ankamen, wo wir noch am Abend unserer Ankunft in ein Abenteuer verwickelt wurden, das dem Schicksal Pogossians eine entscheidende Wendung geben sollte.

An jenem Abend gingen wir in eine griechische Kneipe, um uns nach den Strapazen und Aufregungen, die wir hinter uns hatten, etwas zu entspannen.

Wir tranken gemächlich den berühmten Dusiko und nahmen uns, wie es Brauch ist, dieses und jenes aus den vielen kleinen Schälchen mit allen möglichen Vorspeisen, von getrockneten Makrelen bis zu gesalzenen Kichererbsen.

In der Kneipe befanden sich noch mehrere Gästegruppen, hauptsächlich ausländische Matrosen, deren Schiffe im Hafen lagen. Diese Matrosen machten einen Heidenlärm: offenbar waren sie schon in mehr als einer Taverne gewesen und hatten «sich vollaufen lassen», wie man sagt.

Zwischen den Matrosen verschiedener Nationen, die an getrennten Tischen saßen, entstanden hin und wieder Streitigkeiten, die sich anfangs auf den Austausch lautstarker Schimpfwörter beschränkten, meistens in einem griechisch, italienisch, türkischen Kauderwelsch; und nichts deutete auf das hin, was geschehen sollte.

Ich weiß nicht, wie die Lunte Feuer fing, aber plötzlich sprang eine Gruppe von Matrosen geschlossen auf und fiel mit drohenden Gebärden und Schreien über einige nicht weit von uns entfernt sitzende Seeleute her. Diese sprangen ihrerseits auf, und im Handumdrehen war die Schlägerei in vollem Gange.

Pogossian und ich, die wir vom Dunst des Dusiko auch etwas angeregt waren, eilten der kleineren Gruppe zu Hilfe.

Wir hatten weder eine Ahnung, worum es ging, noch wer im Recht und wer im Unrecht war.

Als die anderen Gäste der Kneipe und die zufällig vorbeikommende Militärpatrouille uns getrennt hatten, bemerkte man, daß keiner der Kämpfer unbeschädigt davongekommen war. Einer hatte eine gebrochene Nase, ein anderer spuckte Blut und so fort. Ich stand mitten unter ihnen, geschmückt mit einem enormen blauen linken Auge, während Pogossian, armenische Flüche ausstoßend, stöhnte und keuchte und sich über einen unerträglichen Schmerz unter der fünften Rippe beklagte.

Als «sich der Sturm gelegt hatte», wie es in der Seemannssprache heißt, fanden Pogossian und ich, daß es für diesen Abend genug war und wir uns hinreichend «entspannt» hatten mit Leuten, die uns nicht einmal nach dem Namen fragten, und so schleppten wir uns mit Ach und Krach zu unserem Nachtlager.

Man kann nicht sagen, daß wir auf dem Weg nach Hause sehr gesprächig waren; mein Auge zuckte unaufgefordert, und Pogossian brummte und verfluchte es, «sich in etwas eingemischt zu haben, das ihn nichts anging».

Als wir am nächsten Morgen beim Frühstück unseren körperlichen Zustand und unser einigermaßen idiotisches Verhalten vom Vorabend ausführlich besprachen, beschlossen wir, die geplante Reise nach Ägypten nicht zu verschieben, da wir annahmen, daß die lange Schiffsfahrt und die reine Seeluft unsere «Kriegsverletzungen» völlig heilen würden. So gingen wir sogleich zum Hafen, um ein unserer Geldbörse entsprechendes

Schiff ausfindig zu machen, das zur Abfahrt nach Alexandrien bereit war.

Ein griechisches Segelschiff mit dem Zielhafen Alexandrien war gerade dabei, die Anker zu lichten, und so eilten wir zum Büro der Schiffahrtsgesellschaft, der dieses Schiff gehörte, um die notwendigen Erkundigungen einzuziehen.

Als wir das Büro der Gesellschaft betreten wollten, lief ein Matrose ganz aufgeregt auf uns zu, und in gebrochenem Türkisch radebrechend schüttelte er uns beiden abwechselnd ungestüm die Hand.

Zuerst verstanden wir gar nichts, aber bald wurde uns klar, daß es einer der englischen Matrosen war, denen wir am Abend zuvor zu Hilfe gekommen waren.

Er bat uns durch Gebärden zu warten, lief eilig davon und kam nach ein paar Minuten in Begleitung dreier Kameraden zurück, von denen einer, wie wir später erfuhren, Offizier war. Sie dankten uns herzlich für das, was wir am Vortag getan hatten, und bestanden darauf, daß wir mit ihnen in einem nahegelegenen griechischen Restaurant ein Gläschen Dusiko tranken.

Nach drei Gläsern des wundertätigen Dusikos, jenes würdigen Nachkommen des göttlichen *Mastik* der alten Griechen, wurde unsere Unterhaltung lauter und ungezwungener, dank der Fähigkeit, die jeder von uns geerbt hatte, uns mit altgriechischer Mimik und römischer Gestikulation verständlich zu machen sowie mit Hilfe von Wörtern, die den Sprachen aller Häfen der Welt entlehnt waren. Als unsere Gastgeber auf diese Weise erfuhren, daß wir nach Alexandrien reisen wollten, zeigte sich die wohltuende Wirkung des würdigen Nachfahren jener Erfindung der alten Griechen in ihrer vollen Pracht.

Die Matrosen begannen untereinander zu diskutieren, als ob sie uns vergessen hätten, und wir begriffen nicht, ob sie sich stritten oder miteinander scherzten.

Und plötzlich leerten zwei von ihnen ihr Glas auf einen Zug

und rannten in großer Eile davon, während die beiden anderen miteinander wetteiferten in dem Bemühen, uns in wohlwollend anteilnehmendem Ton irgendeiner Sache wieder und wieder zu versichern.

Nach und nach konnten wir erraten, worum es ging, und wie sich später herausstellte, hatten wir das Richtige getroffen: Die beiden Kameraden, die fortgegangen waren, unternahmen Schritte, damit wir uns auf ihr Schiff begeben konnten, das am nächsten Tag nach Pyräus auslief und von dort über Sizilien nach Alexandrien, wo es zwei Wochen im Hafen liegen und dann nach Bombay weiterfahren würde.

Die Matrosen kamen nicht so schnell zurück. Während wir auf sie warteten, erwiesen wir dem bezaubernden Sprößling des Mastik die gebührenden Ehren, wobei wir sie mit einem Hagel von Flüchen aus allen Sprachen begleiteten.

Trotz dieser angenehmen Art, in der wir, auf günstige Nachrichten wartend, die Zeit verbrachten, verlor Pogossian, der sich offenbar an seine fünfte Rippe erinnerte, plötzlich die Geduld und forderte dringend, daß wir nicht länger blieben, sondern sofort nach Hause zurückkehrten; außerdem versicherte er mir allen Ernstes, daß mein anderes Auge auch schon blau zu werden beginne.

Da ich annahm, Pogossian habe sich von dem Biß der Phalanga noch nicht vollends erholt, wollte ich ihm nicht widersprechen. Ich stand bereitwillig auf, und ohne mich in Erklärungen einzulassen gegenüber den Gefährten, die uns der Zufall zum Bezahlen des Dusiko geschenkt hatte, folgte ich ihm.

Erstaunt über den unerwarteten und schweigenden Aufbruch ihrer Verteidiger vom Vorabend, standen die Matrosen auch auf und schlossen sich uns an. Wir hatten einen ziemlich langen Weg zurückzulegen. Jeder von uns lenkte sich auf seine Weise ab: Der eine sang, der andere gestikulierte, als wollte er jemandem etwas beweisen, ein dritter pfiff einen Militärmarsch...

Zu Hause angekommen, legte sich Pogossian, ohne sich auszuziehen, hin; ich überließ mein Bett dem älteren Matrosen, streckte mich auf dem Fußboden aus und machte dem anderen ein Zeichen, sich ebenfalls auf den Boden zu legen.

Mitten in der Nacht wachte ich mit schrecklichem Kopfweh auf, und als ich mich stückweise an alles erinnerte, was am Abend zuvor geschehen war, fielen mir unter anderem auch die Matrosen ein, die mit uns nach Hause gekommen waren; doch als ich mich im Zimmer umsah, stellte ich fest, daß sie gegangen waren.

Ich schlief wieder ein. Es war spät am Morgen, als ich durch das Klappern von Geschirr aufwachte, das Pogossian beim Bereiten des Tees verursachte, und durch den Klang eines besonderen armenischen Gebetes, das er jeden Morgen anstimmte: *Lussatzaw lussn est parin yes awadam dzer gentanin.*

An jenem Tag hatten weder Pogossian noch ich Lust auf Tee, wir brauchten eher etwas Saures. So begnügten wir uns mit kaltem Wasser und legten uns, ohne ein einziges Wort zu wechseln, wieder hin.

Wir fühlten uns sehr niedergeschlagen und entsetzlich elend; außerdem hatte ich den Eindruck, als ob ein Dutzend Kosaken mit ihren Pferden und Waffen die Nacht in meinem Mund verbracht hätten.

Während wir in dieser Katerstimmung dalagen und jeder von uns schweigend seinen Gedanken nachhing, wurde plötzlich die Türe krachend aufgestoßen, und drei englische Matrosen stürmten ins Zimmer. Nur einer von ihnen gehörte zu unserer Gruppe vom Vortag, die beiden anderen sahen wir zum ersten Mal.

Sie versuchten, uns etwas mitzuteilen, fielen sich aber gegenseitig dauernd ins Wort. Nach vielem Fragen und Rätselraten verstanden wir schließlich, daß sie uns aufforderten, aufzustehen, uns rasch anzuziehen und mit ihnen auf das Schiff zu gehen, da sie von ihren Vorgesetzten die Erlaubnis erhalten hatten, uns als «zivile Schiffsangestellte» mitzunehmen.

Während wir uns anzogen, redeten die Matrosen untereinander

fröhlich weiter, wie uns ihre Gesichter zeigten. Zu unserem großen Erstaunen erhoben sich dann alle drei und machten sich an unser Gepäck.

Bis wir uns vollständig angezogen, den *Ustabasch* der Karawanserei gerufen und unsere Rechnung bezahlt hatten, waren unsere Sachen schon sorgfältig verpackt. Die Matrosen luden sie sich auf die Schultern und bedeuteten uns, ihnen zu folgen.

Wir gingen alle auf die Straße und marschierten zum Hafen.

Am Kai erwartete uns ein Boot mit zwei Matrosen. Sie ruderten eine halbe Stunde lang beim Gesang endloser englischer Lieder. Schließlich legten wir an einem ziemlich großen Kriegsschiff an. Offensichtlich wurden wir auf dem Schiff erwartet, denn sobald wir an Deck waren, nahmen einige Matrosen unsere Sachen und führten uns in eine kleine, im Laderaum neben der Kombüse gelegene Kajüte, die augenscheinlich für uns hergerichtet worden war.

Wir richteten uns in dieser schwülen, aber, wie uns schien, sehr gemütlichen Ecke des Kriegsschiffes, so gut es ging, ein und folgten dann einem der Matrosen, die wir in der Kneipe verteidigt hatten, auf das Oberdeck. Dort ließen wir uns auf Taurollen nieder, und in kurzer Zeit scharte sich fast die gesamte Schiffsbesatzung, Matrosen wie auch jüngere Offiziere, um uns.

All diese Männer, ohne Unterschied des Ranges, schienen ein deutliches Gefühl des Wohlwollens uns gegenüber zu empfinden; jeder von ihnen hielt es für seine Pflicht, uns die Hand zu drücken, und bemühte sich, als sie erkannten, daß wir kein Englisch sprachen, mit Hilfe von Gesten und Wörtern aus verschiedenen Sprachen, uns etwas Angenehmes zu sagen.

Während dieser recht originellen Unterhaltung schlug einer von ihnen, der ein annehmbares Griechisch sprach, vor, jeder der Anwesenden solle es sich zur Aufgabe machen, während der Reise täglich wenigstens zwanzig Wörter zu lernen, wir in Englisch, sie in Türkisch.

Dieser Vorschlag wurde mit lautem Beifall angenommen; und

zwei Matrosen, unsere Freunde vom Vortag, begannen sofort, die englischen Wörter auszuwählen und niederzuschreiben, die wir ihrer Meinung nach zuerst lernen sollten, und Pogossian und ich stellten für sie eine Liste mit türkischen Wörtern auf.

Als dann die Barkasse mit den höheren Offizieren längsseits anlegte und die Stunde der Abfahrt näher kam, verschwanden alle nach und nach, um ihre jeweiligen Pflichten zu erfüllen. Pogossian und ich machten uns sofort an die Arbeit, um die ersten zwanzig englischen Wörter zu lernen, die für uns nach phonetischem Prinzip und in griechischen Buchstaben geschrieben waren.

Das Erlernen dieser zwanzig Wörter und der Versuch, die ungewohnten, unserem Ohr fremden Laute richtig auszusprechen, nahmen uns so in Anspruch, daß wir gar nicht bemerkten, daß es Abend geworden und das Schiff in voller Fahrt war.

Wir brachen unsere Beschäftigung erst ab, als ein Matrose, im Rhythmus des gleichmäßig schlingernden Schiffes schwankend, zu uns kam und mit sehr ausdrucksvoller Geste bedeutete, es sei Essenszeit, und uns in unsere Kajüte neben der Kombüse führte.

Nachdem wir uns während des Essens abgesprochen und den Matrosen, der einigermaßen griechisch sprach, zu Rate gezogen hatten, beschlossen wir, um die Erlaubnis zu bitten – die wir am selben Abend auch erhielten – vom nächsten Tag an, was mich anbelangte, Metallteile auf dem Schiff putzen, und was Pogossian betraf, irgendeine Arbeit im Maschinenraum verrichten zu dürfen.

Auf die Ereignisse während unserer Reise an Bord jenes Kriegsschiffes will ich nicht näher eingehen.

Als wir in Alexandrien ankamen, verabschiedete ich mich herzlich von den gastfreundlichen Matrosen und verließ das Schiff mit der festen Absicht, auf dem schnellsten Weg Kairo zu erreichen. Pogossian hingegen, der sich während der Reise mit mehreren Matrosen angefreundet hatte und der von seiner Arbeit an den Maschinen begeistert war, wollte auf dem Schiff bleiben und weiterfahren. Wir hatten vereinbart, miteinander in Verbindung zu bleiben.

Wie ich später erfuhr, arbeitete Pogossian, nachdem wir uns getrennt hatten, weiter im Maschinenraum dieses englischen Kriegsschiffes.

Von Alexandrien fuhr er nach Bombay, lief verschiedene australische Häfen an und kam schließlich nach England in den Hafen von Liverpool.

Auf Drängen seiner neuen Freunde und mit ihrer Hilfe trat er in eine Marineingenieursschule ein, wo er gründliche technische Studien betrieb und gleichzeitig seine Kenntnisse der englischen Sprache vervollkommnete. Nach zwei Jahren erhielt er den Titel eines Maschineningenieurs.

Zum Abschluß dieses Kapitels, das meinem ersten Kameraden und Jugendfreund Pogossian gewidmet ist, will ich hier einen originellen Zug seiner Psyche erwähnen, der sich schon in seiner Jugend zeigte und der seine Individualität kennzeichnete: Pogossian war immer beschäftigt, er arbeitete ständig an etwas.

Er saß nie untätig herum, man sah ihn niemals wie seine Kameraden sich langlegen, um Bücher zu verschlingen, die nichts Wirkliches geben und deren einziges Ziel es ist, zu zerstreuen.

Wenn er nichts Besonderes zu tun hatte, schwang er seine Arme rhythmisch hin und her, marschierte auf der Stelle oder machte alle möglichen Fingerspiele.

Ich fragte ihn einmal, warum er sich so närrisch aufführe, anstatt sich auszuruhen, da ihm doch keiner einen Pfennig für diese nutzlosen Übungen zahlen werde.

«Du hast recht», erwiderte er, «im Augenblick gibt mir niemand etwas für diese törichten Faxen, wie ihr sagt, du und alle jene, die ihr in demselben Faß eingepökelt wurdet. Aber in der Zukunft werdet ihr oder eure Kinder mir dafür bezahlen.

Spaß beiseite, ich tue dies, weil ich die Arbeit liebe. Ich liebe sie nicht von Natur aus, denn meine Natur ist genauso faul wie die aller Menschen und will nie etwas Nützliches tun. Ich liebe die Arbeit mit dem gesunden Menschenverstand.»

Dann fügte er hinzu:

«Bitte, vergiß eines nicht: Wenn ich das Wort *ich* gebrauche, darfst du es nicht als meine Gesamtheit verstehen, sondern einzig und allein als meinen Verstand. Ich liebe die Arbeit, und ich habe es mir zur Aufgabe gemacht, es durch Ausdauer zu erreichen, daß meine gesamte Natur die Arbeit liebt, und nicht nur mein Verstand.

Außerdem bin ich fest davon überzeugt, daß eine bewußte Arbeit in der Welt niemals ohne Wirkung bleibt. Früher oder später muß jemand dafür bezahlen. Folglich erreiche ich, wenn ich jetzt in dieser Weise arbeite, zwei Ziele gleichzeitig: Erstens gewöhne ich meine Natur vielleicht daran, nicht faul zu sein, und zweitens sorge ich vor fürs Alter. Wie du weißt, werden mir meine Eltern sicher nicht eine Erbschaft hinterlassen, die für die Zeit ausreicht, wo ich nicht mehr die Kraft haben werde, meinen Lebensunterhalt zu verdienen.

Vor allem arbeite ich, weil die einzige Befriedigung im Leben dies ist, nicht aus Zwang, sondern bewußt zu arbeiten. Darin unterscheidet sich ein Mensch von einem karabachischen Esel, der ja auch Tag und Nacht arbeitet.»

Seine Überlegungen wurden später durch die Tatsachen voll bestätigt. Wenngleich er seine ganze Jugend – das heißt die kostbarste Zeit, über die der Mensch verfügt, um fürs Alter vorzusorgen – auf sozusagen nutzlosen Reisen verbrachte und sich niemals darum kümmerte, Geld für seine alten Tage zurückzulegen, und obwohl er erst im Jahr 1908 wirkliche Geschäfte unternahm, ist er heute einer der reichsten Männer der Welt.

Über die Rechtschaffenheit, mit der er zu seinem Reichtum kam, kann nicht der geringste Zweifel bestehen.

Er hatte recht, als er sagte, eine bewußte Arbeit bleibe niemals ohne Wirkung.

Tatsächlich arbeitete er bewußt und gewissenhaft Tag und Nacht, wie ein Ochse, sein ganzes Leben lang, unter allen Umständen und allen Bedingungen.

Möge Gott ihm heute die Ruhe gewähren, die er verdient hat!

ABRAM JELOW

Auf Pogossian folgte Abram Jelow als eine jener bemerkenswerten Persönlichkeiten, denen ich im vorbereitenden Alter zufällig begegnete und die freiwillig oder unfreiwillig für die endgültige Entfaltung der einen oder anderen Seite meiner heutigen Individualität als *belebende Faktoren* dienten.

Ich lernte ihn zu einer Zeit kennen, da ich bereits alle Hoffnung aufgegeben hatte, von den heutigen Menschen etwas Brauchbares zu erfahren über die Fragen, die mich damals fesselten, und ich mich nach der Rückkehr aus Etschmiadzin nach Tiflis in das Studium der alten Literatur vertieft hatte.

Nach Tiflis war ich deshalb zurückgekehrt, weil ich mir dort jedes gewünschte Buch besorgen konnte. Man fand in dieser Stadt damals und auch während meines letzten Aufenthaltes dort sehr leicht alle möglichen seltenen Bücher in allen Sprachen, vor allem in Armenisch, Georgisch und Arabisch.

In Tiflis ließ ich mich im Stadtviertel Didubay nieder. Von dort ging ich fast jeden Tag zum *Soldatenbasar* in eine der an der westlichen Seite der Alexandergärten entlanglaufenden Straßen, wo die meisten Buchhandlungen der Stadt liegen.

In dieser Straße breiteten, den Buchläden gegenüber, kleine fliegende Händler oder Buchtrödler, besonders an Markttagen, ihre Bücher und volkstümlichen Bilder auf dem Boden aus.

Unter diesen kleinen Händlern war ein junger Aïssor, der alle möglichen Bücher kaufte, verkaufte oder in Kommission nahm.

Es war Abram Jelow, Abraschka, wie er in seiner Jugend genannt wurde, ein wahrhaft geriebener Bursche, für mich aber ein unersetzlicher Freund.

Schon damals war er eine Art wandelnder Katalog. Er kannte nämlich unzählige Buchtitel in fast allen Sprachen, die Namen der Autoren, Verlagsort und Erscheinungsjahr jedes Buches und wußte sogar, wie man es sich besorgen konnte.

Anfangs kaufte ich einige Bücher bei ihm; später tauschte ich die, die ich bereits gelesen hatte, gegen andere oder gab sie ihm zurück, und er verhalf mir immer zu den Büchern, die ich brauchte. So wurden wir bald Freunde.

Abram Jelow wollte damals zur Armee gehen. Er beabsichtigte, in die Kadettenschule einzutreten, und verbrachte fast seine ganze Freizeit mit dem Pauken für die Aufnahmeprüfung. Da er aber leidenschaftlich an Philosophie interessiert war, fand er immer auch Mittel und Wege, zahlreiche Werke über derartige Themen zu lesen.

Unsere enge Beziehung entstand aus dem gemeinsamen Interesse für diese Fragen. Fast jeden Abend trafen wir uns in den Alexandergärten oder in Muschtaïd und diskutierten über philosophische Themen. Gemeinsam stöberten wir oft in Stößen alter Bücher; später fing ich sogar an, ihm an Markttagen in seinem Handel zu helfen.

Unsere Freundschaft vertiefte sich noch durch die folgenden Umstände:

An Markttagen pflegte ein Grieche seinen Stand dicht neben

dem von Jelow aufzustellen. Dieser Grieche handelte mit einer großen Auswahl von Gipsartikeln: Statuen, Büsten berühmter Menschen, Figurinen, Amor und Psyche, Schäfer und Schäferin und allerlei Sparbüchsen in allen Größen in Form von Katzen, Hunden, Schweinen, Äpfeln, Birnen und anderen Früchten – kurzum mit all dem Plunder, womit es damals Mode war, Tische, Kommoden und wer weiß was zu schmücken.

Eines Tages, als wir nur wenig verkauften, wies Jelow mit einer Kopfbewegung auf diese Waren und sagte in einer ihm eigentümlichen Ausdrucksweise:

«Einer, der einen Haufen Geld verdient, ist der, der diesen Schund herstellt: angeblich ein dreckiger Italiener, der den Kitsch in seiner Baracke anfertigt. Und idiotische Höker wie der Grieche da stopfen ihm die Taschen mit Geld voll, das die Dummköpfe, die diese Greuel zur Verzierung ihrer öden Wohnungen kaufen, im Schweiße ihres Angesichts verdienen.

Und wir stehen währenddessen den ganzen Tag hier herum und zittern vor Kälte, um dann am Abend ein trockenes Stück Maisbrot hinunterwürgen zu können, wenn wir nicht vor Hunger verrecken wollen; und morgen früh, was bleibt uns anderes übrig, sind wir wieder hier, und die gleiche Schinderei fängt von vorne an.»

Kurz danach ging ich zu dem griechischen Händler und erfuhr, daß die Waren tatsächlich von einem Italiener hergestellt wurden, der seine Fabrikationsgeheimnisse auf jede erdenkliche Weise hütete.

«Wir sind hier zwölf Straßenhändler», fügte der Grieche hinzu, »und wir sind kaum genug, um diese kleinen Meisterwerke in ganz Tiflis zu verkaufen.»

Diese vertrauliche Mitteilung und Jelows Empörung brachten mich in Schwung, und mir kam die Idee, diesem Italiener ein Schnippchen zu schlagen, um so mehr als ich damals daran denken mußte, irgendein Geschäft anzufangen, da mein Geld bereits «wie die Juden aus Ägypten» floh.

Zuerst sprach ich mit dem griechischen Höker, wobei ich natürlich absichtlich seine patriotischen Gefühle erregte, und nachdem ich mir einen Schlachtplan zurechtgelegt hatte, ging ich mit ihm zu dem Italiener und bat um Arbeit.

Zum Glück war kurz zuvor ein Junge, der für ihn arbeitete, wegen Werkzeugdiebstahls entlassen worden, und der Italiener brauchte jemanden, der für ihn beim Gipsanrühren Wasser zugoß. Da ich bereit war, für jeden Lohn zu arbeiten, stellte er mich sofort ein.

Meinem Plan gemäß spielte ich vom ersten Tag an den Dummkopf. Ich arbeitete fast für drei, benahm mich aber in allen anderen Dingen wie ein Einfaltspinsel.

Daher fand der Italiener rasch an mir Gefallen, und vor einem derartigen Trottel, der für ihn keine Gefahr darstellte, verbarg er seine Geheimnisse nicht mehr ebenso sorgfältig wie vor den anderen.

Nach zwei Wochen wußte ich schon, wie zahlreiche Arbeitsgänge ausgeführt wurden.

Mein Arbeitgeber ließ mich den Leim halten, die Mischung anrühren und dergleichen mehr, und so drang ich in das «Allerheiligste» ein und lernte bald all die kleinen, aber bei dieser Art von Arbeit so wichtigen Geheimnisse kennen.

Sie sind tatsächlich sehr wichtig; wenn zum Beispiel der Gips angemacht wird, muß man wissen, wieviel Tropfen Zitronensaft hinzugefügt werden, damit der Gips keine Blasen wirft und die Figuren glatt herauskommen, sonst können die feinen Teile der Statuette wie Nase, Ohren usw. häßliche Löcher aufweisen.

Genauso wichtig ist es, das genaue Verhältnis von Leim, Gelatine und Glyzerin zu kennen, die zur Herstellung der Hohlformen verwendet werden: etwas mehr oder etwas weniger, und alles ist verdorben.

Um gute Ergebnisse zu erzielen, muß man nicht nur das Verfahren kennen, sondern auch diese Geheimnisse.

Kurzum, nach anderthalb Monaten erschienen kleine Statuen aus meiner Fabrikation auf dem Markt.

Zu den Formen des Italieners fügte ich einige komische Köpfe hinzu, die mit Schrot gefüllt waren und als Federhalter dienten. Dann bot ich besondere Sparbüchsen an, die sehr gut gingen – ich hatte sie *die Kranke im Bett* getauft. Ich glaube, es gab bald kein Haus in Tiflis, in dem nicht eine meiner Sparbüchsen stand.

Später beschäftigte ich mehrere Arbeiter und hatte sogar sechs Georgierinnen als Lehrlinge.

Jelow half mir bei allem mit großem Vergnügen und hörte sogar auf, wochentags mit Büchern zu handeln.

Gleichzeitig setzten Jelow und ich unsere eigene Arbeit fort; wir lasen Bücher und studierten philosophische Probleme.

Als ich nach einigen Monaten eine schöne Summe zurückgelegt hatte und die Werkstatt mich zu langweilen begann, verkaufte ich sie, die in voller Blüte stand, zu einem guten Preis an zwei Juden. Da ich meine Wohnung, die mit der Werkstatt eine Einheit bildete, verlassen mußte, zog ich in die Molokanenstraße in der Nähe des Bahnhofs, und Jelow folgte mir dorthin mit seinen Büchern.

Jelow war klein, untersetzt und von dunkler Hautfarbe. Er hatte Augen, die wie glühende Kohlen brannten, üppigen Haarwuchs, struppige Augenbrauen und einen Bart, der dicht unter der Nase anfing und seine Wangen fast ganz verdeckte, deren Röte jedoch stets durchschien.

Er war in der Türkei im Gebiet von Van geboren, in Bitlis selbst oder der Umgebung. Von dort war seine Familie vier oder fünf Jahre vor unserer Begegnung nach Rußland gezogen. In Tiflis kam Jelow auf das erste Gymnasium, wie man es nannte. Aber obwohl es in dieser Schule einfach und ungezwungen zuging, machte er sich wegen irgendeines Streichs oder Unfugs unmöglich und wurde auf Anordnung des Lehrerrates von der Anstalt verwiesen. Bald darauf setzte ihn sein Vater vor die Tür, und von da an lebte er von der Gnade Gottes.

Kurzum, er war, wie er es selbst ausdrückte, in seiner Familie das schwarze Schaf. Trotzdem sandte ihm seine Mutter oft Geld, ohne daß sein Vater etwas davon wußte.

Jelow hegte für seine Mutter sehr zärtliche Gefühle, die selbst in kleinen Dingen zum Ausdruck kamen. So hatte er zum Beispiel eine Photographie von ihr über dem Bett hängen; und er ging nie aus, ohne die Photographie zu küssen, und wenn er zurückkam, rief er schon in der Tür: «Guten Tag» oder «Guten Abend, Mutter!»

Es scheint mir heute, daß ich ihn wegen dieses Zuges nur um so mehr liebgewann.

Seinen Vater liebte er auch, doch auf seine Weise, und er hielt ihn für einen kleinlichen, eitlen und eigensinnigen Menschen.

Jelows Vater war Unternehmer und galt als sehr reich. Unter den Aïssoren war er zudem ein sehr bedeutender Mann, sicherlich, weil er, wenn auch nur in der weiblichen Linie, aus dem Geschlecht der Marschimun stammte, dem in früheren Zeiten die aïssorischen Könige angehörten. Heutzutage haben die Aïssoren keine Könige mehr, doch ihre Patriarchen entstammen noch immer dieser Familie.

Abram hatte einen Bruder, der damals in Amerika studierte, ich glaube in Philadelphia. Aber diesen Bruder mochte er überhaupt nicht, denn er war der festen Überzeugung, daß dieser ein Egoist, Heuchler und ein herzloses Tier war.

Jelow hatte manche Eigenart; unter anderem besaß er die Angewohnheit, immer seine Hosen hochzuziehen, und es kostete uns, seinen Kameraden, später viel Mühe, ihn von dieser Manie abzubringen.

Pogossian neckte ihn oft deswegen, indem er sagte: «Und du wolltest Offizier werden! Beim ersten Zusammentreffen mit einem General hätte man dich armen Tropf in den Arrest gebracht, denn anstatt die Hand an die Mütze zu führen, hättest du die Hosen hochgezogen...!» (Pogossian drückte sich viel weniger taktvoll aus.)

Pogossian und Jelow neckten sich dauernd; selbst wenn sie freundschaftlich miteinander plauderten, betitelte Jelow Pogossian stets mit *gesalzener Armenier*, und dieser revanchierte sich mit *Chatschagoch.*

Die Armenier werden gewöhnlich *gesalzene Armenier* und die Aïssoren *Chatschagoch* genannt.

Chatschagoch bedeutet wörtlich «Kreuzdieb». Der Ursprung dieses Beinamens scheint der folgende zu sein:

Die Aïssoren sind im allgemeinen mit allen Wassern gewaschen. In Transkaukasien gibt es von ihnen sogar die folgende Definition: *Koche sieben Russen zusammen, so erhältst du einen Juden; koche sieben Juden, so erhältst du einen Armenier; aber erst wenn du sieben Armenier verkochst, bekommst du einen Aïssoren.*

Unter den überallhin verstreuten Aïssoren gab es viele Priester, von denen sich übrigens die meisten selbst ordiniert hatten. Das war für sie damals sehr leicht. Da sie in der Umgebung des Berges Ararat lebten, der die Grenze dreier Länder anzeigte, Rußlands, der Türkei und Persiens, und da sie alle Grenzen frei überschreiten konnten, gaben sie sich in Rußland als türkische Aïssoren aus, in Persien als russische Aïssoren usw.

Sie vollzogen nicht nur alle kirchlichen Zeremonien, sondern betrieben unter der frommen und unwissenden Bevölkerung auch einen einträglichen Handel mit heiligen Reliquien aller Art. So machten sie zum Beispiel im tiefsten Innern Rußlands, wo sie sich als griechische Priester ausgaben, denen die Russen großes Vertrauen entgegenbrachten, gute Geschäfte, indem sie Gegenstände verkauften, die angeblich aus Jerusalem, vom Berg Athos oder anderen heiligen Stätten mitgebracht worden waren.

Unter diesen Reliquien gab es Stücke des wahren Kreuzes, an dem Christus gekreuzigt worden war, Haare der Jungfrau Maria, Fingernägel des heiligen Nikolaus von Myra, einen glückbringenden Zahn des Judas, ein Stück Hufeisen vom Pferd des heiligen Georg und sogar eine Rippe oder den Schädel irgendeines großen Heiligen.

Diese Dinge wurden von naiven Christen, besonders von kleinen Kaufleuten, mit großer Ehrfurcht erstanden; und viele Reliquien, die man heutzutage in den Häusern und den unzähligen Kirchen des Heiligen Rußland findet, haben oft keinen anderen Ursprung.

Da die Armenier diese Brüder gut kannten, gaben sie ihnen den Spitznamen «Kreuzdiebe».

Was die Armenier betrifft, so werden sie «gesalzen» genannt, weil sie die Sitte haben, ein Kind bei der Geburt mit Salz einzureiben.

Ich muß übrigens hinzufügen, daß diese Sitte meiner Meinung nach ihren Wert hat. Spezielle Beobachtungen haben mir gezeigt, daß die neugeborenen Kinder anderer Völker fast immer an Hautausschlag leiden an den Körperstellen, die man gewöhnlich einpudert, um eine Entzündung zu verhindern, wohingegen, von seltenen Ausnahmen abgesehen, armenische Kinder, die in denselben Gebieten geboren werden, an diesem Ausschlag nicht leiden, obschon sie alle anderen Kinderkrankheiten haben. Diese Tatsache schreibe ich ihrer Sitte zu, die Neugeborenen zu salzen.

Jelow unterschied sich von seinen Landsleuten darin, daß er völlig frei war von einem Charakterzug, der für sie typisch ist: er war zwar sehr hitzig, aber nie nachtragend. Sein Zorn verrauchte im Nu, und wenn er zufällig jemanden verletzt hatte, so tat er, sobald seine Wut vorbei war, sein Bestes, um das, was er gesagt hatte, zu entschärfen.

Er verhielt sich gegen die Religion anderer höchst rücksichtsvoll.

Im Laufe eines Gespräches über die intensive Propaganda, die damals Missionare aus fast allen europäischen Ländern unter den Aïssoren betrieben, um sie zu ihrem jeweiligen Glauben zu bekehren, sagte er uns eines Tages:

«Es geht nicht darum, zu wem ein Mensch betet, sondern es geht um seinen Glauben. Der Glaube ist das Gewissen, dessen Grundlagen in der Kindheit geschaffen werden. Wenn ein Mensch die Religion wechselt, dann verliert er sein Gewissen, und das Gewissen ist im Menschen das Wertvollste.

Ich achte sein Gewissen, und da sein Gewissen von seinem Glauben getragen wird und sein Glaube von seiner Religion, so achte ich seine Religion. Und es wäre für mich eine große Sünde, über seine Religion zu urteilen oder ihm seine Illusionen über sie zu nehmen und das Gewissen zu zerstören, das man nur in der Kindheit erwerben kann.»

An dem Tag, da er uns dies sagte, fragte ihn Pogossian:

«Und warum wolltest du Offizier werden?»

Da schoß Abram das Blut ins Gesicht, und er schrie wild:

«Geh zum Teufel, du gesalzene Phalanga!»

Jelow hing sehr an seinen Freunden. Er war bereit, seine Seele hinzugeben für den, mit dem er sich verbunden fühlte.

Als Jelow und Pogossian Freunde geworden waren, hingen sie sehr aneinander. Gott gebe allen Brüdern, daß sie solche Beziehungen untereinander haben!

Aber wie sich diese Freundschaft nach außen hin zeigte, war ganz eigentümlich und schwer zu erklären.

Je mehr sie einander liebten, um so gröber waren sie zueinander. Unter dieser Grobheit verbarg sich aber ein so zartes Gefühl, daß jeder, der es bemerkte, in tiefster Seele davon ergriffen wurde. Obwohl ich wußte, was hinter dieser Grobheit steckte, war ich mehrmals so gerührt, daß ich die Tränen, die mir unwillkürlich in die Augen traten, nicht zurückhalten konnte.

Zum Beispiel gab es da Szenen wie diese:

Jelow war irgendwo zu Gast. Man bot ihm Süßigkeiten an. Der Anstand würde verlangen, daß er sie ißt, um den Gastgeber nicht zu verletzen. Doch Jelow, der Süßigkeiten sehr mochte, aß sie nicht um alles in der Welt. Er versteckte sie in seiner Tasche, um sie Pogossian mitzubringen. Aber statt sie ihm einfach zu geben, begleitete er seine Geste mit allen möglichen Spötteleien und einem Schwall von Beleidigungen.

Gewöhnlich spielte sich das so ab: Während eines Gespräches bei Tisch fand er scheinbar zufällig das Konfekt in seiner Tasche, bot Pogossian eine Handvoll an und sagte:

«Wie zum Teufel ist dieser Dreck in meine Tasche gekommen! Hier, verschlinge du diesen Fraß! Es ist doch deine Spezialität, das hinunterzuwürgen, was sonst niemand mehr will.»

Pogossian nahm es und brummelte seinerseits:

«Eine solche Delikatesse ist natürlich nichts für eine Schnauze wie die deine! Du kannst dich doch nur mit Eicheln vollstopfen, wie deine Brüder, die Schweine!»

Und während Pogossian die Süßigkeiten aß, setzte Jelow eine verächtliche Miene auf und sagte:

«Sieh doch, wie er frißt! Die munden ihm wie Disteln einem karabachischen Esel. Jetzt wird er wie ein kleiner Hund hinter mir herrennen, bloß weil ich ihm dieses ekelhafte Zeug gegeben habe.»

Und in dem Ton ging das Gespräch weiter.

Jelow, der mit seinem Gedächtnis für Bücher und Autoren ein Phänomen war, wurde später auch ein Phänomen, was seine Sprachkenntnisse betrifft. Ich, der ich damals achtzehn Sprachen beherrschte, kam mir im Vergleich zu ihm wie ein Stümper vor. Ehe ich auch nur ein einziges Wort irgendeiner westeuropäischen Sprache konnte, sprach er sie schon fast alle und so vollkommen, daß es schwer war zu erkennen, daß er nicht dem Land angehörte, dessen Sprache er sprach. Einmal ereignete sich zum Beispiel der folgende Vorfall:

Der Archäologieprofessor Skridlow (von dem ich später erzählen werde) wollte eine afghanische heilige Reliquie auf das russische Ufer des Amu-darja bringen. Aber das Vorhaben war so gut wie unmöglich angesichts der strengen Überwachung und Grenzkontrolle durch afghanische Grenzposten und englische Soldaten, die aus irgendeinem Grund damals dort sehr zahlreich waren.

Jelow besorgte sich irgendwo die alte Uniform eines englischen

Offiziers, ging, nachdem er sie angezogen hatte, zum englischen Wachtposten und gab sich als Engländer aus Indien aus, der zur Jagd auf turkestanische Tiger in diese Gegend gekommen war. Es gelang ihm, mit seinen englischen Geschichten die Aufmerksamkeit aller so zu fesseln, daß wir in Ruhe das, was wir wollten, von einem Ufer zum anderen bringen konnten, ohne von den englischen Soldaten bemerkt zu werden.

Neben all dem, was er unternommen hatte, setzte Jelow seine Studien intensiv fort. Er meldete sich nicht, wie er beabsichtigt hatte, zur Armee, sondern ging nach Moskau, wo er die Aufnahmeprüfung für das Lazarew-Institut glänzend bestand. Einige Jahre später legte er an der Universität Kasan, wenn ich mich recht erinnere, ein Staatsexamen in Philologie ab.

Wenn Pogossian eine besondere Auffassung von körperlicher Arbeit hatte, so hatte Jelow eine sehr originelle Ansicht über geistige Arbeit. Er sagte einmal:

«Unser Denken arbeitet auf jeden Fall Tag und Nacht. Statt es der *Tarnkappe* oder den *Schätzen Aladins* nachlaufen zu lassen, beschäftige man es lieber mit etwas Nützlichem! Natürlich ist eine gewisse Menge Energie notwendig, um seinem Denken eine Richtung aufzuzwingen; aber für einen ganzen Tag braucht man nicht mehr als zur Verdauung einer einzigen Mahlzeit. Ich habe daher beschlossen, Sprachen zu lernen, nicht allein, um mein Denken am Müßiggang zu hindern, sondern um zu vermeiden, daß es mit seinen idiotischen Träumen und kindischen Phantasien meine anderen Funktionen stört. Auch können Sprachkenntnisse über kurz oder lang nützlich sein!»

Dieser Jugendfreund ist noch am Leben. Er lebt jetzt in guten Verhältnissen in einer Stadt in Nordamerika.

Während des Weltkrieges war er in Rußland und verbrachte die meiste Zeit in Moskau. Die russische Revolution überraschte ihn in Sibirien, wo er eine seiner zahlreichen Buch- und Papierhandlungen inspizierte.

Während der Revolution machte er viel Schweres durch, und sein ganzes Vermögen wurde von der Erdoberfläche hinweggefegt.

Vor drei Jahren kam sein Neffe, Dr. Jelow, aus Amerika und überredete ihn, dorthin auszuwandern.

PRINZ JURI LUBOWEDSKY

Unter den bemerkenswerten Menschen, die ich kennenlernte, war der russische Prinz Juri Lubowedsky einer der außergewöhnlichsten.

Viel älter als ich, war er lange Zeit der älteste meiner Gefährten und mein engster Freund.

Die ferne und indirekte Ursache für unsere Begegnung auf dem Lebensweg und die engen Bande, die uns viele Jahre lang vereinten, war ein tragisches Ereignis, das sein Familienleben einst zerstört hatte.

In seiner Jugend hatte sich der Prinz, als er Gardeoffizier war, in ein schönes, junges Mädchen, dessen Charakter dem seinen entsprach, aufs tiefste verliebt und hatte es geheiratet. Sie lebten in Moskau im Hause des Prinzen in der Sadowaïastraße.

Die Prinzessin starb bei der Geburt ihres ersten Kindes. Der Prinz, der seinen Schmerz zu vergessen suchte, wandte sich zunächst dem Spiritismus zu, in der Hoffnung, mit der Seele seiner verstorbenen geliebten Frau in Verbindung zu treten; und er wurde dann, ohne es selber zu merken, immer mehr zum Studium der okkulten Wissenschaften und, allgemeiner gesagt, zur Suche nach dem Sinn des Lebens hingezogen.

Er vergrub sich so in diese Studien, daß er seine Lebensweise völlig änderte: Er empfing niemanden mehr, ging nirgends mehr hin und beschäftigte sich, in seine Bibliothek zurückgezogen, ohne Unterlaß mit okkultistischen Problemen, die ihn völlig in Anspruch nahmen.

Als er eines Tages ganz in die Lektüre vertieft war, wurde seine Abgeschiedenheit von einem unbekannten alten Mann unterbrochen. Zum Erstaunen seines ganzen Hauses empfing der Prinz ihn sofort und schloß sich mit ihm in die Bibliothek ein, wo sie ein langes Gespräch führten.

Bald nach diesem Besuch verließ der Prinz Moskau und verbrachte von da an fast seine ganze Zeit in Afrika, Indien, Afghanistan und Persien. Er kehrte sehr selten nach Rußland zurück, nur dann, wenn es wirklich notwendig war, und nur für kurze Zeit.

Der Prinz, der sehr reich war, verwendete sein ganzes Vermögen auf seine Suche und organisierte besondere Expeditionen zu den Orten, an denen er eine Antwort auf seine Fragen zu finden glaubte. Er lebte lange Zeit in gewissen Klöstern und lernte viele Menschen kennen, die sich für die gleichen Probleme interessierten wie er.

Als ich ihm das erste Mal begegnete, war er schon in reifem Alter und ich noch ein junger Mann. Von da an bis zu seinem Tode blieben wir ständig miteinander in Verbindung.

Unsere erste Begegnung fand in Ägypten am Fuße der Pyramiden statt, kurz nach meiner Reise mit Pogossian.

Ich kam gerade aus Jerusalem zurück, wo ich meinen Lebensunterhalt damit verdient hatte, daß ich Touristen, hauptsächlich

Russen, die Sehenswürdigkeiten der Stadt zeigte und ihnen die üblichen Erklärungen gab. Mit einem Wort, ich war Fremdenführer gewesen.

In Ägypten angekommen, entschloß ich mich, dort denselben Beruf auszuüben. Arabisch, Griechisch sowie Italienisch, das damals für Gespräche mit Europäern unentbehrlich war, beherrschte ich gut.

In ein paar Tagen hatte ich alles gelernt, was ein Fremdenführer wissen muß, und so begann ich zusammen mit einer Bande gerissener junger Araber, naive Touristen einzuwickeln.

Da ich mit dieser Art von Arbeit schon vertraut war, wollte ich als Fremdenführer das nötige Geld verdienen, um das auszuführen, was ich mir vorgenommen hatte. Ich muß gestehen, daß mein Geldbeutel zu jener Zeit nicht gerade «gut gepolstert» war.

Eines Tages nahm ein Russe meine Dienste in Anspruch. Wie sich später herausstellte, war es der Archäologieprofessor Skridlow.

Als ich mit ihm eines Morgens von der Sphinx zur Cheopspyramide ging, wurde er von einem leicht ergrauten Herrn begrüßt, der ihn mit *Totengräber* titulierte und, offensichtlich erfreut über die Begegnung, sich nach seinem Befinden erkundigte. Sie sprachen russisch miteinander, aber zu mir sprach der Professor in gebrochenem Italienisch, da er nicht wußte, daß auch ich Russisch konnte.

Sie ließen sich am Fuß der Pyramide nieder. Ich setzte mich nicht weit von ihnen entfernt hin, so daß ich alles deutlich hören konnte, was sie sagten, und aß meinen *Tschurek*.

Ich begriff schnell, daß der Herr, dem wir begegnet waren, ein Prinz war. Er fragte den Professor unter anderem:

«Stören Sie wirklich noch immer die sterblichen Überreste vor langer Zeit verstorbener Menschen und sammeln völlig nutzlosen alten Plunder unter dem Vorwand, daß irgendein Volk ihn einst für sein stumpfsinniges Leben gebraucht habe?»

«Was wollen Sie schon?» erwiderte der Professor. «Dies ist wenigstens etwas Wirkliches und Greifbares, und nicht etwas Unfaßbares wie das, dem Sie Ihr Leben gewidmet haben, ein Leben, das Sie als wohlhabender und gesunder Mensch voll nützen könnten.

Sie sind auf der Suche nach einer Wahrheit, die einst von irgendeinem närrischen Müßiggänger erfunden wurde. Was ich tue, trägt vielleicht nichts zur Befriedigung der Neugier bei, doch bringt es, wenn man es will, zumindest der Geldtasche etwas ein.»

In dieser Art sprachen sie lange miteinander. Dann wollte mein Herr zu einer anderen Pyramide gehen und verabschiedete sich von dem Prinzen, nachdem sie sich noch zu einem weiteren Treffen in den Ruinen von Theben verabredet hatten.

Ich muß sagen, daß ich in meiner freien Zeit wie ein Besessener zwischen all diesen Stätten umherlief, die Karte vom alten Ägypten in den Händen, in der Hoffnung, mit ihrer Hilfe eine Erklärung der Sphinx und anderer Monumente des Altertums zu finden.

Einige Tage nach der Begegnung des Professors mit dem Prinzen saß ich, tief in Gedanken versunken, am Fuß einer Pyramide, die Karte vor mir ausgebreitet.

Plötzlich fühlte ich, daß sich jemand über mich beugte. Ich faltete die Karte hastig zusammen und blickte auf. Es war der Mann, der meinen Arbeitgeber, Professor Skridlow, an der Cheopspyramide angesprochen hatte.

Blaß und sehr aufgeregt fragte er mich auf italienisch, wie und wo ich dieses Dokument erhalten hätte.

Sein Gesichtsausdruck und das Interesse, das er für diese Karte zeigte, ließen mich sogleich vermuten, es müsse der Prinz sein, von dem der armenische Priester gesprochen hatte, in dessen Haus ich die Karte heimlich kopiert hatte. Ohne seine Frage zu beantworten, fragte ich ihn meinerseits auf russisch, ob er nicht der Mann sei, der eine Karte von einem gewissen Priester habe kaufen wollen...

«Ja, der bin ich», antwortete er und ließ sich neben mir nieder.

Ich erzählte ihm dann, wer ich bin, wie diese Karte in meinen Besitz gekommen war und wie ich von ihm gehört hatte.

Nach und nach kamen wir ins Gespräch.

Als der Prinz sich beruhigt hatte, schlug er mir vor, ihn nach Kairo zu begleiten, damit wir unser Gespräch in seiner Wohnung ungestört fortsetzen könnten.

Von diesem Tag an bildete sich durch unser gemeinsames Interesse zwischen uns ein echtes Band. Wir trafen uns oft, und unser Briefwechsel sollte nie aufhören.

Während dieser ganzen Zeit machten wir zusammen zahlreiche Reisen nach Indien, Tibet und in verschiedene Gebiete Zentralasiens.

Zum vorletzten Mal trafen wir uns in Konstantinopel, wo er in Pera nahe der russischen Botschaft ein Haus hatte, in dem er sich hin und wieder für längere Zeit aufhielt. Diese Begegnung trug sich unter den folgenden Umständen zu:

Ich kam aus Mekka zurück in Begleitung bucharischer Derwische, die ich dort kennengelernt hatte, und mehrerer sartischer Pilger, die nach Hause zogen.

Ich wollte von Konstantinopel nach Tiflis reisen, von dort nach Alexandropol, um meine Eltern zu besuchen, und dann mit den Derwischen nach Buchara gehen.

Doch alle meine Pläne änderten sich durch das unerwartete Zusammentreffen mit dem Prinzen.

Bei der Ankunft in Konstantinopel erfuhr ich, daß unser Dampfer erst in sechs oder sieben Tagen auslaufen würde. Dies war für mich eine höchst unerfreuliche Nachricht. Eine Woche warten zu müssen, herumzulungern, ohne etwas Richtiges zu tun, war keine besonders angenehme Perspektive.

Ich entschloß mich, diese Zeit zu benützen, um in Brussa einen befreundeten Derwisch zu besuchen und bei dieser Gelegenheit auch die berühmte Grüne Moschee zu besichtigen.

Als ich in Galata an Land ging, faßte ich den Entschluß, zum Haus des Prinzen zu gehen, um mich zu waschen und zu säubern und gleichzeitig die sympathische Mariam Badschi, die alte armenische Haushälterin des Prinzen, zu besuchen.

Seinem letzten Brief zufolge sollte der Prinz schon in Ceylon sein, aber zu meinem Erstaunen stellte es sich heraus, daß er noch in Konstantinopel war und sogar zu Hause.

Wie ich schon sagte, schrieben wir uns häufig, aber wir hatten uns zwei Jahre lang nicht gesehen; so war dieses Zusammentreffen für uns beide eine freudige Überraschung.

Meine Reise nach Brussa wurde verschoben. Ich verzichtete sogar auf meinen Plan, direkt in den Kaukasus zu fahren, angesichts der Bitte des Prinzen, ein junges Mädchen nach Rußland zu begleiten, um dessentwillen er auch seine Reise nach Ceylon aufgeschoben hatte.

Am gleichen Tag ging ich in den Hammam, und nachdem ich mich umgekleidet hatte, aß ich mit dem Prinzen zu Abend. Er berichtete mir über sich selbst und erzählte mit viel Wärme und sehr lebhaft die Geschichte des jungen Mädchens, das ich nach Rußland begleiten sollte.

Da es die Geschichte einer Frau ist, die meiner Meinung nach in jeder Hinsicht bemerkenswert wurde, will ich nicht nur die Erzählung des Prinzen Lubowedsky in allen Einzelheiten wiedergeben, sondern will auch etwas von ihrem späteren Leben berichten, so wie ich es im Laufe meiner Begegnungen mit ihr erfahren und beobachten konnte. Um so mehr als das ursprüngliche Manuskript, das ich der ausführlichen Beschreibung des Lebens dieser Frau gewidmet hatte, unter dem Titel *Bekenntnisse einer Polin,* in Rußland zurückblieb, zusammen mit vielen anderen Manuskripten, deren Schicksal mir noch immer völlig unbekannt ist.

WITWITSKAJA

Der Prinz erzählte mir die folgende Geschichte:

«Vor genau einer Woche war ich im Begriff, mit einem Schiff des *Dobrowolny Flott* nach Ceylon abzureisen. Ich war schon an Bord. Unter denen, die mich aufs Schiff begleiteten, war ein Attaché der russischen Botschaft. Im Laufe des Gespräches richtete er meine Aufmerksamkeit auf einen Passagier, einen würdigen alten Mann:

‹Sehen Sie den alten Herrn dort? Wer würde vermuten, daß er ein berüchtigter Mädchenhändler ist? Und doch ist es so...›

Dies sagte er so nebenbei. Es war ein großes Gedränge auf dem Schiff, zahlreiche Leute waren gekommen, um mir Lebewohl zu sagen. Der alte Mann war mir nicht so wichtig, und so vergaß ich, was mir der Attaché gesagt hatte.

Das Schiff stach in See. Es war Morgen, und das Wetter war schön. Ich saß auf dem Deck und las. Neben mir tollte Djek*.

Ein entzückendes Mädchen ging vorbei und streichelte Djek. Dann brachte sie ihm ein Stückchen Zucker, aber Djek nimmt ohne meine Erlaubnis niemals etwas von einem Fremden, und so schielte er zu mir hinauf, als wollte er fragen: ‹Darf ich?› Ich nickte und sagte auf russisch: ‹Ja, du darfst.›

Es stellte sich heraus, daß die junge Frau auch Russisch sprach, und so begann eine Unterhaltung. Auf die übliche Frage: ‹Wohin reisen Sie?› erwiderte sie, daß sie auf dem Weg nach Alexandrien sei, um eine Stelle als Gouvernante in der Familie des russischen Konsuls anzutreten.

Während unseres Gesprächs kam der alte Herr, auf den mich der Attaché aufmerksam gemacht hatte, an Deck und rief das Mädchen.

Als sie zusammen fortgegangen waren, fiel mir plötzlich die Bemerkung des Attachés über diesen Mann ein, und seine Bekanntschaft mit diesem Mädchen erschien mir verdächtig.

Ich wurde nachdenklich und bemühte mein Gedächtnis. Ich

* Djek war ein Foxterrier, der den Prinzen überallhin begleitete.

kannte den Konsul in Alexandrien, und soweit ich mich erinnern konnte, brauchte er keine Gouvernante.

Mein Verdacht wuchs.

Unser Schiff mußte mehrere Häfen anlaufen; und beim ersten Halt in den Dardanellen sandte ich zwei Telegramme ab, eines an den russischen Konsul in Alexandrien mit der Frage, ob er eine Gouvernante brauche, und das andere an den Konsul in Saloniki, wo das Schiff als nächstes halten sollte. Auch teilte ich dem Kapitän meinen Verdacht mit.

Kurzum, als wir in Saloniki ankamen, erhielten wir eine Bestätigung meines Verdachts, und es wurde deutlich, daß das junge Mädchen unter Vorspiegelung falscher Tatsachen in eine Falle gelockt wurde.

Die Frau erschien mir sympathisch. Ich beschloß, sie aus der Gefahr, die ihr drohte, zu retten, sie an einen sicheren Ort zu bringen und nicht eher wieder nach Ceylon aufzubrechen, als bis ich einiges für sie geregelt hätte.

Wir verließen zusammen das Schiff und nahmen am gleichen Tag ein anderes, das nach Konstantinopel zurückfuhr. Sobald wir angekommen waren, wollte ich sie in ihre Heimat zurückschicken, doch sie sagte mir, daß sie niemanden habe, zu dem sie gehen könne. Deshalb mußte ich mich hier länger aufhalten.

Ihre Geschichte ist ziemlich ungewöhnlich. Sie ist Polin, im Gouvernement Wolhynien geboren. Ihre Kindheit verbrachte sie nicht weit von Kowno auf dem Gut eines Grafen, das ihr Vater verwaltete.

Sie waren zwei Brüder und zwei Schwestern. Die Mutter starb, als sie noch ganz klein waren. Daher wurden sie von einer alten Tante erzogen.

Als sie vierzehn Jahre alt war und ihre Schwester sechzehn, starb ihr Vater.

Zu jener Zeit studierte der eine Bruder in Italien; er wollte Priester werden. Der andere war ein großer Halunke, der ein Jahr zuvor von der Oberschule weggelaufen war und sich angeblich irgendwo in Odessa versteckt hielt.

Nach dem Tod des Vaters mußten die beiden Schwestern und ihre Tante das Gut verlassen, da ein neuer Verwalter eingestellt worden war. Sie zogen nach Kowno.

Kurz darauf starb auch die alte Tante. Die Lage der Schwestern wurde schwierig. Auf den Rat eines entfernten Verwandten hin verkauften sie ihre Habe und zogen nach Odessa, wo sie in eine Gewerbeschule eintraten, um eine Schneiderinnenlehre zu erhalten.

Die junge Witwitskaja war sehr schön und im Gegensatz zu ihrer älteren Schwester leichtsinnig. Sie hatte viele Verehrer; unter ihnen war ein Handelsreisender, der sie verführte und nach Sankt Petersburg mitnahm. Da sie sich mit ihrer älteren Schwester überworfen hatte, verlangte sie ihr Erbteil.

In Sankt Petersburg verschwand der Handelsreisende, nachdem er ihr alles gestohlen hatte. So befand sie sich mittellos in einer fremden Stadt.

Nach vielen Kämpfen und Mißgeschicken wurde sie schließlich die Geliebte eines alten Senators. Doch dieser wurde bald eifersüchtig auf einen jungen Studenten und warf sie hinaus.

Darauf kam sie in die ‹ehrenwerte› Familie eines Arztes, der sie auf sehr originelle Weise gebrauchte, um die Zahl seiner Patienten zu erhöhen.

Die Frau des Doktors war ihr im Park vor dem Alexander-Theater begegnet, hatte sich neben sie gesetzt und sie überredet, zu ihnen zu ziehen. Sie brachte ihr dann das folgende Manöver bei:

Sie sollte auf dem Newskij-Prospekt spazierengehen, und wenn ein Mann sie ansprechen würde, sollte sie ihn nicht abweisen, sondern ihn diplomatisch ermutigen und ihm erlauben, sie nach Hause zu begleiten, und ihn dann an der Tür verlassen. Der erkundigte sich natürlich beim Portier nach ihr und erfuhr so, daß sie die Gesellschafterin der Frau eines Arztes sei.

Durch dieses Verfahren gewann der Doktor alle möglichen neuen Patienten, die irgendein Leiden erfanden, in der geheimen Hoffnung auf eine angenehme Begegnung...

Soweit ich die Natur von Witwitskaja ergründen konnte», bemerkte der Prinz mit Überzeugung, «muß sie im Unterbewußtsein ständig Widerwillen gegen ein solches Leben empfunden haben, zu dem allein bittere Not sie gezwungen hatte.

Als sie eines Tages auf dem Newskij dahinschlenderte, um mögliche Patienten kennenzulernen, traf sie ganz unerwartet ihren jüngeren Bruder, den sie mehrere Jahre nicht gesehen hatte.

Er war sehr gut angezogen und war allem Anschein nach ein reicher Mann. Diese Begegnung mit ihrem Bruder war wie ein Lichtstrahl in ihrem freudlosen Leben.

Er erzählte ihr, daß er in Odessa und auch im Ausland geschäftlich tätig sei.

Als er erfuhr, welch schwieriges Leben sie hatte, schlug er ihr vor, sie solle zu ihm nach Odessa kommen, wo er viele Menschen kenne und ihr eine gute Stelle verschaffen könne. Sie willigte ein.

Gleich nach ihrer Ankunft in Odessa vermittelte ihr Bruder ihr eine interessante Stelle mit ausgezeichneten Zukunftsaussichten – die einer Gouvernante in der Familie des russischen Konsuls in Alexandrien.

Einige Tage später stellte er ihr einen sehr vornehmen älteren Herrn vor, der zufällig nach Alexandrien reiste und bereit war, sie zu begleiten.

So kam es, daß sie sich eines schönen Tages in der Begleitung dieses offensichtlich vertrauenswürdigen alten Mannes an Bord des Dampfers begab. Das Weitere kennen Sie...»

Der Prinz wiederholte, er glaube, daß nur die Umstände und die unglücklichen Familienverhältnisse diese junge Frau an den Rand des Abgrunds gebracht hätten. Ihre Natur sei unverdorben, und sie habe den Keim für ausgezeichnete Eigenschaften in sich.

Deshalb habe er beschlossen, sich ihrer anzunehmen und sie auf den richtigen Weg zu bringen.

«Vor allem», meinte der Prinz, «muß ich das unglückliche Mädchen zu meiner Schwester schicken auf mein Gut im Gouvernement Tambow, damit sie sich erholen kann, und dann werden wir sehen...»

Da ich den Idealismus und die Güte des Prinzen kannte, stand ich diesem Projekt skeptisch gegenüber und glaubte, daß seine Bemühungen in diesem Fall wohl umsonst sein würden. Ich dachte sogar: «Was vom Karren fällt, ist verloren.»

Ohne Witwitskaja auch nur gesehen zu haben, entstand in mir, ich weiß nicht warum, eine Art Haß auf sie, aber ich konnte die Bitte des Prinzen nicht abschlagen und erklärte mich widerwillig bereit, diese, wie ich damals dachte, «nichtswürdige Frau» zu begleiten.

Ich sah sie zum ersten Mal einige Tage später, als wir aufs Schiff gingen.

Sie war brünett, ziemlich groß, sehr schön und hatte eine sehr gute Figur. Sie hatte gutmütige, ehrliche Augen, die manchmal verteufelt schlau dreinschauen konnten. Mir scheint, daß die historische Thaïs derselbe Typ gewesen sein muß.

Bei ihrem Anblick erwachte in mir ihr gegenüber ein zwiespältiges Gefühl – bald des Hasses und bald des Mitleids.

Ich begleitete sie also in das Gouvernement Tambow.

Sie lebte lange bei der Schwester des Prinzen, die große Zuneigung zu ihr faßte und sie ins Ausland mitnahm, wo sie lange Zeit blieben, besonders in Italien.

Unter dem Einfluß des Prinzen und seiner Schwester interessierte sie sich allmählich für deren Gedanken, die bald ein integrierender Bestandteil ihres Wesens wurden. Sie begann ernsthaft an sich zu arbeiten – und jeder, der ihr auch nur einmal begegnete, konnte die Wirkung dieser Arbeit verspüren.

Nachdem ich sie nach Rußland begleitet hatte, sah ich sie lange Zeit nicht wieder.

Erst vier Jahre später traf ich sie mit der Schwester des Prinzen

Juri Lubowedsky unter den folgenden höchst originellen Umständen zufällig in Italien wieder.

Eines Tages kam ich, wie immer mein Ziel verfolgend, nach Rom. Da mein Geld rasch zusammenschmolz, folgte ich dem Rat zweier junger Aïssoren, deren Bekanntschaft ich gemacht hatte, und begann mit ihrer Hilfe auf der Straße als Schuhputzer zu arbeiten.

Man kann nicht sagen, daß mein Geschäft am Anfang sehr gut ging; und so beschloß ich, um meine Einnahmen zu vergrößern, es auf ein neue und originelle Art aufzuziehen.

Ich bestellte einen besonderen Sessel, unter den ich einen für die Passanten nicht sichtbaren Edison-Phonographen stellte. Von außen sah man nur einen Gummischlauch, der mit Hörmuscheln versehen und so angeordnet war, daß, wenn sich jemand in den Sessel setzte, die Hörmuscheln sich dicht bei seinen Ohren befanden. Ich brauchte die Maschine nur unauffällig in Bewegung zu setzen.

Auf diese Weise konnten meine Kunden die *Marseillaise* oder eine Opernarie hören, während ich ihnen die Schuhe putzte.

Außerdem befestigte ich an der rechten Armlehne des Sessels eine Art Tablett, auf das ich ein Glas, eine Wasserkaraffe, Wermut und illustrierte Zeitschriften legte.

Dadurch blühte mein Geschäft auf, und statt Centesimi regnete es Lire. Reiche, junge Touristen zahlten besonders gut.

Neugierige Gaffer standen ständig um mich herum. Die meisten warteten darauf, daß sie an die Reihe kamen, um sich auf den Sessel zu setzen, auf dem sie, während ich ihnen die Schuhe putzte, etwas noch nie Dagewesenes genossen und sich zugleich den anderen eingebildeten Idioten ihres Schlages zur Schau stellten, die sich dort den ganzen Tag über herumtrieben.

In der Menge bemerkte ich oft eine junge Dame. Sie zog meine Aufmerksamkeit auf sich, weil sie mir ganz bekannt vorkam, aber aus Zeitmangel schaute ich sie nie genau an.

Eines Tages hörte ich zufällig, wie sie zu der älteren Dame neben ihr auf russisch sagte: «Ich wette, daß er es ist», und ich wurde so neugierig, daß ich mich irgendwie von meinen Kunden frei machte, auf sie zuging und sie auf russisch fragte: «Sagen Sie mir doch bitte, wer Sie sind? Mir scheint, daß ich Sie irgendwo gesehen habe.»

«Ich bin die Person», antwortete sie, «die Sie einst so haßten, daß die armen Fliegen, die in das Strahlungsfeld ihres Hasses gerieten, darin umkamen. Wenn Sie sich an Prinz Lubowedsky erinnern, so werden Sie sich vielleicht auch an das unglückliche Mädchen erinnern, das Sie von Konstantinopel nach Rußland begleiteten.»

Ich erkannte sie sofort wieder und auch die ältere Dame neben ihr, die die Schwester des Prinzen war. Von dem Tag an bis zu ihrer Abreise nach Monte Carlo verbrachte ich jeden Abend mit ihnen in ihrem Hotel.

Anderthalb Jahre nach dieser Begegnung kam Witwitskaja in Begleitung von Professor Skridlow zu dem Treffpunkt für eine unserer großen Expeditionen, und von da an nahm sie an all den Reisen unserer umherziehenen Gruppe teil.

Um eine Vorstellung von der inneren Welt Witwitskajas zu geben – dieser Frau, die am Rande des moralischen Ruins gestanden hatte und die dank der Hilfe vorbildlicher Menschen, denen sie auf ihrem Lebensweg durch einen glücklichen Zufall begegnete, so wurde, daß sie, ich wage es zu sagen, jeder Frau als Ideal dienen könnte – will ich mich mit einer einzigen Seite ihres vielseitigen inneren Lebens begnügen.

Sie fühlte sich besonders zur Musikwissenschaft hingezogen. Welchen Ernst sie dieser Wissenschaft entgegenbrachte, kam in einem Gespräch zum Ausdruck, das ich auf einer unserer Expeditionen mit ihr führte.

Auf dieser Reise durch das Innere von Turkestan verbrachten wir dank besonderer Empfehlungen drei Tage in einem nicht jedermann zugänglichen Kloster.

An dem Morgen unserer Abreise erschien Witwitskaja totenblaß und trug einen Arm in einer Schlinge. Sie versuchte vergeblich, ihr Pferd allein zu besteigen; zusammen mit einem Kameraden mußte ich ihr helfen.

Als die Karawane sich in Bewegung gesetzt hatte, lenkte ich mein Pferd neben das von Witwitskaja und blieb mit ihr ein wenig hinter den anderen zurück.

Ich wollte wissen, was ihr zugestoßen war, und bedrängte sie mit Fragen.

Ich dachte, daß vielleicht einer unserer Kameraden sich wie ein Tier benommen und es gewagt hatte, dieser Frau gegenüber, die wir alle als eine Heilige ansahen, zudringlich zu werden, und ich brannte darauf, zu erfahren, wer dieser feige Schuft war, um ihn gleich vom Pferd aus wie ein gemeines Rebhuhn niederzuschießen.

Auf meine Fragen antwortete Witwitskaja schließlich, daß die Ursache ihres Zustandes jene, wie sie sich ausdrückte, «verdammte Musik» sei, und sie fragte mich, ob ich mich an die Musik der vorletzten Nacht erinnere.

Und wie ich mich daran erinnerte! Ich sah uns noch alle in einer Ecke des Klosters sitzen, die monotone Musik, die von den Mönchen während einer ihrer Zeremonien gespielt wurde, hatte uns fast zum Schluchzen gebracht. Später hatten wir lange darüber gesprochen, ohne daß einer von uns imstande war, zu erklären, was sich abgespielt hatte.

Nach einigen Augenblicken der Stille begann Witwitskaja von sich aus zu erzählen; was sie über die Ursache ihres sonderbaren Zustandes sagte, nahm die Form einer langen Geschichte an.

Ich weiß nicht, vielleicht war es die Landschaft um uns herum, die so unbeschreiblich schön war an jenem Morgen, vielleicht war es ein anderer Grund, aber was sie mir damals mit ergreifender Aufrichtigkeit erzählte, daran erinnere ich mich noch immer fast Wort für Wort, selbst nach so vielen Jahren. Jedes ihrer Worte prägte sich meinem Gedächtnis so stark ein, daß es mir scheint, als hörte ich sie in diesem Augenblick.

Sie fing folgendermaßen an:

«Ich erinnere mich nicht, ob mich etwas in der Musik innerlich berührte, als ich ganz jung war, aber ich erinnere mich sehr gut, wie ich damals über sie nachdachte.

Wie alle anderen hatte ich Angst, unintelligent zu erscheinen, und wenn ich ein Musikstück lobte oder kritisierte, tat ich es nur mit dem Verstand. Selbst wenn die Musik, die ich hörte, mich ganz gleichgültig ließ, sprach ich mich, falls man mich nach meiner Meinung fragte, je nach dem Umständen für oder gegen sie aus.

Manchmal, wenn sich alle in Lobreden über sie ergingen, nahm ich die entgegengesetzte Haltung ein und gebrauchte alle Fachausdrücke, die ich kannte, damit die Leute denken sollten, ich sei nicht irgendwer, sondern ein gebildeter Mensch, der alles beurteilen könne. Ein andermal stimmte ich der Verurteilung eines Musikstückes durch die anderen bei, weil ich dachte, wenn sie es kritisierten, dann gebe es sicher etwas an ihm, was ich nicht wußte, dessentwegen es aber zu kritisieren war.

Wenn ich dagegen ein Stück lobte, dann deshalb, weil ich annahm, daß der Komponist, wer immer es war, der sich sein ganzes Leben lang mit dieser Materie befaßt hatte, eine Komposition nicht veröffentlichen würde, wenn sie es nicht wert wäre.

Kurzum: im Lob wie auch in der Kritik war ich weder zu mir selbst noch zu den anderen jemals aufrichtig, und ich fühlte dessentwegen keine Gewissensbisse.

Als mich später Prinz Lubowedskys Schwester in ihre Obhut nahm, überredete sie mich, Klavier spielen zu lernen, denn sie meinte, jede wohlerzogene und intelligente Frau sollte dieses Instrument spielen können.

Um diese liebe alte Dame zu erfreuen, widmete ich mich ganz dem Klavierspiel. Nach sechs Monaten spielte ich wirklich schon so gut, daß man mich einlud, an einem Wohltätigkeitskonzert teilzunehmen. Alle unsere Bekannten, die mich dabei hörten, hoben mich in den Himmel und waren von meinem Talent begeistert.

Eines Tages setzte sich, nachdem ich gespielt hatte, die gute alte Dame zu mir und sagte mit feierlichem Ernst, daß, da mir Gott ein solches Talent gegeben habe, es eine große Sünde wäre, es zu vernachlässigen und nicht voll sich entfalten zu lassen. Sie fügte hinzu: da ich Musik zu lernen begonnen hätte, sollte ich auf diesem Gebiet nach einer gründlichen Ausbildung streben und nicht nur wie irgendeine Maria Iwanowna spielen; deshalb rate sie mir, vor allem Musiktheorie zu studieren und, wenn nötig, sogar ein Examen abzulegen.

Von dem Tag an ließ sie für mich alle möglichen Bücher über Musik kommen, und sie fuhr sogar selber nach Moskau, um sie zu kaufen. Sehr bald standen an den Wänden meines Studierzimmers große Regale voll mit Musikwerken und -büchern.

Mit großem Eifer gab ich mich dem Studium der Musiktheorie hin, nicht nur, weil ich meine Wohltäterin erfreuen wollte, sondern auch, weil ich mich zu dieser Arbeit hingezogen fühlte und mein Interesse für die Gesetze der Harmonie von Tag zu Tag zunahm.

Doch konnten mir die Bücher, die ich besaß, nichts geben, denn in ihnen wurde weder erklärt, was Musik wirklich ist, noch worauf ihre Gesetze beruhen. Sie wiederholten nur Informationen zur Geschichte der Musik wie zum Beispiel: daß unsere Oktave aus sieben Tönen besteht, daß aber die altchinesische Oktave nur fünf hatte; daß die Harfe der alten Ägypter *Tebuni* genannt wurde und die Flöte *Mem*; daß die Melodien der alten Griechen auf verschiedenen Tonarten aufgebaut waren, der *ionischen, phrygischen, dorischen* und anderen; daß im neunten Jahrhundert die Polyphonie in Erscheinung trat und anfangs so katastrophale Wirkungen hatte, daß sogar Fälle von Frühgeburten berichtet wurden, da die Mutter einen Schock erhielt, als sie auf der Kirchenorgel diese neue Musik hörte; daß im elften Jahrhundert ein gewisser Mönch, Guido von Arezzo, die Solmisation erfand usw. Aber vor allem wurden in den Büchern berühmte Musiker geschildert, und wie sie berühmt geworden waren. Man führte sogar an, welche Krawatte und was für

Brillen die bekanntesten Komponisten getragen hätten. Doch was das Wesen der Musik ist und welche Wirkung sie auf die Psyche der Menschen hat, darüber wurde nirgends etwas gesagt.

Ein ganzes Jahr verbrachte ich damit, diese angebliche Musiktheorie zu studieren. Ich las fast alle meine Bücher und kam schließlich zu der festen Überzeugung, daß mir diese Literatur nichts geben würde. Da mein Interesse an der Musik jedoch weiter zunahm, gab ich mein Lesen auf und vertiefte mich in meine eigenen Gedanken.

Eines Tages nahm ich aus Langeweile in der Bibliothek des Prinzen ein Buch in die Hand mit dem Titel *Die Welt der Schwingungen,* das meinen Gedanken über die Musik eine ganz bestimmte Richtung gab. Der Verfasser dieses Buches war kein Musiker, und es war sogar offensichtlich, daß er an Musik nicht interessiert war. Er war Mathematiker und Ingenieur. An einer Stelle dieses Buches erwähnte er die Musik lediglich als Beispiel, um die Schwingungen zu erklären. Er schrieb, daß die Töne der Musik aus gewissen Schwingungen bestehen, die notwendigerweise auf entsprechende Schwingungen im Menschen wirken, und dies sei der Grund, weshalb der Mensch diese oder jene Musik mag oder nicht mag. Dies verstand ich sofort und war mit den Hypothesen des Ingenieurs völlig einverstanden.

Von da an nahmen alle meine Gedanken diese Richtung, und wenn ich mich mit der Schwester des Prinzen unterhielt, versuchte ich immer, das Gespräch auf die Musik und ihre wahre Bedeutung zu bringen, so daß sie sich ihrerseits für diese Frage interessierte; wir dachten darüber nach und machten Experimente.

Die Schwester des Prinzen kaufte sogar eigens für diesen Zweck mehrere Katzen, Hunde und andere Tiere.

Manchmal luden wir einige Dienstboten ein, gaben ihnen Tee, und ich spielte für sie stundenlang Klavier.

Anfangs waren unsere Experimente ergebnislos; aber als wir einmal fünf unserer Dienstboten und zehn Bauern aus dem Dorfe, das früher dem Prinzen gehörte, zu Gast hatten, schlief die Hälfte von ihnen ein, während ich einen Walzer spielte, den ich selbst komponiert hatte.

Wir wiederholten dieses Experiment mehrmals, und jedesmal nahm die Zahl der Schläfer zu. Doch trotz der Versuche, die die alte Dame und ich unternahmen, nach verschiedensten Prinzipien eine Musik zu komponieren, die geeignet wäre, andere Wirkungen auf die Zuhörer auszuüben, gelang es uns immer nur, sie einzuschläfern.

Durch die ständige Arbeit an der Musik und das Nachdenken über sie wurde ich schließlich so müde und abgemagert, daß meine Wohltäterin, als sie meinen Zustand eines Tages bemerkte, erschrak und auf den Vorschlag eines Bekannten hin eiligst mit mir ins Ausland reiste.

Wir fuhren nach Italien; und dort, abgelenkt von anderen Eindrücken, erholte ich mich allmählich. Erst fünf Jahre später, als wir hier die Expedition nach Pamir und Afghanistan unternahmen und den Experimenten der monopsychischen Bruderschaft beiwohnten, begann ich wieder über die Wirkung der Musik nachzudenken – aber nicht mit der gleichen Begeisterung wie vorher.

Sooft ich mich in späteren Jahren meiner ersten Versuche mit der Musik erinnerte, konnte ich nicht umhin, über unsere Naivität zu lachen, daß wir dem Einschlafen der Gäste solche Bedeutung beigemessen hatten. Es war uns niemals in den Sinn gekommen, daß diese Leute aus Wohlbehagen einschliefen, einfach weil sie sich bei uns allmählich wie zu Hause fühlten und weil es nach der langen Tagesarbeit sehr angenehm war, ein gutes Essen zu sich zu nehmen, ein Glas Wodka zu trinken, das ihnen die gütige alte Dame anbot, und in bequemen Sesseln zu sitzen.

Nach unserem Besuch bei den monopsychischen Brüdern kehrte ich nach Rußland zurück und nahm, ihre Erklärungen bedenkend, meine Untersuchungen wieder auf.

Ich ermittelte, wie die Brüder mir geraten hatten, gemäß dem

Luftdruck an dem Ort des Experiments das *absolute a* und stimmte danach das Klavier, wobei ich auch die Größe des Zimmers in Betracht zog. Außerdem wählte ich für meine Experimente Menschen aus, die schon wiederholt die Eindrücke gewisser Akkorde empfangen hatten. Schließlich berücksichtigte ich den Charakter des Ortes und die Rasse jedes Anwesenden.

Gleichwohl erzielte ich keine Ergebnisse, das heißt, es gelang mir nicht, durch ein und dieselbe Melodie in allen Zuhörern die gleiche Empfindung hervorzurufen.

Ich konnte zwar, wenn die Menschen den erforderlichen Bedingungen entsprachen, in ihnen nach Belieben Lachen oder Tränen, Bosheit oder Güte usw. hervorrufen. Aber bei gemischtrassigen Menschen, oder wenn die Psyche einer Person auch nur ein wenig vom Üblichen abwich, unterschieden sich die Reaktionen erneut, und so sehr ich mich auch bemühte, es glückte mir nicht, mit ein und derselben Musik in allen ausnahmslos die Stimmung auszulösen, die ich wollte. Deshalb gab ich meine Forschungen wiederum auf und zeigte mich sozusagen mit den erreichten Resultaten zufrieden.

Nun rief aber vorgestern diese fast melodielose Musik in uns allen denselben Zustand hervor, die wir der Rasse und Nationalität nach verschieden sind und uns auch im Charakter, im Typus, in den Gewohnheiten und im Temperament gar nicht gleichen. Dies mit dem ‹Herdeninstinkt› zu erklären ist unmöglich, da dieses Gefühl, wie wir kürzlich experimentell bewiesen haben, bei allen unseren Kameraden völlig fehlt, und zwar dank der Arbeit eines jeden an sich selbst. Kurzum, das, was eine solche Erscheinung hätte hervorrufen können oder wodurch sie sich erklären ließe, das war vorgestern nicht vorhanden. Als ich nach dieser Musik in mein Zimmer zurückkehrte, erwachte in mir wieder der intensive Wunsch, die wirkliche Ursache dieses Rätsels zu ergründen, über das ich mir seit so vielen Jahren den Kopf zerbrochen hatte.

Ich konnte die ganze Nacht nicht schlafen, sondern grübelte unablässig darüber nach, was dies wirklich bedeuten könnte. Auch den ganzen gestrigen Tag verbachte ich mit unaufhörlichen Fragen.

Ich verlor sogar den Appetit: Ich aß nichts und trank nichts. Und heute morgen war ich so verzweifelt, daß ich mich aus Wut oder Erschöpfung oder weiß Gott aus welchem Grund unwillkürlich so heftig in den Finger biß, daß ich ihn mir fast von der Hand abriß. Deswegen trage ich den Arm in der Schlinge. Er tut mir so weh, daß ich mich kaum im Sattel halten kann.»

Ihre Geschichte rührte mich tief, und ich wollte ihr von ganzem Herzen helfen. So erzählte ich ihr meinerseits von einer außerordentlichen Erscheinung, die ich vor einem Jahr zufällig miterlebt hatte und die auch mit der Musik im Zusammenhang stand.

Ich erzählte ihr ausführlich, wie ich dank dem Empfehlungsbrief eines bedeutenden Mannes, des Vaters Evlissi, der in meiner Kindheit mein Lehrer gewesen war, bei den Essenern, zumeist Israeliten, Aufnahme gefunden hatte, die mit Hilfe von Musik und alten hebräischen Gesängen Pflanzen innerhalb einer halben Stunde hatten wachsen lassen. Und ich beschrieb ihr eingehend, wie sie dabei vorgegangen waren. Meine Geschichte nahm sie so gefangen, daß ihre Wangen glühten. Das Ergebnis unseres Gespräches war, daß wir vereinbarten, uns sofort nach unserer Rückkehr nach Rußland in einer Stadt niederzulassen, wo wir, von niemandem gestört, Experimente mit der Musik ernsthaft durchführen könnten.

Nach diesem Gespräch war Witwitskaja für den Rest der Reise wieder ganz sie selbst. Trotz ihres verletzten Fingers erstieg sie die Felsen flinker als alle anderen und konnte aus einer Entfernung von fast zwanzig Kilometern die Steinmale erkennen, die uns als Wegweiser dienten.

Witwitskaja starb in Rußland an einer Erkältung, die sie sich bei einer Schlittenreise auf der Wolga zugezogen hatte.

Sie wurde in Samara begraben. Ich war zu dem Zeitpunkt ihres

Todes dort, denn man hatte mich, als sie erkrankte, aus Taschkent herbeigerufen.

Wenn ich sie mir heute ins Gedächtnis zurückrufe, wo ich schon mehr als die Hälfte meines Lebens hinter mir habe, in fast allen Ländern gewesen bin und Tausende von Frauen kennengelernt habe, muß ich bekennen, daß ich einer Frau wie ihr niemals begegnet bin und wahrscheinlich niemals wieder begegnen werde.

Um auf den ältesten meiner Gefährten, den Freund meines Wesens, Prinz Lubowedsky, zurückzukommen, möchte ich sagen, daß auch er bald nach meiner Abfahrt Konstantinopel verließ und daß ich ihn mehrere Jahre lang nicht wiedertraf.

Ich erhielt von ihm jedoch regelmäßig Briefe, so daß ich immer ungefähr wußte, wo er sich aufhielt und was das Hauptinteresse seines Lebens zu jener Zeit war.

Er ging zuerst nach Ceylon, unternahm dann eine Expedition den Indus hinauf bis zu dessen Quelle. Später schrieb er mir verschiedentlich bald aus Afghanistan, bald aus Belutschistan oder Kafiristan. Dann brach unsere Korrespondenz plötzlich ab, und ich hörte nichts mehr von ihm.

Schließlich kam ich zu der Überzeugung, daß er auf einer seiner Reisen umgekommen war, und ich gewöhnte mich an den Gedanken, daß ich den mir nächsten Menschen für immer verloren hatte, als ich ihm ganz unerwartet unter außergewöhnlichen Umständen im Innersten Asiens wieder begegnete.

Um diese meine letzte Begegnung mit dem Mann besser zu beleuchten, der meiner Auffassung nach unter den heutigen Lebensbedingungen ein bespielhaftes Ideal darstellt, muß ich meine Geschichte noch einmal unterbrechen, um von einem gewissen Solowiew zu sprechen, der auch einer meiner Freunde war.

Solowiew wurde ein Kenner der orientalischen Medizin und besonders der tibetischen Medizin; er war auch der weltweit bedeutendste Spezialist auf dem Gebiet von Opium und Haschisch, deren Wirkung auf den Organismus und die Psyche der Menschen er sehr genau kannte.

Es fügte sich, daß meine letzte Begegnung mit Juri Lubowedsky sich während einer Reise nach Zentralasien ereignete, die ich zusammen mit Solowiew unternahm.

SOLOWIEW

Sieben oder acht Kilometer außerhalb von Buchara, der Hauptstadt des gleichnamigen Khanats, haben die Russen rund um den Bahnhof der transkaspischen Eisenbahn eine große Stadt gebaut, die Neu-Buchara heißt. In dieser neuen Stadt lebte ich, als ich Solowiew zum ersten Mal begegnete.

Ich war nach Buchara gekommen, um Stätten zu besuchen, wo man tiefer in die Grundprinzipien der mohammedanischen Religion einzudringen vermochte, und um dort Derwische aller Sekten zu treffen, darunter meinen guten alten Freund Boga-Eddin; dieser war jedoch zu der Zeit nicht in Buchara, und niemand wußte, wohin er gegangen war. Ich hatte indes gute Gründe anzunehmen, daß er bald zurückkommen würde.

Als ich in Neu-Buchara ankam, mietete ich ein Zimmer im Hause einer dicken Jüdin, die russischen Kwaß verkaufte. Ich lebte in diesem Zimmer mit meinem treuen Freund Philos, einem großen kurdischen Schäferhund, der mich neun Jahre lang auf allen meinen Wanderungen begleitete. Dieser Philos wurde übrigens in allen Städten und Dörfern, in denen ich für eine Weile lebte, besonders unter den kleinen Jungen, rasch berühmt durch seine Geschicklichkeit, mit der er mir aus den *Tschaichanes* und *Traktirs,* wohin ich ihn mit einem Kessel schickte, heißes Wasser für meinen Tee holte. Er machte bisweilen für mich sogar Einkäufe mit einem Auftragszettel im Maul.

Dieser Hund war meiner Meinung nach so erstaunlich, daß ich es nicht für überflüssig halte, etwas Zeit zu verwenden, um den Leser mit seiner seltenen Psyche bekanntzumachen.

Ich möchte einige Vorfälle beschreiben, die die assoziative Findigkeit seiner psychischen Äußerungen zeigen.

Kurz zuvor war ich auf den Rat von Boga-Eddin in die bucharische Stadt P. gegangen, um mehrere Derwische einer gewissen Sekte aufzusuchen. Diese verließen bald die Stadt, und ich beschloß, mich nach Samarkand zu begeben.

Meine Geldmittel gingen zu Ende; nachdem mein Zimmer in der Karawanserei bezahlt und meine anderen Schulden beglichen waren, besaß ich noch alles in allem ganze sechzig Kopeken. In jener Stadt Geld zu verdienen war unmöglich, da es nicht die Geschäftssaison war und es in diesem verlorenen Provinznest, abgeschnitten von der europäischen Zivilisation, keineswegs leicht war, mit irgendwelchen Kunstgegenständen oder technischen Neuigkeiten zu handeln. In Samarkand dagegen gab es viele Russen und andere Europäer; außerdem hatte ich, da ich die Möglichkeit einer Reise in dieses Gebiet voraussah, in Tiflis Anweisungen gegeben, mir dorthin Geld nachzuschicken.

Da ich nicht das nötige Kleingeld zum Reisen hatte, beschloß ich, diese Entfernung von ungefähr hundert Werst zu Fuß zurückzulegen, und so machte ich mich eines schönen Tages mit meinem Freund Philos auf den Weg. Unterwegs kaufte ich mir für fünf Kopeken Brot und für weitere fünf einen Hammelkopf für Philos.

Ich ging mit unserem Nahrungsvorrat sehr sparsam um, so daß wir nicht gerade satt wurden.

Bisweilen verlief unser Weg beiderseits an *Bostani* oder Gemüsegärten entlang.

In Turkestan ist es Sitte, die Gärten gegeneinander und zur Straße hin durch Topinamburhecken abzugrenzen, die sehr hoch und dicht wachsen und so Holz- oder Drahtzäune ersetzen.

Unser Weg war so von Topinamburs gesäumt; da ich sehr hungrig war (mir wäre alles Eßbare recht gewesen), beschloß ich, einige Tobinamburs auszureißen. Ich sah mich um, um sicherzugehen, daß mich keiner beobachtete, grub rasch vier große Topinamburs aus und verschlang sie im Weitergehen mit Hochgenuß. Ich wollte auch Philos davon kosten lassen, aber er schnupperte nur daran und weigerte sich, es zu fressen.

In Neu-Samarkand angekommen, mietete ich bei einem Einheimischen am Stadtrand ein Zimmer und ging sogleich auf die Post; das Geld war noch nicht eingetroffen.

Ich überlegte, wie ich zu Geld kommen könnte, und beschloß, künstliche Blumen herzustellen. Ich ging sofort in einen Laden, um buntes Papier zu kaufen; aber unterwegs rechnete ich mir aus, daß ich für meine fünfzig Kopeken nicht viel bekommen würde. So kaufte ich einfach dünnes weißes Papier und mehrere Tuben Anilinfarben, um das Papier selber zu färben und so mit geringen Kosten viele Blumen anzufertigen.

Von dem Laden ging ich in die städtischen Anlagen, um mich im Schatten der Bäume auf einer Bank auszuruhen. Mein Philos setzte sich neben mich.

In Gedanken versunken, schaute ich auf die Bäume, wo Spatzen in der Stille und Kühle von Zweig zu Zweig flatterten. Plötzlich kam mir eine Idee: «Warum sollte ich nicht versuchen, mit Spatzen Geld zu verdienen? Die Einwohner hier, die Sarten, lieben Kanarien- und andere Singvögel. Ist ein Spatz etwa schlechter als ein Kanarienvogel?»

Auf der Straße neben den Anlagen war ein Droschkenstand, wo zahlreiche Kutscher sich ausruhten und in der Mittagshitze auf ihrem Bock dahindösten. Ich ging dorthin und zog aus den Schwänzen der Pferde Haare heraus, die ich benötigte, um Netze herzustellen, welche ich dann an verschiedenen Stellen auslegte. Philos beobachtete mich die ganze Zeit mit größter Aufmerksamkeit. Schon bald verfing sich ein Spatz in einem Netz. Ich nahm ihn behutsam heraus und trug ihn nach Hause.

Dort bat ich meine Wirtin um eine Schere, schnitt meinen Sperling auf die Form eines Kanarienvogels zu und färbte ihn dann auf phantastische Weise mit den Anilinfarben. Anschließend brachte ich diesen Spatz nach Alt-Samarkand, wo ich ihn sofort verkaufte, indem ich behauptete, es wäre ein seltener «amerikanischer Kanarienvogel». Ich forderte für ihn zwei Rubel.

Mit diesem Geld kaufte ich sofort mehrere einfache, farbige Käfige und verkaufte von da an meine Spatzen in Käfigen.

In zwei Wochen verkaufte ich fast achtzig dieser amerikanischen Kanarienvögel.

Die ersten drei oder vier Tage nahm ich Philos mit auf die Spatzenjagd; aber dann mußte ich ihn zu Hause lassen, weil er eine Berühmtheit geworden war unter den Buben von Neu-Samarkand, die seinetwegen in die öffentlichen Anlagen kamen und sich um ihn scharten, was die Spatzen verscheuchte und mich daran hinderte, sie zu fangen.

Als ich Philos eines Tages nicht mehr mitnahm, verschwand er am folgenden Tag frühmorgens und kam erst abends zurück, müde und ganz verschmutzt, und legte triumphierend einen Spatz auf mein Bett – freilich einen toten. Dies wiederholte sich jeden Tag; er ging frühmorgens weg und brachte bei seiner Rückkehr jedesmal einen toten Spatz mit, den er auf mein Bett legte.

Ich wagte es nicht, lange in Samarkand zu bleiben. Fürchtete ich doch – woraus macht sich der Teufel nicht alles einen Spaß? –, daß meine Spatzen plötzlich im Regen naß werden könnten oder daß es einem von ihnen einfallen könnte, in seinem Trinknapf zu baden. Man stelle sich den Skandal vor, wenn mein amerikanischer Kanarienvogel sich als zurechtgestutzter armseliger Sperling entpuppen würde! Deshalb machte ich mich schleunigst aus dem Staub.

Von Samarkand ging ich nach Neu-Buchara, wo ich, wie gesagt, meinen Freund, den Derwisch Boga-Eddin, zu treffen hoffte.

Ich kam mir wie ein reicher Mann vor, denn ich hatte mehr als einhundertfünfzig Rubel in der Tasche, und das galt damals als eine recht hübsche Summe.

In Neu-Buchara mietete ich also ein Zimmer im Haus einer dikken Händlerin, die russichen Kwaß verkaufte.

In diesem Zimmer waren keine Möbel; statt eines Bettes breitete ich des Nachts in einer Ecke ein Leinenlaken aus und schlief darauf ohne Kopfkissen.

Dies machte ich nicht aus purer Sparsamkeit. Gewiß war diese Art zu schlafen recht billig, aber der wahre Grund war, daß ich in jener Lebensperiode ein überzeugter Anhänger der Ideen der berühmten indischen Yogis war.

Ich muß jedoch bekennen, daß ich mir damals, selbst in Zeiten großer materieller Schwierigkeiten, nicht den Luxus versagen konnte, auf einem sauberen Tuch zu schlafen und mich am Abend mit Kölnisch Wasser einzureiben, das mindestens achtzig Prozent hatte.

Was Philos betraf, so wartete er fünf oder zehn Minuten, bis ich seiner Meinung nach in Schlaf gefallen war, dann legte er sich gleichfalls auf dies improvisierte Bett – niemals in die Nähe meines Gesichts, sondern immer in meinen Rücken.

Am Kopfende dieser superkomfortablen Liege hatte ich einen ebenfalls sehr praktischen Nachttisch, aus Büchern bestehend, die mich zu der Zeit interessierten und die ich mit einer Schnur zu einem Paket zusammengebunden hatte.

Auf diesen originellen Bibliothekstisch stellte ich alle die Dinge, die mir des Nachts nützlich sein konnten: eine Petroleumlampe, ein Notizbuch, Wanzenpuder und so weiter.

Einige Tage nach meiner Ankunft in Neu-Buchara fand ich eines Morgens auf meinem improvisierten Tisch einen riesigen Topinambur.

Ich erinnere mich, daß ich damals dachte:

«Diese alte Schäkerin von Wirtin! Trotz ihrer Leibesfülle hat sie genug Feingefühl, um gleich meine Schwäche für Topinamburs zu erraten.»

Und ich aß ihn mit größtem Vergnügen.

Ich war überzeugt, daß die Wirtin mir diesen Topinambur gebracht hatte, aus dem einfachen Grund, weil damals niemand anders mein Zimmer betrat. Als ich sie an jenem Tag auf dem Korridor traf, bedankte ich mich mit Überzeugung und neckte sie sogar etwas respektlos deswegen, aber zu meinem großen Erstaunen bemerkte ich an ihrem Gesicht, daß sie von der Sache keine Ahnung hatte.

Am nächsten Morgen fand ich an derselben Stelle wieder einen Topinambur, und obgleich ich ihn mit nicht geringerem Vergnügen aß, dachte ich ernstlich über diese geheimnisvolle Erscheinung nach.

Und wie erstaunt war ich, als sich am dritten Tag das gleiche Phänomen wiederholte!

Diesmal beschloß ich, die Augen offenzuhalten, um herauszufinden, wer da sein zwar angenehmes, aber immerhin rätselhaftes Spiel mit mir trieb.

Mehrere Tage lang konnte ich nichts entdecken, fand aber jeden Morgen an derselben Stelle einen Topinambur.

Um diese Sache, die mich von Tag zu Tag mehr verblüffte, endlich aufzuklären, versteckte ich mich eines Morgens im Korridor hinter einem Faß Kwaß. Plötzlich sah ich Philos sich vorsichtig am Faß vorbeischleichen: In seinem Maul trug er einen großen Topinambur, den er in meinem Zimmer an die übliche Stelle legte. Von da an beobachtete ich Philos genauer.

Als ich am nächsten Morgen das Haus verließ, klopfte ich Philos auf die linke Seite des Kopfes, was zwischen uns bedeutete: «Dein Herr geht weit weg und nimmt dich nicht mit.» Aber ich ging nur eine kurze Strecke, kehrte dann zu dem Laden gegenüber unserem Haus zurück und begann, die Tür zu beobachten.

Sehr bald kam Philos heraus, sah sich um und machte sich auf in Richtung Markt. Ich folgte ihm unauffällig. Auf dem Markt waren rings um die öffentliche Waage viele Lebensmittelstände, und es wimmelte von Leuten.

Philos lief ruhig durch die Menge; ich ließ ihn nicht aus den Augen.

Vor einem Laden schaute er sich um, und als er sich unbeobachtet glaubte, schnappte er sich aus einem Sack, der vor dem Laden stand, rasch einen Topinambur und machte sich davon. Als ich nach Hause kam, fand ich den Topinambur am gewohnten Platz.

Ich will noch einen Zug dieses erstaunlichen Hundes schildern.

Wenn ich wegging, ohne ihn mitzunehmen, lag er gewöhnlich vor meiner Tür und wartete auf meine Rückkehr. In meiner Abwesenheit konnte jeder mein Zimmer betreten, aber er gestattete keinem, es zu verlassen. Wollte jemand mein Zimmer in meiner Abwesenheit verlassen, so fing dieser riesige Wachhund an, zu knurren und die Zähne zu fletschen; und dies genügte, daß dem Besucher das Herz in die Hose rutschte. Daraus ergaben sich allerlei komische Zwischenfälle, darunter einer, der sich ebenfalls in Neu-Buchara zutrug.

Am Tag vor diesem Vorfall kam ein Pole, ein umherziehender Kinematographist, auf den Rat von Einheimischen, die mich als den einzigen Spezialisten für diese Art von Arbeit kannten, mit der Bitte zu mir, das Leck in einem seiner zwei Azetylenbehälter zu reparieren, die diesen Wanderartisten bei der Projektion ihrer Filme als Beleuchtungsquelle dienten. Ich versprach dem Polen, sobald wie möglich vorbeizukommen und den Behälter zu reparieren.

Am Tag nach diesem Gespräch bemerkte er, daß das Gas auch aus dem anderen Behälter zu entweichen begann; und da er befürchtete, daß die nächste Vorführung ausfallen könnte, beschloß er, nicht auf mich zu warten, sondern mir die Behälter selbst zu bringen.

Als er erfuhr, daß ich nicht zu Hause sei, daß aber mein Zimmer offenstehe, entschied er sich, die schweren Behälter nicht wieder zurückzutragen, sondern sie in meinem Zimmer zu lassen.

Ich war an jenem Morgen nach Alt-Buchara gegangen, um eine

Moschee zu besuchen, und da es als großer Frevel gilt, besonders unter den Anhängern der mohammedanischen Religion, wenn ein Hund in einen Tempel oder auch nur in dessen Nebenhöfe eindringt, war ich gezwungen, Philos zu Hause zu lassen; und so lag er wie gewöhnlich vor meiner Tür und wartete auf meine Rückkehr.

Philos ließ also den Kinematographisten mein Zimmer betreten, aber es verlassen – nicht um alles in der Welt! Nach einigen vergeblichen Versuchen mußte der arme Pole sich damit abfinden und auf dem Boden sitzen bleiben, ohne Essen und Trinken, von Unruhe gepeinigt, bis ich spät am Abend zurückkam.

Ich lebte also in Neu-Buchara. Diesmal begann ich ernstlich, Papierblumen herzustellen. Diese Art, Geld zu verdienen, brachte mir einige Vorteile: durch den Blumenhandel hatte ich zu fast allen Orten Zugang, die mich interessierten.

Die Einkünfte versprachen in dieser Jahreszeit sich gut zu entwickeln. Es war ein günstiger Augenblick, Blumen zu verkaufen, denn die Fastenzeit war fast vorbei, und wie man weiß, schmücken die Leute dieser Gegend ihre Häuser und Tische für die Osterfeiertage gern mit Blumen. Außerdem fiel in jenem Jahr das jüdische Ostern fast mit dem christlichen zusammen; und da die Bevölkerung von Neu-Buchara und einem Teil von Alt-Buchara vornehmlich aus Angehörigen dieser zwei Religionen bestand, war die Nachfrage nach künstlichen Blumen besonders groß. Ich kniete mich mit großem Eifer in die Arbeit, fast Tag und Nacht. Nur selten hielt ich inne, um meine Derwischfreunde zu besuchen oder um abends, wenn ich sehr müde war, in einem nahegelegenen Restaurant Billard zu spielen. Ich liebte dieses Spiel sehr in meiner Jugend und war ein Meister darin.

Als ich am Abend des Gründonnerstags nach der Arbeit eine Partie spielte, hörte ich plötzlich im Nebenraum Lärm und Geschrei. Ich warf meinen Billardstock hin, lief hinein und sah, wie vier Männer einen fünften zusammenschlugen.

Obgleich ich nicht wußte, wer diese Leute waren und worum es ging, eilte ich dem, der angegriffen wurde, zu Hilfe. In meiner Jugend begeisterte ich mich für japanisches *Jiu-Jitsu* und hivintzisches *Fizz-liz-lu* und freute mich immer über eine Gelegenheit, meine Kenntnisse auf diesem Gebiet anwenden zu können.

So beteiligte ich mich auch jetzt nur zum Vergnügen heftig an der Schlägerei, mit dem Ergebnis, daß wir beide, der Unbekannte und ich, unseren Gegnern eine tüchtige Tracht Prügel versetzten. Sie waren bald gezwungen, sich zurückzuziehen.

Zu jener Zeit war Neu-Buchara noch eine ganz junge Stadt. Die Bevölkerung bestand aus zufälligen Elementen, darunter vielen in der Verbannung lebenden Russen, die unter Polizeiaufsicht standen, mit Wolfsausweisen, wie man dort sagte.

Es war eine bunte Mischung aus Menschen aller Nationalitäten, die einen mit einer Vergangenheit, die anderen vielleicht mit einer Zukunft.

Darunter waren Verbrecher, die ihre Strafe schon abgebüßt hatten, und viele politische Verurteilte, die durch ein Gericht oder eine jener «Verwaltungsmaßnahmen», deren man sich im alten Rußland großzügig bediente, dorthin verbannt worden waren.

Die Umwelt und die Lebensbedingungen dieser Verbannten waren so erbärmlich, daß allmählich alle ausnahmlos zu Säufern wurden; selbst jene, die früher niemals getrunken hatten und keine erbliche Veranlagung hatten, verfielen ganz natürlich und widerstandlos der allgemeinen Gewohnheit.

Die Männer, mit denen ich mich geschlagen hatte, waren aus diesem Milieu.

Nach der Schlacht wollte ich meinen Kampfgefährten nach Hause begleiten, da ich befürchtete, daß ihm unterwegs Unannehmlichkeiten zustoßen könnten, wenn er allein ginge. Es stellte sich aber heraus, daß er an demselben Ort wohnte wie die vier anderen, in abgestellten Eisenbahnwagen auf dem Bahngleis.

Da es schon dunkel war, blieb mir nichts anderes übrig, als

ihm vorzuschlagen, mit mir nach Hause zu kommen, was er annahm.

Mein neuer Gefährte – es war Solowiew – war noch ein junger Mann, aber man sah, daß er schon das Trinken angefangen hatte.

Er war aus der Schlägerei ziemlich beschädigt hervorgegangen: sein Gesicht war ganz zerschunden, und er hatte ein blaues Auge. Am nächsten Morgen war das Auge sehr geschwollen, und ich überredete ihn, nicht auszugehen, sondern bei mir zu bleiben, bis es besser geworden sei; um so mehr als Ostern vor der Tür stand und er seine Arbeit am Tag zuvor beendet hatte.

Im Laufe des Karfreitags ging er aus, kam aber zurück, um die Nacht bei mir zu verbringen. Am nächsten Tag, Karsamstag, war ich fast die ganze Zeit unterwegs: Es galt, die für die Feiertage bestellten Blumen abzuliefern. Erst am Abend war ich frei; und da ich keinen christlichen Bekannten hatte und folglich zur Osterfeier nirgendwohin gehen konnte, kaufte ich einen *Chulitsch*, eine *Pascha*, gefärbte Eier, kurz alles, was bei diesem Fest üblich ist, sowie eine kleine Flasche Wodka und brachte es nach Hause.

Solowiew war nicht da, und so ging ich, nachdem ich mich gewaschen und abgebürstet hatte – ich besaß nichts zum Umziehen – allein in die Kirche zum Abendgottesdienst.

Als ich heimkehrte, war Solowiew zurück und schlief bereits. Da ich keinen Tisch in meinem Zimmer hatte, holte ich leise, um ihn nicht zu stören, aus dem Hof eine große leere Kiste, bedeckte sie mit einem Tuch und stellte alles darauf, was ich für das Mitternachtsessen gekauft hatte, und dann erst weckte ich Solowiew.

Es war für ihn eine wirkliche Überraschung, und er erklärte sich mit Freude zu diesem festlichen Mahl bereit. Wir setzten uns zu «Tisch», er auf meine Bücher und ich auf einen umgedrehten Eimer.

Zunächst schenkte ich uns beiden ein Gläschen Wodka ein, aber zu meinem Erstaunen dankte er mir und weigerte sich zu trinken.

Ich trank allein; Solowiew fing gleich zu essen an.

Philos, der bei dieser Festlichkeit dabei war, erhielt eine doppelte Portion: zwei Hammelköpfe.

Wir saßen schweigend da und aßen. Es war weder für mich noch für Solowiew ein glückliches Ostern.

Ich rief mir das vertraute Bild eines Festmahls im Familienkreis ins Gedächtnis und dachte an meine fernen Angehörigen.

Auch Solowiew hing seinen Gedanken nach, und so saßen wir lange Zeit, ohne ein Wort zu wechseln, da.

Plötzlich rief Solowiew, wie zu sich selber, aus: «Hilf mir, o Herr, im Namen dieser heiligen Nacht die Kraft zu finden, nie wieder jenes Gift anzurühren, das mich in diesen Zustand gebracht hat!» Er verstummte, machte eine verzweifelte Gebärde, seufzte: «Ach...» und begann dann, mir sein Leben zu erzählen.

Ich weiß nicht, was ihn dazu trieb: War es, weil ihm Ostern ferne teure Erinnerungen an die Zeit ins Gedächtnis zurückrief, als er ein Mensch war? Oder war es der Anblick des sorgsam gedeckten Tisches und das unerwartete Festessen? Oder beides zusammen? Was immer es war, er schüttete mir sein Herz aus.

Solowiew war Postbeamter gewesen, und das ganz zufällig. Er stammte aus einer Kaufmannsfamilie in Samara; sein Vater besaß ein großes Mühlenunternehmen. Seine Mutter entstammte einer verarmten aristokratischen Familie und war in einem Mädchenpensionat für Adlige erzogen worden. Die einzige Erziehung, die sie ihren Kindern hatte geben können, bestand darin, sie mit guten Manieren und Verhaltensregeln vollzustopfen.

Sein Vater war fast nie zu Hause, da er meistens in seinen Mühlen und bei seinen Geschäften war. Außerdem trank er viel und war regelmäßig mehrmals im Jahr wochenlang betrunken. Selbst wenn er nüchtern war, blieb er, wie Solowiew es ausdrückte, ein «arroganter Dickkopf».

Die Eltern Solowiews – jeder von ihnen hatte sein eigenes Leben und seine eigenen Interessen – ertrugen einander, wie man so sagt.

Solowiew hatte einen jüngeren Bruder, sie gingen beide auf die höhere Schule.

Die Eltern hatten sich die Kinder gleichsam untereinander geteilt. Der ältere Sohn war der Liebling der Mutter, der jüngere der des Vaters; daraus ergaben sich häufig Szenen zwischen ihnen. Der Vater wandte sich immer nur mit einer höhnischen Bemerkung an seinen älteren Sohn, so daß allmählich eine Art Feindseligkeit zwischen ihnen entstand.

Die Mutter, die von ihrem Mann Haushaltsgeld erhielt, gab ihrem Liebling monatlich eine gewisse Summe. Aber mit den Jahren wuchs sein Appetit, besonders als er anfing, den Mädchen den Hof zu machen. Er hatte nie genug Geld; und so stahl er seiner Mutter einmal ein Armband und verkaufte es, um ein Geschenk zu machen.

Als die Mutter den Diebstahl entdeckte, verheimlichte sie ihn dem Vater. Aber die Diebstähle wiederholten sich, und als der Vater eines Tages davon erfuhr, machte er eine Szene und warf Solowiew aus dem Haus; weil aber die Mutter und andere Familienmitglieder sich für ihn einsetzten, vergab er ihm später.

Solowiew war in der vorletzten Klasse, als ein Wanderzirkus nach Samara kam und eine Kunstreiterin namens Werka ihm den Kopf verdrehte. Als der Zirkus nach Zarizyn weiterzog, folgte ihr Solowiew dorthin, nachdem er seiner Mutter arglistig Geld entwendet hatte.

Damals hatte er schon angefangen zu trinken.

Als er in Zarizyn erfuhr, daß seine Werka sich mit einem Hauptmann der Polizei eingelassen hatte, betrank er sich, um seinen Kummer zu vergessen. Er wurde bald Stammgast in den Hafenschenken und gewann unter den Burschen seines Schlags viele Kameraden.

Es endete damit, daß ihm eines schönen Tages, während er betrunken war, alles gestohlen wurde. Da war er nun in einer fremden Stadt ohne einen roten Heller und wagte nicht einmal, sich an seine Familie zu wenden.

Nachdem er nach und nach seine persönlichen Sachen und Kleidungsstücke verkauft hatte, war er schließlich genötigt, sogar das, was er noch am Leib trug, gegen Lumpen einzutauschen, und er wurde ein Lump im vollen Sinn des Wortes.

Der Hunger zwang ihn, in einem Fischgeschäft zu arbeiten, und von einer Arbeit zu einer anderen wechselnd, kam er schließlich in Gesellschaft anderer armer Teufel nach Baku. Dort lächelte ihm das Glück ein wenig. Jemand gab ihm Kleidung, und es gelang ihm, im Bezirk Balachna Telefonist zu werden.

Das Elend der letzten Zeit brachte ihn zur Vernunft, und er nahm seine Arbeit ernst. Eines Tages traf er jemanden aus Samara, und als dieser Landsmann erfuhr, wer er war und aus welcher Familie er stammte, beschloß er, ihm zu einer besseren Stellung zu verhelfen.

Da Solowiew eine Obersekunda-Ausbildung hatte, nahm man ihn im Post- und Telegraphendienst von Baku als Assistenten, in den ersten Monaten mußte er allerdings ohne Gehalt arbeiten. Später erhielt er einen Posten in Kuschka und arbeitete dort als Beamter. Indem er mäßig lebte, war er in der Lage, sich anständig zu kleiden und sogar etwas Geld zu sparen.

Als er einundzwanzig Jahre alt wurde, erhielt er eine Mitteilung des Kriegsministeriums, daß man ihn bald zum Militärdienst einziehen werde. Deshalb mußte er in seine Heimatstadt zurückkehren.

In Samara stieg er in einem Hotel ab und schrieb seiner Mutter. Diese war glücklich, daß ihr Sohn offenbar ein neues Leben angefangen hatte, und sie erreichte auch, daß der Vater ihm verzieh.

So konnte Solowiew wieder nach Hause kommen; und als sein Vater sah, daß der Sohn «vernünftig» geworden war, freute er sich, daß sich alles zum Guten gewandt hatte, und behandelte ihn von da an mit Wohlwollen.

Als er sich zum Militärdienst stellte, traf ihn das Los; als Telegraphenbeamter mußte er aber mehrere Monate auf seine Verwendung warten, da den Rekruten dieser Kategorie freie Stellen von der Hauptverwaltung der Armee zugewiesen wurden.

So lebte er noch drei oder vier Monate bei seinen Eltern, bis er dann auf einen Posten in dem Eisenbahnbataillon beordert wurde, dem damals noch die transkaspische Eisenbahn unterstand.

Nach mehreren Wochen Grundausbildung im zweiten Regiment wurde er der Kuschka-Linie zugeteilt, erkrankte aber bald an Gelbsucht und wurde in das Hospital nach Merw geschickt, wo sein Bataillon seinen Standort hatte.

Als er wieder gesund war, wurde er zum Hauptquartier des Regiments nach Samarkand überwiesen, wo man ihn in das Lazarett schickte, um seine Tauglichkeit für den weiteren Militärdienst festzustellen.

In dem Hauptgebäude des Lazaretts, in dem Solowiew untergebracht war, befand sich auch eine Gefangenenabteilung. Wenn er den Korridor entlangging, sprach er gelegentlich durch das Gitter hindurch mit den Gefangenen; so lernte er einen von ihnen kennen, einen Polen, der wegen Geldfälschung angeklagt war.

Als Solowiew aus gesundheitlichen Gründen beurlaubt wurde und das Lazarett verließ, bat ihn dieser Gefangene, einen Brief an einen Freund mitzunehmen, der in der Nähe des Bahnhofs von Samarkand wohnte. Als Dank für diesen Dienst steckte er ihm heimlich ein Fläschchen mit einer blauen Flüssigkeit zu und erklärte ihm, daß diese Flüssigkeit zur Fälschung der Drei-Rubel-Scheine diene, und nur dieser.

Auf folgende Weise müsse man vorgehen: ein mit der besagten Flüssigkeit getränktes besonderes Papier werde auf beide Seiten des Rubelscheines gelegt, und dann werde das Ganze in einem Buch fest zusammengepreßt.

Man erhalte auf diese Weise von jeder Seite des Scheines ein Negativ und könne damit drei oder vier gute Abzüge machen. In Zentralasien, wo sich die Leute mit russichem Geld nicht sehr gut auskennen, bringe man diese Scheine sehr leicht in Umlauf.

Solowiew versuchte dieses Verfahren zunächst nur aus Neugier; als er aber vor seiner Heimreise in Geldschwierigkeiten geriet, brachte er ohne besonderes Risiko kleine Mengen dieser gefälschten Noten in Verkehr.

Zu Hause wurde er herzlich aufgenommen, und sein Vater überredete ihn, zu bleiben und ihm zu helfen, wie es sein jüngerer Bruder tat.

Solowiew willigte ein und bekam von seinem Vater die Leitung einer Mühle außerhalb von Samara übertragen. Aber nachdem er mehrere Monate dort gearbeitet hatte, fing er an, sich zu langweilen, und sehnte sich nach seinem Vagabundenleben zurück. So ging er zu seinem Vater und sagte ihm offen, daß er nicht weitermachen könne.

Sein Vater ließ ihn ziehen und gab ihm sogar eine ansehnliche Geldsumme.

Solowiew begab sich nach Moskau, dann nach Sankt Petersburg, fing wieder zu trinken an und gelangte schließlich betrunken nach Warschau.

Er war seit einem Jahr vom Militärdienst freigestellt.

In Warschau wurde er auf der Straße von einem Mann angesprochen: es war der Gefangene, den er im Lazarett von Samarkand kennengelernt hatte. Er sei, sagte der, vom Gericht freigesprochen worden und sei hierher gekommen, um Spezialpapier aufzutreiben und um auf eine Banknotenpresse zu warten, die ihm aus Deutschland zugeschickt werde. Er bot Solowiew an, sein Partner zu werden und ihm in Buchara bei seiner «Arbeit» zu helfen.

Diese verbrecherische, aber leichte Einnahmequelle verlockte Solowiew. Er reiste nach Buchara und wartete dort auf seinen Partner; aber der polnische Geldfälscher wurde in Warschau aufgehalten, da seine Presse noch nicht angekommen war.

Solowiew betrank sich immer mehr. Als er sein letztes Geld verbraucht hatte, ging er zur Eisenbahn und arbeitete dort während der drei Monate, die unserer Begegnung vorausgingen. Und er trank unaufhörlich.

Solowiews aufrichtige Geschichte rührte mich tief. Damals wußte ich schon viel von Hypnose, und ich konnte einen Menschen, den ich in den erforderlichen Zustand versetzt hatte, durch Suggestion dazu bringen, daß er jede unerwünschte Angewohnheit vergaß.

Deshalb schlug ich Solowiew vor, daß, wenn er es wirklich wollte, ich ihm helfen würde, sich von dieser unheilvollen Gewohnheit des Wodka-Trinkens zu befreien, und ich erklärte ihm, wie ich es machen würde.

Er war einverstanden; und vom nächsten Tag an versetzte ich ihn täglich in einen hypnotischen Zustand, um ihm die notwendigen Suggestionen zu vermitteln. Allmählich empfand er solche Abneigung gegen Wodka, daß es ihm nicht einmal mehr möglich war, dieses *Gift,* wie er sagte, auch nur anzusehen.

Solowiew gab seine Arbeit bei der Eisenbahn auf und zog ganz zu mir. Er half mir, künstliche Blumen anzufertigen, und manchmal brachte er sie auch zum Markt, um sie zu verkaufen.

Solowiew war mein Mitarbeiter geworden, und wir hatten uns daran gewöhnt, wie zwei gute Brüder zusammenzuleben, als mein Freund, der Derwisch Boga-Eddin, von dem ich zwei oder drei Monate lang keine Nachricht erhalten hatte, endlich zurückkehrte. Als er erfuhr, daß ich in Neu-Buchara war, besuchte er mich gleich am nächsten Tag.

Auf meine Frage, warum er so lange fortgeblieben sei, antwortete mir Boga-Eddin: «Ich war so lange abwesend, weil ich in einer Stadt in Ober-Buchara zufällig einem hoch interessanten Menschen begegnet bin; und um ihn öfter sehen zu können und mit ihm über Fragen zu sprechen, die mich tief beunruhigten, richtete ich es so ein, daß ich ihm auf einer Reise, die er durch Ober-Buchara und entlang dem Ufer des Amu-darja machte, als Führer diente. Und mit ihm bin ich jetzt hierhergekommen.

Dieser alte Mann», fuhr Boga-Eddin fort, «ist Mitglied einer Bruderschaft, die bei den Derwischen unter dem Namen *Sarmun* bekannt ist und deren Hauptkloster irgendwo mitten in Asien liegt.

In einem meiner Gespräche mit diesem außerordentlichen Menschen stellte ich fest, daß er gut über dich Bescheid weiß.

Ich fragte ihn, ob er etwas dagegen habe, daß du ihn besuchst.

Darauf antwortete er mir, es würde ihn freuen, dich kennenzulernen, einen Menschen, dem es, wenngleich als *Kafir* geboren, gelungen sei, durch eine unparteiische Haltung gegenüber allen Wesen eine Seele, ähnlich der unseren, zu erwerben.»

Kafir nennt man dort alle andersgläubigen Fremden und vor allem alle Europäer, die ihrer Auffassung nach wie Tiere ohne Prinzipien leben und denen innerlich nichts heilig ist.

Alles, was mir Boga-Eddin über diesen alten Mann erzählte, ließ mir den Kopf schwindeln, und ich bat ihn, schnellstens eine Begegnung zu vereinbaren.

Er war dazu sofort bereit. Und da der alte Mann nicht weit entfernt bei Bekannten in Kischlak wohnte, in der Nähe von Neu-Buchara, beschlossen wir, gleich am nächsten Tag dorthin zu gehen.

Mit diesem alten Mann führte ich mehrere lange Gespräche.

Im letzten Gespräch riet er mir, mich in sein Kloster zu begeben und dort einige Zeit zu leben:

«Vielleicht», so erklärte er mir, «wird es dir gelingen, mit dem einen oder anderen dort über die Fragen zu sprechen, die dich interessieren, und vielleicht wirst du auf diese Weise schließlich dessen innewerden, was du suchst.»

Er fügte hinzu, daß, falls ich dorthin gehen möchte, er mir helfen und die nötigen Führer finden würde, jedoch unter der Bedingung, daß ich feierlich schwörte, niemals jemandem die Lage des Klosters zu verraten.

Natürlich war ich sofort mit allem einverstanden; ich bedauerte nur, mich von Solowiew zu trennen, den ich sehr liebgewonnen hatte. So fragte ich auf gut Glück, ob ich einen guten Freund auf dieser Reise mitnehmen könne.

Nach kurzem Nachdenken erwidert er: «Ich glaube, du kannst

es, vorausgesetzt natürlich, daß du für seine Redlichkeit und Treue zu dem Eid, den auch er leisten muß, bürgst.»

Für Solowiew konnte ich mich voll verbürgen, da er mir im Laufe unserer Freundschaft bewiesen hatte, daß er sein Wort halten konnte.

Wir besprachen alles und vereinbarten dann, daß wir auf den Tag genau einen Monat später am Ufer des Amu-darja in der Nähe der Ruinen von Yeni-Hissar von Leuten abgeholt würden, die wir an einem Losungswort erkennen sollten und die uns als Führer zu dem Kloster dienen würden.

Zu dem verabredeten Zeitpunkt kamen Solowiew und ich zu den Ruinen der Festung Yeni-Hissar und trafen dort am gleichen Tag vier Kara-Kirgisen, die man uns entgegengeschickt hatte.

Nach den üblichen Förmlichkeiten aßen wir zusammen; als es dunkel wurde, sprachen wir den Eid nach, den sie von uns verlangten, dann zogen sie uns einen *Baschlik* über die Augen, hoben uns in den Sattel, und wir ritten fort.

Die ganze Reise hindurch hielten wir treu und gewissenhaft unser Wort, welches wir ihnen gegeben hatten, daß wir nicht umherblicken und nicht versuchen würden, herauszubekommen, wohin wir gingen und durch welche Gegenden wir kamen.

Des Nachts, in Engpässen, und gelegentlich tagsüber, wenn wir an einsamen Stellen aßen, nahm man uns den Baschlik, der unsere Augen bedeckte, ab. Unterwegs jedoch wurde uns nur zweimal gestattet, ihn abzulegen.

Beim ersten Mal, es war am achten Tag, waren wir im Begriff, eine Hängebrücke zu überqueren, über die man nicht reiten und die man auch nicht zu zweit nebeneinander passieren konnte. Man mußte allein gehen, und das war mit verbundenen Augen unmöglich.

Aus dem Charakter der Landschaft, die sich unseren Augen darbot, konnten wir schließen, daß wir entweder in dem Tal des Pjandje oder in dem des Serawschan waren; der breite Strom, der unter uns floß, die Brücke, die umliegenden Berge, all das erinnerte sehr an diese beiden Täler.

Ich muß übrigens sagen, daß es für uns vielleicht besser gewesen wäre, hätten wir mit verbundenen Augen hinübergehen können. War es, weil wir lange mit geschlossenen Augen gegangen waren, oder aus einem anderen Grund, aber die Nervosität und die Angst, die wir beim Überqueren dieser Brücke durchmachten, werde ich niemals vergessen. Wir konnten uns sogar lange Zeit nicht dazu entschließen, sie zu betreten.

Auf solche Brücken trifft man in Turkestan häufig, wo es manchmal keine andere Route gibt, es sei denn, man macht einen zwanzigtägigen Umweg, um einen einzigen Kilometer voranzukommen.

Wenn man auf einer dieser Brücken steht und in die tiefe Schlucht hinunterblickt, wo gewöhnlich ein Strom fließt, empfindet man ein ähnliches Gefühl wie auf der Spitze des Eifelturms, nur ist der Eindruck sehr viel stärker; und schaut man hinauf, dann sieht man nur endlose Felswände, keine Gipfel – die werden erst aus mehreren Kilometern Entfernung sichtbar.

Diese Brücken haben fast nie ein Geländer und sind so schmal, daß nur jeweils ein Gebirgspferd sie passieren kann. Außerdem schwingen sie so, daß man den Eindruck hat, auf einer Sprungfedermatratze zu gehen. Über die Ungewißheit hinsichtlich ihrer Haltbarkeit möchte ich lieber nicht reden.

Meistens werden sie von Seilen gehalten, die aus den Fasern der Rinde eines bestimmten Baumes hergestellt werden. Das eine Ende ist dabei an der Brücke befestigt und das andere an einem nahegelegenen, in den Berghang verwurzelten Baum oder an einem Felsvorsprung.

Auf jeden Fall kann man diese Brücken keinem Europäer empfehlen, nicht einmal den Liebhabern starker Nervenkitzel. Wer sich darauf einließe, dem würde das Herz durch die Hosen hindurch in die Schuhe rutschen... wenn nicht noch tiefer.

Das zweite Mal, daß man uns die Baschliks abnahm, war, als wir an einer Karawane vorbeikamen. Damit unsere Binden nicht die Aufmerksamkeit auf sich zögen oder Verdacht erregten, hielten unsere Führer es für ratsam, sie für die Zeit dieses Zusammentreffens zu entfernen.

Wir zogen gerade an einem jener Monumente vorbei, die man in den Bergen Turkestans so oft auf Paßhöhen findet. Diese Wegmale muß ein sehr kluger Mensch ersonnen haben; ohne sie hätten die Reisenden keine Möglichkeit, in dieser chaotischen, weglosen Gegend sich zurechtzufinden. Sie sind gewöhnlich auf einer Anhöhe errichtet, und wenn man den allgemeinen Plan bezüglich ihrer Lage kennt, kann man sie von sehr weit, manchmal sogar aus zwanzig Kilometern Entfernung wahrnehmen.

Es sind einfach große Steinblöcke oder lange, in den Boden eingerammte Holzpfähle.

Unter den Bergbewohnern dort existiert hinsichtlich dieser Male mancherlei Volksglaube, so zum Beispiel: daß an dieser Stelle ein Heiliger beerdigt oder zu Lebzeiten in den Himmel entrückt wurde, daß er dort den *siebenköpfigen Drachen* tötete oder sonst ein Wunder vollbrachte.

Gewöhnlich gilt der Heilige, zu dessen Gedächtnis das Denkmal errichtet wurde, als der Schutzpatron der ganzen Gegend, und jeder Sieg über eine ortsbedingte Schwierigkeit wird auf seine Hilfe zurückgeführt.

Wenn ein Reisender den Paß glücklich überquert hat, den Überfällen von Räubern oder wilden Tieren entgangen ist, einen Fluß durchquert oder irgendeine andere Gefahr an diesem Ort überstanden hat, wird dies dem Schutz des Heiligen zugeschrieben. Deshalb bringt jeder Kaufmann, jeder Pilger oder gewöhnliche Reisende, der diese Gefahren durchgemacht hat, aus Dankbarkeit eine Gabe dar.

Bei den Menschen dort entstand der Brauch, als Gabe etwas zu wählen, was, wie man glaubt, den Heiligen automatisch an die Gebete des Stifters erinnert. So bringen sie zum Beispiel ein Stück Tuch dar, den Schwanz eines Tieres oder etwas Ähnliches, das mit dem einen Ende an das Denkmal gebunden oder befestigt wird und mit dem anderen frei im Wind flattert.

Diese im Winde flatternden Gegenstände machen den Standort des Denkmals und somit die Route für alle Reisenden weithin sichtbar.

Wer die Lage dieser Steinblöcke oder dieser Pfähle ungefähr kennt, kann von einem erhöhten Platz aus einen davon ausmachen und in dessen Richtung weiterziehen, und von dort zum nächsten und so weiter.

Ohne ihre Gesamtordnung zu kennen, ist es fast unmöglich, in diesen Gegenden zu reisen. Es gibt dort weder Wege noch Pfade, und wenn sich eine Piste zufällig bildet, wird sie durch plötzliche Wetterstürze und die darauf folgenden Schneestürme sehr rasch verändert oder völlig beseitigt. Gäbe es diese Orientierungspunkte nicht, so würde ein Reisender bei dem Versuch, einen geeigneten Weg zu finden, heillos in die Irre gehen, und selbst der genaueste Kompaß würde ihm nichts nützen. Kurz, man kann in diesen Gebieten nur so reisen, daß man sich von Steinmal zu Steinmal orientiert.

Unterwegs wechselten wir mehrmals Pferde und Esel, auch gingen wir hin und wieder zu Fuß. Mehr als einmal mußten wir einen Fluß durchschwimmen und Berge überqueren; und das Hitze- und Kältegefühl zeigte uns an, daß wir in tiefe Täler hinunterkamen und dann wieder sehr hoch hinaufstiegen.

Am Abend des zwölften Tages nahm man uns endlich die Binden von den Augen; wir befanden uns in einem engen Tal, durch das ein kleiner Bach floß, dessen Ufer mit reicher Vegetation bedeckt waren.

Es war unsere letzte Etappe.

Nachdem wir gegessen hatten, machten wir uns wieder auf den Weg, diesmal aber nicht mit verbundenen Augen.

Wir ritten auf Eseln flußaufwärts, und nach einer halben Stunde öffnete sich vor uns, umgeben von hohen Bergen, ein kleiner Talkessel.

Rechts von uns, vor uns und sogar ein wenig zu unserer Linken konnten wir schneebedeckte Bergkämme sehen.

Als wir das Tal durchquerten, erblickten wir nach einer Wegbiegung in der Ferne auf dem Hang zu unserer Linken einige Gebäude. Näher kommend konnten wir eine Art Festung erkennen, wie man sie an den Ufern des Amu-darja oder des Pjanje findet, doch viel größer.

Die Gebäude waren von einer hohen Mauer umgeben.

Endlich erreichten wir das erste Tor, wo uns eine alte Frau empfing, der unsere Führer eine Nachricht übermittelten; danach verschwanden sie durch dasselbe Tor.

Wir blieben mit der alten Frau allein. Sie führte uns ohne Hast in eines der zellenartigen Zimmer, die um einen kleinen Hof herum lagen, deutete auf zwei Betten, die dort standen, und entfernte sich.

Bald gesellte sich ein ehrwürdiger alter Mann zu uns. Er stellte uns keine Fragen, sondern unterhielt sich freundlich mit uns auf turkmenisch, so als wären wir gute alte Bekannte. Er zeigte uns alle notwendigen Dinge und sagte, daß uns die ersten paar Tage die Mahlzeiten gebracht würden. Er riet uns, auszuruhen, fügte aber hinzu, daß, wenn wir nicht müde seien, wir in der Umgebung spazierengehen könnten. Kurzum, er gab uns zu verstehen, daß wir leben konnten, wie es uns gefiel.

Da wir von unserer Reise wirklich sehr müde waren, zogen wir es vor, uns hinzulegen.

Ich schlief wie ein Sack und wachte erst durch das Klopfen eines Jungen auf, der einen Samowar mit grünem Tee und das Frühstück brachte, heißen Maiskuchen, Ziegenkäse und Honig.

Ich wollte den Jungen fragen, wo wir baden könnten, aber er sprach leider nur Pschenzi, und ich kannte außer ein paar Flüchen kein Wort dieser Sprache.

Solowiew war fortgegangen; zehn Minuten später kam er zurück.

Auch er hatte tief geschlafen, war jedoch in der Nacht wach geworden, und da er niemanden stören wollte, war er ruhig im Bett geblieben und hatte tibetische Wörter auswenig gelernt. Bei Sonnenaufgang war er hinausgegangen, um sich die Umgebung anzusehen. Als er aber durch das Tor gehen wollte, hatte ihn eine alte Frau angerufen und auf ein kleines Haus in einer Ecke gedeutet.

Er glaubte, daß sie ihm verbiete, hinauszugehen; aber als er das Haus betrat, verstand er, daß ihm die gute Frau einfach frisch gemolkene Milch anbieten wollte; danach half sie ihm sogar, das Tor zu öffnen.

Da niemand zu uns kam, beschlossen wir, nach dem Tee einen Spaziergang zu machen und die Gegend zu erkunden.

Zuerst gingen wir die hohe Mauer entlang, die die Gebäude umgab.

Außer dem Eingang, durch den wir hineingekommen waren, gab es noch einen zweiten, kleineren auf der nordwestlichen Seite.

Überall herrschte eine fast beängstigende Stille, die nur von dem monotonen Geräusch eines fernen Wasserfalls und gelegentlichem Vogelgezwitscher unterbrochen wurde.

Es war ein heißer Sommertag; die Luft war drückend. Man fühlte sich lustlos. Die großartige Landschaft um uns herum interessierte uns nicht; nur das Geräusch des Wasserfalls zog uns wie durch einen Zauber an.

Ohne daß wir darüber sprachen, gingen Solowiew und ich zu diesem Wasserfall, der später unser Lieblingsplatz wurde.

Weder an jenem Tag noch am folgenden kam jemand zu uns; aber dreimal am Tag bekamen wir Milchprodukte, getrocknete Früchte und Fisch – schwarzgepunktete Forellen – und fast jede Stunde wurde unser Samowar nachgefüllt.

Wir lagen entweder auf unseren Betten oder gingen hinaus, um, begleitet vom monotonen Rauschen des Wasserfalls, tibetische Wörter zu lernen.

In diesen zwei Tagen begegneten wir weder beim Wasserfall noch auf dem Weg dorthin einer einzigen Person. Nur einmal gingen, während wir dort saßen, vier junge Mädchen vorbei, als sie uns aber sahen, machten sie rasch kehrt und verschwanden durch das Tor, das wir auf der Nordwestseite bemerkt hatten.

Am Morgen des dritten Tages saß ich in einer schattigen Ecke, und Solowiew versuchte aus Langeweile, mittels kleiner Stöcke, die er sich zurechtgeschnitten hatte, die Höhe der schneebedeckten Berge vor uns zu bestimmen, als plötzlich der Knabe angelaufen kam, der uns die erste Mahlzeit gebracht hatte. Er gab Solowiew ein gefaltetes Blatt Papier ohne Umschlag.

Solowiew nahm den Zettel, und sobald er die in Sartisch geschriebene Anschrift *Aga Georgi* las, reichte er ihn mir verwundert weiter.

Als ich das Papier auseinanderfaltete und die Handschrift erkannte, wurde mir schwarz vor den Augen, so unerwartet war es.

Es war die wohlbekannte Handschrift des Menschen, der mir im Leben am teuersten war, die des Prinzen Lubowedsky.

Die Nachricht war auf russisch geschrieben und lautete so:

«Mein teures Kind! Ich glaubte, ich würde ohnmächtig, als man mir sagte, daß Du hier bist. Mich betrübt, daß ich nicht sogleich zu Dir eilen kann, um Dich zu umarmen, und daß ich warten muß, bis Du zu mir kommst.

Ich liege im Bett; in den letzten Tagen bin ich nicht draußen gewesen und habe mit niemandem gesprochen. Eben erst habe ich erfahren, daß Du da bist. Ach, wie glücklich bin ich bei dem Gedanken, Dich bald zu sehen! Ich bin doppelt glücklich, denn daß Du von selbst hierherkamst ohne meine Hilfe und ohne die unserer gemeinsamen Freunde (was ich erfahren hätte), beweist mir, daß Du während dieser Zeit nicht geschlafen hast. Komm schnell, und wir werden über alles sprechen. Ich weiß, daß du einen Kameraden bei Dir hast. Auch wenn ich ihn nicht kenne, freue ich mich, ihn als Deinen Freund zu begrüßen.»

Ohne den Brief zu Ende gelesen zu haben, stürzte ich los, wobei ich im Laufen weiterlas und Solowiew winkte, er solle mir folgen.

Wohin ich lief, wußte ich nicht. Solowiew und der Junge rannten hinter mir her.

Als wir den ersten Hof, wo wir wohnten, durchquert hatten, führte uns der Junge in einen zweiten Hof und zeigte uns die Zelle, wo der Prinz lag.

Nach freudiger Begrüßung und Umarmung fragte ich den Prinzen, wie er krank geworden sei.

«Zuvor», sagte er, «fühlte ich mich sehr wohl. Vor zwei Wochen schnitt ich mir nach dem Baden die Fußnägel; und wahrscheinlich habe ich sie, ohne es zu merken, zu kurz geschnitten. Da ich gewöhnlich barfuß gehe, habe ich mich infiziert, und es begann weh zu tun.

Anfangs achtete ich nicht darauf und glaubte, es würde vorübergehen. Aber es wurde immer schlimmer und fing schließlich zu eitern an. Vor einer Woche setzte Fieber ein, das mich zwang, im Bett zu bleiben. Ich verfiel sogar in ein Delirium.

Die Brüder sagen, daß ich eine Blutvergiftung hatte, aber jetzt ist die Gefahr vorbei, und ich fühle mich wohl.

Aber genug von mir. Ich werde mich rasch erholen. Erzähle mir lieber, wie du hierher gekommen bist, durch was für ein Wunder?»

Ich erzählte ihm kurz von meinem Leben in den zwei Jahren, in denen wir uns nicht gesehen hatten, von den zufälligen Begegnungen während dieser Zeit, von meiner Freundschaft mit dem Derwisch Boga-Eddin, den Abenteuern, die sich daraus ergeben hatten, und wie ich schließlich hierhergelangt war.

Dann fragte ich ihn, warum er so plötzlich verschwunden sei und mir nicht ein einziges Mal geschrieben habe und warum er mich unter dieser Ungewißheit habe leiden lassen, bis ich mich schließlich kummervollen Herzens mit dem Gedanken abgefunden hätte, ihn für immer verloren zu haben. Und ich erzählte ihm, wie ich, keine Kosten scheuend, für alle Fälle eine Totenmesse für ihn hatte lesen lassen, ohne von ihrer Wirksamkeit allzu überzeugt zu sein, jedoch in der Annahme, daß sie ihm vielleicht nützen könnte.

Ich fragte ihn meinerseits, wie er hierhergekommen sei, und der Prinz antwortete:

«Als wir uns zuletzt in Konstantinopel begegneten, hatte sich eine große innere Müdigkeit, eine Art tiefe Apathie, meiner bemächtigt.

Auf dem Weg nach Ceylon und während der folgenden anderthalb Jahre verwandelte sich diese innere Müdigkeit allmählich in düstere Mutlosigkeit, und es entstand in mir so etwas wie innere Leere, und alle Interessen, die mich mit dem Leben verbanden, erloschen.

Als ich in Ceylon ankam, machte ich die Bekanntschaft des berühmten buddhistischen Mönches A. Wir sprachen oft miteinander, mit großer Aufrichtigkeit, und das Ergebnis war, daß ich mit ihm eine Expedition organisierte, um nach einem genau festgelegten Programm und einer bis in die Einzelheiten ausgearbeiteten Reiseroute indusaufwärts zu ziehen, in der Hoffnung, endlich die Fragen aufzuklären, die uns beide beunruhigten.

Für mich persönlich war dieses Unternehmen der letzte Strohhalm, an den ich mich noch klammerte. Und als sich dann herausstellte, daß auch diese Reise nur eine weitere *Jagd nach einer Fata Morgana* war, starb in mir endgültig alles, und ich hatte keinen Wunsch mehr, noch irgend etwas zu unternehmen.

Nach dieser Expedition kehrte ich zufällig nach Kabul zurück, wo ich mich ganz dem orientalischen Müßiggang hingab, ohne Ziel oder Interesse lebte und aus automatischer Gewohnheit mit alten und neuen Bekannten zusammentraf.

Ich ging oft zu meinem alten Freund, dem Aga Khan.

Die Empfänge bei einem an Abenteuern so reichen Gastgeber verliehen dem langweiligen Leben in Kabul einen gewissen Reiz.

Eines Tages bemerkte ich unter seinen Gästen einen alten Tamilen, der auf dem Ehrenplatz saß, in einer Kleidung, die sich im Haus des Aga Khan schwerlich schickte.

Nach der Begrüßung flüsterte der Khan, der mein Erstaunen sah, mir rasch zu, daß dieser ehrwürdige Greis ein alter Freund von ihm sei, ein sonderbarer Mensch, dem gegenüber er sich zu großem Dank verpflichtet fühle und der ihm einmal sogar das Leben gerettet habe. Er sagte mir, der alte Mann lebe irgendwo im Norden, er komme hin und wieder nach Kabul, um Verwandte zu besuchen, oder aus einem anderen Anlaß, und besuche ihn jedesmal auf der Durchreise, was ihm, dem Aga Khan, stets unsägliche Freude bereite, da er noch nie einem so gütigen Menschen begegnet sei. Er riet mir, mit ihm zu reden, und fügte hinzu, daß ich in dem Fall laut sprechen sollte, da er etwas schwerhörig sei.

Das Gespräch, das durch mein Eintreffen unterbrochen worden war, wurde wieder aufgenommen.

Man sprach von Pferden. Der alte Mann nahm auch an der Unterhaltung teil; es war offensichtlich, daß er sich mit Pferden auskannte und früher sogar ein großer Pferdeliebhaber gewesen war.

Danach ging das Gespräch auf die Politik über. Man sprach von den Nachbarländern, von Rußland, von England; und als man Rußland erwähnte, sagte der Aga Khan scherzhaft, indem er auf mich wies: ‹Bitte, sagen Sie nichts Nachteiliges über Rußland! Sie könnten unseren russischen Gast verletzen...›

Obgleich dies im Scherz gesagt wurde, war mir klar, daß der Khan die unvermeidliche Verurteilung der Russen verhindern wollte. Damals herrschte dort ein allgemeiner Haß auf die Russen und die Engländer.

Dann verstummte die gemeinsame Unterhaltung, und wir unterhielten uns in kleinen getrennten Gruppen.

Ich redete mit dem alten Mann, der mir immer sympathischer

wurde. Er sprach mit mir in der örtlichen Sprache und fragte mich, woher ich komme und wie lange ich schon in Kabul sei.

Plötzlich fing er an, Russisch zu sprechen, fehlerfrei, aber mit starkem Akzent; er erklärte mir, daß er in Rußland gewesen sei, in Moskau und Sankt Petersburg, und lange in Buchara gelebt habe, wo er mit vielen Russen verkehrte. Auf diese Weise habe er die Sprache gelernt. Er fügte hinzu, daß er froh sei, Gelegenheit zu haben, Russisch zu sprechen, da er aus Mangel an Übung alles zu vergessen beginne.

Etwas später sagte er, wenn es mir recht sei und ich in meiner Muttersprache sprechen wolle, so könnten wir zusammen fortgehen, und vielleicht erwiese ich ihm, einem alten Mann, die Ehre, mich in seiner Begleitung in ein Tschaichane zu setzen, wo wir miteinander plaudern könnten.

Er erklärte mir, daß er von Jugend an die Gewohnheit und Schwäche gehabt habe, in Cafés oder Tschaichanes zu gehen, und daß er auch heutzutage, wenn er in der Stadt sei, sich das Vergnügen nicht versagen könne, in Mußestunden sich dort hinzusetzen, ‹weil›, sagte er mir, ‹man trotz des Lärms und des Durcheinanders nirgendwo anders so gut denkt.› Und er fügte hinzu: ‹Zweifellos denkt man gerade wegen dieses Lärms und dieses Durcheinanders so gut.›

Mit dem größten Vergnügen erklärte ich mich bereit, ihn zu begleiten, natürlich nicht, um Russisch zu sprechen, sondern aus einem Grund, den ich mir nicht erklären konnte.

Obgleich ich selber schon alt war, empfand ich für diesen alten Mann das, was ein Enkel für seinen geliebten Großvater empfunden hätte.

Bald brachen die Gäste auf. Der alte Mann und ich gingen zusammen fort, wir redeten unterwegs über dieses und jenes.

Als wir das Tschaichane erreichten, ließen wir uns auf der offenen Terrasse in einer Ecke nieder, wo uns grüner bucharischer Tee serviert wurde. Aus der Aufmerksamkeit und Ehrerbietung, die man dem alten Mann erwies, konnte man ablesen, wie bekannt und geschätzt er dort war.

Der alte Mann lenkte das Gespräch auf die Tadschiken, aber nach der ersten Tasse Tee hielt er plötzlich inne und sagte:

‹Wir sprechen nur von nichtigen Dingen. Darum geht es nicht.› Und nachdem er mich fest angesehen hatte, schaute er zur Seite und schwieg.

Die Art, wie er das Gespräch unerwartet abgebrochen hatte, seine letzten Worte und der durchdringende Blick, den er mir zugeworfen hatte, all das erschien mir sehr seltsam. Ich sagte mir: ‹Der Ärmste! Zweifellos hat seine Denkkraft altersbedingt bereits nachgelassen, er phantasiert!› Und ich empfand Mitleid mit diesem sympathischen alten Mann.

Das Gefühl des Mitleids bezog sich allmählich auf mich selber. Mir ging durch den Sinn, daß auch ich bald phantasieren würde und daß der Tag nicht fern war, da ich meine Gedanken nicht mehr würde lenken können, und so fort.

Ich war in dem Wirbel dieser bedrückenden Gedanken so verloren, daß ich sogar den alten Mann vergaß.

Plötzlich hörte ich seine Stimme von neuem. Die Worte, die er sprach, vertrieben meine schwermütigen Gedanken mit einem Schlag und rüttelten mich aus meinem Zustand auf. Mein Mitleid verwandelte sich in solches Erstauen, wie ich es wohl niemals zuvor erlebt hatte.

‹Ach! Gogo, Gogo! Fünfundvierzig Jahre lang hast du dich unablässig angestrengt, gequält, dich abgemüht, und kein einziges Mal konntest du dich entschließen, so zu arbeiten, wär's auch nur für einige Monate, daß der Wunsch deines Kopfes zum Wunsch deines Herzens würde. Hättest du das zu erreichen vermocht, so würdest du das Alter nicht in solcher Einsamkeit verbringen, wie du es jetzt tust!›

Der Name *Gogo,* den er anfangs genannt hatte, ließ mich vor Verwunderung zusammenzucken.

Wie konnte dieser Hindu, der mich hier in Zentralasien zum ersten Mal sah, den Kosenamen kennen, mit dem mich in der Kindheit vor sechzig Jahren nur meine Mutter und meine Kinderfrau gerufen hatten und den seither niemand jemals wiederholt hatte?

Stell dir meine Überraschung vor!

Mir fiel sofort ein, daß nach dem Tod meiner Frau, als ich noch sehr jung war, mich ein alter Mann in Moskau besucht hatte.

Ich fragte mich, ob dies nicht derselbe geheimnisvolle Greis war?

Aber nein! Erstens war der andere groß und sah diesem nicht ähnlich; und zweitens mußte er lange tot sein, denn mehr als vierzig Jahre waren seitdem vergangen, und er war damals schon ziemlich alt.

Ich vermochte keine Erklärung dafür zu finden, daß dieser Mann mich offensichtlich nicht nur kannte, sondern auch um meinen inneren Zustand wußte, der nur mir selber vertraut war.

Während mir all diese Gedanken durch den Kopf gingen, saß der Greis, tief in Gedanken versunken, da, und er schreckte zusammen, als ich mir schließlich ein Herz faßte und ausrief:

‹Aber wer sind Sie, daß Sie mich so gut kennen?›

‹Ist es dir in diesem Augenblick nicht ganz gleich, wer ich bin und was ich bin? Ist jene Neugier wirklich noch immer in dir lebendig, die schuld daran ist, daß die Bemühungen deines ganzen Lebens fruchtlos blieben? Ist sie wirklich noch so stark, daß du sogar in dieser Stunde bereit bist, dich mit deinem ganzen Wesen einer Analyse der Tatsache hinzugeben, daß ich von dir weiß – mit dem einzigen Ziel, dir zu erklären, wer ich bin und woher ich dich kenne?›

Der Vorwurf des alten Mannes traf mich an meiner empfindlichsten Stelle.

‹Ja, Vater, du hast recht›, sagte ich. ‹Ist es mir nicht wirklich ganz gleich, was außerhalb von mir geschieht und wie es geschieht? Ich habe viele Wunder miterlebt, aber was hat es mir genützt?

Ich weiß nur, daß ich jetzt innerlich leer bin, und ich weiß auch, daß diese Leere nicht hätte zu sein brauchen, wäre ich nicht, wie du sagst, in der Gewalt dieses inneren Feindes gewesen und hätte ich meine Zeit genutzt, nicht um die Neugier nach dem, was außerhalb von mir geschieht, zu befriedigen, sondern um gegen sie anzukämpfen.

Ja... jetzt ist es zu spät! Alles, was außerhalb von mir vor sich geht, sollte mir heute gleichgültig sein. Ich will das nicht wissen, wonach ich dich soeben gefragt habe, und will dich nicht länger belästigen.

Ich bitte dich aufrichtig, mir den Kummer zu verzeihen, den ich dir in den letzten Minuten bereitet habe.›

Danach saßen wir lange in Gedanken versunken da.

Schließlich brach er das Schweigen.

‹Vielleicht ist es noch nicht zu spät. Wenn du mit deinem ganzen Wesen fühlst, daß in dir alles wirklich leer ist, dann rate ich dir, es noch einmal zu versuchen.

Wenn du deutlich fühlst und ohne den geringsten Zweifel erkennst, daß alles, wonach du bis jetzt gestrebt hast, nur ein Trugbild ist, und sofern du auf eine Bedingung eingehst, will ich versuchen, dir zu helfen.

Diese Bedingung besteht darin, gegenüber dem Leben, das du bisher geführt hast, bewußt zu sterben, das heißt: ein für allemal mit den automatisch entstandenen Gewohnheiten deines äußeren Lebens zu brechen, um dich an den Ort zu begeben, den ich dir angeben werde.›

Ehrlich gesagt, was blieb mir noch, womit ich hätte brechen können? Es war für mich nicht einmal eine Bedingung, weil es in meinen Augen, von den Bindungen zu einigen Menschen abgesehen, keine Interessen mehr gab. Und was diese Bindungen anging, so hatte ich mich vor kurzem aus verschiedenen Gründen zwingen müssen, nicht mehr an sie zu denken.

Ich sagte ihm, ich sei bereit, auf der Stelle aufzubrechen, ganz gleich wohin.

Er erhob sich, hieß mich alle meine Angelegenheiten erledigen und verschwand ohne ein weiteres Wort in der Menge.

Gleich am nächsten Tag regelte ich alles, gab verschiedene Anweisungen, schrieb etliche Geschäftsbriefe nach Hause und wartete.

Drei Tage später kam ein junger Tadschike zu mir und sagte lakonisch:

‹Man hat mich als Ihren Führer ausgewählt. Die Reise dauert etwa einen Monat. Ich habe dieses und jenes vorbereitet...

Würden Sie mir bitte sagen, was sonst noch zu besorgen ist und wann und wo die Karawane sich versammeln soll?›

Ich brauchte nichts weiter, da für die Reise alles Nötige beschafft worden war, und ich erwiderte ihm, daß ich bereit sei, am nächsten Morgen aufzubrechen; den Ort der Abreise möge er selber bestimmen.

Darauf sagte er mir ebenso lakonisch wie vorher, daß ich ihn morgen früh um sechs Uhr in der Karawanserei Kalmatas treffen würde, gleich außerhalb der Stadt, in Richtung Usun-Kerpi.

Am nächsten Tag machten wir uns auf den Weg mit einer Karawane, die mich in zwei Wochen hierherbrachte. Und was ich hier fand, wirst du selber sehen... Aber erzähle mir jetzt, was du von unseren gemeinsamen Freunden weißt.»

Da ich sah, daß diese Geschichte meinen alten Freund ermüdet hatte, schlug ich ihm vor, unser Gespräch zu verschieben, und sagte ihm, daß ich ihm alles mit Freuden erzählen würde, daß er sich aber einstweilen ausruhen müsse, um rasch gesund zu werden.

Solange Prinz Lubowedsky das Bett hüten mußte, besuchten wir ihn im zweiten Hof, doch als es ihm besser ging und er seine Zelle verlassen konnte, kam er zu uns, und wir sprachen täglich zwei oder drei Stunden miteinander.

So blieb es zwei Wochen lang. Eines Tages wurden wir in den dritten Hof zu dem Scheich des Klosters gerufen, der mit Hilfe eines Dolmetschers mit uns sprach. Er gab uns einen der ältesten

Mönche zum Lehrer, einen Greis, der wie eine Ikone aussah und den Aussagen der anderen Brüder zufolge zweihundfünfundsiebzig Jahre alt war.

Von da an traten wir sozusagen ins Klosterleben ein. Wir hatten fast überall Zutritt, und allmählich wurden uns die örtlichen Verhältnisse vertraut.

In der Mitte des dritten Hofes erhob sich ein großes tempelartiges Gebäude, wo sich die Bewohner des zweiten und dritten Hofes zweimal am Tag versammelten, um den sakralen Tänzen der Priesterinnen beizuwohnen und um sakrale Musik zu hören.

Als Prinz Lubowedsky wieder völlig gesund war, ging er mit uns überall hin und erklärte uns alles. Er war für uns gleichsam ein zweiter Lehrer.

Die Einzelheiten dieses Klosters, was es darstellte und was dort stattfand, werde ich vielleicht eines Tages in einem besonderen Buch schildern. Einstweilen aber halte ich es für nötig, so ausführlich wie möglich ein seltsames Gerät zu beschreiben, das ich dort sah und dessen Gefüge, als ich es mehr oder weniger erfaßt hatte, einen ungeheuren Eindruck auf mich machte.

Als Prinz Lubowedsky unser zweiter Lehrer geworden war, bat er eines Tages von sich aus um die Erlaubnis, uns in einen kleinen Seitenhof, den vierten, *Frauenhof* genannt, führen zu dürfen, damit wir dort den Unterricht der Schülerinnen miterlebten, der von den Tanzpriesterinnen geleitet wurde, die im Tempel jeden Tag sakrale Tänze vorführten.

Der Prinz, der mein großes Interesse für die Gesetze der Bewegung des menschlichen Körpers und der menschlichen Psyche kannte, riet mir, bei der Beobachtung dieser Klasse den Geräten, mit deren Hilfe die jungen Kandidatinnen ihre Kunst erlernten, besondere Aufmerksamkeit zu schenken.

Die äußere Erscheinung dieser seltsamen Geräte deutete schon darauf hin, daß sie aus sehr alten Zeiten stammten.

Sie waren aus Ebenholz mit Elfenbein- und Perlmuttintarsien.

Wenn sie nicht gebraucht wurden und man sie zusammenstellte, erinnerten sie einen an *vesanelnische Bäume* mit ganz ähnlichen Zweigen. Bei genauerer Betrachtung sah man, daß jedes Gerät aus einer glatten, mehr als mannshohen Säule bestand, die auf einem Dreifuß befestigt war. Aus dieser Säule ragten an sieben Stellen besonders gestaltete Zweige hervor, die ihrerseits in sieben Teile von unterschiedlichen Maßen unterteilt waren, wobei jedes Teil proportional zu seiner Entfernung von der Säule an Länge und Breite abnahm.

Jedes Teil oder Segment war durch zwei hohle, ineinander gefügte Elfenbeinkugeln mit dem nächsten verbunden. Die äußere Kugel bedeckte die innere nicht vollständig, so daß man das eine Ende eines beliebigen Zweigsegments an die innere Kugel und das Ende des anschließenden Segments an die äußere Kugel befestigen konnte.

Diese Art von Verbindung ähnelte dem Schultergelenk des Menschen und erlaubte, daß die sieben Segmente jedes Zweiges in jeder gewünschten Richtung bewegt werden konnten.

Auf die inneren Kugeln waren Zeichen eingeritzt.

In dem Raum gab es drei dieser Geräte, und neben jedem stand ein kleiner Schrank, der mit viereckigen Metallplatten angefüllt war.

In diese Platten waren ebenfalls gewisse Zeichen eingeritzt.

Prinz Lubowedsky erklärte uns, daß diese Platten Kopien seien und daß die Originale aus reinem Gold vom Scheich aufbewahrt würden.

Fachleute hätten die Platten und die Geräte auf mindestens viertausendfünfhundert Jahre geschätzt.

Der Prinz erklärte uns weiter, wenn man die Zeichen auf den inneren Kugeln mit denen der Platten in Übereinstimmung bringe, daß dann die Kugeln eine gewisse Stellung einnähmen, die wiederum die Stellung der Segmente steuere.

Wenn alle Kugeln in der vorgeschriebenen Weise angeordnet sind, so sind Form und Umfang der entsprechenden Haltung vollständig festgelegt, und die jungen Schülerinnen verweilen stundenlang vor den so eingestellten Geräten, um diese Haltung empfinden zu lernen und sie sich einzuprägen.

Viele Jahre vergehen, ehe diese künftigen Priesterinnen im Tempel tanzen dürfen. Das wird nur den älteren und erfahrenen Priesterinnen gestattet.

Im Kloster kennt jeder das Alphabet dieser Haltungen, und wenn die Priesterinnen am Abend in der großen Halle des Tempels die für das jeweilige Tagesritual bestimmten Tänze vorführen, lesen die Brüder in diesen Tänzen Wahrheiten, die die Menschen vor Jahrtausenden in sie hineinlegten.

Diese Tänze erfüllen eine Aufgabe, die der unserer Bücher entspricht. Wie man es heute mittels Papier macht, so zeichnete man einst in Tänzen Informationen auf über längst vergangene Ereignisse, um sie von Jahrhundert zu Jahrhundert den Menschen künftiger Generationen zu überliefern; und diese Tänze heißen sakrale Tänze.

Die, die Priesterinnen werden, sind meist junge Mädchen, die durch das Gelübde ihrer Eltern oder aus anderen Gründen in frühem Alter dem Dienste Gottes oder eines Heiligen geweiht werden.

Sie treten schon als Kinder in den Tempel ein, wo sie erzogen und auf alles Nötige vorbereitet werden, insbesondere auf die sakralen Tänze.

Bald nachdem ich diese Klasse zum ersten Mal gesehen hatte, hatte ich Gelegenheit, den wirklichen Priesterinnen beim Tanz zuzuschauen, und ich war sehr erstaunt, nicht über den Sinn dieser Tänze, den ich noch nicht verstand, sondern über die äußerliche Genauigkeit und Präzision, mit der sie sie ausführten.

Weder in Europa noch an irgendeinem anderen Ort, wo ich diese automatisierte menschliche Kundgebung mit bewußt gelebtem Interesse beobachtete, habe ich jemals etwas mit dieser Reinheit der Ausführung Vergleichbares angetroffen.

Wir lebten seit drei Monaten in dem Kloster und begannen uns an die dortigen Verhältnisse zu gewöhnen, als der Prinz eines Tages mit ernstem Gesicht zu mir kam. Er sagte mir, daß er an jenem Morgen zum Scheich gerufen worden sei, bei dem mehrere der älteren Brüder versammelt waren.

«Der Scheich sagte mir», fuhr der Prinz fort, «daß ich nur noch drei Jahre zu leben habe, und er gab mir den Rat, sie in dem Kloster Olman zu verbringen, das auf dem Nordhang des Himalaya liegt, um diese Zeit besser für das zu benutzen, wonach ich mich mein ganzes Leben lang gesehnt habe.

Der Scheich sagte mir, falls ich einwillige, werde er mir die notwendigen Unterweisungen und Anleitungen geben und alles regeln, damit mein Aufenthalt dort wirklich fruchtbringend sei. Ohne zu zögern, gab ich sofort meine Zustimmung, und es wurde beschlossen, daß ich in drei Tagen in Begleitung geeigneter Personen aufbrechen werde. Ich will diese letzten Tage ganz mit dir verbringen, dem mir nächsten Menschen in diesem Leben.»

Dies traf mich so unerwartet, daß ich lange Zeit kein Wort über die Lippen brachte. Als ich etwas zu mir gekommen war, fragte ich ihn nur:

«Ist das wirklich wahr?»

«Ja», erwiderte der Prinz, «ich kann nichts Besseres tun, um die mir verbleibende Zeit zu nutzen; vielleicht vermag ich auf diese Weise die Zeit aufzuholen, die ich damals, als mir so viele Möglichkeiten jahrelang zur Verfügung standen, nutzlos und sinnlos vertat.

Es ist besser, wenn wir nicht mehr darüber sprechen, sondern diese drei Tage für etwas jetzt Wesentlicheres verwenden. Du aber, fahre fort, so an mich zu denken, als wäre ich seit langem tot. Sagtest du nicht selber kürzlich, du habest eine Totenmesse für mich lesen lassen und habest dich allmählich mit dem Gedanken abgefunden, mich verloren zu haben? Und wie wir uns durch Zufall wiedergetroffen haben, so werden wir uns jetzt durch Zufall und ohne Traurigkeit trennen.»

Vielleicht war es für den Prinzen nicht schwer, all dies so gelassen zu sagen; aber für mich war es sehr hart, mir bewußt zu werden, daß ich den mir teuersten Menschen verlieren würde, und diesmal für immer.

Wir verbrachten die letzten drei Tage zusammen und sprachen über vielerlei. Aber mein Gemüt war schwer, besonders wenn der Prinz lächelte.

Bei diesem Anblick krampfte sich mir das Herz zusammen, weil sein Lächeln für mich ein Zeichen seiner Güte, Liebe und Geduld war.

Als die drei Tage schließlich verstrichen waren, half ich selbst an einem für mich traurigen Morgen, die Karawane zu beladen, die mir diesen guten Menschen für immer entreißen sollte.

Er bat mich, ihn nicht zu begleiten. Die Karawane setzte sich in Bewegung. Ehe sie hinter dem Berg verschwand, wandte sich der Prinz um, sah mich an und segnete mich dreimal.

Friede deiner Seele, heiliger Mann, Prinz Juri Lubowedsky!

Zum Abschluß dieses Kapitels, das dem Prinzen Juri Lubowedsky gewidmet ist, will ich eingehend den tragischen Tod Solowiews schildern, der sich unter sehr seltsamen Umständen zutrug.

DER TOD SOLOWIEWS

Bald nach unserem Aufenthalt im Hauptkloster der Bruderschaft *Sarmun* trat Solowiew der Gruppe der *Wahrheitssucher* bei. Der Regel gemäß bürgte ich für ihn. Als Mitglied dieser Gruppe setzte er seine Gewissenhaftigkeit und Ausdauer darein, sowohl an der eigenen Vervollkommnung zu arbeiten, als auch sich an allen allgemeinen Unternehmungen der Gruppe zu beteiligen.

Er nahm an mehreren Expeditionen tatkräftig teil. Und auf einer dieser Expeditionen im Jahre 1898 starb er an dem Biß eines Wildkamels in der Wüste Gobi.

Diesen Vorfall will ich nicht nur deshalb eingehend beschreiben, weil Solowiews Tod sehr seltsam war, sondern auch, weil die Art, wie wir die Wüste durchquerten, beispiellos war und ihre Beschreibung für den Leser höchst lehrreich sein kann.

Ich werde mit der Erzählung in dem Augenblick beginnen, da wir, nachdem wir unter großen Schwierigkeiten von Taschkent aus den Lauf des Flusses Scharakschan hinaufgezogen waren und mehrere Bergpässe überquert hatten, nach F., einer kleinen Ortschaft am Rande der Wüste Gobi, gelangten.

Wir beschlossen, uns vor der Durchquerung der Wüste einige Wochen auszuruhen. Und während unseres Aufenthaltes dort trafen wir bald als Gruppe, bald einzeln mit verschiedenen Einheimischen zusammen. Wir stellten ihnen viele Fragen, und sie erzählten uns allerlei Volksglauben über die Wüste Gobi.

Viele ihrer Erzählungen behaupteten, daß Dörfer, ja ganze Städte unter dem Sand der heutigen Wüste begraben liegen, nebst zahllosen Schätzen und Reichtümern der Völker, die in dieser einst blühenden Region gelebt hatten. Die Lage dieser Schätze, sagten sie, sei einigen Bewohnern der Nachbardörfer bekannt; es sei ein Geheimnis, das unter dem Schutz eines Eides vom Vater auf den Sohn übergehe, und wer immer diesen Eid breche, den treffe, wie schon viele erfahren hätten, eine Strafe, die der Schwere des Verrats entspreche.

Im Laufe dieser Gespräche wurde mehrmals eine Gegend der Wüste Gobi erwähnt, wo nach Aussagen vieler Leute eine große Stadt begraben liege. Eine Reihe merkwürdiger Hinweise, die einander nicht widersprachen, erweckte das ernsthafte Interesse mehrerer von uns, besonders das des Archäologen Professor Skridlow.

Nach langen Diskussionen beschlossen wir, die Wüste Gobi so zu durchqueren, daß wir durch jene Gegend kommen würden, wo nach all diesen Hinweisen die unter dem Sand begrabene Stadt liegen müßte. Dort wollten wir unter Anleitung des alten Professors

Skridlow, der auf diesem Feld ein großer Spezialist war, auf gut Glück einige Probegrabungen unternehmen.

Und nach diesem Plan legten wir unsere Reiseroute fest. Wenngleich sich dieses Gebiet nicht in der Nähe einer der mehr oder weniger bekannten Pisten befand, die durch die Wüste Gobi führen, beschlossen wir, uns an unseren alten Grundsatz zu halten, *niemals ausgetretene Wege zu gehen*; und ohne über die vor uns liegenden Schwierigkeiten weiter nachzudenken, gab jeder von uns einem Gefühl Ausdruck, das freudiger Erregung glich.

Als sich dieses Gefühl ein wenig gelegt hatte, arbeiteten wir einen genauen Plan aus, und dabei entdeckten wir die außerordentlichen Schwierigkeiten unseres Vorhabens, so daß wir uns fragten, ob es überhaupt zu verwirklichen sei.

Unsere neue Route war sehr lang, und die Reise schien mit gewöhnlichen Mitteln undurchführbar zu sein.

Die größte Schwierigkeit bestand darin, für die gesamte Dauer der Reise die Versorgung mit genügend Wasser und Nahrungsmitteln sicherzustellen. Sogar bei knappster Bemessung hätte es einer solchen Menge bedurft, daß es nicht in Frage kam, diese Last selbst zu transportieren. Zugleich war es unmöglich, Lasttiere zu benutzen, da wir unterwegs nicht mit dem geringsten Grashalm oder auch nur einem Tropfen Wasser rechnen konnten: Wir würden auf unserem Weg auf keine einzige Oase stoßen.

Trotzdem gaben wir unseren Plan nicht auf, sondern kamen nach reiflicher Überlegung überein, für den Augenblick nichts zu unternehmen, damit ein jeder von uns einen Monat lang seine ganze Gedankenkraft darauf konzentrieren könne, einen Ausweg aus dieser hoffnungslosen Lage zu finden; darüber hinaus bekam jeder die Mittel, das zu tun, was er wünschte, und dorthin zu gehen, wohin er wollte.

Professor Skridlow wurde als der älteste und geachtetste unter uns mit der Leitung dieser Angelegenheit beauftragt; zudem verwaltete er unsere gemeinsame Kasse.

Am nächsten Tag erhielten wir alle einen gewissen Geldbetrag; die einen verließen das Dorf, die anderen blieben und richteten sich dort ein, jeder nach seinem Plan.

Der nächste Treffpunkt war ein kleines Dorf am Rande der Sandwüste, von dem aus wir unsere Durchquerung beginnen wollten.

Einen Monat später trafen wir uns dort und schlugen unter Führung von Professor Skridlow unser Lager auf. Jeder mußte einen Bericht geben über die Lösung, die er ins Auge faßte; die Reihenfolge der Berichte wurde durch das Los bestimmt.

Die ersten drei Berichterstatter waren der Geologe Karpenko, dann Doktor Sari-Ogle und schließlich der Philologe Jelow.

Diese Berichte waren wegen ihrer neuen, originellen Gedanken und auch durch die Form, in der sie vorgetragen wurden, so aufregend interessant, daß sie sich mir tief einprägten und ich sie noch heute fast Wort für Wort rekonstruieren kann.

Karpenko fing seinen Berich folgendermaßen an:

«Obgleich ich gut weiß, daß keiner von euch die Art der europäischen Wissenschaftler ausstehen kann, die, anstatt sofort zur Sache zu kommen, gewöhnlich eine lange Geschichte von sich geben, in der sie fast auf Adam zurückgehen, halte ich es angesichts der ernsten Frage in diesem Fall für notwendig, ehe ich euch meine Schlußfolgerungen unterbreite, euch die Überlegungen und Deduktionen mitzuteilen, die mich zu dem führten, was ich euch heute vorschlagen werde.» Nach einer Pause fuhr er fort:

«Die Gobi ist eine Wüste, deren Sandmasse nach Aussagen der Wissenschaft neueren Ursprungs ist.

Diesbezüglich gibt es zwei Vermutungen:

Entweder ist das Sandgebiet ein alter Meeresboden, oder aber der Sand wurde durch die Winde von den Gipfeln der felsigen Gebirgsketten des Tien-Schan, des Hindukusch, des Himalaya und der Berge hinuntergeweht, die einst nördlich der Wüste lagen, die jedoch, im Laufe der Jahrhunderte vom Winde abgetragen, verschwunden sind.

Aus der Überlegung heraus, daß wir für die gesamte Dauer unserer Reise durch die Wüste vor allem die Versorgung mit genügend Nahrung sicherstellen müssen, sowohl für uns wie auch für die Tiere, die wir mitzunehmen für notwendig erachten, zog ich beide Vermutungen in Betracht und fragte mich, ob wir nicht für diesen Zweck den Sand verwenden könnten.

Ich überlegte folgendermaßen: Wenn dieses Sandgebiet ein alter Meeresboden ist, dann muß es bestimmt Schichten oder Zonen geben, die aus verschiedenartigen Muscheln bestehen. Und da die Muscheln von Organismen gebildet werden, müssen sie organische Stoffe enthalten. Demnach brauchen wir nur ein Mittel zu finden, um diese Stoffe umzuwandeln und assimilierbar zu machen, damit sie die für das Leben notwendige Energie liefern.

Ist der Sand dieser Wüste aber ein Erosionsprodukt, das heißt felsigen Ursprungs, dann ist mit Sicherheit bewiesen, daß der Erdboden der meisten großen Oasen Turkestans und der an diese Wüste angrenzenden Gebiete einen rein pflanzlichen Ursprung hat und aus organischen Stoffen besteht, die von höher gelegenen Gegenden stammen.

Wenn dies zutrifft, dann müssen solche organischen Stoffe im Laufe der Jahrhunderte auch in die allgemeine Sandmasse dieser Wüste eingedrungen sein und sich damit vermischt haben.

Ich überlegte mir ferner, daß nach dem Gesetz der Schwerkraft alle Stoffe oder Stoffteilchen sich stets nach ihrem Gewicht gruppieren und daß daher im vorliegenden Fall die eingedrungenen organischen Stoffe, die leichter sind als der Sand felsigen Ursprungs, sich allmählich gleichfalls haben gruppieren müssen, um Schichten und Zonen zu bilden.

Nachdem ich zu diesen theoretischen Schlußfolgerungen gelangt war, organisierte ich eine kleine Expedition ins Innere der Wüste, um sie in der Praxis nachzuprüfen, und nach drei Tagesmärschen begann ich meine Untersuchungen.

Ich fand bald an gewissen Stellen eine Schicht, die sich auf den ersten Blick von der allgemeinen Sandmasse kaum unterschied, deren einfache, oberflächliche Prüfung jedoch einen ganz anderen Ursprung erkennen ließ.

Die mikroskopische Untersuchung und chemische Analyse der einzelnen Elemente dieser heterogenen Materie ergaben, daß sie aus toten Körpern kleiner Organismen und aus verschiedenen Geweben pflanzlichen Ursprungs bestand.

Nachdem ich die sieben Kamele, die mir zur Verfügung standen, mit diesem seltsamen Sand beladen hatte, kehrte ich hierher zurück, erwarb mit Professor Skridlows Erlaubnis verschiedene Tiere und experimentierte mit ihnen.

Ich kaufte zwei Kamele, zwei Jaks, zwei Pferde, zwei Maulesel, zwei Esel, zehn Schafe, zehn Ziegen, zehn Hunde und zehn keriskische Katzen und ließ sie hungern, das heißt, ich gab ihnen nur soviel Nahrung, um sie am Leben zu erhalten, und fing dann an, ihrem Futter diesen Sand beizugeben, wobei ich die Mischung auf verschiedene Weise zubereitete.

In den ersten Tagen rührte keines der Tiere auch nur eine dieser Mischungen an. Als ich aber den Sand auf eine ganz neue Weise zubereitete, fingen nach nur einwöchigem Versuch die Schafe und Ziegen plötzlich an, ihn mit großem Vergnügen zu fressen.

Darauf richtete ich meine Aufmerksamkeit ganz auf diese Tiere.

Nach zwei Tagen war ich völlig überzeugt, daß die Schafe und Ziegen diese Mischung jedem anderen Futter vorzogen.

Es bestand aus siebeneinhalb Teilen Sand, zwei Teilen gehacktem Hammelfleisch und einem halben Teil gewöhnlichem Salz.

Anfangs verloren alle Versuchstiere, auch die Schafe und Ziegen, täglich ein halbes bis zwei Prozent ihres Gesamtgewichtes, aber von dem Tag an, da die Schafe und Ziegen diese Mischung zu fressen begannen, hörten sie nicht nur auf abzunehmen, sondern nahmen täglich dreißig bis neunzig Gramm zu.

Auf Grund dieser Experimente habe ich persönlich keinen Zweifel mehr, daß sich dieser Sand zum Füttern von Ziegen und Schafen verwenden läßt, sofern er mit der notwendigen Menge Fleisch ihrer Artgenossen vermischt wird. Ich kann euch heute deshalb folgendes vorschlagen:

Um die Hauptschwierigkeit bei unserer Reise durch die Wüste zu überwinden, müssen wir mehrere hundert Schafe und Ziegen kaufen und sie allmählich je nach Bedarf töten und ihr Fleisch sowohl zu unserer eigenen Ernährung verwenden als auch dazu, die für die verbleibenden Tiere bestimmte Mischung vorzubreiten.

Wir brauchen nicht zu befürchten, daß uns der nötige Sand ausgeht, da man ihn nach den Daten, über die ich verfüge, immer an bestimmten Stellen finden kann.

Was nun das Wasser betrifft, so müssen wir uns, um einen ausreichenden Vorrat anzulegen, Schaf- und Ziegenblasen oder -mägen beschaffen, und zwar doppelt so viele, wie wir Tiere haben, und daraus Churdschins machen, sie mit Wasser füllen und jedes Schaf oder jede Ziege mit zwei Churdschins beladen.

Ich habe mich davon überzeugt, daß ein Schaf mit Leichtigkeit und ohne Schaden zu nehmen, diese Wassermenge tragen kann. Gleichzeitig haben mir meine Experimente und Berechnungen gezeigt, daß diese Menge für unseren eigenen Bedarf und für den der Tiere ausreicht, vorausgesetzt, daß wir in den ersten zwei oder drei Tagen sparsam damit umgehen. Danach können wir das Wasser benutzen, das die inzwischen geschlachteten Schafe getragen haben.»

Nach dem Geologen Karpenko trug Dr. Sari-Ogle seinen Bericht vor.

Ich hatte Dr. Sari-Ogle fünf Jahre zuvor kennengelernt und mit ihm Freundschaft geschlossen.

Er stammte aus dem östlichen Persien, hatte aber seine Ausbildung in Frankreich erhalten.

Vielleicht werde ich einmal ausführlich über ihn schreiben, denn auch er war ein außerordentlicher Mensch.

Dr. Sari-Ogle sagte folgendes:

«Nach dem Bericht des Ingenieurs Karpenko kann ich, zumindest was den ersten Teil meines Berichtes angeht, nur sagen: *ich passe*, da ich der Meinung bin, daß es keinen besseren Vorschlag geben kann. Indem ich gleich zum zweiten Teil meines Berichtes komme, möchte ich euch die Überlegungen und Experimente beschreiben, die ich unternahm, um ein Mittel zu finden, die Schwierigkeiten der Fortbewegung in der Wüste bei Stürmen zu überwinden. Da die Schlußfolgerungen und experimentellen Ergebnisse, zu denen ich kam, meiner Ansicht nach eine sehr gute Ergänzung bilden zu den Vorschlägen des Ingenieurs Karpenko, will ich sie euch vortragen.

In diesen Wüsten toben sehr oft Winde und Stürme, und solange sie andauern, ist es Menschen und Tieren unmöglich, sich fortzubewegen, denn der Wind wirbelt viel Sand auf, treibt ihn umher und errichtet Hügel an Orten, wo einen Augenblick vorher Mulden waren.

Ich dachte daran, daß unsere Wanderung durch solche Wirbelwinde behindert werden könnte. Mir kam darauf der Gedanke, daß der Sand wegen seines Gewichtes nicht sehr hoch aufsteigen kann und daß es zweifellos eine Grenze geben muß, über die hinaus der Wind kein einziges Sandkorn zu heben vermag.

Auf Grund dieser Überlegungen versuchte ich, diese hypothetische Grenze zu bestimmen.

Zu diesem Zweck bestellte ich hier im Dorf eine besonders hohe, zusammenlegbare Leiter und ging mit zwei Kamelen und einem Führer in die Wüste.

Als ich nach einer Tagesreise mein Zelt für die Nacht aufschlagen wollte, erhob sich plötzlich ein Wind; innerhalb einer Stunde wuchs er zu einem solchen Sturm heran, daß es uns unmöglich wurde, uns auf den Beinen zu halten oder in dieser versandeten Luft auch nur zu atmen.

Unter großen Schwierigkeiten klappten wir die Leiter, die ich mitgenommen hatte, auseinander und stellten sie, so gut es ging, auf, indem wir uns der Kamele bedienten. Dann stieg ich hinauf.

Könnt ihr euch mein Erstaunen vorstellen, als ich bei einer Höhe von kaum sieben Metern nicht ein einziges Sandkorn in der Luft mehr fand?

Meine Leiter war gut zwanzig Meter hoch. Ich hatte sie noch nicht zu einem Drittel erstiegen, als ich diese Hölle bereits unter mir ließ und oben einen vom Mondlicht erhellten, prachtvoll gestirnten Himmel betrachtete inmitten von Ruhe und Stille, wie man ihn sogar bei uns zu Hause im östlichen Persien nur selten vorfindet. Unten herrschte noch immer ein unvorstellbares Chaos; ich hatte den Eindruck, als ob ich auf einer hohen Klippe über dem Meer stände und auf den schrecklichsten Orkan hinabblickte.

Während ich oben auf der Leiter die Schönheit der Nacht bewunderte, legte sich der Sturm allmählich, und nach einer halben Stunde stieg ich hinunter. Unten erwartete mich jedoch ein Unglück.

Obgleich der Sturm nur noch halb so stark war, lief der Mann, der mich begleitet hatte, noch immer, dem Wind abgewandt, den Kamm der Dünen entlang, wie man es bei Sturm zu tun pflegt. Er führte nur ein Kamel mit sich; das andere hatte sich anscheinend, bald nachdem ich hinaufgestiegen war, losgerissen, und er wußte nicht, wohin es gelaufen war.

Als es hell wurde, machten wir uns auf, das zweite Kamel zu suchen, und sehr bald sahen wir nicht weit von dem Ort, wo die Leiter gestanden hatte, einen Kamelhuf aus dem Sand herausragen.

Wir versuchten erst gar nicht, das Tier auszugraben, da es offensichtlich tot war und recht tief im Sand begraben lag, sondern machten uns sofort auf den Rückweg, wobei wir, um keine Zeit zu verlieren, im Gehen aßen. Am Abend erreichten wir unser Dorf.

Am nächsten Tag ließ ich in verschiedenen Orten, um keinen Verdacht zu erregen, mehrere Paar Stelzen verschiedener Größen herstellen und ging wieder in die Wüste, wobei ich ein mit Proviant und Material beladenes Kamel mitnahm; und dort übte ich mich im Stelzenlaufen, zuerst auf niedrigen Stelzen und dann allmählich auf immer höheren.

Im Sand auf Stelzen zu gehen war nicht so schwierig, denn ich hatte selbst entworfene Eisensohlen daran angebracht, die ich, wieder aus Vorsicht, nicht in den gleichen Orten wie die Stelzen in Auftrag gegeben hatte.

In der Zeit, die ich in der Wüste verbrachte, um mich zu üben, erlebte ich zwei weitere Stürme. Einer davon war allerdings nicht sehr heftig, aber gleichwohl wäre es undenkbar gewesen, sich darin mit gewöhnlichen Mitteln zu bewegen und zu orientieren; mit Hilfe meiner Stelzen jedoch spazierte ich während dieser beiden Stürme in jeder beliebigen Richtung über den Sand, als wäre ich in meinem Zimmer.

Die einzige Schwierigkeit bestand darin, nicht zu stolpern, weil sich in den Dünen überall, vor allem während der Stürme, Buckel und Vertiefungen bilden. Aber glücklicherweise entdeckte ich, daß die Oberfläche der mit Sand angereicherten Luftschicht uneben ist und daß die Unebenheiten denen des Bodens entsprechen. Das Stelzen wurde mir dadurch sehr erleichtert, denn ich konnte an den Umrissen dieser Oberfläche deutlich erkennen, wo eine Düne endete und die nächste begann.

Auf jeden Fall», schloß Dr. Sari-Ogle, «müssen wir uns diese Beobachtung merken – daß nämlich die mit Sand angereicherte Luftschicht eine bestimmte und nicht sehr hohe Obergrenze hat und daß die Oberfläche dieser Schicht genau den Reliefs und Senken des Wüstenbodens entspricht –, um im Laufe der Reise, die wir vor uns haben, daraus Nutzen zu ziehen.»

Als dritter berichtete der Philologe Jelow. In der ihm eigenen, originellen Ausdrucksweise begann er wie folgt:

«Wenn Sie mir gestatten, meine Herren, sage ich Ihnen das gleiche wie unser verehrter Jünger des Äskulap in bezug auf den ersten Teil seines Projektes: *Ich passe*. Ich hingegen passe hinsichtlich all dessen, was ich seit einem Monat gedacht und ausgeklügelt habe.

Was ich Ihnen heute mitteilen wollte, ist nur ein Kinderspiel im Vergleich zu den Gedanken, die der Bergbauingenieur Karpenko und mein Freund, der ebenso durch seine Herkunft wie durch sein Diplom ausgezeichnete Dr. Sari-Ogle, dargelegt haben.

Gleichwohl ließen, als ich vorhin den beiden Rednern lauschte, deren Vorschläge eine neue Idee in mir aufsteigen, die Sie vielleicht annehmbar und für die Verwirklichung unserer Reise nützlich finden werden.

Folgen wir dem Vorschlag des Doktors, so werden wir alle auf Stelzen verschiedener Größen üben; aber die Stelzen, die wir auf der Reise verwenden und von denen jeder von uns ein Paar mitnehmen muß, sollten mindestens sechs Meter lang sein.

Ferner werden wir wahrscheinlich, jedenfalls nach dem Vorschlag von Karpenko, viele Schafe und Ziegen mit uns führen.

Nun denke ich, daß, wenn wir unsere Stelzen nicht gebrauchen, wir sie sehr leicht, statt sie selber zu tragen, von unseren Schafen und Ziegen tragen lassen können.

Wie Sie alle wissen, hat eine Schafherde die Gewohnheit, dem ersten Schaf, dem Leithammel zu folgen. Daher braucht man nur jene Schafe zu lenken, die an das erste Paar Stelzen angeschirrt sind. Die anderen werden ihnen dann von selbst in langer Linie hintereinander folgen.

Indem wir uns so von der Notwendigkeit befreien, unsere Stelzen zu tragen, können wir auch dafür sorgen, daß unsere Schafe uns selber tragen. In dem Platz zwischen den parallel angeordneten Stelzen von sechs Metern Länge kann man leicht sieben Reihen von je drei Schafen unterbringen, das heißt insgesamt einundzwanzig Schafe, für die das Gewicht eines Menschen kaum spürbar ist.

Zu diesem Zweck brauchen wir die Schafe zwischen den Stelzen nur so einzuspannen, daß in der Mitte ein Platz von anderthalb Meter Länge und ungefähr einem Meter Breite frei bleibt, wo wir eine sehr bequeme Liege unterbingen können.

So kann jeder von uns, anstatt unter der Last seiner Stelzen zu leiden und zu schwitzen, sich wie Muchtar Pascha in seinem Harem rekeln oder wie ein reicher Parasit, der in seiner Equipage durch die Alleen des Bois de Boulogne gondelt.

Indem wir die Wüste unter solchen Bedingungen durchqueren, können wir unterwegs sogar fast all die Sprachen erlernen, die wir auf unseren künftigen Expeditionen benötigen.»

Nach den ersten zwei Berichten und Jelows brillantem Finale brauchten wir offensichtlich keine weiteren Vorschläge mehr. Wir waren alle so erstaunt über das, was wir gehört hatten, daß es uns plötzlich schien, als wären die Schwierigkeiten, die sich der Durchquerung der Wüste Gobi entgegenstellen, im Hinblick auf die Reisenden absichtlich übertrieben oder sogar von A bis Z erfunden worden.

Wir nahmen also diese Vorschläge an und beschlossen einstimmig, allen Dorfbewohnern unsere bevorstehende Reise in die Wüste – in diese Welt des Hungers, des Todes und der Ungewißheit – vorläufig zu verheimlichen.

Wir kamen überein, Professor Skridlow als einen wagemutigen russischen Kaufmann auszugeben, der in diese Gegend gekommen sei, um große Geschäfte zu tätigen. Er wolle angeblich Schafherden kaufen, um sie nach Rußland zu schicken, wo diese teuer seien, während man sie hier viel billiger bekomme. Er beabsichtige ebenso, lange, dünne und feste Stangen zu exportieren, für Fabriken, die Rahmen zum Spannen von Kattun herstellen. In Rußland gebe es kein so festes Holz; die Rahmen aus dem dortigen Holz würden infolge der dauernden Bewegung der Maschinen schnell verschleißen. Und so seien Hölzer dieser Qualität dort sehr teuer. Aus diesen Gründen habe sich der kühne Kaufmann auf dieses gewagte geschäftliche Unternehmen eingelassen.

Nachdem wir alle Einzelheiten geregelt hatten, waren wir alle bester Stimmung und sprachen von der bevorstehenden Reise so lässig, als handelte es sich darum, die Place de la Concorde in Paris zu überqueren.

Am nächsten Tag zogen wir alle an das Ufer eines Flusses, nahe der Stelle, wo er in den unergründlichen Tiefen der Wüste verschwindet, und schlugen dort die Zelte auf, die wir seit Rußland bei uns hatten.

Obgleich der Ort unseres neuen Lagers nicht weit vom Dorf entfernt war, lebte niemand dort, und es war nicht wahrscheinlich, daß es jemandem einfallen könnte, sich an das Tor zu dieser Hölle zu begeben.

Einige von uns, die sich als Gehilfen und Diener des exzentrischen russischen Kaufmanns Iwanow ausgaben, klapperten die Märkte der Umgebung ab und kauften Schafe, Ziegen und dünne Holzpfähle verschiedener Länge auf.

Bald beherbergte unser Lager eine ganze Schafherde.

Darauf begann ein intensives Training im Stelzenlaufen, zuerst auf kleinen Stelzen und dann allmählich auf immer größeren. Zwölf Tage später brach eines schönen Morgens unser ungewöhnlicher Zug in die Einöde der Wüste auf, begleitet vom Blöken der Schafe und Ziegen, dem Bellen der Hunde, dem Wiehern der Pferde und dem Schreien der Esel, die wir für den Notfall gekauft hatten.

Der Zug entwickelte sich bald, sich auseinanderziehend, zu einer langen Reihe von Sänften, gleich den feierlichen Prozessionen der Könige in alten Zeiten.

Noch lange erklangen unsere fröhlichen Lieder und scherzenden Zurufe, die zwischen den improvisierten Sänften ausgetauscht wurden, welche manchmal weit voneinander entfernt waren. Natürlich riefen Jelows Bemerkungen wie immer schallendes Gelächter hervor.

Einige Tage später gelangten wir, wenngleich wir zwei schreckliche Sandstürme durchgemacht hatten, ohne Ermüdung ins Innere der Wüste, in die Nähe des Ortes, der das Hauptziel unserer Expedition war – vollauf zufrieden mit unserem Weg und mit ersten Kenntnissen der Sprache, die wir brauchten.

Alles wäre wahrscheinlich so zu Ende gegangen, wie wir es geplant hatten, wenn nicht Solowiews Unfall dazwischengekommen wäre.

Wir wanderten meistens des Nachts, indem wir die Erfahrung unseres Kameraden Daschtamirow, eines ausgezeichneten Astronomen, ausnutzten, der sich nach den Sternen einwandfrei orientieren konnte.

Eines Tages machten wir bei Sonnenaufgang halt, um zu essen und unsere Tiere zu füttern. Es war noch sehr früh. Die Sonne fing erst an, warm zu werden. Wir wollten uns gerade über frisch zubereiteten Hammel mit Reis hermachen, als am Horizont eine Kamelherde auftauchte. Wir ahnten sofort, daß es Wildkamele waren.

Solowiew, ein leidenschaftlicher Jäger, der sein Ziel nie verfehlte, ergriff sein Gewehr und lief in die Richtung, in der die Kamele verschwunden waren. Über seine Jagdleidenschaft lachend, ließen wir uns zu der warmen Mahlzeit nieder, die unter diesen beispiellosen Verhältnissen hervorragend zubereitet war. Ich sage beispiellos, weil es tief im Inneren der Wüste und in solcher Entfernung von ihrem Rand im allgemeinen unmöglich ist, Feuer zu machen, da man auf Hunderte von Kilometern nicht das geringste Buschwerk findet. Trotzdem machten wir mindestens zweimal am Tag Feuer, um Essen zu kochen und Kaffee oder Tee zu bereiten, ganz abgesehen vom tibetischen Tee, einer Art Brühe, die wir aus den Knochen der geschlachteten Schafe erhielten. Diesen Luxus verdankten wir einer Erfindung Pogossians, der die Idee gehabt hatte, aus besonderen Hölzern Lastsättel für die Schafe anzufertigen; und jetzt fiel bei jedem geschlachteten Schaf die täglich benötigte Menge Holz für unser Feuer an.

Anderthalb Stunden waren vergangen, seit Solowiew sich auf die Jagd nach den Kamelen begeben hatte. Wir waren schon alle bereit, uns wieder auf den Weg zu machen, doch er war noch immer nicht zurück.

Wir warteten eine weitere halbe Stunde. Da wir Solowiews

Pünktlichkeit kannten, er ließ niemals jemanden warten, waren wir besorgt und befürchteten ein Unglück. Wir nahmen unsere Gewehre und machten uns alle bis auf zwei auf die Suche nach ihm. Bald gewahrten wir in der Ferne die Silhouetten der Kamele und gingen auf sie zu. Als wir näher kamen, witterten sie uns offensichtlich und flohen nach Süden. Aber wir suchten weiter.

Vier Stunden waren vergangen, seit Solowiew fortgeeilt war. Plötzlich entdeckte einer von uns einige hundert Schritte entfernt einen am Boden liegenden menschlichen Körper. Wir liefen sofort hin – es war Solowiew, er war tot. Sein Hals war halb durchgebissen worden. Uns ergriff ein herzzerreißender Schmerz, denn wir liebten alle diesen ungewöhnlich guten Menschen von ganzem Herzen.

Aus unseren Gewehren machten wir eine Tragbahre und trugen Solowiews Leiche zum Lager zurück. Am gleichen Tag begruben wir ihn unter Leitung von Skridlow, der in Abwesenheit eines Priesters die Gebete sprach, in großer Feierlichkeit mitten in der Wüste. Danach verließen wir diesen verfluchten Ort.

Obgleich wir auf unserer Suche nach der legendären Stadt, die wir auf unserer Reise zu entdecken hofften, schon sehr weit gekommen waren, änderten wir unsere Pläne und beschlossen, die Wüste so schnell wie möglich zu verlassen. So bogen wir nach Westen ab und erreichten vier Tage später die Oase Keria, wo die Natur wieder menschenfreundlich wird. Von Keria zogen wir weiter, jetzt aber ohne unseren teuren Solowiew.

Friede deiner Seele, aufrechter und allertreuester Freund!

EKIM BEY

Dieses Kapitel möchte ich einem Menschen widmen, den ich ebenfalls für bemerkenswert halte und dessen Leben im Erwachsenenalter, sei es, weil das Schicksal es so wollte, oder nach den Gesetzen, die in der eigenständig sich entwickelnden Individualität walten, in vieler Hinsicht wie das meine ausgerichtet war.

Erwähnenswert ist: Entgegen der allgemein vorherrschenden Meinung, daß Menschen aus zwei Nationen, die in einen jahrhundertealten Rassenkampf verwickelt sind, instinktive Feindschaft und sogar Haß gegeneinander empfinden sollten, und ungeachtet der Unterschiede in der Erziehung, in den Familientraditionen und religiösen Überzeugungen, spürten Ekim Bey und ich, als wir uns in der Jugend unter ganz ungewöhnlichen Umständen kennenlernten, eine große innere Verwandtschaft; und später, als unsere inneren Welten durch alle möglichen alltäglichen Zufälle zueinander hingezogen worden waren wie «zwei Erscheinungen, die ein und derselben Quelle entstammen», glich das Gefühl, das wir füreinander empfanden, demjenigen unter Brüdern.

In diesem Kapitel werde ich meine erste zufällige Begegnung mit dem späteren Dr. Ekim Bey schildern, einem Mann, vor dem alle ernsthaften Menschen, die ihn kennen, Achtung haben und den die breite Masse als eine Art Magier und Zauberer ansieht. Danach will ich kurz von einigen bedeutsamen Ereignissen erzählen, die sich auf unseren Expeditionen im Innern Asiens und Afrikas zutrugen.

Heute verbringt er, für seine früheren Verdienste mit vielen hohen Orden ausgezeichnet, seinen Lebensabend recht und schlecht mit dem Titel Großer Türkischer Pascha in einem kleinen Ort in Ägypten.

Und wenn er sich diesen abgelegenen Ort zum Alterswohnsitz wählte, obgleich er die Möglichkeit hätte, dort zu leben, wo es ihm beliebt, und all die Annehmlichkeiten des modernen Lebens zu genießen, so vor allem, um den Zudringlichkeiten von Müßiggängern und ihrer Neugier zu entgehen – jener menschenunwürdigen Eigenschaft, die den meisten Zeitgenossen innewohnt.

Als ich Ekim Bey zum ersten Mal begegnete, war er noch recht jung. Er besuchte damals eine Militärakademie in Deutschland und verbrachte den Sommer bei seinem Vater in Konstantinopel. Wir waren gleichaltrig.

Bevor ich die Umstände beschreibe, unter denen ich Ekim Bey kennenlernte, muß ich daran erinnern, daß in jener Zeit – es war vor meinem ersten Besuch von Etschmiadzin und der in einem früheren Kapitel geschilderten Begegnung mit Pogossian – ich wie ein streunender Hund überall umherstreifte auf der Suche nach einer Antwort auf die Fragen, die in meinem «Psychopathengehirn», wie die meisten Zeitgenossen es genannt hätten, aufstiegen. So ging ich auch nach Konstantinopel, von den zahlreichen Wundern angelockt, die man den dortigen Derwischen zuschrieb.

In Konstantinopel wohnte ich im Stadtteil Pera und besuchte von dort aus die Klöster verschiedener Derwisch-Orden.

Ganz von meinen *Derwischfimmel* gepackt, unternahm ich nichts Praktisches mehr und dachte ausschließlich an alle möglichen Derwisch-Geschichten, so daß ich mich eines düsteren Tages der Tatsache beugen mußte, daß ich fast keinen «Zaster» mehr in der Tasche hatte.

Nach dieser Feststellung irrte ich zwei volle Tage ratlos umher, von zahllosen Gedanken bestürmt, die wie die Lieblingsfliegen der spanischen Maulesel unter meinem Schädel schwirrten. Wie könnte ich mir jenes verächtliche Etwas beschaffen, das für die heutigen Menschen fast den einzigen Lebensantrieb darstellt?

In Begleitung dieser Sorgen stand ich eines Morgens auf der großen Brücke, die von Pera nach Stambul führt, und dachte, auf das Geländer gestützt, über Sinn und Bedeutung der unaufhörlichen Kreisbewegung der tanzenden Derwische nach, die auf den ersten Blick automatisch zu sein scheint und ohne jede Teilnahme des Bewußtseins.

Unter der Brücke fuhren ständig Dampfer hindurch, und kleine Boote bewegten sich in alle Richtungen.

Fast unter meinen Füßen, am Ufer von Galata, war eine Landungsbrücke für die Dampfer, die zwischen Konstantinopel und dem gegenüberliegenden Ufer des Bosporus verkehrten.

Nahe dieser Anlegestelle sah ich zwischen den ankommenden und abfahrenden Dampfern Buben umherschwimmen und nach Münzen tauchen, welche ihnen die Passagiere von den Schiffen aus zuwarfen. Sehr interessiert ging ich näher heran und schaute ihnen zu. Ohne jede Eile tauchten die Buben mit viel Geschick nach den Münzen, die an verschiedenen Stellen rings um das Schiff hinabgeworfen wurden. Ihnen entging nicht eine einzige.

Ich sah ihnen lange zu und bewunderte ihre Gewandtheit und Geschicklichkeit.

Sie waren im Alter von acht bis achtzehn Jahren.

Plötzlich kam mir eine Idee: Warum sollte nicht auch ich dieses Handwerk erlernen? War ich vielleicht weniger geschickt als diese Buben?...

Und so ging ich am nächsten Tag ans Ufer des Goldenen Horns, an eine Stelle unterhalb der Admiralität, um tauchen zu lernen.

Während ich mich im Tauchen übte, fand ich zufällig sogar einen Lehrer, einen auf diesem Gebiet sehr erfahrenen Griechen, der dort zu baden pflegte.

Er lehrte mich gewisse Geheimnisse dieser Kunst von sich aus, und die anderen holte ich mit der mir schon eigenen Schlauheit bei einer Tasse Kaffee aus ihm heraus, die wir nach dem Baden in einer nahegelegenen griechischen Kneipe tranken. Ich überlasse es dem Leser zu erraten, wer den Kaffee bezahlte.

Anfangs war es sehr schwer. Man mußte mit offenen Augen tauchen, und das Meerwasser griff die Schleimhaut der Augenlider an. Das tat furchtbar weh, und der Schmerz ließ mich nachts nicht schlafen.

Aber bald gewöhnten sich meine Augen daran, und ich konnte unter Wasser ebensogut sehen wie an der Luft.

Zwei Wochen später nahm ich unter den einheimischen Buben jeden Alters meinen Platz ein und «verdiente» im Umkreis der Schiffe meinen Lebensunterhalt mit der Münzfischerei. Anfangs war ich natürlich nicht sehr erfolgreich. Aber sehr schnell entging auch mir nicht ein einziges Geldstück.

Eine Münze, die ins Wasser geworfen wird, versinkt zunächst sehr rasch, aber je weiter sie sich von der Oberfläche entfernt, desto langsamer wird ihre Abwärtsbewegung; und wenn das Wasser tief ist, dauert es ziemlich lange, ehe sie den Grund berührt.

Bevor man taucht, muß man sich nur die Stelle gut merken, wo die Münze ins Wasser fiel, und dann ist es leicht, sie wiederzufinden und zu ergreifen.

Eines Tages ließ ein Passagier, der, über die Reling gelehnt, den kleinen Münzenfängern gedankenversunken zuschaute, aus Versehen seine Gebetsschnur aus den Händen gleiten – jenes Attribut, das für jeden echten Orientalen unentbehrlich ist in den Ruhezeiten, wo er von den Pflichten des Lebens frei ist.

Er rief die Jungen herbei, die sofort danach tauchten. Aber trotz ihrer Bemühungen konnten sie den Gegenstand nicht finden, weil sie weit vom Schiff entfernt gewesen waren und nicht bemerkt hatten, wohin er gefallen war.

Offenbar war die Gebetsschnur sehr wertwoll, denn der Passagier setzte für ihre Wiederbeschaffung eine Belohnung von fünfundzwanzig Pfund aus.

Nachdem der Dampfer abgefahren war, suchten alle Münzenfänger noch lange weiter, aber vergeblich. Das Wasser war tief, und wie sie sagten, war es unmöglich, «den Grund abzutasten».

Es ist übrigens schwer, bei größerer Tiefe den Grund zu erreichen. So sehr das Wasser beim Wiederauftauchen an die Oberfläche hilft, so sehr leistet es Widerstand, wenn man hinunterwill.

Einige Tage später tauchte ich an derselben Stelle nach Münzen. Ein Passagier warf eine so weit, daß sie schon nicht mehr zu sehen war, als ich an den Ort kam, wo sie ins Wasser gefallen war.

Da das Münzenfischen an jenem Tag wenig ergiebig gewesen war, wollte ich das Geldstück um jeden Preis erwischen.

Gerade als ich es erreichte, erblickte ich nicht weit davon etwas, was wie ein Rosenkranz aussah. Während ich zur Oberfläche aufstieg, fiel mir die Gebetsschnur wieder ein, auf die fünfundzwanzig Pfund ausgesetzt worden waren.

Ich merkte mir die Stelle und tauchte dann, ohne jemandem etwas zu sagen, dort wieder hinunter, mußte aber feststellen, daß es mir unmöglich war, auf den Grund zu kommen. So brachte ich am nächsten Tag einige schwere Vorschlaghämmer mit, die ich mir von einem Schmied geborgt hatte, band sie mir um den Körper und tauchte mit diesem Gewicht hinunter.

Ich fand auch bald die Gebetsschnur; sie war aus Bernstein und mit kleinen Diamanten und Granaten besetzt.

Am nächsten Tag erfuhr ich, daß der Passagier, der sie verloren hatte, Pascha N. war, der frühere Gouverneur eines Wilajet in der Nähe von Konstantinopel, und daß er auf der gegenüberliegenden Seite des Bosporus nicht weit von Skutari wohnte.

Da ich mich in der letzten Zeit nicht sehr wohl gefühlt hatte und mein Zustand sich von Tag zu Tag verschlechterte, beschloß ich, am nächsten Tag nicht zu tauchen, sondern den Bosporus zu überqueren, um die Gebetsschnur ihrem Besitzer zurückzugeben und gleichzeitig den Friedhof von Skutari zu besichtigen.

Am folgenden Tag fand ich das Haus des Paschas ohne jede Mühe.

Er war daheim, und als er hörte, daß ein Münzentaucher vor der Türe stehe und ihn unbedingt persönlich sprechen wolle, verstand er sofort, worum es ging, und kam selbst zu mir. Als ich ihm die Gebetsschnur überreichte, war er so überglücklich und in seinem Verhalten zu mir so unkompliziert, daß ich tief gerührt die ausgesetzte Belohnung um nichts in der Welt annehmen wollte.

Er bat mich, zumindest mit ihm zu Mittag zu essen, und das lehnte ich nicht ab.

Nach dem Essen brach ich sofort auf, um den vorletzten Dampfer noch zu erreichen. Aber unterwegs fühlte ich mich so schlecht, daß ich mich auf die Stufen eines Hauses setzen mußte und bewußtlos wurde.

Passanten bemerkten mich, und da die Stelle, wo ich mich hingesetzt hatte, nicht weit vom Hause des Paschas entfernt war, drang die Nachricht, daß ein Junge ohnmächtig geworden sei, sofort zu ihm. Als er erfuhr, daß es derjenige war, der ihm die Gebetsschnur gebracht hatte, eilte er selbst mit seinen Dienern herbei und ließ mich in sein Haus tragen. Dann schickte er nach einem Militärarzt.

Ich kam zwar bald wieder zu mir, aber mein Zustand war so schlimm, daß ich mich nicht bewegen konnte und im Hause des Paschas bleiben mußte.

In der Nacht wurde meine Haut am ganzen Körper rissig und

begann unerträglich zu brennen. Offensichtlich vertrug sie die ungewohnte, lang anhaltende Einwirkung des Meerwassers nicht.

Man legte mich in einen Seitenflügel des Hauses, und eine alte Frau namens Fatma Badschi wurde mit meiner Pflege beauftragt. Der Sohn des Paschas, der an einer deutschen Militärschule studierte, half der alten Frau dabei.

Es war Ekim Bey, der später mein vertrauter Freund wurde.

Während meiner Genesungszeit scherzten und plauderten wir über alles mögliche, aber allmählich wandten sich unsere Gespräche philosophischen Themen zu. Als ich wieder gesund war und wir uns trennen mußten, waren wir wahre Freunde geworden, und seitdem blieben wir durch Briefwechsel ständig in Verbindung.

Im gleichen Jahr verließ er in Deutschland die Militärschule und begann ein Medizinstudium, denn seine inneren Überzeugungen hatten sich inzwischen gewandelt und veranlaßten ihn, die Offizierslaufbahn aufzugeben und Armeearzt zu werden.

Es vergingen vier Jahre.

Eines Tages erhielt ich im Kaukasus einen Brief von ihm, in dem er mir schrieb, daß er Arzt sei, und den Wunsch äußerte, mich zu besuchen und gleichzeitig den Kaukasus zu bereisen, der ihn seit langem interessierte. Er fragte, wann und wo er mich treffen könne.

In jenem Sommer lebte ich in Suram, wo ich Gipsfiguren herstellte. Ich sandte ihm ein Telegramm des Inhalts, daß ich ihn ungeduldig erwarte. Ein paar Tage später war er da.

Pogossian, Jelow und mein Jugendfreund Karpenko waren auch gekommen, um den Sommer in Suram zu verbringen. Ekim Bey wurde mit meinen Kameraden schnell vertraut und empfand sie bald als alte Freunde.

Wir verbrachten den ganzen Sommer zusammen und machten häufig kleine Ausflüge, meistens zu Fuß.

Wir bestiegen den Suram-Paß und besuchten die Umgebung von Borschom und Michaïlow, um mit den Bewohnern dieser Gebiete, die den Einflüssen der heutigen Zivilisation noch nicht ausgesetzt waren, in Verbindung zu treten. Wir gingen sogar zu den berühmten Chewsuren, die allen gelehrten Ethnographen schwer zu schaffen machen.

So lebte Ekim Bey mehrere Monate mit uns zusammen – jungen Leuten in seinem Alter, die alle vollgestopft waren mit donquichottesken Bestrebungen; und durch die Teilnahme an unseren Diskussionen wurde er wohl oder übel in unsere «Psychopathie» mit hineingezogen und war wie wir darauf erpicht, *über seine eigenen Knie zu springen.*

Wir vier, Pogossian, Jelow, Karpenko und ich, sprachen damals viel über einen Vorschlag, den uns Prinz Juri Lubowedsky gemacht hatte, an einer großen Expedition zu Fuß teilzunehmen, auf die er sich mit einigen Freunden gerade vorbereitete und die von der Grenzstadt Nachitschewan aus Persien durchqueren und am Persischen Golf enden sollte.

Unsere Gespräche und die Perspektiven, die eine solche Reise eröffnete, interessierten Ekim Bey so sehr, daß er uns bat, wir möchten uns bei dem Prinzen dafür einsetzen, daß er sich dieser Expedition anschließen dürfe. Und er fing an, darüber nachzudenken, wie er die Erlaubnis seines Vaters und von seinen Vorgesetzten ein Jahr Urlaub erhalten könnte.

Beides erreichte er teils durch Telegramme und teils durch Schritte, die er nach seiner Heimkehr persönlich unternahm, als er sich auf diese Expedition vorbereitete. Am Tag unserer Abreise von Nachitschewan, dem 1. Januar des folgenden Jahres, kam er zu uns zurück, um zusammen mit uns seine erste große Expedition zu machen.

Noch am selben Abend verließen wir um Mitternacht Nachitschewan.

Beim Morgengrauen waren wir schon dem «Scharfblick» jener Zweifüßer unseres teuren Planeten ausgesetzt, die man Grenzwächter nennt und die sich immer und überall in der Kunst hervortun, ihren Scharfsinn und ihre Allwissenheit zu beweisen.

Wir waren dreiundzwanzig, einschließlich all jener Freunde und Kameraden, denen ich zu ihrem Gedächtnis jeweils ein Kapitel dieser Serie meiner Werke zu widmen beschlossen habe. Über drei, Pogossian, Jelow und Prinz Lubowedsky, habe ich schon geschrieben; mit Dr. Ekim Bey mache ich den Leser in diesem Kapitel bekannt; und zwei andere, der Ingenieur Karpenko und der Archäologieprofessor Skridlow, werden in den folgenden Kapiteln des Buches erscheinen.

Zehn Tage später erreichten wir die Stadt Täbris ohne besonderen Zwischenfall. Aber hinter Täbris trat ein Ereignis ein, das ich so eingehend wie möglich schildern will, einmal weil Ekim Bey aktiv daran beteiligt war und sich tief davon berührt zeigte, dann aber auch weil es meine ganze Weltanschauung auf den Kopf stellte.

In Täbris hatten wir viel von einem persischen Derwisch gehört, der angeblich Wunder vollbrachte, und das weckte unsere Neugier. Als wir etwas später durch einen armenischen Priester erneut von ihm hörten, beschlossen wir, obwohl sein Wohnort weitab von unserem Weg lag, unsere Route zu ändern, um ihn aufzusuchen und uns selber ein Bild von ihm zu machen.

Am dreizehnten Tag einer ermüdenden Reise, auf der wir die Nächte in den Hütten kurdischer oder persischer Schäfer oder in Weilern verbrachten, erreichten wir endlich das Dorf, wo der Derwisch wohnte, und man zeigte uns sein Haus, das etwas abseits lag. Wir begaben uns sofort dorthin und fanden ihn unweit seines Hauses im Schatten großer Bäume, wo er gewöhnlich mit denen, die zu ihm kamen, sprach.

Wir erblickten einen älteren Mann, fast ein Greis, in Lumpen gekleidet und barfuß. Er saß mit gekreuzten Beinen auf dem Boden.

Bei ihm saßen mehrere junge Perser, die, wie wir später erfuhren, seine Schüler waren.

Wir traten näher, baten um seinen Segen und setzten uns in einem Halbkreis um ihn herum auf die Erde.

Unser Gespräch begann: Wir stellten Fragen, die er beantwortete, dann befragte er uns seinerseits.

Anfangs empfing er uns ziemlich kühl und sprach eher widerwillig. Als er aber erfuhr, daß wir von weither gekommen waren, eigens um mit ihm zu sprechen, wurde er freundlicher.

Er drückte sich sehr einfach aus, in einer ungelenken, man könnte sagen Handwerkersprache, und zu Beginn machte er mir den Eindruck eines Analphabeten, das heißt eines, im europäischen Sinn des Wortes, Ungebildeten.

Das Gespräch fand in Persisch statt, aber in einem Dialekt, den keiner von uns kannte, außer mir, Dr. Sari-Ogle und einem anderen, der ihn nicht sehr gut beherrschte. So stellten Sari-Ogle und ich die Fragen und übersetzten den anderen sofort die Antworten.

Es war Mittagszeit. Ein Schüler brachte dem Derwisch das Essen: Reis in einer Kürbisschale.

Der Derwisch begann, während er das Gespräch fortführte, zu essen. Da wir seit dem frühen Morgen unterwegs waren, ohne etwas zu uns zu nehmen, öffneten wir unsere Ranzen und aßen ebenfalls.

Ich muß erwähnen, daß ich damals ein eifriger Anhänger der berühmten indischen Yogis war und alle Anweisungen des Hatha Yoga haargenau befolgte. Wenn ich aß, versuchte ich die Nahrung mit größter Sorgfalt zu kauen. So hatten alle anderen und selbst der Derwisch ihr einfaches Mahl längst beendet, als ich noch immer langsam weiteraß, wobei ich versuchte, nicht einen einzigen Bissen hinunterzuschlucken, der nicht nach allen Regeln der Kunst zerkaut worden war.

Der alte Mann bemerkte dies und fragte mich:

«Sagen Sie mir, junger Fremder, warum essen Sie so?»

Ich war über diese Frage, die mir seltsam erschien und nicht gerade auf viel Wissen hindeutete, so ehrlich erstaunt, daß ich nicht einmal Lust hatte, ihm darauf zu antworten. Ich dachte sogar, daß wir den weiten Umweg umsonst gemacht hätten und mit einem

Mann sprächen, der es nicht verdiente, daß man sich ernsthaft mit ihm unterhielt. Ich schaute ihm in die Augen, und ich weiß nicht, ob ich Mitleid oder Scham seinetwegen empfand, aber ich antwortete ihm selbstsicher, daß ich die Nahrung so sorgfältig kaute, damit sie im Darm besser assimiliert werden könne; und indem ich auf die wohlbekannte Tatsache verwies, daß eine richtig verdaute Nahrung dem Organismus eine größere Menge an Kalorien für die Arbeit unserer gesamten Funktionen zuführt, faßte ich in einigen Sätzen all das zusammen, was ich in verschiedenen Büchern diesbezüglich gelesen hatte.

Der alte Mann schüttelte den Kopf und zitierte langsam und mit tiefer Überzeugung den folgenden, in ganz Persien berühmten Spruch:

Möge Gott den töten, der selbst nichts weiß und dennoch sich anmaßt, anderen den Weg zu den Pforten seines Reiches zu weisen.

Danach stellte ihm Sari-Ogle eine Frage. Der Derwisch beantwortete sie kurz, wandte sich dann wieder mir zu und fragte mich:

«Sagen Sie mir, junger Fremder, Sie machen wahrscheinlich auch Gymnastik?»

Es stimmte, zu jener Zeit trieb ich sie sogar sehr intensiv, und zwar nicht nach den Methoden der indischen Yogis, die ich gleichwohl gut kannte, sondern vorzugsweise nach dem System des Schweden Müller.

Ich antwortete, daß ich in der Tat Gymnastik machte und es für nötig hielte, zweimal am Tag zu üben, morgens und abends, und ich erklärte ihm kurz, welche Art von Bewegungen ich ausführte.

«Sehen Sie, dies dient nur der Entwicklung der Arme und Beine und im allgemeinen der äußeren Muskeln», sagte der Derwisch, «aber wir haben auch innere Muskeln, die durch Ihre mechanischen Bewegungen überhaupt nicht erreicht werden.»

«Ja, zweifellos», sagte ich.

«Gut», fuhr der alte Mann fort, «kehren wir jetzt zurück zu der Art, wie Sie Ihre Nahrung kauen. Wenn Sie Ihrer Gesundheit oder anderer Ziele wegen auf diese Weise kauen, so muß ich Ihnen sagen – falls Sie meine aufrichtige Meinung wissen wollen –, daß Sie das schlechteste aller möglichen Mittel gewählt haben.

Indem Sie die Nahrung so gründlich kauen, verringern Sie die Arbeit Ihres Magens.

Im Augenblick sind Sie jung, und es geht alles gut; aber Sie gewöhnen Ihren Magen daran, nichts zu tun; und wenn Sie älter werden, verkümmern Ihre Muskeln nach und nach aus Mangel an natürlicher Übung.

Das wird zwangsläufig eintreten, wenn Sie bei Ihrem System des Kauens bleiben.

Sie wissen, daß unsere Muskeln und unser ganzer Körper im Alter schwächer werden. Sie werden allerdings im Alter außer der natürlichen Schwäche noch eine weitere haben, die Sie selbst verursachen, indem Sie Ihren Magen daran gewöhnen, nicht zu arbeiten.

Können Sie sich vorstellen, was daraus wird?

Sie sollten das genaue Gegenteil tun. In Ihrem Alter ist es besser, anstatt gründlich zu kauen, es überhaupt zu unterlassen; Sie sollten ganze Stücke hinunterschlucken, wenn möglich sogar Knochen, um dem Magen Arbeit zu geben.

Man sieht, daß diejenigen, die Ihnen dieses Kauen geraten haben, wie auch die, welche darüber Bücher schreiben, es nur irgendwo haben läuten hören, ohne zu wissen, woher der Ton kam.»

Diese einfachen, klaren und gleichzeitig sinnvollen Worte des alten Mannes veranlaßten mich, meine Meinung über ihn vollständig zu ändern.

Bislang hatte ich ihm aus Neugier Fragen gestellt, von jetzt an aber empfand ich starkes Interesse für ihn und folgte allen Erklärungen, die er mir gab, mit der größten Aufmerksamkeit.

Ich verstand plötzlich mit meinem ganzen Wesen, daß einige Ideen, die ich bisher als unbestreitbare Wahrheiten anerkannt hatte, falsch waren. Zuvor hatte ich nur eine Seite der Dinge gesehen.

Jetzt erschienen sie mir in einem ganz neuen Licht. Eine Unzahl von Fragen zu diesem Problem stiegen in mir auf.

In das Gespräch mit dem Derwisch vertieft, vergaßen Doktor Sari-Ogle und ich ganz unsere anderen Kameraden und übersetzten nicht länger, was gesagt wurde. Diese sahen, wie sehr wir interessiert waren, und unterbrachen uns von Zeit zu Zeit mit Fragen: «Wovon spricht er? Was hat er gesagt?», und jedesmal mußten wir sie vertrösten mit der Zusage, ihnen später alles eingehend zu berichten.

Als der Derwisch seine Aussagen über das *künstliche Kauen*, die verschiedenen Möglichkeiten der Nahrungsaufnahme und die gesetzmäßig automatische Umwandlung der Nahrung in uns beendet hatte, sagte ich zu ihm:

«Seien Sie so gütig, mein Vater, und erklären Sie mir, was Sie von *künstlicher Atmung* denken. Ich halte sie für nützlich und praktiziere sie nach den Anweisungen der Yogis: Ich atme die Luft ein, halte sie einige Augenblicke zurück und atme sie dann langsam aus. Sollte man das vielleicht auch nicht tun?»

Da der Derwisch sah, daß sich meine Haltung zu seinen Worten vollkommen geändert hatte, wurde er wohlwollender und erklärte folgendes:

«Schaden Sie sich schon mit Ihrer Art, die Nahrung zu kauen, so schaden Sie sich noch tausendmal mehr, indem Sie diese Atmungsweise praktizieren. Alle Atemübungen, die in Büchern zu finden sind oder die man in den heutigen esoterischen Schulen lehrt, können nur Schaden anrichten.

Das Atmen ist, wie jedermann mit gesundem Menschenverstand einsehen sollte, auch ein Ernährungsvorgang, allerdings mit einer anderen Art von Nahrung.

Die Luft, die in den Organismus eintritt und sich darin umwandelt, zerfällt genauso wie die gewöhnliche Nahrung in ihre Bestandteile, die neue Verbindungen bilden entweder untereinander oder mit den entsprechenden Elementen gewisser im Organismus schon vorhandener Substanzen – um so die unentbehrlichen Stoffe entstehen zu lassen, die bei den unaufhörlichen Lebensprozessen innerhalb des menschlichen Organismus fortwährend verbraucht werden.

Sie wissen, daß man, um eine neue Substanz zu erhalten, deren Bestandteile in einem bestimmten Verhältnis verbinden muß.

Nehmen wir das allereinfachste Beispiel.

Sie wollen Brot backen. Dazu müssen Sie zunächst Teig anrühren. Für den Teig braucht man Mehl und Wasser in einem genauen Verhältnis.

Nehmen Sie zu wenig Wasser, so erhalten Sie statt des Teigs etwas, das bei der geringsten Berührung zerbröckelt. Nehmen Sie zu viel Wasser, so entsteht ein Brei, den man nur zum Füttern von Vieh verwenden kann. Weder in dem einen Fall noch in dem anderen erhalten Sie Teig, woraus man Brot bäckt.

Das gleiche gilt für alle Substanzen, die der Organismus benötigt. Die Elemente, aus denen sie bestehen, müssen sich qualitativ wie auch quantitativ in einem genauen Verhältnis miteinander verbinden.

Wenn Sie auf gewöhnliche Weise atmen, atmen Sie mechanisch. Der Organismus entnimmt der Luft ohne Ihre Hilfe die Menge an Substanzen, die er braucht. Die Lungen sind so geschaffen, daß sie es gewohnt sind, mit einer bestimmten Luftmenge zu arbeiten. Wenn man aber die Luftmenge vergrößert, dann verändert sich die Zusammensetzung dessen, was durch die Lunge geht, und die inneren Vorgänge des Vermischens und des Sichausgleichens müssen sich unvermeidlich ebenfalls ändern.

Wer die Grundgesetze der Atmung nicht in allen Einzelheiten kennt, für den kann das künstliche Atmen nur zu einer vielleicht langsamen, jedoch unausweichlichen Selbstzerstörung führen.

Sie dürfen nicht vergessen, daß die Luft neben den für den Organismus nötigen Stoffen auch andere enthält, die für ihn unnütz und sogar schädlich sind. Künstliches Atmen, das heißt eine gewaltsame Änderung der natürlichen Atmung, läßt diese zahlreichen, für das Leben schädlichen Stoffe in den Organismus eindringen; gleichzeitig zerstört es das quantitative und qualitative Gleichgewicht der für ein normales Leben nützlichen Stoffe.

Die künstliche Atmung stört das Verhältnis zwischen der Nahrungsmenge, die wir der Luft entnehmen, und der Menge unserer anderen Nahrungen. Folglich muß man, wenn man den Luftanteil vergrößert oder vermindert, entsprechend auch den Anteil aller anderen Nahrungsarten vergrößern oder vermindern.

Um das richtige Gleichgewicht zu bewahren, müssen Sie Ihren gesamten Organismus von Grund auf kennen.

Aber kennen Sie sich so genau? Wissen Sie zum Beispiel, daß der Magen Nahrung nicht nur zur Ernährung braucht, sondern auch, weil er es gewöhnt ist, eine bestimmte Nahrungsmenge in sich aufzunehmen?

Wir essen vor allem, um unseren Geschmackssinn zu befriedigen und um die gewohnte Druckempfindung zu erhalten, die der Magen verspürt, wenn sich in ihm eine gewisse Nahrungsmenge befindet. In den Magenwänden verzweigen sich mobile Nerven, die beim Fehlen eines gewissen Druckes in Tätigkeit treten und die Empfindung hervorrufen, die wir Hunger nennen. Daher gibt es verschiedene Arten von Hunger: den körperlichen oder physischen Hunger und, sozusagen, den nervösen oder psychischen Hunger.

Alle unsere Organe arbeiten mechanisch, und in jedem Organ bildet sich gemäß seiner Natur und seinen Gewohnheiten ein besonderer Funktionsrhythmus. Die Funktionsrhythmen der verschiedenen Organe stehen zueinander in einer bestimmten Beziehung. Dadurch stellt sich im Organismus ein gewisses Gleichgewicht ein. Ein Organ hängt vom anderen ab. Alles ist verbunden.

Indem wir die Atmung künstlich verändern, verändern wir zunächst den Funktionsrhythmus der Lungen; da aber die Tätigkeit der Lungen unter anderem mit der des Magens zusammenhängt, wird auch der Funktionsrhythmus des Magens verändert, zuerst nur leicht, dann aber immer stärker.

Der Magen braucht für die Verdauung eine gewisse Zeit, sagen wir ungefähr eine Stunde. Wenn aber der Funktionsrhythmus des Magens verändert wird, verändert sich auch die Zeitspanne, während der die Nahrung im Magen bleibt. Zum Beispiel geht die Nahrung möglicherweise so rasch hindurch, daß der Magen nur einen kleinen Teil seiner Arbeit zu verrichten vermag. Das gleiche gilt für die anderen Organe.

Deshalb ist es tausendmal besser, nicht an unseren Organismus zu rühren; man sollte ihn lieber in dem Zustand lassen, in dem er ist, selbst wenn einiges gestört ist, als ihn zu reparieren versuchen, ohne zu wissen wie.

Ich wiederhole: Unser Organismus ist ein sehr komplizierter Apparat. Er umfaßt viele Organe, die alle verschieden rhythmisierte Prozesse und unterschiedliche Bedürfnisse haben. Sie müssen also entweder alles verändern oder nichts. Sonst wird Ihnen daraus statt Nutzen Schaden erwachsen.

Zahlreiche Krankheiten rühren von diesem künstlichen Atmen her. In vielen Fällen führt es zu einer Erweiterung des Herzens oder zu einer Zusammenziehung der Luftröhre, wenn nicht gar zur Schädigung von Magen, Leber, Nieren oder Nerven.

Es ist sehr selten, daß jemand, der künstliches Atmen praktiziert, seine Gesundheit nicht endgültig ruiniert; und dieser seltene Fall tritt nur ein, wenn er rechtzeitig damit aufhört. Wer sich lange Zeit mit künstlicher Atmung abgibt, leidet früher oder später an bedauernswerten Auswirkungen.

Nur wenn Sie jede kleine Schraube, jedes Rädchen Ihrer Maschine kennen, können Sie wissen, was Sie tun müssen. Aber wenn Sie fast nichts wissen und experimentieren, dann setzen Sie viel aufs Spiel, denn die Maschine ist sehr kompliziert. Es gibt viele kleine Schrauben, die durch einen starken Schock leicht brechen können – und nachher findet man sie in keinem Laden!

Und da Sie mich um meine Meinung gefragt haben, gebe ich Ihnen den Rat: Hören Sie mit Ihren Atemübungen auf.»

Unser Gespräch zog sich bis in die Nacht hin.

Beim Aufbruch – ich hatte zuvor mit dem Prinzen besprochen, was wir demnächst unternehmen würden – dankte ich dem Derwisch und sagte ihm, daß wir die Absicht hätten, ein oder zwei Tage länger in diesem Dorf zu bleiben, und ich fragte ihn, ob er uns gestatten würde, noch einmal mit ihm zu sprechen. Er willigte ein und fügte hinzu, daß wir, wenn wir wollten, am nächsten Tag nach dem Abendessen zu ihm kommen könnten.

Wir blieben in diesem Dorf nicht nur zwei Tage, wie vorgesehen, sondern eine ganze Woche, und jeden Abend gingen wir alle zu dem Derwisch und führten mit ihm lange Gespräche. Nach der Rückkehr berichteten Sari-Ogle und ich unseren Kameraden alles, was in diesen Gesprächen gesagt worden war.

Als wir ein letztes Mal zu dem Derwisch gingen, um ihm zu danken und uns zu verabschieden, wandte sich plötzlich, zu unserem großen Erstaunen, Ekim Bey an ihn und sagte in ehrerbietigem Ton, der für ihn ungewöhnlich war, auf persisch:

«Gütiger Vater! Während dieser Tage habe ich mich mit meinem ganzen Wesen davon überzeugt, daß Ihr tatsächlich...» Hier hielt er einen Augenblick inne, bat rasch Sari-Ogle und mich, ihn ungehindert sprechen zu lassen und ihn nur dann zu verbessern, wenn die Ausdrücke, die er gebrauche, in der örtlichen Sprache eine besondere Bedeutung hätten, die den Sinn seiner Worte entstellen könnte, und fuhr dann fort: «... daß Ihr tatsächlich der Mensch seid, den ich in letzter Zeit instinktiv gesucht habe, um ihm die Führung meiner inneren Welt anzuvertrauen, damit er den seit kurzem in mir entstandenen Kampf zwischen zwei ganz entgegengesetzten Bestrebungen regelt und neutralisiert. Zahlreiche Lebensumstände, die sich meiner Kontrolle entziehen, verbieten mir allerdings, hier in Eurer Nähe zu leben, wo ich in schwierigen Augenblicken zu Euch kommen könnte, um in Ehrfurcht auf Eure Hinweise und Ratschläge zu hören hinsichtlich der Art, wie ich leben sollte, um diesem quälenden inneren Kampf ein Ende zu setzen und um mich vorzubereiten, ein menschenwürdiges Dasein zu erreichen.

Deshalb bitte ich Euch, wenn es Euch möglich ist, es nicht abzulehnen, mir schon jetzt in wenigen Worten einige Hinweise zu geben auf die Lebensregeln, die einem Mann meines Alters angemessen sind.»

Auf diese unerwartete und fast feierliche Bitte Ekim Beys antwortete der persische Derwisch mit großer Genauigkeit und sehr ausführlich.

Seine Erklärungen werde ich nicht hier, in dieser zweiten Serie meiner Schriften, wiedergeben, weil ich meine, daß es für ernsthafte Leser meiner Werke verfrüht wäre und der richtigen Aufnahme meiner Ideen sogar schaden könnte, die zu wahrem Verständnis und nicht nur zu leerem Wissen führen sollen. Darum habe ich mit ruhigem Gewissen beschlossen, die Quintessenz dieser Anschauungen erst später darzulegen in einem geeigneten Kapitel der dritten Serie meiner Werke, das ich *Der physische Körper des Menschen, seine gesetzmäßigen Bedürfnisse und seine Äußerungsmöglichkeiten* nennen werde.

Früh am Morgen nach diesem letzten Besuch bei dem Derwisch machten wir uns wieder auf den Weg. Statt, wie zunächst geplant, in Richtung auf den Persischen Golf zu ziehen, gingen wir westwärts nach Bagdad, denn zwei von uns, Karpenko und Prinz Nidscheradse, waren an Fieber erkrankt, und ihr Zustand verschlimmerte sich von Tag zu Tag.

Wir erreichten Bagdad, wo wir einen Monat blieben, dann trennten wir uns. Jeder ging seine eigenen Wege: Prinz Lubowedsky, Jelow und Ekim Bey fuhren nach Konstantinopel; Karpenko, Nidscheradse und Pogossian wollten dem Euphrat stromaufwärts bis zu seiner Quelle folgen, dann die Berge überqueren und zur russichen Grenze gelangen. Dr. Sari-Ogle und ich vereinbarten, mit den anderen nach Persien zurückzukehren, diesmal in Richtung

Chorassan, und dort über die Fortsetzung unserer Expedition zu entscheiden.

Wie könnte ich – unter den vielen Erinnerungen – Ekim Beys Leidenschaft für alles, was Hypnose betraf, vergessen?

Sein Hauptinteresse gehörte jenen Erscheinungen, die man insgesamt die *Kraft des menschlichen Denkens* nennt und deren Erforschung einen besonderen Zweig der heutigen Wissenschaft der Hypnose bildet.

Er kam vor allem auf diesem Gebiet zu wirklich beispiellosen praktischen Ergebnissen. Durch die Versuche, die er an vielen Leuten durchführte, um die verschiedenen Erscheinungsformen der menschlichen Denkkraft unter allen Gesichtspunkten zu erforschen, galt er in seiner Umgebung als gefährlicher Magier und Zauberer.

Die Versuche, die er an Bekannten und Freunden machte, führten unter anderem dazu, daß manche Leute, die ihm zufällig begegnet waren oder nur von ihm gehört hatten, entweder Furcht vor ihm empfanden oder ihm gegenüber eine kriecherische Unterwürfigkeit bekundeten.

Meiner Ansicht nach rührte die Vorstellung, die sich seine Umgebung von ihm machte und die der Wirklichkeit in nichts entsprach, weder von seinem tiefen Wissen her noch von der außerordentlichen Entwicklung, zu der er seine inneren Kräfte geführt hatte, sondern einfach davon, daß er um eine Eigenschaft der Funktionsweise des Organismus wußte, die sich mit der Sklaverei der menschlichen Natur in Zusammenhang bringen läßt.

Diese Eigenschaft, die man in jedem gewöhnlichen Menschen findet, ganz gleich, welcher Gesellschaftsschicht er angehört und wie alt er ist, besteht darin, daß in dem Augenblick, da der Mensch an einen konkreten Gegenstand außerhalb seiner selbst denkt, seine Muskeln sich sogleich in Richtung auf den Gegenstand, zu dem seine Gedanken wandern, spannen oder zusammenziehen und sozusagen hinvibrieren.

Wenn er zum Beispiel an Amerika denkt und seine Gedanken sich in die Richtung wenden, wo seiner Vorstellung nach Amerika liegt, so vibrieren einige seiner Muskeln, besonders die feineren, dorthin, das heißt, sie spannen sich, als wollten sie in dieser Richtung Druck ausüben.

Nehmen wir an, das Denken eines Menschen sei auf den zweiten Stock eines Hauses gerichtet, während er sich im ersten Stock befindet, dann spannen sich gewisse Muskeln und richten sich sozusagen auf. Kurzum, die Ausrichtung des Denkens auf einen bestimmten Ort wird immer begleitet von einer Muskelspannung in der gleichen Richtung.

Diese Erscheinung zeigt sich bei allen Menschen, selbst bei denen, die sie kennen und mit allen ihnen zugänglichen Mitteln versuchen, sich ihr zu entziehen.

Jeder Leser hat wahrscheinlich schon einmal im Theater, im Zirkus oder an einer anderen Vergnügungsstätte gesehen, wie indische Fakire, Taschenspieler, Zauberkünstler und andere Besitzer der Geheimnisse des übernatürlichen Wissens die Leute mit ihren Zauberkunststücken verblüffen, indem sie versteckte Gegenstände finden oder eine Handlung erraten, deren Ausführung das Publikum von ihnen verlangt.

Wenn diese Zauberkünstler ihre «Wunder» vollbringen, halten sie einen Zuschauer an der Hand, der natürlich an die zuvor vom Publikum beschlossene Handlung denkt, und indem sie sich einfach von den unbewußten Zuckungen dieser Zuschauerhand leiten lassen, *erraten* sie, was man von ihnen fordert.

Wenn ihnen dieses Kunststück gelingt, so nicht etwa auf Grund okkulten Wissens, sondern allein weil sie das Geheimnis dieser Eigenschaft des Menschen kennen.

Wer es kennt, kann es ihnen gleichtun, wenn er sich nur ein wenig darin übt.

Mit Ausdauer und Übung kann man allemal erraten, was von einem verlangt wird. Man muß nur die Aufmerksamkeit auf die

Hand des anderen konzentrieren und ihre leichten, fast unmerklichen Bewegungen wahrnehmen können.

Weiß zum Beispiel der Zuschauer, daß der Zauberkünstler einen Hut, der auf dem Tisch liegt, nehmen soll, so wird er, selbst wenn er den Trick kennt und sich bemüht, an die Schuhe zu denken, die unter dem Sofa liegen, dennoch unbewußt an den Hut denken, und die Muskeln, die den Zauberkünstler interessieren, werden sich in diese Richtung spannen, denn sie hängen mehr vom Unterbewußtsein ab als vom Bewußtsein.

Wie gesagt, führte Ekim Bey derartige Experimente an seinen Freunden aus, um die menschliche Psyche genauer zu erforschen und so die Ursachen der hypnotischen Einflüsse zu bestimmen.

Unter den Experimenten, die er anstellte, um diese Aufgabe zu erfüllen, die er sich gestellt hatte, war ein höchst originelles, das den Laien mehr als alle Fakir-Tricks in Erstaunen versetzte.

Er ging folgendermaßen vor:

Auf ein kariertes Blatt Papier schrieb er in der Reihenfolge das ganze Alphabet und auf die unterste Zeile alle Zahlen von eins bis neun und die Null. Er hatte mehrere solche Blätter bereit, mit Alphabeten verschiedener Sprachen.

Er setzte sich an einen Tisch, legte eines der Alphabetblätter links vor sich hin und nahm mit der rechten Hand einen Bleistift. Dann setzte er zu seiner Linken eine freiwillige Versuchsperson, sagen wir, jemand, der die Zukunft gewahrsagt haben wollte, direkt vor das Alphabet. Mit der linken Hand ergriff er die rechte Hand der Versuchsperson und sagte ihr etwa folgendes:

«Zuerst wollen wir sehen, wie Sie heißen...»

Dann murmelte er langsam, als spräche er zu sich selbst: «Der erste Buchstabe Ihres Namens...», und dabei führte er die Hand der Person über das Alphabet.

Aufgrund der erwähnten menschlichen Eigenschaft machte die Hand, wenn sie zu dem Buchstaben kam, mit dem der Name anfing, eine unwillkürliche feine Zuckung.

Ekim Bey, der ihre Bedeutung kannte, bemerkte sie sofort und sagte:

«Der erste Buchstabe Ihres Namens...», und er nannte den Buchstaben, über dem die Hand gezittert hatte, und schrieb ihn in ein Notizbuch.

Indem er so fortfuhr, bekam er die Anfangsbuchstaben des Namens heraus und erriet danach den Rest; wenn er zum Beispiel die Buchstaben S, T und E erhalten hatte, schrieb er den Namen Stephan.

Dann sagte er:

«Sie heißen Stephan. Jetzt müssen wir herausfinden, wie alt Sie sind.» Und dabei führte er die Hand der Person über die Zahlen.

Danach erriet er, ob der Betreffende verheiratet war, wie viele Kinder er hatte, deren Namen, den Namen seiner Frau, den seines größten Feindes oder seines besten Freundes usw.

Nach mehreren dieser Wahrsageversuche waren seine Klienten so verdattert, daß sie alles auf der Welt vergaßen und Ekim Bey von sich aus alles sagten, was er wissen wollte. Er brauchte nur noch zu wiederholen, was man ihm angedeutet hatte. Ihre Hand loslassend, konnte er dann das phantastischste Zeug über ihre Zukunft erfinden, sie glaubten ihm jedes Wort und hingen mit Ehrfurcht an seinen Lippen.

Später erzählten alle, mit denen Ekim Bey dieses Experiment gemacht hatte, mit größter Aufrichtigkeit überall so phantastische Geschichten von seinen Kräften, daß den Zuhörern die Haare zu Berge standen.

So strahlte das Bild, das man sich vom Doktor Ekim Bey machte, bald im Nimbus eines Magiers. Selbst seinen Namen sprach man leise und mit einem Schauder aus.

Viele Leute, nicht nur Türken, sondern auch Ausländer, hauptsächlich Europäer, begannen, ihm zu schreiben und ihn mit den verschiedensten Anliegen zu belästigen. Einer bat ihn, ihm aus seiner Handschrift die Zukunft vorauszusagen, ein anderer, ihm bei einer unerwiderten Liebe zu helfen, ein dritter, ihn aus der Ferne von einer chronischen Krankheit zu heilen. Er erhielt Briefe von Paschas, Generälen, Offizieren, Mullas, Lehrern, Priestern, Kaufleuten und von Frauen jeden Alters, aber vor allem von jungen Mädchen aller Nationen.

Kurzum, er erhielt solche Stöße von Briefen mit allen möglichen Bitten, daß, wenn er jedem Bittsteller nur mit einem leeren Briefumschlag hätte antworten wollen, er mindestens fünfzig Sekretärinnen gebraucht hätte.

Als ich ihn einmal in Skutari auf dem Gut seines Vaters am Ufer des Bosporus besuchte, zeigte er mir viele dieser Briefe, und ich erinnere mich noch, wie wir angesichts der Naivität und Dummheit der Leute vor Lachen beinahe geplatzt wären.

Schließlich wurde er all dieser Bitten so überdrüssig, daß er sogar seine ärztliche Tätigkeit, die er sehr liebte, aufgab und die Orte verließ, wo man ihn kannte.

Ekim Beys tiefe Kenntnis der Hypnose und aller automatischen Eigenschaften der Psyche des gewöhnlichen Menschen erwies sich auf einer unserer Reisen als sehr nützlich, wo er uns aus einer schwierigen Lage, in die wir geraten waren, glücklich befreite.

Wir, Ekim Bey, ich und mehrere unserer Kameraden, befanden uns südlich von Kaschgar in der Stadt Yangihissar, von wo aus wir die Hochtäler des Hindukuschmassivs erforschen wollten. Wir gönnten uns, wie gewohnt, vor dem Weitermarsch eine längere Ruhepause, als Ekim Bey einen Brief von seinem Onkel erhielt, der ihm mitteilte, daß sein Vater in den letzten Monaten sehr gealtert sei und wahrscheinlich nicht mehr lange leben werde.

Diese Nachricht erschütterte Ekim Bey. Er beschloß, seine Reise abzubrechen und schnellstens in die Türkei zurückzukehren, um die noch verbleibende Zeit bei seinem geliebten Vater zu verbringen.

Da diese unaufhörlichen Wanderungen von Ort zu Ort bei fortwährender nervlicher Anspannung mich zu ermüden begannen und auch ich meine Eltern gern wiedersehen wollte, entschloß ich mich, die Expedition zu verlassen und Ekim Bey bis nach Rußland zu begleiten.

Wir verabschiedeten uns von den Kameraden und zogen durch Irkeschtam in Richtung Rußland.

Nach allen möglichen Abenteuern und vielen großen Schwierigkeiten – wir nahmen nicht die normalen Wege, die von Kaschgar alle nach Osch führen – erreichten wir die Stadt Andischan im Fergana.

Wir hatten unterwegs beschlossen, die Gelegenheit auszunutzen und in dieser einst bedeutenden Gegend die Ruinen mehrerer alter Städte zu besichtigen, von denen wir viel gehört hatten und die wir aufgrund logischer Folgerungen aus verschiedenen geschichtlichen Angaben zu finden hofften.

Dadurch wurde unsere Reise sehr viel länger, wir kamen aber schließlich in der Nähe der Stadt Andischan auf die übliche Straße zurück.

Als wir in Margilan unsere Eisenbahnfahrkarten nach Krasnowodsk gekauft hatten und schon im Zug saßen, entdeckten wir zu unserer großen Besorgnis, daß wir für den Rest der Reise kein Geld mehr hatten, nicht einmal genug, um am nächsten Tag essen zu können. Außerdem war unsere Kleidung auf der langen Wanderung so schäbig geworden, daß wir uns in der Öffentlichkeit nicht mehr sehen lassen konnten. Wir brauchten also auch Geld, um uns neu einzukleiden.

Wir beschlossen daher, nicht bis nach Krasnowodsk zu fahren, sondern in Tscherniawo den Zug nach Taschkent zu nehmen, einer Großstadt, wo wir uns telegraphisch Geld schicken lassen und uns in der Zwischenzeit recht und schlecht durchschlagen konnten.

In Taschkent nahmen wir ein billiges Zimmer in einem Hotel nicht weit vom Bahnhof und sandten sofort unser Telegramm ab. Da wir danach keinen roten Heller mehr hatten, gingen wir auf den

Trödelbasar, um all das zu verkaufen, was uns noch verblieb: Gewehre, Uhren, Schrittzähler, Kompaß, Landkarten, kurzum alles, was wir irgendwie zu Geld machen konnten.

Am Abend sprachen wir, durch die Straßen schlendernd, erregt über unsere Situation, wobei wir uns fragten, ob der, dem wir telegraphiert hatten, überhaupt zu Hause sei und ob er auf den Gedanken komme, das Geld umgehend zu schicken, und ohne es zu merken, gelangten wir nach Alt-Taschkent.

Wir setzten uns in ein sartisches Tschaichane und überlegten weiter, was wir tun würden, wenn das Geld verspätet einträfe. Nach Abwägung verschiedener Möglichkeiten beschlossen wir, daß Ekim Bey sich als indischer Fakir und ich mich als Schwertschlucker ausgeben würde sowie als ein Phänomen, das jede Menge giftiger Stoffe hinunterzuschlucken vermochte. Und wir machten darüber allerlei Witze.

Am nächsten Morgen gingen wir als erstes zur Geschäftsstelle einer Taschkenter Zeitung, in das Büro für Kleinanzeigen, wo man auch Aufträge für alle möglichen Plakate annahm.

Dort saß ein sehr sympathischer jüdischer Angestellter, der erst kürzlich aus Rußland gekommen war. Wir plauderten etwas mit ihm und gaben bei ihm Inserate für alle drei Taschkenter Zeitungen in Auftrag sowie ein großes Plakat, das die Ankunft eines indischen Fakirs ankündigte – ich erinnere mich nicht mehr, welchen Namen wir gewählt hatten, vielleicht Ganez oder Ganzin –, der am folgenden Abend in der Festhalle zusammen mit seinem Assistenten Salakan eine Vorführung hypnotischer Experimente und anderer übernatürlicher Erscheinungen geben werde.

Der Angestellte übernahm es, die polizeiliche Genehmigung zu der Plakataktion einzuholen, und tags darauf zogen in Neu- wie in Alt-Taschkent sensationelle Plakate den Blick der Passanten auf sich.

Inzwischen hatten wir zwei Arbeitslose aufgetrieben, die aus dem Inneren Rußlands gekommen waren. Wir schickten sie zur

Säuberung in einen Hammam und nahmen sie dann mit in unser Hotel, um sie für hypnotische Vorführungen vorzubereiten.

Wir brachten sie schließlich in einen solchen Hypnosezustand, daß wir ihnen am Vorführungsabend große Nadeln unter die Haut der Brust stecken, den Mund zunähen oder auch, nachdem wir sie zwischen zwei Stühle gelegt hatten, den Kopf auf den einen und die Fersen auf den anderen Stuhl, enorme Gewichte auf den Bauch setzen konnten; danach durfte jeder Zuschauer, der es wollte, herantreten und ihnen ein Haar auszupfen.

Was aber die Wissenschaftler, Ärzte und Juristen dort am meisten erstaunte, war, daß Ekim Bey dank dem Verfahren, das ich schon beschrieben habe, ihren Namen oder ihr Alter erraten konnte.

Kurz gesagt, am Ende der ersten Vorführung war nicht nur unsere Kasse voll, sondern wir erhielten auch Hunderte von Einladungen zum Abendessen. Und was für Blicke uns die Frauen zuwarfen, darüber will ich lieber gar nicht sprechen.

Drei Abende hintereinander gaben wir diese Vorführungen, und da die Einnahmen weit größer waren als das, was wir benötigten, reisten wir schleunigst ab, um die lästigen Bewunderer loszuwerden.

Während ich dieses Kapitel schreibe, das die Erinnerung an unsere verschiedenen Expeditionen und Wanderungen durch Asien neu belebt hat, muß ich an die sonderbare Vorstellung denken, die die meisten Europäer von diesem Kontinent haben.

Da ich nun schon seit fünfzehn Jahren ununterbrochen im Westen lebe und mit Menschen aller Nationen ständig in Verbindung stehe, bin ich zu dem Schluß gekommen, daß keiner hier weiß oder auch nur ahnt, was Asien ist.

Die meisten Leute in Europa und Amerika bilden sich ein, daß Asien ein Kontinent von unbestimmter Größe am Rande Europas ist, von Volksstämmen bewohnt, die noch als Wilde oder bestenfalls als Halbwilde leben und zufällig dorthin gerieten.

Die Vorstellung, die man sich im Westen von seiner Größe macht, ist völlig unklar. Seine Gebiete vergleicht man ohne weiteres mit europäischen Ländern und vermutet nicht einmal, daß der Kontinent Asien so groß ist, daß er mehrere Europas umfassen könnte und daß er bedeutende Völkerschaften aufweist, von denen nicht nur die Europäer, sondern auch die Asiaten selbst noch nie gehört haben.

Außerdem haben diese «wilden Stämme» schon seit langem auf dem Gebiet der Medizin, der Astrologie, der Naturwissenschaften und so weiter ohne Spitzfindigkeiten und ohne hypothetische Erklärungen einen Grad der Vervollkommnung erreicht, zu dem die europäische Zivilisation vielleicht erst in mehreren Jahrhunderten gelangen wird.

PIOTR KARPENKO

Piotr Karpenko, ein Jugendfreund, der später durch seine Leistungen und nicht nur dank eines Diploms ein hervorragender Geologe wurde, ist heute nicht mehr unter den Lebenden... Möge ihm das Himmelreich beschieden sein!

Um die Hauptmerkmale von Piotr Karpenkos Individualität zu schildern und um zugleich dem Ziel zu entsprechen, das ich mir für diese Serie meiner Schriften gesetzt habe – das heißt, damit der Leser in diesem Kapitel lehrreiches und wirklich nützliches Material findet –, genügt es, glaube ich, wenn ich die Umstände beschreibe, unter denen wir Freunde wurden, und danach einige Ereignisse der Expedition erzähle, auf der ihm durch die Fügung des Schicksals jenes Unglück zustieß, das zu seinem frühzeitigen Tod führte.

Unsere Freundschaft begann, als wir noch Jungen waren.

Übrigens will ich alles, was zwischen uns geschah, möglichst eingehend darstellen, denn es könnte sehr wohl gewisse Seiten der

Psyche «junger Taugenichtse» beleuchten – aus denen später mitunter bemerkenswerte Menschen werden.

Wir wohnten damals in der Stadt Kars, wo ich zu den Chorknaben der Festungskirche gehörte.

Ich muß zunächst sagen: Seit mein Lehrer Bogatschewsky Kars verlassen hatte und mein erster Lehrer, Vater Borsch, wegen Krankheit auf Urlaub gegangen war, vermißte ich diese beiden Männer sehr, die für mich wirklich maßgebend waren; und da man in meiner Familie davon sprach, in nächster Zeit nach Alexandropol zurückzukehren, hatte ich keine Lust mehr, in Kars zu bleiben, und träumte davon, nach Tiflis zu gehen, um in den Bistumschor einzutreten – ein Vorschlag, den man mir des öfteren gemacht hatte und der meiner jugendlichen Eigenliebe sehr verlockend und schmeichelhaft erschien.

Zu einer Zeit, da solche Träume noch den Schwerpunkt meines Denkens bildeten, das gerade angefangen hatte, sich zu entwickeln, kam eines frühen Morgens ein Chorsänger der Festungskirche zu mir gelaufen, ein Soldat der Intendantur, der mein Freund geworden war dank guter Zigaretten, die ich ihm bisweilen mitbrachte und die ich, wie ich gestehen muß, aus dem Etui meines Onkels stibitzte. Ganz außer Atem sagte er mir, er habe zufällig ein Gespräch zwischen dem Festungskommandanten, General Fadeiew, und dem Chef der berittenen Polizei mitangehört, bei dem es um Verhaftung und Verhör mehrerer Personen gegangen sei in einer Angelegenheit, die den Artillerieschießplatz betreffe; und mein Name sei unter den Verdächtigen erwähnt worden.

Diese Nachricht beunruhigte mich sehr, denn ich hatte in bezug auf den Schießplatz etwas auf dem Kerbholz; daher beschloß ich, um Unannehmlichkeiten zu vermeiden, meine Abreise nicht hinauszuschieben, und verließ Kars gleich am nächsten Tag.

Dieser Vorfall auf dem Schießplatz, dessentwegen ich mich gezwungen sah, die Stadt schleunigst zu verlassen, war die Ursache meiner Freundschaft mit Piotr Karpenko.

In Kars und Alexandropol hatte ich damals viele Freunde, gleichaltrige wie auch um mehrere Jahre ältere.

Unter den ersteren war ein sehr sympathischer Junge, der Sohn eines Wodka-Fabrikanten. Er hieß Riausow oder Riaïsow, ich erinnere mich nicht mehr genau. Er lud mich oft zu sich ein, und manchmal besuchte ich ihn auch unerwartet.

Seine Eltern verwöhnten ihn sehr. Er hatte sein eigenes Zimmer, wo wir bequem unsere Aufgaben machen konnten. Auf seinem Schreibtisch stand fast immer ein Teller mit frischem Blätterteiggebäck, das ich damals sehr schätzte. Aber das Wichtigste war vielleicht, daß er eine Schwester hatte von zwölf oder dreizehn Jahren, die oft in sein Zimmer kam, wenn ich da war.

Zwischen uns entstand eine Freundschaft, und ohne es zu merken, verliebte ich mich in sie. Auch schien es, daß ich ihr nicht gleichgültig geblieben war... So begann eine stumme Romanze.

Ein anderer meiner Freunde, der Sohn eines Artillerieoffiziers, besuchte auch oft diese Familie. Er lernte wie wir zu Hause, um sich auf eine besondere Schule vorzubereiten, denn er war wegen leichter Schwerhörigkeit auf dem einen Ohr nicht in das Kadettenkorps aufgenommen worden.

Dies war Piotr Karpenko. Auch er war in die kleine Riausow verliebt, und sie schien ihm gleichfalls gewogen zu sein.

Zu ihm war sie nett, weil er ihr oft Süßigkeiten und Blumen brachte, und zu mir, weil ich gut Gitarre spielte und auf Taschentüchern, die sie bestickte, geschickt Zeichnungen ausführte, die sie nachher als ihre eigenen ausgab.

So waren wir beide in dieses Mädchen verliebt, und allmählich flammte in unseren Herzen das Feuer der Eifersucht auf.

Eines Abends nach dem Gottesdienst in der Kirche, bei dem diese «Herzensbrecherin» anwesend war, erfand ich eine glaubwürdige Entschuldigung und erhielt vom Chorleiter die Erlaubnis, etwas früher weggehen zu dürfen, denn ich wollte sie am Ausgang abpassen und nach Hause begleiten.

Am Kirchenportal stieß ich auf meinen Nebenbuhler.

Von Haß aufeinander erfüllt, geleiteten wir jedoch wie echte Ritter unsere «Dame» nach Hause.

Nachdem wir sie aber verlassen hatten, konnte ich mich nicht länger zurückhalten, und indem ich um irgend etwas einen Streit vom Zaun brach, versetzte ich ihm eine tüchtige Tracht Prügel.

Am folgenden Abend ging ich mit einigen Kameraden wie gewöhnlich zum hölzernen Kampanile der Kirche.

Damals gab es innerhalb der Umfriedung der Festungskirche noch keinen wirklichen Glockenturm. Dieser wurde gerade erst gebaut, und die Glocken hingen in einer provisorischen Holzkonstruktion mit hohem Dach, die einem achteckigen Pavillon ähnelte.

Der Raum zwischen dem Dach und den Balken, an denen die Glocken hingen, beherbergte unseren «Klub». Dort trafen wir uns fast jeden Tag, und während wir rittlings auf den Balken oder der schmalen Mauerbank unter dem Dach saßen, rauchten wir, erzählten Anekdoten und machten manchmal sogar unsere Schularbeiten.

Als später der steinerne Glockenturm fertiggestellt und die Glokken dorthin gebracht worden waren, schenkte die russische Regierung den provisorischen Kampanile der neuen griechischen Kirche, die man damals baute, und seitdem dient er dieser Kirche als Glockenturm.

An jenem Abend traf ich im Klub außer den zehn ständigen Mitgliedern meinen Freund Petia aus Alexandropol, der zu Besuch nach Kars gekommen war – er war der Sohn des Postinspektors Kerensky, der später zu den Offizieren gehörte, die im russisch-japanischen Krieg umkamen –, und einen Jungen aus dem griechischen Viertel von Kars, mit dem Spitznamen Fechi, dessen wirklicher Name Chorkanidi war und der hernach viele Schulbücher verfaßte. Er hatte selbstgebackenes griechisches Halwa mitgebracht als Geschenk seiner Tante für die Chorknaben, deren Gesänge sie oft zutiefst gerührt hätten.

Da saßen wir nun, aßen Halwa, rauchten und plauderten, als Piotr Karpenko mit einer Augenbinde in Begleitung zweier anderer russicher Jungen auftauchte, die nicht Mitglieder unseres «Klubs» waren. Er kam auf mich zu und forderte eine «Erklärung» für die Beleidigung vom Vortage.

Da er einer jener Jugendlichen war, die viel Gedichte lesen und sich gern in hochgestochener Sprache ausdrücken, produzierte er einen längeren Redeschwall, den er plötzlich mit der folgenden kategorischen Aussage beendete: «Die Erde ist für uns beide zu klein, deshalb muß einer von uns sterben.»

Als ich diese bombastische Tirade hörte, bekam ich Lust, ihm diese Flausen mit geballten Fäusten auszutreiben. Aber meine Freunde versuchten, mir gut zuzureden, und sagten, daß nur Leute, die noch nicht von der heutigen Kultur berührt worden seien, wie zum Beispiel die Kurden, ihre Meinungsverschiedenheiten auf diese Weise austrügen und daß achtbare Menschen kultiviertere Methoden gebrauchten. Diese Worte kitzelten meinen Stolz, und um nicht als Wilder oder Feigling zu gelten, ließ ich mich auf eine ernsthafte Diskussion über den Vorfall ein.

Nach langem Streiten, das wir damals Debatte nannten, stellte sich heraus, daß einige Jungen auf meiner Seite waren und andere auf der Seite meines Gegners. Zeitweise ging diese Debatte in ohrenbetäubenden Lärm über und drohte manchmal sich zu einem Drama auszuwachsen, denn wir waren gefährlich nahe daran, uns gegenseitig vom Kampanile hinunterzustoßen. Schließlich wurde beschlossen, daß wir uns duellieren sollten.

Darauf entstand die Frage: Woher Waffen nehmen?... Es war unmöglich, irgendwo Pistolen oder Schwerter aufzutreiben.

Von da an konzentrierten sich alle unsere Gefühle, deren Aufgeregtheit schon ein Höchstmaß erreicht hatte, auf die Suche nach einer Lösung dieses neuen Problems.

Unter uns war ein gewisser Turtschaninow, der eine kreischende Stimme hatte und den wir alle äußerst komisch fanden.

Während wir überlegten, was wir tun sollten, rief er plötzlich mit seiner quiekenden Stimme: «Wenn es schwierig ist, Pistolen aufzutreiben, so ist nichts leichter, als sich Kanonen zu beschaffen!»

Alle lachten, wie immer, wenn er den Mund auftat.

«Warum lacht ihr denn, Teufelsbande!» erwiderte er. «Es ist durchaus möglich, für euren Zweck Kanonen zu verwenden. Es hat nur einen Nachteil. Ihr habt beschlossen, daß einer von euch sterben soll, aber in einem Duell mit Kanonen könntet ihr beide umkommen. Wenn ihr damit einverstanden seid, ein solches Risiko auf euch zu nehmen, dann ist mein Vorschlag die einfachste Sache von der Welt.»

Dann schlug er vor, wir sollten beide auf den Schießplatz gehen, wo die Artillerieübungen abgehalten wurden, und uns unbemerkt irgendwo zwischen den Geschützen und den Zielscheiben hinlegen, um dort unser Urteil abzuwarten. Derjenige von uns beiden, der von einem Granatsplitter getötet würde, sei vom Schicksal verdammt worden.

Wir alle kannten den Artillerieschießplatz sehr gut.

Er lag nicht weit entfernt am Fuß der Berge, die die Stadt umschlossen. Es war ein recht umfangreiches, hügeliges Gebiet, fünfzehn bis zwanzig Quadratkilometer groß, dessen Betreten zu bestimmten Zeiten des Jahres während der Schießübungen strengstens verboten war und das von allen Seiten bewacht wurde.

Wir gingen oft dorthin, hauptsächlich nachts, auf Betreiben von zwei großen Strolchen namens Aiwasow und Denisenko, die einen gewissen Einfluß auf uns hatten, um die nach den Explosionen über das Gelände verstreuten Kupferteile der verschossenen Granaten und das Kartätschenblei zu sammeln oder, genauer gesagt, zu stehlen und es anschließend zu einem guten Preis nach Gewicht zu verkaufen.

Obgleich es streng verboten war, Granatenreste zu sammeln, geschweige denn zu verkaufen, brachten wir es allemal fertig, in

Mondnächten aktiv zu werden, wobei wir die Augenblicke ausnützten, in denen die Wachen der Sicherheitskette in ihrer Wachsamkeit nachließen.

Als Ergebnis einer weiteren Debatte, die Turtschaninows Vorschlag auslöste, wurde kategorisch beschlossen, dieses Projekt gleich am nächsten Tag auszuführen.

Gemäß den Vereinbarungen der *Sekundanten* – auf meiner Seite Tschemuranwo, Kerensky und Chorkanidi, und auf der Seite meines Rivalen Ornitopulo und die zwei fremden Jungen, die er mitgebracht hatte – sollten wir uns bei Sonnenaufgang, bevor die Schießübungen begonnen hätten, auf das Gelände schleichen und uns ungefähr hundert Meter vor den Zielscheiben, in gewisser Entfernung voneinander, in ein Granatloch legen, wo uns niemand sehen könne, um dort bis zur Dämmerung zu bleiben. Wer dann noch am Leben sei, könne aufbrechen und gehen, wohin er wolle.

Die Sekundanten beschlossen auch, sich den ganzen Tag in der Nähe des Schießplatzes am Ufer des Flusses Kars-Tschai aufzuhalten und uns am Abend in unseren Löchern aufzusuchen, um das Ergebnis des Duells zu erfahren. Sollte einer von uns oder wir beide nur verwundet sein, so würden sie das Nötige veranlassen; und wenn wir tot sein sollten, dann würden sie die Geschichte verbreiten, daß wir Kupfer und Blei gesammelt hätten, ohne zu wissen, daß an diesem Tage Schießübungen stattfanden, und so «liquidiert» worden seien.

Am nächsten Morgen machte sich unsere ganze Gesellschaft bei Tagesanbruch auf den Weg zum Kars-Tschai.

Als wir dort ankamen, wurde uns unser Proviantteil ausgehändigt, dann führten uns zwei Sekundanten auf das Gelände, wo wir uns in getrennte Granattrichter legten. Die Sekundanten kehrten zu den anderen am Fluß zurück und verbrachten die Zeit mit Angeln.

Bis dahin hatte alles mehr wie ein Scherz ausgesehen; als aber das Schießen begann, gab es nichts mehr zu lachen. Ich weiß nicht, in welcher Form und Reihenfolge die subjektiven Erfahrungen und Gedankenassoziationen meines Nebenbuhlers abliefen, aber ich weiß genau, was zu Beginn des Schießens in mir vor sich ging. Was ich empfand und fühlte, als die Granaten zu fliegen und über meinen Kopf zu explodieren begannen, daran erinnere ich mich noch heute, als wäre es gestern gewesen.

Zunächst war ich ganz betäubt, aber bald nahm die Intensität der Gefühle, die auf mich einströmten, und das logische Vergleichsvermögen in solchem Maße zu, daß ich den Eindruck hatte, in jedem Augenblick mehr zu denken und zu erleben als sonst in einem ganzen Jahr.

Gleichzeitig verspürte ich zum ersten Mal eine *vollständige Empfindung meiner selbst,* die immer stärker wurde, und ich sah ein, daß ich mich durch meinen Leichtsinn in eine Lage begeben hatte, in der ich alle Aussichten hatte, vernichtet zu werden, denn in jenem Augenblick erschien mir mein Tod unvermeidlich.

Eine instinktive Angst vor dieser Unvermeidlichkeit bemächtigte sich meines ganzen Wesens derart, daß die Wirklichkeit um mich herum zu verschwinden schien und nur ein unbesiegbares animalisches Entsetzen zurückblieb.

Ich erinnere mich, daß ich versuchte, mich so klein wie möglich zu machen, und mich in eine Furche im Boden vergrub, um nichts zu hören und an nichts zu denken.

Ein Zittern, das durch meinen ganzen Körper ging, steigerte sich allmählich zu erschreckender Intensität, als ob jede Zelle selbständig vibrierte; trotz des Krachens der Kanonen hörte ich meinen Herzschlag sehr deutlich, und meine Zähne klapperten so stark, daß es mir schien, als würden sie jederzeit abbrechen.

Übrigens möchte ich hier darauf hinweisen, daß gerade dieser Vorfall in meiner Jugend zum erstenmal gewisse Grundlagen in mir entstehen ließ – die später dank der bewußten Einwirkung einiger normal erzogener Menschen, mit denen ich in Verbindung kam, feste Formen annahmen – Grundlagen, die mich immer daran hinderten, mich von Problemen beunruhigen zu lassen, bei denen nur mein persönlicher Vorteil auf dem Spiel stand, und die es mir erlaubten, nur echte Ängste zu empfinden und zu dulden, wobei ich durchaus fähig blieb, ohne mich fortreißen oder täuschen zu lassen, mich in die Lage eines anderen zu versetzen und mit ganzem Wesen die Angst zu verstehen, die er empfindet.

Ich erinnere mich nicht, wie lange ich in diesem Zustand blieb. Ich kann nur sagen, daß unser sehr großer, unerbittlicher und unsichtbarer Meister, die Zeit, auch in diesem Falle, wie immer und in allem, seine Rechte geltend macht und daß ich mich schließlich an diese innere Prüfung wie auch an das Donnern der Kanonen und das Platzen der Granaten um mich herum gewöhnte.

Allmählich verschwanden auch die quälenden Gedanken über die Möglichkeit meines tragischen Endes.

Das Schießen bestand wie üblich aus mehreren Salvenfolgen, die von Zeit zu Zeit unterbrochen wurden, aber es war unmöglich, während dieser Unterbrechungen zu fliehen, vor allem wegen der Gefahr, den Wächtern in die Hände zu fallen.

So blieb mir nichts anderes übrig, als ruhig liegenzubleiben.

Nachdem ich etwas gegessen hatte, schlief ich sogar, ohne es zu merken, ein. Offensichtlich brauchte mein Nervensystem nach der intensiven Tätigkeit, die es hatte bewältigen müssen, dringend Ruhe.

Ich weiß nicht, wie lange ich schlief, aber als ich erwachte, war alles still um mich herum, und die Nacht brach herein.

Als ich ganz wach war und begriff, aus welchen Gründen ich mich an diesem Ort befand, überzeugte ich mich zunächst mit unbändiger Freude, daß ich unversehrt war.

Erst als diese egoistische Freude sich gelegt hatte, erinnerte ich mich und fing an, mir um meinen Gefährten im Unglück Sorgen zu machen. Ich verließ lautlos mein Loch, schaute mich um, sah niemanden und kroch zu der Stelle, wo er sein mußte.

Als ich ihn bewegungslos liegen sah, war ich sehr bestürzt,

dachte aber, ja war sogar ganz sicher, daß er einfach eingeschlafen sei.

Aber plötzlich bemerkte ich Blut an seinem Bein und verlor den Kopf, all der Haß vom Vortag verwandelte sich in Mitleid.

Der Schrecken, den ich jetzt empfand, stand dem in nichts nach, den ich ein paar Stunden zuvor erlebt hatte, als ich um mein eigenes Leben zitterte. Ich hockte wie versteinert da, weiterhin instinktiv bemüht, nicht gesehen zu werden.

Ich war noch immer in dieser Stellung, als die Sekundanten auf allen vieren zu mir herangekrochen kamen.

Da sie mich den ausgestreckten Karpenko auf so seltsame Weise betrachten sahen und dann ihrerseits das Blut an seinem Bein bemerkten, ergriff sie die gleiche Angst, und wie gelähmt starrten sie ihn an.

Wie sie mir später erzählten, waren auch sie völlig überzeugt, daß er tot war.

In unsere reglose und gleichsam hypnotisierte Gruppe kam wieder Leben, als Kerensky, der, um Karpenko zu beobachten, zu lange in einer unbequemen Stellung verharrt hatte, plötzlich an seinem Hühnerauge einen heftigen Schmerz spürte, und als er ein wenig vorrückte, um die Stellung zu ändern, bemerkte er deutlich, daß der Saum von Karpenkos Mantel sich in regelmäßigen Abständen bewegte. Um sicherzugehen, schlich er näher zu ihm, und als er überzeugt war, daß Karpenko atmete, verkündete er es uns durch einen Schrei. Wieder zu uns kommend, krochen auch wir näher heran.

Sobald wir über sein Schicksal Gewißheit hatten, begannen wir – die wir einen Augenblick zuvor noch stumm und wie gelähmt waren – auf der Stelle um den bewegungslosen Karpenko herum zu beraten, was wir tun sollten, wobei wir uns ständig ins Wort fielen. Plötzlich hoben wir Karpenko in stillschweigendem Einvernehmen auf unsere zu einer Trage verschränkten Arme und trugen ihn zum Fluß Kars-Tschai.

In den Ruinen einer alten Ziegelfabrik hielten wir an, machten aus unseren Kleidungsstücken rasch ein behelfsmäßiges Bett, legten Karpenko darauf und untersuchten seine Wunde. Es stellte sich heraus, daß nur ein Bein von einem Schrapnell gestreift worden war und daß die Wunde nicht gefährlich war.

Da Karpenko noch immer bewußtlos war und keiner wußte, was wir tun sollten, lief einer von uns in die Stadt zu einem unserer Freunde, einem Krankenpfleger, der auch Mitglied des Kirchenchors war, während die anderen die Wunde auswuschen und verbanden.

Der Krankenpfleger traf mit seinem Wägelchen bald ein, und wir erklärten ihm, das Unglück wäre passiert, während wir Kupfer sammelten, ohne zu wissen, daß Schießübungen stattfanden.

Nachdem er die Wunde untersucht hatte, sagte er, daß sie nicht gefährlich sei und daß die Ohnmacht auf den Blutverlust zurückzuführen sei. Sobald er ihm Riechsalz verabreicht hatte, kam der Verletzte zu sich.

Natürlich baten wir den Krankenpfleger, er möge mit niemandem über die Umstände des Unfalls sprechen; denn wir könnten angesichts des ausdrücklichen Verbotes, den Schießplatz zu betreten, in große Schwierigkeiten geraten.

Karpenko, der wieder bei Bewußtsein war, schaute von einem zum anderen, und als sein Blick auf mir länger ruhte als auf den anderen und er lächelte, bewegte sich etwas in mir, und mich ergriff Reue und Mitleid. Von diesem Augenblick an empfand ich für ihn die gleichen Gefühle wie für einen Bruder.

Wir trugen ihn nach Hause und erzählten seiner Familie, daß er auf dem Weg zum Fischen in einer Schlucht von einem Felsblock, der sich gelöst habe, am Bein verletzt worden sei.

Seine Eltern glaubten unsere Geschichte, und ich erhielt die Erlaubnis, bis zu seiner Genesung die Nächte an seinem Bett zu verbringen. Solange er zu schwach war, um aufzustehen, war ich sein Krankenpfleger, und während dieser ganzen Zeit sprachen wir über vielerlei Dinge. So fing unsere enge Freundschaft an.

Was die Liebe zu unserer Dame betrifft, so hatte sie sich bei Karpenko wie auch bei mir unversehens verflüchtigt.

Bald nach seiner Genesung brachten ihn seine Eltern nach Rußland, wo er später sein Examen bestand und auf einer technischen Hochschule studierte.

Nach diesem Vorfall sah ich ihn mehrere Jahre lang nicht, bekam aber regelmäßig zu meinem Namens- und zum Geburtstag einen langen Brief von ihm, in dem er zunächst immer sein inneres und äußeres Leben ausführlich schilderte und mich dann nach meiner Meinung fragte zu Problemen, die ihn interessierten, hauptsächlich zu religiösen Themen.

Seine ernsthafte Begeisterung für unsere gemeinsamen Ideen zeigte sich erstmals sieben Jahre nach dem Duell, das ich beschrieben habe.

Als er eines Sommers in der Postkutsche – damals gab es dort noch keine Eisenbahn – nach Kars reiste und erfuhr, daß ich in Alexandropol war, unterbrach er seine Fahrt, um mich zu besuchen.

Ich war nach Alexandropol gegangen, um in der Einsamkeit und ungestört einige praktische Versuche auszuführen in Hinsicht auf ein Problem, das mich damals besonders interessierte, nämlich das des Einflusses von Tonschwingungen auf die Menschen wie auch auf alle anderen Lebensformen.

An dem Tag, da er ankam, schlug ich ihm nach dem Mittagessen vor, er solle mich in den großen Stall begleiten, den ich in ein Laboratorium umgewandelt hatte, wo ich fast meine ganze Zeit verbrachte. Bei der Beobachtung meiner Arbeit erwachte in ihm ein solches Interesse an all dem, was ich machte, daß er, als er an jenem Tag nach Kars weiterfuhr, um seine Familie zu besuchen, beschloß, in drei Tagen zurückzukommen.

Er blieb fast den ganzen Sommer bei mir und besuchte nur gelegentlich für ein oder zwei Tage seine Familie in Kars.

Am Ende des Sommers kamen mehrere Mitglieder unserer

kürzlich gebildeten Gruppe der Wahrheitssucher zu mir nach Alexandropol. Wir wollten in den Ruinen von Ani, der alten Hauptstadt Armeniens, Ausgrabungen durchführen.

Auf dieser Expedition schloß sich Karpenko uns zum ersten Mal an, und durch den wochenlangen Kontakt mit verschiedenen Mitgliedern unserer Gruppe wurde er allmählich in die Gedankenwelt, die uns fesselte, hineingezogen.

Als unsere Ausgrabungen beendet waren, kehrte er nach Rußland zurück, wo er bald ein Bergbauingenieur-Diplom erwarb. Ich sah ihn dann drei Jahre lang nicht mehr, aber wir blieben brieflich miteinander in Verbindung. Karpenko korrespondierte während dieser Zeit auch mit anderen Mitgliedern der Gruppe der Wahrheitssucher, mit denen er sich befreundet hatte.

Nach Ablauf dieser drei Jahre wurde er ein Vollmitglied unserer originellen Gesellschaft und nahm von da ab an mehreren unserer großen Expeditionen in Asien und Afrika teil.

Während einer dieser Expeditionen, deren Ziel es war, von Pamir aus den Himalaya bis nach Indien zu durchqueren, ereignete sich der tragische Unfall, der zu seinem vorzeitigen Tod führte.

Von Anfang an waren wir auf große Schwierigkeiten gestoßen.

Als wir die nordwestlichen Hänge des Himalaya erreichten, begrub uns, während wir einen steilen Bergpaß überquerten, eine große Lawine unter Schnee und Eis.

Wir hatten größte Mühe, uns daraus zu befreien. Unglücklicherweise fehlten zwei von uns; wir gruben sie in aller Eile aus, aber sie waren schon tot.

Einer von ihnen war der Baron F., ein Spezialist für Okkultismus, und der andere unser Führer Karakir-Khaïnu.

So verloren wir nicht nur einen wahren Freund, den Baron F., sondern auch einen Führer, der das Gebiet besonders gut kannte.

Ich sollte übrigens erwähnen, daß das Gebiet zwischen dem Hindukusch und der großen Himalayakette, wo sich der Unfall ereignete, aus einem chaotischen Wirrwarr enger Schluchten besteht;

es war die verwirrendste unter all den Formationen ähnlichen kataklysmischen Ursprungs, die wir je durchwandern mußten.

Man könnte glauben, diese Gebiete seien von den Höheren Mächten absichtlich so schwierig und verworren gestaltet worden, damit kein Mensch sich jemals durch sie hindurchwagt.

Nach diesem Unfall, welcher uns eines Führers beraubte, der selbst unter seinen eigenen Leuten als der beste Kenner aller Ecken und Winkel dieses Gebietes galt, irrten wir mehrere Tage lang umher und suchten aus dieser unwirtlichen Gegend herauszukommen.

«Hatten die denn keine Landkarte und keinen Kompaß?» wird sich der Leser zweifellos fragen.

Natürlich hatten wir Karten, und sogar mehr als genug, aber in Wirklichkeit wäre es für jeden, der sich in diese Gebiete wagt, ein Glück, wenn es diese «Karten» nicht gäbe.

Eine Landkarte wird, wie unser Freund Jelow zu sagen pflegte, in einer bestimmten Sprache *Khormanupka* genannt, was «Weisheit» bedeutet, und «Weisheit» bezeichnet man in dieser Sprache als: «den gedanklichen Beweis, daß zweimal zwei siebeneinhalb ist minus drei und ein klein wenig».

Bei der Benützung heutiger Landkarten setzt man am besten ein scharfsinniges Sprichwort, das uns aus ältesten Zeiten überliefert ist, in die Tat um: «Wenn du in irgendeiner Sache erfolgreich sein willst, so bitte eine Frau um Rat, und tue genau das Gegenteil.»

So ist es auch mit diesen Karten: Wenn man dem richtigen Weg folgen will, dann schaue man die Karte an und schlage die entgegengesetzte Richtung ein; man kann sicher sein, dorthin zu gelangen, wohin man wollte.

Diese Landkarten sind vielleicht ideal für diejenigen unserer Zeitgenossen, die, in ihrem Arbeitszimmer sitzend, weder die Zeit noch die Möglichkeit haben, irgendwohin zu reisen, und gleichwohl allerlei Reise- und Abenteuerbücher schreiben müssen. Für die sind diese Karten wertvoll, weil sie so die Zeit finden, um in aller Ruhe ihre phantastischen Geschichten auszubrüten.

Vielleicht gibt es für das eine oder andere Gebiet gute Landkarten, ich aber, der ich im Laufe meines Lebens viele Karten in der Hand hatte, von alten chinesischen Karten bis hin zu modernen Generalstabskarten, habe nicht eine einzige gefunden, die sich in einem wirklichen Bedarfsfall als nützlich erwies.

Gewisse Landkarten können den Reisenden manchmal helfen, sich in dicht bevölkerten Gebieten zurechtzufinden; aber in unbewohnten Regionen, das heißt dort, wo man sie am nötigsten braucht, wie zum Beispiel in Zentralasien, wäre es, wie schon gesagt, besser, wenn es sie überhaupt nicht gäbe. Denn die Wirklichkeit wird in ihnen bis zur Absurdität entstellt.

Nehmen wir zum Beispiel an, man habe nach den Angaben einer Karte am folgenden Tag einen hohen Paß zu überschreiten, wo es erwartungsgemäß kalt sein wird. Wenn man am Abend sein Gepäck packt, nimmt man warme Kleidung heraus und all das, was einen gegen Kälte schützt. Die übrigen Sachen schnürt man zusammen und lädt die Säcke auf die Tiere, wobei man die warmen Sachen in Reichweite oben darauf legt.

Und dann stellt es sich fast immer heraus, daß man entgegen den Angaben der Karte Täler oder tief gelegene Landstriche durchqueren muß und daß dort statt der Kälte solche Hitze herrscht, daß man sogar das Hemd zum Teufel wünscht. Und da die warme Kleidung weder verpackt noch auf dem Rücken der Tiere richtig befestigt ist, verschiebt sie sich und rutscht bei jedem Schritt hin und her und stört die Tiere ebenso wie die Reisenden. Und was es bedeutet, unterwegs umpacken zu müssen, so kann das nur der verstehen, der es im Laufe eines langen Tagesmarsches durchs Gebirge selbst einmal mitgemacht hat.

Natürlich, wenn es sich um Reisen handelt, die im Auftrag irgendeiner Regierung zu politischen Zwecken unternommen werden und für die bedeutende Summen bewilligt sind, oder um eine Expedition, die eine reiche Bankierswitwe als glühende Theosophin finanziert, so kann man viele Gepäckträger anstellen, die das Gepäck ein- und umpacken. Aber ein echter Reisender muß das alles selbst machen, und auch wenn er Diener hätte, könnte er nicht anders als ihnen helfen, denn es ist für einen normalen Menschen nicht leicht, inmitten von Reiseschwierigkeiten den Anstrengungen anderer tatenlos zuzusehen.

Diese heutigen Landkarten sind, was sie sind, weil sie offenbar nach Methoden erstellt werden, die ich einmal mit eigenen Augen beobachtete.

Ich wanderte damals mit mehreren Mitgliedern der Gruppe der Wahrheitssucher durch Pamir am Pik Alexander III. vorbei.

In einem der Täler unweit dieses Pikes lag damals das Hauptquartier der Feldmesser der topographischen Abteilung der Armee von Turkestan.

Der Hauptfeldmesser war ein Oberst, ein guter Freund eines unserer Reisegefährten, und wir machten eigens einen Umweg, um ihn zu besuchen.

Der Oberst hatte als Assistenten einige junge Stabsoffiziere bei sich, die uns mit großer Freude willkommen hießen, denn sie lebten seit Monaten an Orten, wo man im Umkreis von Hunderten von Kilometern kaum einer Menschenseele begegnete. Wir blieben drei Tage bei ihnen, um uns in ihren Zelten gut auszuruhen.

Als wir uns wieder auf den Weg machen wollten, bat uns einer der jungen Offiziere um die Erlaubnis, sich uns anschließen zu dürfen, da er die Karte für ein Gebiet zu erstellen habe, das zwei Tagesreisen entfernt sei und in der Richtung liege, die wir einschlagen wollten. Er nahm zwei Vermessungssoldaten mit.

In einem Tal stießen wir auf ein Lager von kara-kirgisischen Nomaden und knüpften mit ihnen ein Gespräch an. Der Offizier, der uns begleitete, sprach auch ihre Sprache.

Einer dieser Kara-Kirgisen war ein älterer und offensichtlich erfahrener Mann. Der Offizier, einer meiner Freunde und ich luden ihn zum Essen ein, in der Hoffnung, von seiner Ortskenntnis profitieren zu können und von ihm so viele Auskünfte wie möglich zu erhalten.

Wir sprachen miteinander, während wir eine ausgezeichnete *Kowurma* aus gespicktem Lamm aßen; der Offizier hatte zudem Wodka, der aus Taschkent stammte und den diese Nomaden sehr schätzen, besonders wenn keiner ihrer Leute sie trinken sieht.

Nach einigen Gläsern Wodka gab uns der alte Kara-Kirgise verschiedene Hinweise über diese Gebiete und nannte uns die Lage einiger Sehenswürdigkeiten.

Auf einen Berg weisend, dessen ewig schneebedeckten Gipfel wir schon bemerkt hatten, sagte er: «Sehen Sie jene Spitze dort drüben? Genau dahinter befindet sich dies und das, und da ist auch das berühmte Grab von Iskander.»

Unser Offizier skizzierte all dies sorgfältig aufs Papier. Er war übrigens ein recht guter Zeichner.

Als wir das Essen beendet hatten und der Kara-Kirgise zu seinem Lager zurückgekehrt war, schaute ich mir die Zeichung des Offiziers an und stellte fest, daß er alles, was der Kara-Kirgise ihm beschrieben hatte, nicht hinter dem Berg, wie dieser es angegeben, sondern davor eingezeichnet hatte.

Ich machte ihn darauf aufmerksam, und dabei stellte sich heraus, daß er «davor» und «dahinter» verwechselt hatte, weil in dieser Sprache die Wörter «dahinter» und «davor», *bu-ti* und *pu-ti*, sehr ähnlich sind, besonders wenn man sie mitten in einem Satz schnell ausspricht. Wer diese Sprache nicht gut kennt, für den klingen diese Wörter gleich.

Als der Offizier seinen Irrtum erkannte, sagte er nur: «Ach, hol's der Teufel!» und schlug sein Skizzenbuch zu. Er zeichnete seit fast zwei Stunden und hatte natürlich keine Lust mehr, alles noch einmal zu beginnen, um so weniger als wir uns anschickten, unseren Weg fortzusetzen.

Ich bin sicher, daß diese Skizze so, wie sie der Offizier gezeichnet hatte, auf eine Karte übertragen wurde. Später setzte der Herausgeber, der niemals in diesen Gegenden gewesen war, jene Einzelheiten natürlich nicht auf die richtige Seite des Berges, sondern auf die andere, und dort mögen unsere reisenden Brüder damit rechnen, sie zu finden. Mit ganz wenigen Ausnahmen werden die Landkarten auf diese Weise hergestellt. Deshalb sollte man nicht erstaunt sein, daß man, wenn eine Karte einen nahe gelegenen Fluß anzeigt, statt dessen auf eine der grandiosen Töchter Seiner Majestät Himalaya stößt.

Und so setzten wir unsere Reise mehrere Tage lang ohne Führer aufs Geratewohl fort, wobei wir größte Vorsichtsmaßnahmen trafen, um ja nicht einer jener Räuberbanden zu begegnen, die vor allem damals Gefallen daran fanden, Europäer, die ihnen in die Hände fielen, mit großer Feierlichkeit zu Gefangenen zu machen und sie später nicht weniger feierlich bei einem anderen Stamm, der diesen Teil unseres teuren Planeten bewohnt, gegen ein gutes Pferd zu tauschen oder gegen ein Gewehr vom neuesten Modell oder einfach gegen ein junges Mädchen, das natürlich auch eine Gefangene war.

Nach längerem Umherirren kamen wir schließlich an einen kleinen Wildbach, dem wir zu folgen beschlossen, da wir der Meinung waren, daß er uns schließlich irgendwohin führen müsse. Wir wußten nicht einmal, ob nach Norden oder nach Süden, da das Gebiet, in dem wir uns befanden, eine Wasserscheide war.

Solange es möglich war, gingen wir am Ufer entlang, bald aber wurde dieses sehr steil und fast unbegehbar, und wir mußten uns im Flußbett vorwärtsbewegen.

Wir hatten auf diese Weise nur einige Kilometer zurückgelegt, als der Wasserlauf durch den Zufluß zahlreicher kleiner Bäche so tief wurde, daß wir im Flußbett nicht mehr weiterkamen. Wir mußten haltmachen und ernstlich darüber nachdenken, wie wir unsere Reise fortsetzen sollten.

Nach langen Diskussionen beschlossen wir, all die Ziegen zu schlachten, die zum Transport unserer Sachen und zu unserer Verpflegung gedient hatten, und aus ihren Häuten *Burdiuks* zu machen, um so ein Floß herzustellen, auf dem wir den Fluß hinuntertreiben würden.

Um diesen Beschluß auszuführen, wählten wir einen geeigneten Platz nicht weit vom Fluß entfernt, wo wir uns leicht gegen jede Gefahr verteidigen konnten, und schlugen dort unser Lager auf.

An jenem Tag war es zu spät, um noch etwas anderes zu unternehmen; so errichteten wir unsere Zelte, zündeten in der üblichen Weise einige Feuer an, aßen, und nachdem wir die Wächter bestimmt hatten, die sich in der Nacht ablösen sollten, legten wir uns schlafen.

Am nächsten Morgen schlachteten wir als erstes die Ziegen, die wir noch am Tag zuvor aufrichtig als unsere Freunde und Helfer betrachtet hatten bei unseren Bemühungen, die Schwierigkeiten der Reise zu überwinden.

Nach dieser schönen christlich-mohammedanischen Kundgebung fing einer von uns an, das Fleisch in kleine Stücke zu schneiden, um es zu rösten und einige der Schläuche damit zu füllen; andere bereiteten die Burdiuks vor und bliesen sie auf, wieder andere drehten die Ziegendärme zusammen und machten daraus Strikke, die das Floß zusammenhalten und die Burdiuks daran befestigen sollten. Eine letzte Gruppe, zu der ich gehörte, verließ, mit Äxten ausgestattet, das Lager, um geeignetes Hartholz zu beschaffen, das für den Bau des Floßes notwenig war.

Auf unserer Suche entfernten wir uns ziemlich weit von unserem Lager. Wir brauchten eine Art Platane, die dort *Karagatsch* heißt, sowie eine faserige Birke. Nur diese Holzarten schienen uns fest genug zu sein, um in Engpässen und Stromschnellen dem Aufprall auf die Felsen zu widerstehen.

In der Nähe unseres Lagers wuchsen hauptsächlich Feigenbäume und andere weiche Hölzer.

Während wir so vordrangen und die Bäume untersuchten, sahen wir plötzlich nicht weit von uns einen Mann, der zu einem der örtlichen Volksstämme gehörte, auf dem Boden sitzen.

Wir berieten uns und beschlossen, ihn zu fragen, wo wir die Bäume finden könnten, die wir benötigten.

Als wir näher kamen, bemerkten wir, daß er in Lumpen gekleidet war, und wir erkannten an seinem Gesicht, daß er eine Art *Es-Esunavuran* war, das heißt einer jener Menschen, die für das Heil ihrer Seele an sich selbst arbeiten, oder, wie die Europäer sagen würden, ein *Fakir*.

Da ich hier das Wort *Fakir* gebrauche, halte ich es nicht für überflüssig, ein wenig abzuschweifen, um auf dieses berühmte Wort etwas Licht zu werfen. Denn es ist eines jener zahlreichen leeren Wörter, die durch die falsche Bedeutung, welche man ihnen zuschreibt, eine automatische Wirkung auf alle heutigen Europäer ausüben und eine Hauptursache für die fortschreitende Entartung ihres Denkvermögens bilden.

Das Wort *Fakir* ist in der Bedeutung, die die Europäer ihm geben, den Völkern Asiens unbekannt, gleichwohl wird dieses Wort dort fast überall gebraucht. *Fakir* oder richtiger *Fakhr* stammt von einem turkmenischen Wort, das «Bettler» bedeutet, und bei fast allen Völkern des Kontinents Asien, deren Sprachen sich aus dem Altturkmenischen herleiten, bedeutet dieses Wort heutzutage «Schwindler» oder «Betrüger».

Um den Begriff «Schwindler» oder «Betrüger» auszudrücken, verfügen diese Völker über zwei Wörter, die beide aus dem Altturkmenischen kommen. Das eine ist dieses Wort *Fakir*, das andere ist *Luri*.

Das erstere bezeichnet insbesondere den, der durch seine Verschlagenheit die anderen in ihrer Religiosität ausnützt, während das zweite für denjenigen gebraucht wird, der sich einfach ihre Dummheit zunutze macht.

Den Namen *Luri* gibt man unter anderem den Zigeunern sowohl als Volk wie auch dem einzelnen.

Im allgemeinen findet man die Zigeuner unter allen Völkern, und überall führen sie ein Nomadenleben. Sie betreiben hauptsächlich Pferdehandel und beschäftigen sich mit Flickarbeiten, Gesang bei Festen, Wahrsagerei und dergleichen mehr. Ihr Lager schlagen sie gewöhnlich in der Nähe dichtbesiedelter Orte auf, wo sie naive Stadtleute und Dorfbewohner mit allen möglichen Tricks betrügen. Deshalb dient das Wort *Luri,* das die Zigeuner bezeichnet, in Asien seit langem zur Bestimmung all der Leute, gleichviel, welcher Rasse sie angehören, die Schwindler oder Betrüger sind.

Den «Fakir», wie ihn sich die Europäer vorstellen, kennzeichnen die Asiaten meistens mit dem Wort *Es-Esunavuran*, das aus dem Turkmenischen stammt und «der, der sich selbst besiegt», bedeutet.

In Europa habe ich selbst viel von angeblichen *Fakiren* gehört und habe viele Bücher über sie gelesen. Die meisten dieser Erzählungen und Schriften behaupten, daß ihre «Kunststücke» übernatürlich und wunderbar seien, während es sich in Wirklichkeit um Tricks gewissenloser Schurken und Betrüger ersten Ranges handelt.

Um zu verstehen, in welche Verwirrung die Europäer hierbei geraten, genügt es, glaube ich, zu erwähnen, daß ich, der ich fast all die Länder bereist habe, in denen es nach europäischen Vorstellungen diese Phantasie-Fakire geben soll, nicht einem einzigen je begegnet bin.

Dagegen hatte ich erst kürzlich das Glück, einem richtigen *Fakhr* zu begegnen, so wie ihn die Menschen des asiatischen Kontinents verstehen, aber das war nicht in einem jener Länder, wo nach Meinung der Europäer die *Fakire* leben, zum Beispiel in Indien oder in irgendeinem anderen Land Asiens, sondern im Herzen Europas, in der Stadt Berlin.

Als ich eines Tages den Kurfürstendamm entlangschlenderte in Richtung Haupteingang des Zoologischen Gartens, sah ich auf dem Bürgersteig in einem kleinen Wagen einen Krüppel ohne Beine, der einen vorsintflutlichen Leierkasten drehte.

In Berlin, der Hauptstadt Deutschlands, wie in den anderen Ballungszentren, die gewissermaßen die Quintessenz der heutigen Zivilisation darstellen, ist es verboten, direkt um Almosen zu bitten, aber jedermann darf betteln, ohne daß die Polizei ihn stört, wenn er die Kurbel einer Drehorgel dreht, leere Streichholzschachteln verkauft oder unanständige Postkarten und Literatur ähnlicher Art vertreibt.

Dieser Bettler ließ seine Spieldose laufen, in der die Hälfte der Töne fehlten. Er trug die Uniform eines deutschen Soldaten.

Im Vorbeigehen gab ich ihm eine kleine Münze, und als ich zufällig einen flüchtigen Blick auf ihn warf, kam mir sein Gesicht bekannt vor.

Ich fragte ihn nicht, da ich es niemals wagte, in meinem gebrochenen Deutsch mit Fremden allein zu sprechen, aber ich überlegte mir, wo ich dieses Gesicht gesehen haben könnte.

Nachdem ich meine Angelegenheiten erledigt hatte, ging ich auf derselben Straße zurück. Der Krüppel war noch immer da. Ich näherte mich ihm sehr langsam, schaute ihn mir genau an und versuchte mich zu erinnern, warum mir sein Gesicht so bekannt zu sein schien, aber im ersten Augenblick fiel es mir nicht ein. Erst als ich das *Romanische Café* erreichte, erinnerte ich mich plötzlich: Dieser Mann war kein anderer als der Ehemann einer Dame, die vor mehreren Jahren in Konstantinopel von einem meiner Freunde zu mir geschickt worden war mit einem Empfehlungsbrief und der Bitte, sie medizinisch zu behandeln.

Der Mann dieser Dame war ein früherer russischer Offizier, der mit der Armee Wrangels von Rußland nach Konstantinopel verlegt worden war.

Ich erinnerte mich dann, daß die junge Frau mit einer ausgerenkten Schulter und vielen blauen Flecken am Körper zu mir gekommen war.

Während ich mit ihrem Arm beschäftigt war, erzählte sie mir, daß ihr Mann sie geschlagen habe, weil sie sich weigerte, sich zu einem guten Preis an einen spanischen Juden zu verkaufen.

Mit Hilfe der Ärzte Viktorow und Maximowitsch gelang es mir recht und schlecht, die Schulter wieder einzurenken, dann ging sie fort.

Zwei oder drei Wochen später saß ich in einem russischen Restaurant in Konstantinopel mit dem Namen *Schwarze Rose*, als diese Dame auf mich zukam. Mit einer Kopfbewegung deutete sie auf einen Mann, bei dem sie gesessen hatte, und sagte rasch: «Das ist er – mein Mann.» Und dann fügte sie hinzu: «Ich habe mich mit ihm wieder versöhnt. Im Grunde ist er ein guter Mensch, wenn ihn auch manchmal die Wut überkommt.» Nach diesen Worten ging sie schnell fort, und ich verstand erst da, zu welchem Frauentyp sie gehörte. Ich schaute mir daraufhin das Gesicht des Offiziers längere Zeit an, das mir durch seine seltsamen Züge auffiel.

Und nun traf ich heute in Berlin denselben Offizier in einer deutschen Uniform als beinlosen Krüppel wieder, der einen Leierkasten drehte und kleine Münzen einnahm. Im Laufe eines Tages werfen die gutherzigen Leute diesen armen Kriegsopfern viele Münzen zu.

Dieser Mann war meiner Meinung nach ein echter *Fakhr* in dem Sinne, wie ihn alle asiatischen Völker verstehen; und was seine Beine angeht, so möge Gott geben, daß ich so gesunde und kräftige habe wie er!

Doch nun genug davon; kehren wir zum Hauptthema dieses Kapitels zurück...

Wir näherten uns also diesem *Es-Esunavuran*, und nach den angemessenen Begrüßungen ließen wir uns neben ihm nieder. Ehe wir ihn nach dem fragten, was wir eigentlich wissen wollten, begannen wir, mit ihm über verschiedenerlei zu sprechen, um die dort üblichen Höflichkeitsformen zu befolgen.

Es ist erwähnenswert, daß die Psyche der Menschen, die diese Gebiete bewohnen, ganz anders ist als die der Europäer. Bei den letzteren ist das, was ihnen durch den Kopf geht, fast immer auch auf der Zunge. Bei den Asiaten ist das nicht der Fall – die Dualität der Psyche ist hoch entwickelt. Jeder dort kann sich höflich und freundlich erweisen, obwohl er einen von ganzem Herzen haßt und auf alle möglichen Bosheiten sinnt.

Viele Europäer, die jahrzehntelang unter ihnen gelebt haben, ohne diese Eigenart zu verstehen, und die die Asiaten nach europäischen Maßstäben beurteilen, übersehen sehr vieles und schaffen dauernd Mißverständnisse, die man hätte vermeiden können. Sie wissen nicht, daß die Asiaten voller Stolz und Eigenliebe sind und daß jeder, ungeachtet seiner Stellung, von allen eine gewisse Haltung gegenüber ihm als Individuum fordert.

In diesem Punkt sind sie sehr streng. Als wir diesen Mann ansprachen, fragten wir ihn daher nicht sofort nach dem, was wir wissen wollten, denn so etwas zu tun, ohne die üblichen Höflichkeitsregeln beachtet zu haben, davor bewahre uns Gott!

Bei ihnen bleibt die Hauptsache im Hintergrund, und man muß gleichsam wie zufällig darauf hinsteuern, sonst schicken sie einen bestenfalls höflich nach rechts, während der Weg nach links geht.

Wenn man dagegen alles den Regeln entsprechend tut, so werden sie einem nicht nur das sagen, was man wissen möchte, sondern sich sogar soweit als möglich bemühen, einem zu helfen, das Ziel zu erreichen.

Da wir diese Eigenart kannten, sprachen wir, nachdem wir uns neben dem Mann niedergelassen hatten, von der Schönheit der Landschaft und erzählten ihm, daß wir zum ersten Mal in der Gegend seien; wir erkundigten uns, wie es ihm gehe, ob ihm die Verhältnisse zusagten und dergleichen mehr. Und erst nach einer gewissen Zeit sagte ich ihm gleichsam nebenbei: «Wir brauchen für ein Floß dieses und jenes Holz, aber in der Umgebung finden wir es nirgends.»

Er erwiderte, daß er es sehr bedauere, uns hierüber keine Auskunft geben zu können, da er erst seit kurzem in diesem Gebiet sei, daß aber sein Lehrer, der seit langem hier lebe und die Umgebung gut kenne, es vielleicht wissen könnte. Es sei ein ehrwürdiger Greis, der hinter dem Hügel in einer Höhle wohne.

Er erhob sich, um sogleich zu ihm zu gehen, aber Doktor Sari-Ogle hielt ihn an und fragte ihn, ob wir seinen verehrten Lehrer sehen und ihn selbst nach dem Holz, das wir benötigten, fragen könnten. «Natürlich», antwortete er, «gehen wir zusammen zu ihm. Mein Lehrer ist fast ein Heiliger, und er ist stets bereit, jedem zu helfen.»

Wir sahen von weitem einen Mann im Schatten einer Baumgruppe auf einer Wiese sitzen. Unser Führer lief, ohne auf uns zu warten, zu ihm, sagte ihm einige Worte und bedeutete uns, näher zu kommen.

Nach den üblichen Begrüßungen setzten wir uns zu ihm. In diesem Augenblick kam ein anderer Einheimischer und ließ sich neben uns nieder. Später erfuhren wir, daß auch er ein Schüler dieses ehrwürdigen *Es-Esunavuran* war.

Das Antlitz des alten Mannes erschien uns so gütig und so verschieden von dem eines gewöhnlichen Menschen, daß wir ohne die gewohnten vorbereitenden Verfahren und ohne irgend etwas vor ihm zu verbergen, ihm erzählten, was uns zugestoßen war und wie wir aus diesem Gebiet herauszukommen gedachten.

Er hörte uns mit großer Aufmerksamkeit zu, und nachdem er einige Augenblicke nachgedacht hatte, sagte er, daß der Wasserlauf, an dessen Ufer wir unser Lager aufgeschlagen hätten, ein Nebenfluß des Tschitral sei, der seinerseits in den Fluß Kabul münde, welcher sich dann mit dem Indus vereine.

Er fügte hinzu, es gebe viele Wege, die aus dieser Gegend herausführten, aber sie seien alle lang und beschwerlich. Wenn wir so reisen könnten, wie wir es geplant hätten, und es uns glückte, die Ufer zu vermeiden, an denen Volksstämme wohnten, die zu Fremden wenig freundlich seien, dann wäre unser Plan der beste, den man sich ausdenken könne. Und was die Holzart angehe, die wir suchten, so glaube er, daß sie nichts tauge und daß das beste Holz für unsere Zwecke die Kornelkirsche sei. Er setzte hinzu, daß links von dem Weg, auf dem wir gekommen waren, ein Tal sei, wo dichte Gruppen dieses Baumes wüchsen.

Er wollte noch etwas sagen, aber in diesem Augenblick hörten wir ganz in der Nähe ein Geräusch, eines jener Geräusche, die einen Reisenden von Kopf bis Fuß erschaudern lassen. Der Es-Esunavuran drehte sich ruhig nach der Richtung um, aus der das Geräusch kam. Mit seiner Greisenstimme stieß er einen eigenartigen Schrei aus, und einige Augenblicke später tauchte in seiner ganzen Schönheit und Kraft ein enormer Graubär, etwas in seinem Maul tragend, aus dem Dickicht auf.

Da das Tier auf uns zusteuerte, schrie der alte Mann von neuem. Der Bär, der uns mit funkelnden Augen ansah, näherte sich langsam, legte dem alten Mann das, was er trug, zu Füßen, drehte sich um und verschwand in den Büschen.

Wir waren wie versteinert, und das instinktive Zittern, das sich unser bemächtigt hatte, war so stark, daß wir mit den Zähnen klapperten.

Der alte Mann erklärte uns freundlich, daß der Bär einer seiner guten Freunde sei und ihm manchmal *Tschungari* * bringe.

Selbst nach diesen beruhigenden Worten hatten wir einige Mühe, die Fassung wiederzufinden; wir schauten einander sprachlos an, und unsere Gesichter verrieten tiefste Bestürzung.

Der Greis, der schwerfällig aufstand, weckte uns aus unserer Erstarrung; er sagte, es sei die Zeit für seinen täglichen Spaziergang, und wenn wir wollten, könne er uns zu jenem kleinen Tal begleiten, wo die Kornelkirschen wachsen.

Darauf sprach er ein Gebet und ging voraus. Wir folgten ihm mit seinen Schülern bis zu dem kleinen Tal, in dem tatsächlich viele Baumgruppen der Kornelkirsche standen, und wir begannen alle einschließlich des alten Mannes, die Bäume zu fällen, die wir brauchten, wobei wir die dicksten auswählten.

Als wir zwei große Haufen zusammengebracht hatten und unsere Aufgabe für beendet ansahen, fragten wir den alten Mann, ob er bereit sei, mit uns zu unserem Lager zu kommen, das nicht weit

* *Tschungari* ist eine Art Mais, der in diesem Gebiet wächst.

entfernt sei, und einem unserer Freunde erlaube, mit einer besonderen kleinen Maschine ein genaues Portrait von ihm zu machen, was nicht viel Zeit in Anspruch nehmen werde.

Der alte Mann weigerte sich zuerst, aber seine Schüler halfen uns, ihn zu überreden. Und so nahmen wir unsere Lasten und gingen zurück zum Ufer des Flusses, wo wir unsere übrige Mannschaft bei der Arbeit zurückgelassen hatten.

In wenigen Worten erzählten wir ihnen alles, und Professor Skridlow machte von dem Greis ein Photo und fing sofort an, es zu entwickeln.

Während dieser Zeit versammelten wir uns im Schatten eines Feigenbaumes um den Es-Esunavuran. Unter uns befand sich Witwitskaja, deren Hals verbunden war, da sie sich einen Monat zuvor ein schmerzhaftes Halsleiden zugezogen hatte, das in diesen Bergen häufig auftritt und sie so aussehen ließ, als hätte sie einen Kropf.

Als der alte Mann ihren Verband sah, fragte er, was ihr fehle.

Wir erklärten es ihm, worauf er sie bat, näher zu kommen. Er untersuchte sie sehr genau und tastete sorgfältig ihren Hals ab. Dann ließ er Witwitskaja sich auf den Rücken legen und fing an, die Schwellung auf verschiedene Weise zu massieren, während er gleichzeitig bestimmte Worte flüsterte.

Wie erstaunt waren wir alle, als nach zwanzig Minuten Massage die enorme Schwellung vor unseren Augen zu schwinden begann. Und nach weiteren zwanzig Minuten war absolut nichts mehr von ihr da.

Im selben Augenblick kam Professor Skridlow mit einem Abzug der Photographie zurück. Auch er war höchst erstaunt, und indem er sich dem alten Mann zu Füßen warf, bat er ihn mit ungewohnter Demut, ihn von einem chronischen Nierenleiden zu heilen, an dem er seit mehreren Tagen furchtbar litt.

Der Es-Esunavuran bat ihn um genauere Angaben über seine Krankheit und schickte sogleich einen seiner Schüler fort, der bald mit der Wurzel eines gewissen Busches zurückkehrte. Der Greis gab dem Professor diese Wurzel und sagte ihm: «Nehmen Sie einen Teil dieser Wurzel mit zwei Teilen der Rinde des Feigenbaumes, den Sie fast überall finden; kochen Sie sie gut zusammen, und trinken Sie zwei Monate lang jeden zweiten Tag vor dem Schlafengehen ein Glas dieses Aufgusses, wie wenn es Tee wäre.»

Dann bat er darum, die Photographie sehen zu dürfen, die alle anschauten und die vor allem seine Schüler in Erstaunen versetzte.

Hierauf luden wir den alten Mann ein, frische Ziegen-*Kowurma* und *Pochand*kuchen * mit uns zu essen, was er nicht abschlug.

Im Laufe des Gespräches erfuhren wir, daß er früher ein *Top-Baschi* des Emirs von Afghanistan gewesen war, des Großvaters des jetzigen Emirs, und daß er im Alter von sechzig Jahren, nach einer Verwundung während des von einer europäischen Macht angezettelten Aufstandes der Belutschis, in seine Heimat Chorassan zurückgekehrt war.

Als seine Wunden völlig geheilt waren, wollte er nicht mehr auf seinen Posten zurückkehren, denn er fühlte schon die Last der Jahre, und er beschloß, den Rest seines Lebens seinem Seelenheil zu widmen.

Zuerst trat er mit persischen Derwischen in Verbindung, dann schloß er sich den Baptisten an, verließ sie aber bald, um nach Afghanistan zurückzukehren, wo er in der Nähe von Kabul in ein Kloster eintrat. Als er alles verstanden hatte, was er brauchte, und überzeugt war, daß er die anderen nicht mehr benötigte, begann er sich einen Schlupfwinkel zu suchen, weit ab von den Menschen.

Er fand ihn an diesem Ort und ließ sich gemeinsam mit einigen Menschen, die nach seinen Anweisungen leben wollten, hier nieder. Jetzt wartete er auf den Tod, denn er war schon achtundneunzig

* *Pochand* ist ein Mehl, das aus gerösteter Gerste bereitet wird und das ein schmackhaftes Brot ergibt.

Jahre alt – und es ist heutzutage selten, daß einer hundert Jahre alt wird.

Als der alte Mann aufstehen wollte, um uns zu verlassen, wandte sich auch Jelow an ihn und bat, er möge so gut sein und ihm einen Rat geben hinsichtlich seiner Augen. Vor einigen Jahren sei er in Transkaspien an einem Trachom erkrankt, und trotz aller möglichen Behandlungen sei die Krankheit nicht geheilt, sondern sei chronisch geworden. «Meine Augen tun mir zwar nicht immer weh, aber jeden Morgen eitern sie und sind verklebt; bei einem Klimawechsel oder während eines Sandsturmes schmerzen sie sogar sehr.»

Der Es-Esunavuran riet ihm, etwas Kupfersulfat sehr fein zu zerstoßen, dann jeden Abend vor dem Schlafengehen eine Nadel mit dem eigenen Speichel zu befeuchten, sie in das Kupfersulfat zu tauchen und sie zwischen die Augenlider zu streichen. Dies Verfahren müsse er eine gewisse Zeit lang wiederholen.

Darauf erhob sich der alte Mann und machte gegen jeden von uns die Geste, die dort dem entspricht, was man in Europa den Segen nennt, und ging dann zu seiner Grotte, und wir alle begleiteten ihn, sogar unsere Hunde.

Unterwegs setzten wir unser Gespräch mit dem Greis fort. Plötzlich wandte sich Karpenko, ohne sich mit einem von uns beraten zu haben, in usbekischer Sprache an ihn und sagte: «Heiliger Vater! Da wir durch die Fügung des Schicksals auf so unerwartete Weise in dieser Gegend Ihnen begegnet sind, einem Menschen, groß und reich an Wissen und Erfahrung sowohl auf dem Gebiet des gewöhnlichen Lebens wie auch im Hinblick auf die Selbstvorbereitung auf das Dasein nach dem Tod, sind wir alle von ganzem Herzen überzeugt, daß Sie uns Ihren Rat nicht verweigern werden, wenn Sie ihn überhaupt für möglich halten, über das Leben, das wir führen sollten, und die Ideale, die wir uns gegenwärtig halten müssen, damit wir schließlich imstande sein werden, gemäß den Absichten von Oben auf menschenwürdige Weise zu leben.»

Der ehrwürdige alte Mann antwortete nicht sofort auf diese seltsame Bitte Karpenkos. Er schaute sich um, als suchte er etwas, und ging dann auf einen umgestürzten Baumstamm zu.

Er setzte sich hin, wartete, bis wir alle Platz genommen hatten, die einen auf dem Baum, die anderen auf dem Boden, wandte sich dann Karpenko zu und fing langsam an zu sprechen.

Seine Antwort, die höchst interessant und von großer Tiefe war, entwickelte sich zu einer langen Predigt.

Was dieser alte Es-Esunavuran damals sagte, werde ich in die dritte Serie meiner Schriften aufnehmen, in ein besonderes Kapitel mit dem Titel: *Der Astralleib des Menschen, seine gesetzmäßigen Bedürfnisse und Äußerungsmöglichkeiten.*

Hier will ich nur die Ergebnisse erwähnen, zu denen die Heilverfahren des ehrwürdigen Greises führten und die ich mehrere Jahre später überprüfte.

Witwitskaja hatte niemals mehr den geringsten Schmerz oder das kleinste Symptom eines Wiederauftretens der Krankheit, an der sie damals gelitten hatte. Professor Skridlow wußte nicht, wie er dem alten Mann seine Dankbarkeit ausdrücken sollte, der ihn wohl für immer von Leiden befreit hatte, die ihn seit zwölf Jahren gequält hatten. Und was Jelow angeht, so war sein Trachom einen Monat später völlig verschwunden.

Nach diesem für uns alle bedeutungsreichen Ereignis brauchten wir noch drei Tage, um das Floß zu bauen und alle Vorbereitungen zu treffen.

Früh am Morgen des vierten Tages wurde das improvisierte Floß ins Wasser gelassen, und wir fuhren stromabwärts.

Anfangs hatte unser originelles Fahrzeug nicht immer genug Wasser, um zu schwimmen; und stellenweise mußten wir es schieben, manchmal sogar tragen. Aber je weiter wir kamen, desto tiefer wurde der Fluß und desto besser schwamm es. Zeitweise flog es trotz seiner Last buchstäblich dahin.

Wir konnten nicht sagen, daß wir uns sehr sicher fühlten, vor allem wenn das Floß durch Engpässe fuhr und gegen Felsen stieß, aber später, als wir uns von seiner Festigkeit und der Wirksamkeit der von Ingenieur Samsunow erfundenen Vorrichtung überzeugt hatten, fühlten wir uns ganz behaglich und machten sogar Witze.

Samsunows geniale Idee war, sechs sorgfältig befestigte Burdiuks zu verwenden, zwei vorne und zwei an jeder Seite des Floßes, damit sie als Puffer dienten, sooft es an Felsblöcke stieß.

Am zweiten Tag unserer ungewöhnlichen Schiffsfahrt kam es zu einem Schußwechsel mit einer Bande von Einheimischen, die zu einem der Stämme gehörten, die an den Ufern dieses Flusses wohnen.

Und im Laufe dieser Schießerei wurde Piotr Karpenko schwer verwundet.

Er starb zwei Jahre später, noch sehr jung, in einer Stadt in Zentralrußland.

Friede deiner Asche, du bester und aufrichtigster Kamerad!

PROFESSOR SKRIDLOW

Ich möchte noch von einem mir wesensmäßig sehr nahestehenden Freund sprechen, einem Freund, der viel älter war als ich, dem Archäologieprofessor Skridlow, den ich in den ersten Jahren meines verantwortlichen Lebens kennenlernte und der während der großen Erregung der Geister in Rußland spurlos verschwand.

Ich habe im Kapitel über Prinz Juri Lubowedsky erzählt, wie ich seine Bekanntschaft machte, als er einen Führer für die Umgebung von Kairo suchte.

Auf meiner ersten Reise mit Prinz Lubowedsky begegnete ich ihm wieder in der alten Stadt Theben, wo er sich uns bei Ausgrabungen anschloß.

Drei Wochen lang lebten wir dort zusammen im Inneren einer Grabstätte, und in den Ruhepausen, wenn wir uns von unserer Arbeit erholten, sprachen wir vor allem über metaphysische Themen. Trotz unseres Altersunterschiedes wurden wir allmählich so gute Freunde, daß wir, als Prinz Lubowedsky nach Rußland zurückkehrte, beschlossen, uns nicht zu trennen, sondern gemeinsam eine lange Reise zu unternehmen.

Wir zogen von Theben den Nil aufwärts bis zu seiner Quelle, gingen nach Abessinien, wo wir uns ungefähr drei Monate aufhielten, gelangten dann über das Rote Meer nach Syrien und von dort zu den Ruinen von Babylon. Nachdem wir so vier Monate lang zusammen gelebt hatten, setzte Professor Skridlow seine Ausgrabungen allein fort, während ich über Mesched nach Isfahan reiste in Begleitung zweier persischer Teppichhändler, die ich zufällig in einem kleinen Dorf in der Nähe von Babylon getroffen hatte und mit denen ich mich gut verstand, weil sie wie ich wahre Kenner alter Teppiche waren.

Das nächste Mal traf ich Professor Skridlow zwei Jahre später in der Stadt Orenburg, wohin er mit Prinz Lubowedsky gekommen war. Diese Stadt war der Ausgangspunkt einer großen Expedition quer durch Sibirien, die unsere Gruppe der Wahrheitssucher unternahm, um gewissen Forderungen des Programms zu entsprechen, das wir aufgestellt hatten.

Nach dieser sibirischen Reise kamen wir oft zusammen, sei es zu mehr oder weniger langen Reisen in abgelegene Gebiete Asiens und Afrikas, sei es zu kürzeren Treffen, wenn wir es für nötig hielten, miteinander zu sprechen – oder ganz einfach durch Zufall.

Ich will eine unserer Begegnungen und die darauf folgende lange Reise eingehend schildern, denn im Laufe dieser Reise machte sein inneres Leben eine entscheidende Krise durch, von der an seine Psyche nicht mehr allein durch sein Denken, sondern auch durch sein Gefühl und seinen Instinkt bewegt wurde; die beiden letzteren begannen sogar vorzuherrschen oder, wie man sagt, die Initiative zu ergreifen.

Diesmal traf ich ihn ganz zufällig. Es war in Rußland, kurz nach meiner Begegnung mit Prinz Lubowedsky in Konstantinopel.

Ich war auf dem Weg nach Transkaukasien. In einer Bahnhofswirtschaft beeilte ich mich gerade, eines der berühmten «Rindskoteletts» aus Pferdefleisch aufzuessen, womit die Tataren aus Kasan die russischen Bahnhofsgaststätten belieferten, als plötzlich jemand hinter mir seine Arme um mich legte. Ich drehte mich um und sah meinen alten Freund Skridlow.

Es stellte sich heraus, daß er im gleichen Zug fuhr wie ich. Er reiste zu seiner Tochter, die in dem Kurort Pjatigorsk wohnte.

Wir waren beide hocherfreut über dieses Zusammentreffen und beschlossen, die Reise gemeinsam fortzusetzen. Der Professor stieg bereitwillig von der zweiten Klasse in die dritte um, in der ich natürlich reiste, und wir unterhielten uns auf der ganzen Fahrt.

Er erzählte mir, wie er nach dem Aufenthalt in den Ruinen von Babylon nach Theben zurückgekehrt sei und dort in der Umgebung neue Ausgrabungen unternommen habe.

Während der letzten zwei Jahre habe er viele interessante und wertvolle Entdeckungen gemacht; dann aber habe die Sehnsucht nach der Heimat und seinen Kindern ihn veranlaßt, sich etwas Ferien zu gönnen. So sei er vor kurzem nach Rußland zurückgekehrt, zuerst nach Sankt Petersburg und dann nach Jaroslaw zu seiner älteren Tochter, und jetzt sei er auf dem Wege zu seiner Jüngsten, die ihm während seiner Abwesenheit zwei Enkelkinder «vorbereitet» habe.

Er wisse noch nicht, wie lange er in Rußland bleiben und was er als nächstes machen werde.

Ich erzählte ihm meinerseits, wie ich diese letzten zwei Jahre verbracht hatte: Wie bald nach unserer Trennung mein Interesse am Islam erwacht war und wie es mir unter großen Schwierigkeiten und mit viel List gelungen war, nach Mekka und Medina hineinzukommen – die den Christen unzugänglich sind – in der Hoffnung, in das Geheimste dieser Religion einzudringen und vielleicht Antworten zu finden auf Fragen, die ich als wesentlich ansah.

Aber meine Bemühungen waren vergeblich gewesen, und ich hatte dort nichts gefunden.

Mir war nur klar geworden, daß, wenn es in dieser Religion

etwas zu entdecken gab, man es nicht, wie allgemein vermutet und behauptet, dort suchen sollte, sondern in Buchara, wo von Anfang an alle Elemente der Geheimlehre dieser Religion gesammelt worden waren; Buchara war also das eigentliche Zentrum und die Quelle des Islams.

Und da ich weder das Interesse noch die Hoffnung verloren hatte, hatte ich beschlossen, nach Buchara zu fahren, zusammen mit einer Gruppe von Sarten, die nach ihrer Pilgerfahrt zu den Stätten von Mekka und Medina nach Hause zurückkehrten und zu denen ich absichtlich freundschaftliche Beziehungen hergestellt hatte.

Ich erklärte ihm auch, aus welchem Grund ich daran gehindert worden war, direkt nach Buchara zu reisen: daß ich bei meiner Ankunft in Konstantinopel Prinz Lubowedsky getroffen und daß dieser mich gebeten hatte, eine junge Frau zu seiner Schwester in das Gouvernement Tambow zu begleiten, aus dem ich gerade zurückkam.

Und jetzt beabsichtigte ich, meine Familie in Transkaukasien zu besuchen und dann umzukehren in Richtung Buchara und dorthin zu reisen... «mit meinem alten Freund Skridlow», sagte er, indem er meinen Satz beendete.

Er fügte hinzu, daß er in den letzten drei Jahren oft davon geträumt habe, nach Buchara und in das Gebiet von Samarkand zu reisen, um gewisse Angaben über Tamerlan zu überprüfen, die er zur Lösung eines archäologischen Problems benötige, das ihn sehr interessiere. Erst vor kurzem habe er wieder daran gedacht, habe sich aber nicht entschließen können, sich allein dorthin zu begeben. Da er jetzt wisse, daß ich dorthin fahre, wolle er sich mir mit Freuden anschließen, wenn ich nichts einzuwenden hätte.

Zwei Monate später trafen wir uns, wie vereinbart, in Tiflis und reisten von dort nach Transkaspien, in der Absicht, nach Buchara zu gelangen, aber in den Ruinen von Merw machten wir halt und blieben dort ungefähr ein Jahr.

Um zu erklären, warum dies geschah, muß ich zunächst sagen,

daß der Professor und ich lange vor unserer Entscheidung, zusammen nach Buchara zu fahren, oftmals eine Reise nach Kafiristan erwogen hatten, in ein Land, das ein Europäer damals unmöglich nach eigenem Belieben betreten konnte.

Wir wollten dorthin, weil wir aufgrund von Informationen aus Gesprächen mit verschiedenen Leuten überzeugt waren, dort eine Antwort auf viele psychologische und archäologische Probleme finden zu können.

In Tiflis fingen wir an, uns mit allem auszustatten, was für die Reise nach Buchara nötig war, besonders mit Empfehlungsbriefen. Wir trafen mit Menschen zusammen, die diese Gebiete kannten, und führten Gespräche mit ihnen. Diese Gespräche und die Folgerungen, die wir daraus zogen, steigerten unseren Wunsch, Kafiristan zu betreten, so unzugänglich es für Europäer auch sein mochte, so sehr, daß wir beschlossen, sobald wir Buchara verlassen hätten, alles menschenmögliche zu tun, um dorthin zu gelangen.

Alle unsere früheren Interessen schienen nicht mehr zu existieren. Auf dem ganzen Weg nach Turkestan konnten wir an nichts anderes denken, und wir sprachen nur davon, welche Maßnahmen wir ergreifen müßten, um dieses gewagte Vorhaben auszuführen.

Ganz zufällig nahm unser Plan, nach Kafiristan zu gelangen, unter den folgenden Umständen feste Formen an.

Während eines Aufenthaltes im Bahnhof von Neu-Merw an der Zentralasiatischen Eisenbahnlinie ging ich in die Bahnhofsgaststätte, um heißes Wasser für den Tee zu holen. Als ich zu unserem Wagen zurückkehrte, wurde ich plötzlich von einem Mann in Tekki-Kleidung umarmt.

Es war mein guter alter griechischer Freund Wassiliaki, ein Schneider von Beruf, der seit langem in Merw lebte.

Als er erfuhr, daß ich auf dem Weg nach Buchara war, bat er mich inständig, die Fahrt zu unterbrechen und bis zum nächsten Tag zu bleiben, um an einem großen Familienfest teilzunehmen, das anläßlich der Taufe seines ersten Kindes am gleichen Abend stattfinden sollte.

Er bat mich so aufrichtig und rührend, daß ich es ihm nicht rundweg abschlagen konnte; ich sagte ihm, er solle einen Augenblick warten, und rannte, überzeugt, daß bis zur Abfahrt des Zuges wenig Zeit blieb, spornstreichs davon, um den Professor um Rat zu fragen, wobei ich überall um mich herum heißes Wasser verspritzte.

Während ich mich mühsam durch das Gedränge der zahlreichen ein- und aussteigenden Reisenden hindurchzwängte, winkte mir der Professor, der mich kommen sah, mit der Hand und rief:

«Ich habe unsere Sachen schon beisammen, steigen Sie rasch aus, ich reiche sie Ihnen durchs Fenster.»

Er hatte meine unerwartete Begegnung vom Fenster aus beobachtet und den Vorschlag erraten, der mir gemacht worden war.

Als ich nicht weniger eilig wieder ausstieg und auf dem Bahnsteig ihm die Sachen abnahm, die er mir aus dem Fenster reichte, stellte es sich heraus, daß unsere Eile ganz unnötig war: Der Zug mußte noch mehr als zwei Stunden auf einen Personenzug aus Kuschka warten, der Verspätung hatte.

Beim Abendessen nach der religiösen Taufzeremonie saß ein alter turkmenischer Nomade neben mir; er war ein Freund des Gastgebers und Besitzer einer großen Herde Karakulschafe.

Ich brachte das Gespräch auf das Leben der Nomaden und der verschiedenen Volksstämme Zentralasiens; und wir kamen dann auf die unabhängigen Stämme zu sprechen, die in dem Gebiet wohnen, das in neuerer Zeit Kafiristan heißt.

Als wir nach dem Abendessen, bei dem an russischem Wodka nicht gespart wurde, unser Gespräch fortsetzten, äußerte er nebenbei und so, als spräche er zu sich selbst, eine Ansicht, die uns, Professor Skridlow und mir, so beachtenswert erschien, daß wir dementsprechend einen Plan entwarfen, der uns die Durchführung unseres Vorhabens gestatten sollte.

Bei allen Bewohnern dieses Gebietes, sagte er, zu welchem

Stamm sie auch gehörten, habe sich trotz ihrer fast organischen Abneigung, etwas mit Menschen zu tun zu haben, die nicht ihrem eigenen Stamm angehören, gleichwohl etwas entwickelt, das in ihnen ganz natürlich ein Gefühl des Respekts und sogar der Liebe hervorrufe für die Menschen aller Rassen und aller Glaubensüberzeugungen, die sich dem Dienste Gottes hingeben.

Dieser Gedanke, von einem Nomaden geäußert, dem wir zufällig begegnet waren und der vielleicht nur unter dem Einfluß russischen Wodkas gesprochen hatte, bewirkte, daß sich in jener Nacht und am folgenden Tag alle unsere Überlegungen um die eine Idee drehten, daß wir in dieses Land gelangen könnten, nicht als gewöhnliche Sterbliche, sondern indem wir die äußere Erscheinung jener Menschen annähmen, denen man dort besonderen Respekt zollt und die, ohne den geringsten Verdacht zu erregen, sich überall frei bewegen können.

Am folgenden Abend saßen wir, noch immer in unsere Überlegungen vertieft, in einem Tschaichane von Merw, wo zwei Gruppen turkmenischer Lebemänner sich dem *Kif* hingaben mit *Batschis*, das heißt jungen Tänzern, deren Hauptbeschäftigung – legalisiert durch örtliche Gesetze und gefördert durch Gesetze des Großen Russischen Reiches, unter dessen Schutzherrschaft dieses Land stand – dieselbe war wie jene, der auf dem Kontinent Europa ebenfalls legal Frauen mit «gelbem Ausweis» nachgehen.

In dieser Umgebung beschlossen wir kategorisch, daß Professor Skridlow sich in einen ehrwürdigen persischen Derwisch verwandeln und daß ich mich für einen direkten Nachkommen Mohammeds, das heißt für einen Saiyid ausgeben würde.

Um uns auf diese Verkleidung vorzubereiten, brauchten wir viel Zeit und einen ruhigen, abgelegenen Ort. Deshalb beschlossen wir, uns in den Ruinen von Alt-Merw niederzulassen, die diesen Erfordernissen entsprachen und wo wir außerdem zur Erholung gelegentlich Ausgrabungen machen konnten.

Die Vorbereitung bestand darin, viele religiöse persische Gesänge und erbauliche Geschichten aus alten Zeiten auswendig zu lernen; außerdem mußten wir uns die Haare wachsen lassen, um wie die Menschen auszusehen, für die wir uns ausgeben wollten; Schminken kam in dem Fall nicht in Frage.

Nachdem wir so ungefähr ein Jahr lang in den Ruinen von Merw gelebt hatten und mit unserem Aussehen wie auch mit unserer Kenntnis religiöser Psalmen und Gesänge zufrieden waren, verließen wir eines Tages frühmorgens diese Ruinen, in denen wir uns wie zu Hause gefühlt hatten. Wir gingen zu Fuß bis zum Bahnhof von Baïram-Ali an der Zentralasiatischen Eisenbahnlinie, wo wir einen Zug nach Tschardschou nahmen. Von dort reisten wir mit dem Dampfer den Amu-darja hinauf.

An den Ufern des Amu-darja, der früher Oxus hieß und den einige Völker Zentralasiens als Gott verehren, erschien der Keim der heutigen Kultur auf Erden zum ersten Mal.

Ich möchte diesen Teil unserer Reise zu jenem für Fremde damals unzugänglichen Land eingehend beschreiben; um so mehr als uns auf unserer Fahrt stromaufwärts ein Abenteuer widerfuhr, das den Europäern ungewöhnlich erscheinen muß, das aber sehr charakteristisch ist für die patriarchalischen Sitten dieser vom Einfluß der modernen Zivilisation noch unberührten Gebiete. Die Erinnerung an diesen Vorfall, dessen Opfer ein gütiger alter Sarte war, hat in mir oft ein Gefühl der Reue hervorgerufen; denn dieser alte Mann verlor unsertwegen vielleicht für immer sein Geld. Ich will diese Beschreibung ein wenig in dem Stil durchführen, den ich in meiner Jugend studieren konnte, dem Stil einer literarischen Schule, die, so sagt man, an den Ufern dieses großen Flusses entstand und deren Ziel die «Schöpfung von Bildern ohne Worte» war.

Der Amu-darja, der in seinem Oberlauf Pjandje heißt, entspringt in den Bergen des Hindukusch und mündet heutzutage in den Aralsee, doch gewissen geschichtlichen Angaben zufolge mündete er früher in das Kaspische Meer.

Zu der Zeit, auf die sich meine Erzählung bezieht, bildete dieser Fluß die Grenze mehrerer Staaten: des alten Rußlands, des Khanats von Chiwa, des Khanats von Buchara, Afghanistans, Kafiristans, Britisch-Indiens und so weiter.

Früher wurde er von einer besonderen Art von Flößen befahren, als aber Rußland dieses Gebiet erobert hatte, ersetzte man diese Flöße durch eine Flotille flacher Dampfschiffe, die militärischen Zwecken dienten und darüber hinaus den Passagier- und Warenverkehr zwischen dem Aralsee und den oberen Flußabschnitten übernahmen.

Und so schicke ich mich an, sei es auch nur, um mich auszuruhen, im Stil der oben erwähnten alten literarischen Schule mich meinen Hirngespinsten hinzugeben.

Der Amu-darja... Der Tag bricht an.

Die Bergkämme leuchten golden unter den Strahlen der Sonne, die noch nicht am Horizont erschienen ist. Die Stille der Nacht und das eintönige Murmeln des Flusses weichen allmählich dem Gesang der Vögel, den Schreien der Tiere, den Stimmen der erwachenden Menschen und dem dumpfen Klatschen des Wassers auf den Rädern des Dampfers.

An beiden Ufern entfacht man die Feuer, die während der Nacht heruntergebrannt waren; Rauchspiralen, die aus dem Schornstein aufsteigen, vermischen sich mit dem stickigen Qualm von brennendem nassem Saxaul* und breiten sich ringsum aus.

Über Nacht haben die Ufer ihr Aussehen merklich verändert, obgleich das Schiff sich nicht fortbewegt hat.

Heute ist der neunte Tag seit unserer Abfahrt von Tschardschou in Richtung Kerki.

Die ersten zwei Tage kam unser Dampfer langsam, aber ohne Behinderung voran. Am dritten Tag lief er auf eine Sandbank auf und blieb einen Tag und eine Nacht lang stecken, bis die starke

* Ein Baum, der in Sandgebieten wächst.

Strömung des Amu-darja den Sand wegschwemmte und die Weiterfahrt möglich machte.

Anderthalb Tage später passierte das gleiche.

Und heute sitzt der Dampfer schon den dritten Tag fest. Die Passagiere und die Schiffsmannschaft warten geduldig, daß sich dieser launische Fluß ihrer erbarmt und sie ziehen läßt.

Dies kommt hier sehr häufig vor. Der Amu-darja fließt fast auf seinem ganzen Lauf durch Sandgebiete. Da er eine sehr starke Strömung hat und nicht gleichbleibende Wassermengen führt, spült er fortwährend die unbefestigten Ufer fort oder schwemmt auf ihnen Sand an; sein Bett ändert sich dauernd, so daß man dort Sandbänke entstehen sieht, wo am Vortag noch tiefe Strudel waren.

Die Schiffe bewegen sich auf der Bergfahrt sehr langsam fort, besonders zu gewissen Zeiten im Jahr; flußabwärts aber gleiten sie fast ohne Maschinenkraft wie toll dahin. Man kann niemals auch nur annähernd im voraus bestimmen, wie lange die Fahrt von einem Punkt zu einem andern dauert. Daher nehmen die Passagiere, die flußaufwärts reisen, für alle Fälle Lebensmittel für mehrere Monate mit.

Die Jahreszeit, in der wir den Amu-darja hinauffuhren, war wegen Niedrigwassers die ungünstigste. Der Winter nahte. Die Regenzeit war vorüber, und in den Bergen, wo der Fluß entspringt, hörte die Schneeschmelze auf.

Die Reise war nicht besonders angenehm, denn im Herbst ist der Passagier- und Warenverkehr sehr stark. Die Baumwollernte ist überall beendet; das Obst und das Gemüse der fruchtbaren Oasen sind getrocknet, die Karakulschafe sind sortiert. Und die Bevölkerung der Gebiete, durch die der Amu-darja fließt, ist jetzt viel auf dem Fluß unterwegs. Die einen kehren in ihre Dörfer zurück, die anderen bringen ihren Käse auf den Markt, um ihn gegen Sachen zu tauschen, die sie für den kurzen Winter brauchen. Wieder andere gehen auf Pilgerfahrt oder besuchen Verwandte.

Daher war der Dampfer bereits überfüllt, als wir einstiegen. Da gab es Bucharer, Hivintses, Tekkis, Perser, Afghanen und Vertreter vieler anderer asiatischer Völker.

In dieser malerischen und bunten Menge herrschten die Kaufleute vor. Einige transportierten Waren, andere reisten zum Einkauf von Käse in höher gelegene Gebiete.

Hier ein Perser, der mit getrockneten Früchten handelt; dort ein Armenier, der an Ort und Stelle kirgisische Teppiche kaufen will; und ein Pole, ein Baumwolleinkäufer der Firma Posnanski; da wiederum ein russischer Jude auf der Suche nach Karakulfellen und ein litauischer Handlungsreisender mit einer Musterkollektion von Bilderrahmen aus Papiermaché und vielerlei Ornamenten aus vergoldetem Metall, die mit künstlichen farbigen Steinen verziert sind.

Viele Beamte und Offiziere der Grenztruppen, transkaspische Artilleristen und Pioniere, die aus dem Urlaub oder von Sondermissionen zurückkommen. Hier die Frau eines Soldaten mit einem Säugling auf dem Weg zu ihrem Mann, dessen Dienstzeit verlängert wurde; da ein Bischof auf einer Dienstreise, der katholischen Soldaten die Beichte abnehmen will.

Es sind auch Damen an Bord. Dort eine Obristin mit ihrer Hopfenstange von Tochter, die aus Taschkent zurückkommt, wohin sie ihren Sohn begleitet hat, der nach Orenburg weiterfuhr, wo er auf der Kadettenanstalt studieren wird.

Drüben die Frau eines Kavalleriehauptmanns, die nach Merw gereist war, um bei den dortigen Schneiderinnen Kleider zu bestellen; dann die Frau eines Majors aus Aschchabad, die, von einer Ordonnanz begleitet, ihren Mann besucht, der allein lebt, weil seine Schwiegermutter nicht «ohne Gesellschaft» leben kann und es in der Stadt, in der er stationiert ist, keine gibt.

Hier eine beleibte Dame mit einer enormen Frisur, zweifellos aus künstlichem Haar, mit vielen Ringen an den Fingern und zwei enormen Broschen auf der Brust. Sie wird von zwei gutaussehenden jungen Mädchen begleitet, die sie «Tante» nennen, aber man kann leicht erkennen, daß sie gar nicht ihre Nichten sind.

Unter den Russen gibt es eine Anzahl *ehemaliger* und *künftiger* hochgestellter Persönlichkeiten, die Gott weiß wohin und Gott weiß warum reisen. Und auch eine ganze Musikkapelle mit Geigen und Kontrabässen.

Gleich am ersten Tag bei der Abfahrt in Tschardschou hatten sich alle diese Leute sozusagen von selbst geteilt: in die Intelligenzija auf der einen, die Bourgeoisie auf der anderen und die Bauern auf der dritten Seite. Da sie durch Wesensverwandtschaft zueinander gefunden hatten, fühlten sie sich bald wie unter alten Bekannten und bildeten gesonderte Gruppen.

Die Mitglieder jeder dieser Gruppen benahmen sich den Passagieren der anderen Gruppen gegenüber entweder hochmütig und herablassend oder schüchtern und unterwürfig; was sie allerdings nicht daran hinderte, sich nach eigenen Wünschen und Gewohnheiten einzurichten, und nach und nach stellten sie sich auf ihre Umgebung so gut ein, daß es schien, als hätte keiner von ihnen je anders gelebt.

Niemand störte sich an der Verspätung des Dampfers oder am Platzmangel; im Gegenteil, sie gewöhnten sich alle so daran, daß die Reise gleichsam zu einem Picknickausflug wurde.

Wenn sich herausstellte, daß der Dampfer auf einer Sandbank festsaß, gingen nach und nach fast alle Passagiere an Land.

Gegen Abend sah man auf beiden Ufern eine Unmenge Zelte aus allen möglichen Materialien entstehen. Von vielen Feuern stieg Rauch auf, und nach einem bei Musik und Gesang verbrachten Abend blieben die meisten über Nacht an Land.

Am nächsten Morgen ging das Leben im Rhythmus des Vortages weiter. Die einen machten Feuer und rösteten Kaffee, die anderen kochten Wasser für den grünen Tee, wieder andere gingen auf die Suche nach Angelruten und trafen Vorbereitungen zum Fischen, fuhren zwischen Schiff und Land in kleinen Booten hin und her und riefen einander von einem Ufer zum anderen zu. Dies alles geschah ruhig und ohne Hast, da jeder wußte, daß, sobald man weiterfahren konnte, die große Dampferglocke eine Stunde vorher ertönen würde und man genügend Zeit hatte, sich wieder an Bord zu begeben.

In jenem Winkel des Dampfers, in dem wir uns niedergelassen hatten, kampierte neben uns ein alter Sarte.

Man sah, daß er reich war, denn unter seinen Sachen befanden sich viele Geldsäcke.

Ich weiß nicht, wie es heutzutage ist, aber in jener Zeit gab es in Buchara und den angrenzenden Ländern keine Geldstücke von großem Wert.

In Buchara war zum Beispiel die größte Münze der *Tianga*, ein grob geschnittenes Silberstück, das ungefähr einen halben französischen Franc wert war.

Jede Summe, die hundert Tiangi überstieg, mußte in besonderen Säcken transportiert werden, was sehr unbequem war.

Wenn die Summe Tausende von Tiangi umfaßte und man das Geld mitnehmen wollte, so brauchte man wohl oder übel Dutzende von Kamelen oder Pferden, um das Geld zu transportieren.

In sehr seltenen Fällen wandte man die folgende Methode an:

Man übergab einem bucharischen Juden eine gewisse Menge Tiangi, der einem dafür einen Wechsel auf einen seiner Bekannten – gleichfalls ein Jude – ausstellte, der an dem Ort wohnte, wohin man reiste, und dieser zahlte einem dort die gleiche Menge Tiangi aus, von denen er jedoch einen Teil für seine Bemühungen einbehielt.

Als wir in Kerki, der Endstation des Dampfers, angekommen waren, stiegen wir aus und nahmen einen Miet-*Kobsir** und setzten die Reise fort.

Wir waren schon ein gutes Stück von Kerki entfernt und machten in Termez halt – wo Professor Skridlow ausgestiegen war, um mit einigen sartischen Trägern im nächsten Dorf Proviant einzu-

* Ein *Kobsir* ist eine Art Floß, dessen Planken an Burdiuks, das heißt luftgefüllte Lederschläuche, befestigt sind.

kaufen –, als plötzlich ein anderer Kobsir mit fünf Sarten neben dem unseren anlegte. Ohne ein Wort zu sagen, luden sie fünfundzwanzig große, mit Tiangi gefüllte Säcke von ihrem Kobsir auf den unseren.

Ich verstand nicht sofort, worum es ging. Erst als das Umladen beendet war, erfuhr ich von dem ältesten, daß sie auf dem gleichen Schiff gewesen waren wie wir und daß sie, nachdem wir von Bord gegangen waren, diese Tiangi-Säcke auf unserem Platz bemerkt hatten. Überzeugt, daß wir sie vergessen hätten, hatten sie sich erkundigt, wohin wir reisten, und sich entschlossen, uns hinterherzufahren und uns die Tiangi zurückzugeben, die wir in dem Durcheinander offensichtlich übersehen hätten. Und der Sarte fügte hinzu: «Ich beschloß, Ihnen hinterherzufahren, weil mir einmal das gleiche passiert ist und ich deshalb sehr gut weiß, wie unangenehm es ist, in einem fremden Land ohne die nötigen Tiangi zu sein. Was mich angeht, so macht es mir nichts aus, wenn ich eine Woche später in mein Dorf komme. Es ist, wie wenn sich unser Dampfer ein weiteres Mal festgefahren hätte...»

Ich wußte nicht, was ich diesem Original antworten sollte. Für mich kam alles zu unerwartet, und ich konnte nur so tun, als verstände ich sehr wenig Sartisch, und wartete auf die Rückkehr des Professors. Einstweilen bot ich ihm und seinen Begleitern Wodka an.

Als ich Skridlow zurückkommen sah, ging ich ihm entgegen, als ob ich ihm helfen wollte, den Proviant zu entladen, und erzählte ihm die ganze Geschichte.

Wir beschlossen, das Geld nicht abzulehnen, sondern um die Adresse dieses Mannes zu bitten, um ihm als Dank für seine Mühe ein *Pesch-Kesch* zu schicken, dann das Geld dem nächsten russischen Grenzposten zu übergeben zusammen mit dem Namen des Schiffes, dem Datum seiner letzten Fahrt und möglichst vielen Einzelheiten, die dazu dienen könnten, unseren sartischen Reisegefährten zu identifizieren, der diese Säcke voller Tiangi auf dem Schiff vergessen hatte.

Und dies taten wir auch.

Bald nach diesem Vorfall, der sich unter Europäern niemals hätte ereignen können, kamen wir in eine einstmals berühmte Stadt, die man mit dem Namen Alexanders von Mazedonien in Verbindung bringt und die heute nur noch eine kleine afghanische Festung ist. Wir gingen an Land, und indem wir von da an unsere jeweiligen Rollen spielten, setzten wir unsere Reise zu Fuß fort.

Von einem Tal zum anderen ziehend und in Kontakt mit vielen verschiedenen Stämmen, gelangten wir schließlich mitten in das Land der Afriden, in ein Gebiet, das als das Herz Kafiristans gilt.

Unterwegs taten wir alles, was von einem Derwisch und einem Saiyid erwartet wird; ich sang religiöse Lieder auf Persisch, und der Professor schlug zur Begleitung schlecht und recht entsprechende Rhythmen auf einem Tamburin, mit welchem er dann auch Almosen sammelte.

Ich werde weder unsere Route beschreiben noch die vielen ungewöhnlichen Abenteuer, die uns zustießen, sondern komme sogleich zur Schilderung einer zufälligen Begegnung mit einem Mann, nicht weit von dem erwähnten Siedlungsgebiet der Afriden entfernt, die unserem inneren Leben eine neue Orientierung gab und alle unsere Erwartungen, Absichten und selbst den Plan unserer Reise veränderte.

Als wir die Afriden verließen, hatten wir die Absicht, zum Tschitral weiterzuziehen. In der nächsten größeren Ortschaft auf unserer Route wurde ich auf dem Markt von einem alten Mann in einheimischer Tracht angesprochen, der in reinem Griechisch sanft zu mir sagte: «Bitte fürchten Sie nichts. Ich habe ganz zufällig erraten, daß Sie Grieche sind. Ich will nicht wissen, wer Sie sind oder warum Sie hier sind. Es wäre mir einfach eine Freude, mich mit Ihnen zu unterhalten und die gleiche Luft wie ein Landsmann zu atmen, denn seit fünfzig Jahren bin ich keinem Menschen begegnet, der in dem Land zur Welt kam, in dem ich selbst geboren wurde.»

Seine Stimme und der Ausdruck seiner Augen machten auf mich solchen Eindruck, daß ich sofort von grenzenlosem Vertrauen zu dem alten Mann erfüllt war, als wäre er mein eigener Vater. Ich antwortete ihm in griechisch: «Es wäre ungeschickt, hier zu reden. Wir, zumindest ich, könnten uns einer großen Gefahr aussetzen. Wir sollten einen Ort suchen, wo wir frei sprechen können, ohne unliebsame Folgen befürchten zu müssen. Vielleicht kann einer von uns eine Lösung finden. Einstweilen kann ich nur sagen, wie glücklich ich über unsere Begegnung bin, denn da ich seit so vielen Monaten mit Menschen fremden Blutes verkehren mußte, fühle ich mich ganz erschöpft.»

Ohne ein Wort zu sagen, entfernte er sich, während der Professor und ich unsere Beschäftigung fortsetzten.

Am folgenden Tag drückte mir ein anderer Mann, der das Gewand eines in Zentralasien sehr bekannten Mönchsordens trug, einen Zettel in die Hand, während er mir ein Almosen gab.

Sobald wir in dem Aschchane waren, wo wir zu Mittag aßen, las ich diesen Brief. Er war in griechisch geschrieben und teilte mir mit, daß der alte Mann vom Vortag auch ein Mönch sei, einer der «zu Lebzeiten Befreiten» dieses Ordens, und daß wir ihn ohne weiteres in seinem Kloster besuchen könnten, denn man achte dort alle Menschen, welches auch immer ihre Nationalität sein möge, sofern sie sich der Suche nach dem Einigen Gott, dem Schöpfer ausnahmslos aller Völker und Rassen widmen.

Am nächsten Tag ging ich mit dem Professor zu diesem Kloster, wo uns mehrere Mönche, darunter der alte Mann, empfingen.

Nach den üblichen Begrüßungen führte er uns an das Steilufer eines kleinen Baches in einiger Entfernung vom Kloster und lud uns ein, das Essen, das er mitgebracht hatte, mit ihm zu teilen.

Als wir uns gesetzt hatten, sagte er: «Hier hört und sieht uns niemand, und wir können in aller Ruhe über das sprechen, wonach uns der Sinn steht.»

Im Laufe der Unterhaltung erfuhren wir, daß er ein Italiener war, aber Griechisch konnte, weil seine griechische Mutter in seiner Kindheit darauf bestanden hatte, daß er fast nur griechisch sprach.

Er war früher aus innerer Berufung christlicher Missionar gewesen und hatte lange in Indien gelebt. Als er einmal auf einer Missionsreise nach Afghanistan ging, wurde er beim Überschreiten eines Passes von Männern, die zum Stamme der Afriden gehörten, gefangengenommen.

Er war dann als Sklave von Hand zu Hand gegangen und hatte unter verschiedenen Völkerschaften dieser Gebiete gelebt, bis er schließlich immer im Dienste irgendeines Herrn hierherkam. Da er sich während seines langen Aufenthaltes in diesen entlegenen Gegenden den Ruf eines unparteiischen Mannes erworben hatte, der sich gelassen den jahrhundertealten lokalen Sitten anpaßte und unterwarf, hatte sein letzter Herr, dem er einen bedeutenden Dienst erwiesen hatte, seine Freilassung erwirkt und für ihn sogar die Zusage erlangt, daß er ganz wie die örtlichen Machthaber nach Belieben in diesen Ländern reisen durfte.

Zu jener Zeit begegnete er zufällig Mitgliedern der *Universalen Bruderschaft,* die nach dem strebten, wovon er sein ganzes Leben geträumt hatte. Sie nahmen ihn in ihre Bruderschaft auf, und von da an lebte er mit ihnen zusammen in diesem Kloster und verspürte keinen Wunsch mehr, woanders hinzugehen.

Je länger wir ihm zuhörten, um so mehr wuchs unser Vertrauen zu *Vater Giovanni* – das war der Name, den wir ihm gaben, als wir erfuhren, daß er früher katholischer Priester gewesen war und daß man ihn in seiner Heimat Giovanni genannt hatte –, so daß wir das Bedürfnis empfanden, ihm zu gestehen, wer wir in Wirklichkeit waren und warum wir diese Verkleidung gewählt hatten.

Er hörte uns mit großem Verständnis zu, offensichtlich bestrebt, uns in unseren Bemühungen zu bestärken, dachte einige Augenblicke nach und sagte dann mit gütigem Lächeln, das ich nie vergessen werde:

«Sehr gut... in der Hoffnung, daß die Ergebnisse eurer Suche eines Tages auch meinen Landsleuten nützen werden, will ich alles tun, was in meinen Kräften steht, um euch zu helfen, das Ziel zu erreichen, das ihr euch gesteckt habt.»

Er hielt Wort und bat noch am gleichen Tag seine Vorgesetzten um die Erlaubnis, daß wir in ihrem Kloster leben dürften, bis sich unsere Pläne geklärt und wir entschieden hätten, was wir danach in diesem Gebiet unternehmen würden.

Am folgenden Tag zogen wir in das Kloster und ruhten zunächst einmal aus, was nach den langen Monaten eines so intensiven Lebens wirklich unerläßlich war.

Wir lebten dort, wie es uns beliebte, und hatten überallhin freien Zutritt, außer zu dem Gebäude, wo der Scheich wohnte und zu dem nur die Mönche zugelassen wurden, die eine Vorstufe der Befreiung erreicht hatten.

Wir gingen mit Vater Giovanni fast jeden Tag zu dem Ort, wo wir bei unserem ersten Besuch im Kloster gesessen hatten, und führten dort lange Gespräche.

Vater Giovanni sprach mit uns viel über das «innere Leben» der Brüder und die Alltagsregeln, die mit diesem inneren Leben verbunden sind. Als das Gespräch einmal auf die zahlreichen Bruderschaften kam, die es seit vielen Jahrhunderten in Asien gibt, erklärte er uns etwas eingehender, was die Universale Bruderschaft sei, der jedermann beitreten könne, ganz gleich, zu welcher Religion er zuvor gehört habe.

Wie wir später feststellten, gab es unter den Mönchen dieses Klosters Christen, Juden, Mohammedaner, Buddhisten, Lamaisten und sogar einen Schamanen.

Sie alle vereinte der *Gott Wahrheit.*

Die Brüder dieses Klosters leben miteinander in so gutem Einvernehmen, daß Professor Skridlow und ich, trotz der besonderen Züge und Neigungen der Vertreter dieser verschiedenen Religionen, niemals erkennen konnten, zu welcher Religion dieser oder jener Bruder früher gehört hatte.

Vater Giovanni sprach auch viel über den Glauben und das Ziel, dem die Bemühungen all dieser Bruderschaften zustrebten.

Er sprach so gut, so verständlich und überzeugend von der Wahrheit, dem Glauben und der Möglichkeit, diesen Glauben in sich zu verwandeln, daß Professor Skridlow eines Tages tief aufgewühlt nicht mehr an sich halten konnte und voller Erstaunen ausrief:

«Vater Giovanni, ich kann nicht verstehen, wie Sie ruhig hier bleiben können, anstatt nach Europa zurückzukehren, zum Beispiel in Ihre Heimat, nach Italien, um den Menschen dort, sei es auch nur ein Tausendstel dieses alles durchdringenden Glaubens zu geben, den Sie jetzt in mir erwecken.»

«Ach, mein teurer Professor», erwiderte Vater Giovanni, «es ist offensichtlich, daß Sie die Psyche der Menschen nicht ebensogut verstehen wie die Archäologie!

Den Glauben kann man dem Menschen nicht geben. Der Glaube, der im Menschen entsteht und sich in ihm aktiv entwickelt, ergibt sich nicht aus automatischem Lernen, das heißt: nicht aus einer automatischen Feststellung von Höhe, Breite, Dicke, Form und Gewicht eines Gegenstandes oder aus der Wahrnehmung mit dem Gesicht, dem Gehör, Gefühl, Geruch und dem Geschmack – er ist vielmehr das Ergebnis des *Verstehens.*

Das Verständnis ist das Wesenhafte, das man aus absichtlich erworbenen Informationen und vielerlei Erfahrungen, die man selbst erlebt hat, erlangt.

Käme zum Beispiel mein eigener geliebter Bruder in diesem Augenblick zu mir und bäte mich inständig, ihm auch nur den zehnten Teil meines Verständnisses zu geben, und auch wenn ich es mit meinem ganzen Wesen wollte, so könnte ich ihm trotz meines glühendsten Wunsches nicht einmal einen tausendsten Teil dieses Verständnisses geben, weil er weder die Kenntisse hat, die ich erworben habe, noch die Erfahrungen, die ich im Laufe meines Lebens durchgestanden habe.

Glauben Sie mir, mein lieber Professor, es ist tausendmal leichter, ein Kamel durch ein Nadelöhr schlüpfen zu lassen, wie es in der Heiligen Schrift heißt, als einem anderen das Verständis zu vermitteln, das sich in uns gebildet hat.

Früher dachte ich auch wie Sie, und ich wählte sogar den Beruf des Missionars, um allen den christlichen Glauben zu lehren.

Ich wollte, daß alle durch den Glauben an die Lehre Jesu Christi so glücklich würden wie ich. Aber den Glauben durch Worte einpfropfen zu wollen ist, als wollte man jemand nur durch den Anblick von Brot satt machen.

Das Verständnis ergibt sich, wie schon gesagt, aus der Gesamtheit der absichtlich erworbenen Informationen und aus persönlichen Erfahrungen; Kenntnisse hingegen sind nur die automatische Erinnerung an eine Summe von Wörtern, die in einer bestimmten Reihenfolge erlernt wurden.

Es ist nicht nur unmöglich, trotz unseres sehnlichsten Verlangens, einem anderen das eigene innere Verständnis, das sich im Laufe des Lebens aus den besagten Faktoren gebildet hat, zu vermitteln, sondern es gibt, wie ich mit einigen anderen Brüdern unseres Klosters kürzlich feststellte, sogar ein Gesetz, wonach die Qualität dessen, was bei einer Mitteilung wahrgenommen wird, sowohl in bezug auf die Kenntnisse wie in bezug auf das Verständnis, von der Qualität der Grundlagen abhängt, die sich im Sprechenden gebildet haben.

Um Ihnen zu helfen, das soeben Gesagte zu verstehen, will ich als Beispiel die Tatsache anführen, die in uns den Wunsch weckte, Nachforschungen in dieser Richtung zu unternehmen, und die uns schließlich zur Entdeckung dieses Gesetzes führte.

Es gibt in unserer Bruderschaft zwei sehr alte Brüder; der eine heißt Bruder Achel und der andere Bruder Ses.

Diese Brüder haben freiwillig die Pflicht auf sich genommen, die Klöster unseres Ordens in regelmäßigen Abständen zu besuchen und verschiedene Aspekte des Wesens der Gottheit darzulegen.

Unsere Bruderschaft hat vier Klöster, das unsere, ein zweites im Tal des Pamir, das dritte in Tibet und das vierte in Indien.

Diese Brüder Achel und Ses reisen also ständig von einem Kloster zum anderen und predigen dort.

Sie kommen ein- oder zweimal im Jahr hierher. Ihre Ankunft in unserer Gemeinschaft gilt als ein sehr großes Ereignis.

Während der ganzen Zeit, in der sie bei uns sind, erfährt die Seele eines jeden von uns wahrhaft himmlische Freude und Fülle.

Die Predigten dieser beiden Brüder, die fast im gleichen Maße Heilige sind und die von denselben Wahrheiten sprechen, haben recht unterschiedliche Wirkungen auf uns alle und besonders auf mich.

Wenn Bruder Ses spricht, glaubt man den Gesang der Vögel im Paradies zu hören. Seine Predigten ergreifen einen im Innersten, und man ist wie verzaubert.

Seine Rede fließt dahin wie das Murmeln eines Baches, und man wünscht nichts anderes mehr im Leben, als der Stimme von Bruder Ses zu lauschen.

Wenn Bruder Achel spricht, haben seine Worte eine fast entgegengesetzte Wirkung. Er spricht offensichtlich aufgrund seines Alters schlecht und undeutlich. Keiner weiß, wie alt er ist. Auch Bruder Ses ist sehr alt; man sagt, er sei dreihundert Jahre alt; aber er ist ein noch rüstiger Greis, wohingegen bei Bruder Achel die Zeichen des hohen Alters deutlich sichtbar sind.

Die Predigten von Bruder Ses rufen wohl auf der Stelle einen starken Eindruck hervor, doch mit der Zeit verflüchtigt sich dieser Eindruck, und schließlich bleibt nichts von ihm übrig. Das Wort von Bruder Achel indessen macht zunächst fast keinen Eindruck. Aber später nimmt das Wesentliche seiner Rede von Tag zu Tag eine klarere Form an und dringt völlig ins Herz ein, wo es für immer bleibt.

Als wir dies bemerkten und herauszufinden versuchten, warum dies so sei, kamen wir zu dem einstimmigen Schluß, daß Bruder Ses' Predigten nur vom Verstand kommen und deshalb nur auf unseren Verstand wirken, während die Predigten von Bruder Achel von seinem Wesen kommen und auf unser Wesen wirken.

Ja, mein lieber Professor, Kenntnis und Verständnis sind zwei ganz verschiedene Dinge. Nur das Verständnis kann zum Sein führen. Kenntnis hingegen ist nur eine vorübergehende Erscheinung: Eine neue Kenntnis verdrängt die alte, und letztlich wird dabei nur aus dem Nichts ins Leere gegossen.

Man muß sich bemühen zu verstehen. Dies allein kann zu Gott führen.

Um die gesetzmäßigen und nicht gesetzmäßigen Erscheinungen, die um uns vor sich gehen, verstehen zu können, muß man zunächst sehr viele Informationen über die objektiven Wahrheiten und die wirklichen Ereignisse, die in der Vergangenheit auf der Erde stattfanden, bewußt aufnehmen und sich aneignen. Darüber hinaus müssen wir all die Ergebnisse vielerlei freiwilliger und unfreiwilliger Erfahrungen bewußt in uns tragen.»

Wir führten noch viele andere unvergeßliche Gespräche mit Vater Giovanni.

Dieser ungewöhnliche Mann ließ in uns viele Fragen aufsteigen, die sich die heutigen Menschen von selbst niemals stellen, und dann beleuchtete er sie.

Eine seiner Erklärungen, die am vorletzten Tag unseres Aufenthaltes in dem Kloster auf eine Frage von Professor Skridlow einging, ist von außergewöhnlichem Interesse wegen der Tiefe der Gedanken und der Bedeutung, die sie für die heutigen Menschen im verantwortlichen Lebensalter haben kann.

Professor Skridlows Frage entsprang dem innersten Wesen, als Vater Giovanni uns im Laufe des Gespräches gesagt hatte: Bevor man wirklich in die Einfluß- und Wirkungssphäre der höheren Kräfte eintreten könne, sei es unerläßlich, eine Seele zu haben; und diese Seele könne man nur durch freiwillige und unfreiwillige Erfahrungen erlangen sowie durch absichtlich erworbene Informationen über wirkliche Ereignisse, die in der Vergangenheit stattfanden. Er hatte in ernstem Ton hinzugefügt, daß dies eigentlich nur in der Jugend möglich sei, solange die von der Großen Natur empfangenen Grundlagen noch nicht für phantastische Ziele verschwendet worden seien, die nur wegen der anomalen Lebensverhältnisse der Menschen wünschenswert erschienen.

Bei diesen Worten seufzte Professor Skridlow tief und rief verzweifelt aus: «Und was können wir jetzt tun? Wie sollen wir weiterleben?»

Auf diesen Ausruf hin entwickelte Vater Giovanni nach kurzem Schweigen jene bemerkenswerten Gedanken, die ich so wörtlich wie möglich wiedergeben möchte.

Da sie sich jedoch auf die Frage nach der Seele beziehen, das heißt dem dritten unabhängigen Teil des allgemeinen Daseins des Menschen, werde ich sie in das Kapitel aufnehmen, das den Titel trägt *Der göttliche Körper des Menschen, seine gesetzmäßigen Bedürfnisse und seine Äußerungsmöglichkeiten.*

Dieses Kapitel wird zur dritten Serie meiner Werke gehören und die zwei Kapitel dieser Serie ergänzen, in denen ich zum einen die Hinweise und Ratschläge des ehrwürdigen persischen Derwisches in bezug auf den Körper, das heißt den ersten unabhängig gebildeten Teil im Gesamtdasein des Menschen, und zum anderen die Erläuterungen des alten Es-Esunavuran über den zweiten unabhängig gebildeten Teil im Menschen, das heißt seinen Geist, zu behandeln beschlossen und versprochen habe.

Vater Giovanni, der uns in seine väterliche Obhut genommen hatte, machte uns mit anderen Mitgliedern dieser Bruderschaft bekannt, mit denen wir während unseres ganzen Aufenthaltes häufig Gespräche führten und die für uns wahre Freunde wurden.

Wir lebten ungefähr sechs Monate in dieser Gemeinschaft und verließen sie nicht deshalb, weil wir nicht länger dort hätten bleiben können oder weil wir fortgehen wollten, sondern weil wir von all den Eindrücken, die wir empfingen, so übervoll waren, daß es uns schien, wir würden bei noch mehr darüber den Verstand verlieren.

Unser Aufenthalt in diesem Kloster lieferte uns so viele Antworten auf die psychologischen und archäologischen Fragen, die uns interessierten, daß es uns so vorkam, als ob wir nichts mehr zu suchen hätten – wenigstens für lange Zeit. So gaben wir unsere Reise auf und kehrten auf fast demselben Weg, auf dem wir gekommen waren, nach Rußland zurück.

Wir fuhren zusammen nach Tiflis, und dort trennten wir uns. Der Professor begab sich auf der georgischen Militärstraße zu seiner jüngeren Tochter nach Pjatigorsk, und ich ging nach Alexandropol zu meiner Familie.

Danach traf ich mit Professor Skridlow lange Zeit nicht mehr zusammen, aber wir korrespondierten regelmäßig.

Zum letzten Mal sah ich ihn im zweiten Jahr des Weltkrieges in Pjatigorsk, wo er bei seiner Tochter wohnte.

Das letzte Gespräch mit ihm auf dem Gipfel des Berges Beschtau werde ich niemals vergessen.

Ich lebte zu jener Zeit in Essentuki. Als wir uns eines Tages in Kislowodsk begegneten, schlug er mir vor, wir sollten zur Erinnerung an die gute alte Zeit den Berg Beschtau in der Nähe von Pjatigorsk besteigen.

So brachen wir eines schönen Morgens zwei Wochen nach dieser Begegnung, mit Proviant versehen, von Pjatigorsk zu Fuß in Richtung auf diesen Berg auf und begannen die Besteigung durch die Felsen hindurch auf der schwierigsten Seite, an deren Fuß ein berühmtes Kloster liegt.

Dieser Aufstieg wird von allen, die ihn gemacht haben, als recht schwierig angesehen, und er ist tatsächlich nicht leicht, doch für uns beide war es nach den vielen Bergen, die wir während unserer einstigen Reisen durch die Wildnis Zentralasiens hatten überwinden müssen, gleichsam ein Kinderspiel. Trotzdem empfanden wir großes Vergnügen: Nach dem monotonen Leben in der Stadt fühlten wir uns in dieser Umgebung, die fast unser natürliches Element geworden war, sozusagen wie zu Hause.

Obgleich der Beschtau nicht sehr hoch ist, entdeckten wir, als wir den Gipfel erreichten, ein Panorama von wirklich außerordentlicher Schönheit und Weite.

Im Süden erhob sich majestätisch die schneebedeckte Spitze des Elbrus, der die großen Gebirgsketten des Kaukasus beherrscht.

Unten zeichneten sich gleichsam in Miniatur all die Siedlungen, Städte und Dörfer des Gebietes von Mineralnyje Wody ab; und genau unter uns traten nach Norden hin Teile der Stadt Jelesnowodsk hervor.

Ringsum herrschte Stille.

Der Berg war menschenleer, und wir konnten sicher sein, daß uns niemand stören würde. Der übliche, bequeme Weg, der über den nördlichen Hang heraufführte, war viele Kilometer weit überschaubar, und man sah dort niemanden. Was den südlichen Hang angeht, auf dem wir gekommen waren, so trifft man selten jemand, der sich dort hinaufwagt.

Auf dem Gipfel des Berges befand sich eine kleine Hütte, die offenbar zum Verkauf von Bier und Tee diente, aber an jenem Tag stand sie verlassen da.

Wir setzten uns auf einen Felsen und begannen zu essen.

Von der Größe der Natur überwältigt, hing jeder schweigend seinen eigenen Gedanken nach.

Plötzlich fiel mein Blick auf das Gesicht des Professors, und ich sah, daß er Tränen in den Augen hatte.

«Was ist Ihnen, mein alter Freund?» fragte ich ihn.

«Nichts», antwortete er, und indem er sich die Augen trocknete, fügte er hinzu: «In den letzten zwei oder drei Jahren bin ich bei meiner Unfähigkeit, die automatischen Äußerungen des Unterbewußtseins und des Instinktes zu beherrschen, fast wie eine hysterische Frau geworden.

Was mir soeben widerfahren ist, hat sich in letzter Zeit öfters ereignet.

Es ist sehr schwer zu erklären, was in mir vorgeht, wenn ich etwas Erhabenes sehe oder höre, was einen nicht daran zweifeln läßt, daß es das Werk Unseres Schöpfers und Urhebers ist – aber jedesmal bringt es mich zum Weinen. Ich weine, das heißt, es weint in mir, nicht aus Kummer, nein... sondern gleichsam aus tiefer Rührung. Dies hat sich allmählich in mir entwickelt, seit der Begegnung mit Vater Giovanni, jenem Pater, erinnerst du dich, den wir zum Unglück für mein gewöhnliches Leben gemeinsam in Kafiristan kennenlernten.

Seit jener Begegnung haben sich meine innere und meine äußere Welt völlig verändert.

In den Anschauungen, die sich im Laufe des Lebens in mir festgesetzt hatten, vollzog sich von selbst eine Umwertung aller Werte.

Vor dieser Begegnung war ich ein Mensch, der ganz in seinen persönlichen Interessen und Vergnügungen sowie in den Interessen und Vergnügungen seiner Kinder aufging. Ich war in Gedanken immer damit beschäftigt, wie ich meine Bedürfnisse und die meiner Kinder am besten befriedigen könnte.

Man kann sagen, mein ganzes Dasein war bis dahin vom Egoismus beherrscht, und alle meine Äußerungen und Gefühle rührten von meiner Eitelkeit her.

Die Begegnung mit Vater Giovanni hat all das getötet, und seitdem entstand in mir allmählich etwas, wodurch ich insgesamt zu der unerschütterlichen Überzeugung gelangte, daß es neben dem emsigen Treiben des Lebens *etwas anderes* gibt, was Ziel und Ideal jedes mehr oder minder denkfähigen Menschen sein sollte – und daß allein dieses *Andere* den Menschen wirklich glücklich machen und ihm echte Werte geben kann, statt jener trügerischen ‹Güter›, mit denen er im gewöhnlichen Leben immer und überall überhäuft wird.»

Wie in der Anmerkung der Übersetzer erwähnt, wurde das folgende Kapitel den Begegnungen mit bemerkenswerten Menschen *in der Absicht hinzugefügt, eine unbekannte Seite von Gurdjieffs Leben zu beleuchten: seinen Kampf mit den materiellen Schwierigkeiten, die die Ausführung seines Werkes hervorrief.*

DIE MATERIELLE FRAGE

Am 8. April 1924 wurde in New York eine Zweigstelle des *Instituts für die harmonische Entwicklung des Menschen* eröffnet. Aus diesem Anlaß veranstalteten Freunde des Herrn Gurdjieff und einige seiner französischen Schüler zu seinen Ehren ein Abendessen in einem russischen Restaurant.

Nach dem Diner begleitete die Mehrzahl der Gäste Herrn Gurdjieff in die Wohnung von Miss R. in der 49. Straße. Bei Kaffee und Likör, die Dr. B. hatte besorgen können, setzte das Gespräch wieder ein, das sich bis zum Frühstück am folgenden Morgen hinziehen sollte.

Herr Gurdjieff sprach mit Hilfe seiner Dolmetscher, Herr Lilyantz und Frau Wersilowsky, und beantwortete unsere Fragen, die sich fast alle auf philosophische Probleme bezogen.

Während einer kurzen Unterbrechung, bei der Wassermelonen aus Buenos Aires gereicht wurden, die zu jener Jahreszeit sogar in New York eine große Seltenheit waren, wandte sich Dr. B., welcher der Besitzer eines großen, eleganten Sanatoriums war und als praktisch denkender Mann galt, an Herrn Gurdjieff und fragte ihn geradeheraus:

«Könnten Sie uns sagen, Herr Gurdjieff, über welche Existenzmittel Ihr Institut verfügt und wie seine Jahresbilanz ungefähr aussieht?»

Zu unserem Erstaunen nahm Herrn Gurdjieffs Antwort die Form einer langen Erzählung an. Da diese Geschichte eine unvermutete Seite des Kampfes enthüllte, den er sein ganzes Leben lang hatte führen müssen, habe ich versucht, sie möglichst genau so, wie sie an jenem Tag erzählt wurde, wiederzugeben.

Ich befragte andere Schüler, die seiner Erzählung mit solchem Interesse und solcher Aufmerksamkeit gefolgt waren, daß sie sich an die kleinsten Einzelheiten erinnerten. Schließlich überprüfte ich meinen Text, indem ich ihn mit den Aufzeichnungen von F. verglich, der Herrn Gurdjieff überall begleitete und alle seine Gespräche und Vorträge stenographierte, damit dieser, sooft ein und dieselbe Frage erneut gestellt wurde, das, was er zu dem Thema bereits geantwortet hatte, vorlesen lassen und somit mit seiner Zeit sparsam umgehen konnte.

Herr Gurdjieff begann folgendermaßen:

Die Frage, die Sie mir stellen, sehr geschätzter Herr Doktor, hat immer viele Leute in meiner Umgebung interessiert. Da ich es aber bisher nicht für nötig hielt, irgend jemand ins Vertrauen zu ziehen, habe ich nie geantwortet oder mich mit einem Scherz aus der Affäre gezogen.

Übrigens haben sich zu diesem Thema alle möglichen komischen Legenden gebildet, die von der vollkommenen Idiotie ihrer Erfinder zeugen und die laufend mit neuen phantastischen Einzelheiten ausgeschmückt werden, in dem Maße, wie andere Parasiten und Faulenzer beiderlei Geschlechts sie aufgreifen und kommentieren. Da heißt es zum Beispiel: Ich erhielte Geld von einem okkulten Zentrum in Indien; oder das Institut würde von einer Gesellschaft *Schwarzer Magier* unterhalten; oder es würde von dem legendären georgischen Fürsten Muchransky unterstützt; oder ich besäße das Geheimnis des Steins der Weisen und könne mit Hilfe alchemistischer Verfahren so viel Geld herstellen, wie ich wolle; oder wie kürzlich gemunkelt wurde, meine Mittel kämen von den Bolschewiken – und tausend andere Dummheiten der gleichen Art.

Tatsächlich wissen selbst die Menschen, die mir sehr nahestehen, bis heute nicht genau, woher das Geld für die kollosalen Ausgaben kam, die ich seit vielen Jahren bestreite.

Ich hielt es deshalb nicht für nötig, ernsthaft über die materielle Seite der Existenz des Instituts zu sprechen, weil ich mir keine Illusionen machte über die Möglichkeit einer Hilfe von außen und ein Gespräch über dieses Thema einfach für Zeitverschwendung ansah – eine Art, *aus dem Nichts ins Leere zu gießen.*

Heute aber will ich diese Frage, die mir so oft gestellt wurde und der ich seit langem überdrüssig bin, nicht mit einem Scherz abtun, sondern will etwas aufrichtiger auf sie eingehen.

Wenn ich diesmal den Wunsch verspüre, ernsthafter zu antworten, so glaube ich auch den Grund dafür zu kennen – ich bin sogar fast sicher: Nachdem ich durch den Willen des Schicksals (vielmehr durch die Dummheit der russischen Machthaber) arm wie eine Kirchenmaus geworden bin, habe ich mich in das Land des «Dollaranbaus» gewagt, und hier, in dieser Luft, die mit den Schwingungen von Leuten gesättigt ist, die in meisterlicher Weise Dollars säen und ernten, wittere ich gleich einem reinrassigen Jagdhund ein sicheres und erstklassiges Wild. Deshalb will ich die Gelegenheit nicht ungenutzt verstreichen lassen. Und da ich unter Menschen sitze, die mit Dollars ausgepolstert sind, und ich mich von der automatischen Aufnahme dieser wohltuenden Ausstrahlungen angeregt fühle, hoffe ich, einige von Ihnen durch meine Antwort ein wenig «zu rupfen».

Nach diesem ausgezeichneten Abendessen, umsorgt von einer Gastgeberin von heute so seltener Gastfreundschaft, will ich diese angenehme Umgebung nutzen, um alle Möglichkeiten meines Gehirns wie auch alle Fähigkeiten meiner «Sprechmaschine» zu mobilisieren, und auf diese Frage so antworten, daß jeder von Ihnen spürt, daß auch meine Tasche ein sehr fruchtbarer Boden ist für Dollar-Samen, mit der Besonderheit, daß die Saat, die darin aufkeimt, die Eigenschaft erwirbt, denen, die sie gesät haben, das einzig objektive Glück zu bringen, das sie im Leben finden können.

Also, meine teuren Dollarbesitzer, die ich im Augenblick rückhaltlos respektiere...

Lange bevor ich zur praktischen Verwirklichung meiner Ideen überging, in der Zeit, da ich das Programm meines Instituts in allen Einzelheiten ausarbeitete, hatte ich bereits sorgfältig über die materielle Frage nachgedacht, die, auch wenn sie für mich zweitrangig blieb, gleichwohl sehr wichtig war.

Da ich schon die zahlreichen Hindernisse voraussah, auf die ich bei meiner Bemühung stoßen würde, die psychologischen Ideen ins Leben einzuführen, auf denen dieses für unsere Zeit außergewöhnliche Institut beruhen sollte, hielt ich es für notwendig, meine Unabhängigkeit zumindest im materiellen Sinne sicherzustellen; wußte ich doch aus Erfahrung, daß wohlhabende Leute sich niemals ernsthaft genug für diese Fragen interessieren, um eine solche Arbeit zu unterstützen, und daß die anderen, wie sehr sie es auch wünschen, in dieser Hinsicht nicht viel tun können, da ein derartiges Unternehmen sehr viel Geld erfordert.

Wenn ich meine Pläne vollständig verwirklichen wollte, dann mußte ich folglich, noch ehe ich an die Ausführung der psychologischen Aufgaben denken konnte, vor allem diese Seite des Problems lösen. Ich setzte mir daher das Ziel, innerhalb einer bestimmten Frist das nötige Kapital zu beschaffen, und widmete von da an dem Geldverdienen viel mehr Zeit als bisher.

Was ich soeben gesagt habe, ruft aller Wahrscheinlichkeit nach bei den meisten von Ihnen, Amerikanern, die Sie heutzutage überall auf Erden als unvergleichliche Businessmen gelten, große Verblüffung hervor. Sie werden sich fragen, wie es mir möglich war, sicherlich große Summen mit solcher Leichtigkeit zu verdienen, und Sie müssen sogar den Eindruck haben, daß ich den Mund reichlich vollnehme.

Und in der Tat: Dies mag sehr seltsam klingen.

Damit Sie aber, wenn auch nur ungefähr, verstehen können, wie ich dies zu tun vermochte und woher ich solche Selbstsicherheit besaß, gilt es zu erwähnen, daß ich vor dieser Zeit oft mit kommerziellen und finanziellen Unternehmungen befaßt gewesen war und bei allen, die mit mir in Verbindung traten, als gerissener Geschäftsmann galt.

Außerdem muß ich Ihnen etwas über die Erziehung erzählen, die ich in der Kindheit erhielt und die mir heute aufgrund eigener Erfahrung weitgehend dem Ideal zu entsprechen scheint, das sich in mir diesbezüglich bildete. Dank dieser Erziehung konnte ich damals und kann notfalls noch heute jedem Geschäftsmann den Rang ablaufen, vielleicht sogar Ihnen, den amerikanischen Businessmen.

Übrigens ist es heute durchaus angebracht, Ihnen einige Einzelheiten meiner Erziehung zu schildern, da wir hier zusammengekommen sind, um die Eröffnung einer Institution zu feiern, deren Hauptziel die *harmonische Entwicklung des Menschen* ist. Diese Institution beruht auf experimentellen Grundlagen, die von mir im Laufe vieler Jahre zusammengetragen und sorgfältig überprüft wurden, einem Mann, der fast sein gesamtes persönliches Leben der Erforschung dieser äußerst wichtigen und heute so beklemmenden Frage der Erziehung opferte und der, von Menschen mit normal entwickeltem Gewissen erzogen, die Fähigkeit erwerben konnte, in allen Situationen stets unparteiisch zu sein.

Der stärkste absichtliche Einfluß, der auf mich einwirkte, war der meines Vaters, der eine ganz eigene Auffassung von der Erziehung hatte.

Ich könnte ein ganzes Buch schreiben über die direkten und indirekten erzieherischen Methoden meines Vaters, die sich aus seiner originellen Anschauung ergaben.

Sobald sich in mir die Zeichen eines mehr oder weniger richtigen Verständnisses zeigten, erzählte er mir unter anderem alle möglichen phantastischen Geschichten, die immer mit einer Reihe von Abenteuern endeten, deren Held ein gelähmter Zimmermann namens Mustafa war, der alles tun konnte und einmal sogar einen fliegenden Sessel herstellte.

Hierdurch und durch andere ähnliche Handlungsweisen ließ mein Vater zusammen mit dem lebhaften Wunsch, es dem geschickten Zimmermann gleichzutun, den unwiderstehlichen Drang in mir aufkommen, immer etwas Neues herzustellen.

Alle meine Kinderspiele, selbst die gewöhnlichsten, wurden von der Vorstellung verklärt, ich sei jemand, der die Dinge nie so mache wie die anderen, sondern auf ganz besondere Art und Weise.

Diese anfangs unklare Neigung, die mein Vater in meiner frühesten Kindheit indirekt meiner Natur eingeprägt hatte, nahm in meiner Jugend eine deutlichere Form an, da mein erster Lehrer ein Mann war, dessen erzieherische Ansichten und Methoden in mancher Hinsicht mit dieser Neigung in Einklang standen, so daß ich mich, ohne meine schulischen Pflichten zu vernachlässigen, unter seiner persönlichen Anleitung in verschiedenen Handwerken übte.

Das Hauptmerkmal der Erziehungsmethode meines ersten Lehrers war folgendes: Sobald er merkte, daß ich mit einem Handwerk vertraut wurde und es zu lieben begann, zwang er mich, es zugunsten eines anderen aufzugeben. Wie ich viel später verstand, war sein Ziel nicht, daß ich alle möglichen Handwerke erlernte, sondern die Fähigkeit entwickelte, Schwierigkeiten zu überwinden, die jede neue Arbeit mit sich bringt.

Und tatsächlich erlangte von da an jede Arbeit für mich eine Bedeutung und ein Interesse, nicht an sich, sondern nur insoweit, als ich sie nicht kannte und nicht wußte, wie ich sie ausführen sollte.

Diese beiden Männer, die bewußt – oder sogar unbewußt, das ist hier nicht so wichtig – es auf sich genommen hatten, mich für das verantwortliche Alter vorzubereiten, brachten durch ihre originelle Auffassung von der Erziehung in meiner Natur eine subjektive Eigenschaft hervor, die sich mit den Jahren allmählich entwickelte und schließlich zu dem Drang wurde, häufig die Beschäftigung zu wechseln. Auf diese Weise erwarb ich, wenn auch rein automatisch, theoretische und zugleich praktische Fähigkeiten zur Ausübung verschiedener handwerklicher und kaufmännischer Berufe, und mein Verständnis wuchs in dem Maße, wie sich mein Horizont auf mannigfaltige Wissensgebiete erweiterte.

Ich möchte sogar hinzufügen: Wenn ich heute in verschiedenen Ländern als ein Mann anerkannt bin, der auf zahlreichen Gebieten wirkliche Kompetenz besitzt, so verdanke ich es zum Teil dieser ersten Erziehung.

Diese richtige Erziehung entwickelte von frühester Jugend an in mir Erfindungsgabe, Weitblick und vor allem gesunden Menschenverstand, die es mir erlaubten, aus all den Informationen, die ich später im Laufe des Lebens absichtlich oder zufällig sammelte, das Wesentliche jeder Wissenschaft zu erfassen und nicht mit jener Anhäufung von leerem Plunder dazustehen, zu der die allgemeine Anwendung der fürchterlichen Methode des *Auswendiglernens* bei den heutigen Menschen unweigerlich führt.

So war ich in jungen Jahren schon gut gewappnet und in der Lage, leicht das nötige Geld zu verdienen, um meine unmittelbaren Bedürfnisse zu stillen. Doch da ich mich bereits als Jugendlicher für Erscheinungen zu interessieren begonnen hatte, die zu der Frage nach Sinn und Ziel des Lebens führten, und ich diesen Problemen meine gesamte Zeit und Aufmerksamkeit widmete, machte ich diese Fähigkeit, Geld zu verdienen, nicht zum alleinigen Daseinsziel – wie es die Heutigen tun, und besonders Sie Amerikaner, die Sie alle «bewußten» oder instinktiven Bestrebungen auf dieses Ziel richten – und griff nur hin und wieder und nur insofern darauf zurück, als ich es für mein gewöhnliches Leben und für die Erfüllung der Aufgaben brauchte, die ich mir gestellt hatte.

Aus einer armen Familie stammend und materiell nicht sichergestellt, mußte ich dieses verachtenswerte und unheilvolle Geld ziemlich oft für unvermeidliche Ausgaben verdienen. Das Geldverdienen nahm jedoch nie viel Zeit in Anspruch, weil die Findigkeit und der gesunde Menschenverstand, die durch diese Erziehung in mir entstanden waren, mich in allen Lebenslagen zu einem schlauen Fuchs machten.

Als typisches Beispiel für diese Geschicklichkeit will ich eine Episode aus meinem Leben erzählen und schildern, wie ich eines Tages, um eine kleine Wette zu gewinnen, aus dem Stegreif eine sehr originelle Werkstatt eröffnete.

Die Einzelheiten dieser Geschichte werden vielleicht meine Erzählung etwas in die Länge ziehen, aber ich glaube, daß sie dank diesem wunderbaren Likör – übrigens wunderbar, weil er nicht unter den üblichen Bedingungen hergestellt wurde, sondern auf einer alten Barkasse vor der amerikanischen Küste – Ihnen nicht zu langweilig erscheinen wird.

Es war kurz vor der letzten großen Expedition durch Pamir und Indien, von der Gesellschaft organisiert, die wir unter dem Namen *Bruderschaft der Wahrheitssucher* gebildet hatten und der ich vom ersten Tag an angehörte.

Ungefähr zwei Jahre vor Beginn dieser Expedition hatten die Mitglieder der Bruderschaft beschlossen, die Stadt Tschardschou in Transkaspien zu ihrem Sammelpunkt zu machen. Alle, die an der Expedition teilzunehmen gedachten, sollten sich am zweiten Januar 1900 dort treffen und von dort zunächst den Fluß Amu-darja hinauffahren.

Mir blieb bis zu diesem Datum noch viel Zeit, wenn auch nicht genug, um eine lange Reise zu unternehmen. Ich war damals in Alexandropol und machte wie üblich einen kurzen Besuch bei meinen Eltern. Als ich die für sie bestimmte Zeit mit ihnen verbracht hatte, blieb ich, statt wie gewöhnlich weit wegzufahren, im Kaukasus und wohnte bald in Alexandropol, bald in Baku.

Ich fuhr häufig nach Baku, weil in dieser Stadt damals eine Gesellschaft existierte – sie bestand hauptsächlich aus Persern – die alte Magie studierte und mit der ich lange Zeit als korrespondierendes Mitglied in Verbindung stand.

Die Ereignisse, die zu jener Episode führten, die ich Ihnen erzählen will, trugen sich in Baku zu.

Eines Sonntags begab ich mich in den Basar. Ich muß gestehen, ich hatte immer eine Schwäche für einen Bummel durch orientalische Basare, und wenn ich an einem Ort war, wo es einen gab, versäumte ich nie, dorthin zu gehen. Ich stöberte sehr gern in dem Trödelkram und hoffte stets, etwas Seltenes zu finden.

An jenem Tag kaufte ich eine alte Stickerei, und ich verließ gerade den Tuchmarkt, als ich eine gutgekleidete, aber sehr traurig aussehende junge Frau erblickte, die etwas zu verkaufen hatte.

Alles deutete darauf hin, daß sie keine richtige Trödlerin war und ihre Ware zweifellos aus Not veräußerte. Ich ging zu ihr hin und sah, daß sie einen Edison-Phonographen zum Verkauf anbot.

Der traurige Ausdruck in den Augen dieser Frau erweckte mein Mitleid, und obgleich ich sehr wenig Geld hatte, kaufte ich, ohne weiter nachzudenken, diesen unnützen Apparat mit allem Zubehör.

Ich trug diese Last in die Karawanserei, in der ich wohnte, öffnete den Kasten und entdeckte darin viele Walzen, von denen die meisten beschädigt waren. Von den unbeschädigten Walzen waren nur wenige bespielt, die anderen waren leer.

Ich blieb noch einige Tage in Baku.

Mein Geld ging zur Neige, und ich mußte mir überlegen, wie ich zu neuen Mitteln kommen konnte.

Eines trüben Morgens saß ich noch nicht angezogen auf dem Bett und dachte darüber nach, was ich machen sollte, als mein Blick zufällig auf den Phonographen fiel. Dabei kam mir die Idee, ich könnte daraus Nutzen ziehen, und sofort entwarf ich einen Plan.

Ich wickelte alle meine Geschäfte ab und nahm am selben Tag das erste Schiff nach Transkaspien, wo ich vierundzwanzig Stunden später ankam. In der Stadt Krasnowodsk überließ ich es meinem Phonographen, für mich Geld zu verdienen.

Es muß gesagt werden, daß der Phonograph in dieser Gegend noch unbekannt war: Es war das erste Mal, daß man ein solches Wunder dort zu sehen bekam.

Wie gesagt, befanden sich in dem Phonographen auch einige leere Walzen. Im Handumdrehen hatte ich einen Tekke-Straßenmusikanten gefunden, den ich mehrere Lieblingsmelodien der örtlichen Bevölkerung singen und spielen ließ, und auf den übrigen Walzen erzählte ich selber auf Turkmenisch eine Reihe pikanter Anekdoten.

Dann fügte ich zwei weitere Hörrohre zu den vieren hinzu, die schon am Apparat waren, und begab mich mit dem Phonographen zum Basar, wo ich eine originelle Bude eröffnete.

Ich verlangte pro Hörer fünf Kopeken, und Sie können sich das Ergebnis ausmalen, wenn ich Ihnen sage, daß die ganze Woche über und besonders an Markttagen selten eine Röhre auch nur für einen Augenblick frei war. Am Ende des Tages machten all diese Fünf-Kopeken-Stücke einen Ertrag aus, der den des größten Geschäftes in der Stadt übertraf.

Von Krasnowodsk ging ich nach Kisyl-Arwat, wo man mich mehrmals einlud, mit meiner Maschine in die Häuser reicher Turkmenen in den benachbarten *Auls* * zu kommen. Für diese Privatvorführungen erhielt ich eine beträchtliche Menge *Tiangi* und einmal sogar zwei sehr gute Tekke-Teppiche.

Als ich auch hier wieder ein hübsches Sümmchen angehäuft hatte, nahm ich den Zug in der Absicht, mein Geschäft nach Aschchabad zu verlegen, aber in der Bahn traf ich ein Mitglied unserer Bruderschaft, mit dem ich eine Wette einging, die meiner phonographischen Laufbahn ein plötzliches Ende bereitete.

Die Kameradin, die ich traf, war die unnachahmliche und furchtlose Witwitskaja, die stets Männerkleidung trug. Sie hatte an allen unseren gefährlichen Expeditionen in die entlegensten Winkel Asiens, Afrikas und selbst nach Australien und den angrenzenden Inseln teilgenommen.

Auch die kommende Expedition sollte sie mitmachen, und da sie noch einige Monate Zeit hatte, hatte sie beschlossen, von Warschau nach Andischan zu reisen, um ihre Schwester zu besuchen, die mit einem Vertreter der Firma Posnanski verheiratet war, und sich bis zu dem Zeitpunkt unseres Zusammenkommens in Tschardschou ein wenig auszuruhen.

Unterwegs führten wir lange Gespräche, und ich erzählte ihr unter anderem von meinen letzten beruflichen Unternehmungen.

* Dörfer

Ich erinnere mich nicht, wie oder weswegen zwischen uns eine Auseinandersetzung entstand; auf jeden Fall endete sie mit einer Wette, der zufolge ich unter ganz bestimmten Umständen und in einem festgelegten Zeitraum einen bestimmten Geldbetrag verdienen mußte.

Witwitskaja war an dieser Wette so ernsthaft interessiert, daß sie nicht nur beschloß, bei mir zu bleiben, um zu sehen, wie ich mich aus der Affäre ziehen würde, sondern sich auch erbot, mir zu helfen. So fuhr sie nicht nach Andischan weiter, sondern stieg mit mir in Aschchabad aus.

Ich muß gestehen, die schwierige Aufgabe, die ich auf mich genommen hatte, weckte in mir einen ungestümen Wunsch, sie, koste es, was es wolle, zu erfüllen und über die festgelegten Bedingungen sogar hinauszugehen.

Noch im Zug entwarf ich einen allgemeinen Aktionsplan und verfaßte als erstes die folgende Anzeige:

DIE UNIVERSALE WANDERWERKSTATT
MACHT AUF DER DURCHREISE
NUR SEHR KURZE ZEIT HIER STATION.

Beeilen Sie sich, Ihre Bestellungen aufzugeben und all das zu bringen, was Sie zu reparieren oder umzuändern haben!

Wir reparieren Nähmaschinen, Schreibmaschinen, Fahrräder, Grammophone, Spieluhren, elektrische, photographische, medizinische und andere Apparate; Gas- und Petroleumlampen; Uhren; alle Musikinstrumente: Ziehharmonikas, Gitarren, Geigen, Taris und so weiter.

Wir reparieren Schlösser und Waffen aller Art.

Wir reparieren, modernisieren, polstern und polieren alle Möbel, entweder in unserer Werkstatt oder bei Ihnen zu Hause.

Wir reparieren, lackieren und stimmen Klaviere, Flügel und Harmonien.

Wir installieren und reparieren elektrische Beleuchtungsanlagen, Klingeln und Telephone.

Wir flicken und beziehen Regenschirme.

Wir reparieren Kinderspielzeug, Puppen und Gummiartikel aller Art.

Wir waschen, reinigen und stopfen Teppiche, Wandbehänge, Schals, Pelze und so weiter.

Wir entfernen alle möglichen Flecken.

Wir restaurieren Bilder, Porzellan und alle Antiquitäten.

Die Werkstatt hat ein gut ausgestattetes galvanoplastisches Kabinett zum Vergolden, Versilbern, Vernickeln, Bronzieren und Oxydieren.

Wir verzinnen alles; Samoware werden in 24 Stunden verzinnt und vernickelt.

Wir liefern auf Bestellung Stickereien aller Art – Kreuzstich, Spannstich, Chenille, mit Perlen, Federn und Plüsch.

Wir führen jede beliebige Brandmalerei aus auf Holz, Leder und Stoff.

Die Werkstatt nimmt Bestellungen von allen möglichen Alabaster- und Gipsmodellen entgegen: von Statuetten, Haus- und Wildtieren, Früchten usw. und stellt auch Totenmasken her.

Wir führen Bestellungen von künstlichen Blumen aus Wachs, Brotteig, Samt und Buntpapier für Kränze, Buketts, Damenhüte und Knopflöcher von Brautführern aus.

Wir schreiben, drucken, bemalen und dekorieren Visiten-, Geburtstags- und Einladungskarten.

Wir nehmen Bestellungen von Korsetts und Bandagen entgegen und machen aus alten neue.

Wir fertigen Damenhüte an nach den neuesten Pariser Modellen.

Usw., usf.

Sobald wir in Aschchabad angekommen waren, machte ich eine Unterkunft ausfindig und erhielt von der Polizei die Erlaubnis, die Anzeige drukken und verteilen zu dürfen. Am nächsten Tag mietete ich im Zentrum der Stadt ein Lokal für die Werkstatt, das aus einem großen Laden bestand, der nach der Straße ging, und zwei kleinen Zimmern dahinter; außerdem gab es einen kleinen Hof und eine Art Schuppen.

Nachdem ich das allernötigste Handwerkszeug gekauft, rasch ein Bunsenelement aufgestellt und einige alte Waschschüsseln in Wannen für Galvanoplastik umgewandelt hatte, hing ich über den Eingang ein großes Schild, worauf in roten Buchstaben auf weißem Stoff geschrieben stand:

AMERIKANISCHE WANDERWERKSTATT
NUR SEHR KURZE ZEIT HIER
FABRIZIERT, VERÄNDERT UND REPARIERT ALLES

Als die Anzeigen am nächsten Tag fertig waren, klebte ich viele davon mit Hilfe eines Gassenjungen an Außenmauern und verteilte den Rest unter die Leute.

Und dann begann der Spaß.

Gleich am ersten Tag kamen die Aschchabadianer mit ihren reparaturbedürftigen Sachen in hellen Scharen.

Mein Gott! Was brachten sie mir nicht alles!

Vieles, was ich noch nie gesehen und wovon ich noch nicht einmal gehört hatte!

Wirklich die unwahrscheinlichsten Dinge, von Apparaten zum Auszupfen grauer Haare und Maschinen zum Kirschenentkernen für Marmelade bis hin zu einer Mühle zum Mahlen von Kupfersulfat, womit man die schweißigen Partien des Körpers einpudert, und einem besonderen Frisierstab, um Perücken zu kräuseln, und so weiter.

Um sich eine bessere Vorstellung von dem zu machen, was da vor sich ging, muß man die lokalen Verhältnisse ein klein wenig kennen.

Dieser Teil Transkaspiens und das daran angrenzende Gebiet Turkestans wurden erst seit einigen Jahrzehnten von Fremden besiedelt, und neue Städte entwickelten sich meistens am Rande der alten. Demzufolge bestanden fast alle Städte aus zwei Teilen: der sogenannten alten asiatischen Stadt und der neuen russischen, die nebeneinander lagen und jeweils ihr eigenes unabhängiges Leben führten.

Die Bevölkerung dieser neuen Städte umfaßte Armenier, Juden, Georgier, Perser, aber vor allem Russen, meist Beamte oder pensionierte Militärs, die in diesem Gebiet aus dem Dienst ausgeschieden waren.

Dank dem natürlichen Reichtum dieses Landstrichs und der Ehrlichkeit der von der heutigen Zivilisation noch nicht verdorbenen Bevölkerung wurden die Neuzugezogenen schnell reich, aber durch das Fehlen jedes kulturellen Einflusses seitens ihrer führenden Persönlichkeiten, die selbst ignorante Emporkömmlinge waren, blieben sie so ungebildet, wie sie gekommen waren. So gab es neben dem blühenden Handel, dem sie ihren Reichtum verdankten, nichts, was ihre geistigen Fähigkeiten oder ihre technischen Kenntnisse entwickeln konnte.

Die europäische Zivilisation, die sich sonst überallhin ausbreitete, hatte diese Gebiete kaum berührt, und das wenige, was man aus Zeitungen und Zeitschriften über sie erfuhr, gelangte nur in völlig entstellter Form zu ihnen infolge der phantastischen Übertreibungen der Journalisten, die im allgemeinen – und besonders damals in Rußland – unfähig sind zu einem auch nur ungefähren Verständnis für das Wesentliche dessen, worüber sie schreiben.

Diese neureichen Leute ahmten gemäß der Eigenart aller Emporkömmlinge alles «Modische» – in diesem Fall alles Europäische nach. Weil sie aber ihre Informationen über Kultur und Mode ausschließlich russischen Büchern und Zeitschriften entnahmen, deren Autoren nur ein entstelltes Bild davon gaben, boten sie einem unparteiischen Beobachter eine komische und zugleich traurige Karikatur.

In großem materiellem Wohlstand, doch ohne eine Spur von Kultur, selbst elementarster, spielten die Einwohner dort gleich Kindern zivilisierte Menschen.

Nirgends wurde die Mode so ernst genommen: Jeder fühlte sich verpflichtet, bei jeder Gelegenheit zu zeigen, daß er auf allen Gebieten «auf dem laufenden» war.

Sie kauften eifrig oder bezogen durch die Post von überall her die neuesten Erfindungen und im allgemeinen alles, was dem Leben eines kultivierten Gentleman als angemessen galt oder zumindest was sie diesbezüglich in Zeitungsinseraten finden konnten.

Die ausländischen Kaufleute, vor allem die Deutschen, die diese Schwäche kannten, drehten ihnen eine Menge Waren an, die unbrauchbar waren oder sehr schnell kaputtgingen.

Die Komödie ging so weit, daß man unter den annoncierten Artikeln eine besondere Maschine finden konnte, die gewöhnliche Streichhölzer anzündete.

Da die meisten Sachen, die sie sich schicken ließen, entweder von Anfang an wertlos waren oder sofort entzweigingen und da es am Ort keine einzige Reparaturwerkstatt gab, sammelten sich in jeder Familie Berge von kaputten Gegenständen an.

Es gab noch einen anderen Grund, warum dort so viele Dinge zu reparieren waren. Im Orient und vor allem im asiatischen Rußland war es damals üblich, sich niemals von etwas zu trennen, was man einmal erworben hatte, und es niemals zu verkaufen, auch wenn man es nicht länger benötigte oder es auseinanderfiel. Man hätte übrigens auch keine Käufer dafür gefunden. Außerdem war es ein fester Brauch, alte Dinge zur Erinnerung an etwas oder jemanden aufzubewahren. So füllten sich in jedem Haus die Speicher und Schuppen mit einer erstaunlichen Menge nutzlosem Plunder, der sogar von Generation zu Generation weitergegeben wurde.

Als sie nun erfuhren, daß es eine Werkstatt gab, die alles reparierte, was zum Teufel schleppten sie da nicht alles zu mir, in der Hoffnung, Dinge wieder erstehen zu lassen und nutzbar zu machen, die lange ungenützt umhergelegen hatten, wie zum Beispiel Großvaters Sessel und Großmutters Brille, Urgroßvaters Balalaika, Urgroßmutters Uhr, das vom Paten geschenkte Reisenecessaire, die Decke, unter der der Bischof bei seinem Besuch bei ihnen geschlafen hatte, einen Ordensstern, den der Schah von Persien dem Vater verliehen hatte, und so fort.

All das reparierte ich.

Nicht ein einziges Mal nahm ich etwas nicht an, oder gab ich etwas zurück, ohne es instand gesetzt zu haben.

Selbst wenn man mir eine zu geringe Summe anbot, welche die Zeit nicht rechtfertigte, die ich auf die Reparatur verwenden mußte, übernahm ich sie, wenn die Sache etwas Neues für mich war, denn ich war nicht am Geld interessiert, sondern an der Schwierigkeit, die eine mir unbekannte Arbeit mit sich brachte.

Außer wirklich defekten und unbrauchbaren Sachen brachten sie mir auch haufenweise nagelneue Gegenstände, die nur deshalb nicht funktionierten, weil ihre Besitzer, unwissend, wie sie waren, und ohne das elementarste technische Verständnis, kurzum wegen ihrer Dummheit, sie einfach nicht zu handhaben verstanden.

Zu jener Zeit breiteten sich die neuesten Erfindungen wie Nähmaschinen, Fahrräder, Schreibmaschinen in Windeseile überall aus.

Alle diese Neuheiten wurden mit Begeisterung bestellt und gekauft, doch mangels technischer Kenntnisse und wegen des Fehlens örtlicher Werkstätten oder Spezialisten legte man sie bei der geringsten Störung als unbrauchbar beiseite.

Ich werde Ihnen einige charakteristische Beispiele für diese Unkenntnis und Einfalt geben, die ich mir, ich gebe es zu, wohlüberlegt zunutze machte, ohne den geringsten Gewissensbiß zu empfinden.

Ich erinnere mich, als wäre es gestern gewesen, wie mir eines Tages ein dicker, reicher Armenier, schnaufend und in Schweiß gebadet, begleitet von seiner Tochter, eine Nähmaschine zur Reparatur brachte, die er, so erzählte er, auf der Messe in Nischnij-Nowgorod für die Aussteuer seiner Tochter gekauft hatte.

Diese Nähmaschine, sagte er, war anfangs ein «wahres Wunder». Man konnte sie einfach nicht hoch genug preisen, so sauber und schnell nähte sie, aber plötzlich fing sie aus keinem ersichtlichen Grund und sehr zu seinem Ärger an, «rückwärts» zu gehen. Als ich mir die Maschine anschaute, fand ich sie in gutem Zustand.

Sie wissen, daß einige Nähmaschinen neben dem Hebel, der die Naht reguliert, einen anderen Hebel besitzen, der zur Richtungsänderung dient, das heißt, wenn man diesen Hebel umstellt, verändert man die Richtung der Stoffbewegung. Offenbar hatte jemand aus Versehen diesen Hebel berührt, so daß sich der Stoff, statt vorwärts, jetzt rückwärts bewegte.

Ich sah sofort, daß ich nur den Hebel umzulegen brauchte, um die Maschine wieder instand zu setzen, und ich hätte dies augenblicklich machen können. Da ich aber merkte, daß ich es mit einem abgefeimten armenischen Gauner zu tun hatte, und im Gespräch erfuhr, daß er mit Karakulschaffellen handelte, zweifelte ich nicht daran – denn ich kannte diese Typen gut –, daß er, um seine Taschen zu füllen, mehr als einen Tekke oder Bucharer, die vertrauensvoll wie Kinder sind, übers Ohr gehauen hatte, und ich beschloß, es ihm mit gleicher Münze heimzuzahlen. So erzählte ich ihm eine langatmige, ganz unwahrscheinliche Geschichte darüber, warum seine Nähmaschine nicht funktionierte, und behauptete, daß verschiedene Zahnräder ausgewechselt werden müßten, wobei ich nicht versäumte, auf die heutigen Fabrikanten, diese Schufte, ausgiebig zu fluchen.

Kurzum, ich erleichterte ihn um zwölf Rubel fünfzig Kopeken und versprach ihm, die Maschine in drei Tagen in Ordnung zu bringen. Natürlich wurde sie, sobald er die Tür erreicht hatte, mit einer Nummer versehen und zu den fertigen Sachen gestellt.

Ein anderes Beispiel. Eines Tages betrat ein Offizier die Werkstatt und sagte mir in gewichtigem Ton:

«Geh zum Büro des Ortskommandanten, und sage dem Bürovorsteher, ich befehle ihm – übrigens öffneten russische Offiziere damals den Mund immer nur, um zu befehlen –, dir die Schreibmaschinen zu zeigen. Sieh sie dir an, und laß mich wissen, was daran nicht stimmt.»

Dann verschwand er, wie er gekommen war.

Sein anmaßender und unangebrachter Ton verblüffte und erboste mich. Ich beschloß, dorthin zu gehen, vor allem um herauszufinden, mit was für einem «Vogel» ich es zu tun hatte, und vielleicht auch um einen Weg zu finden, ihm einen meiner Streiche zu spielen – was mich, wie ich zugeben muß, immer amüsierte, da ich mit naiv unschuldiger Miene unverschämte Personen auf sehr bösartige Weise zu bestrafen verstand.

Ich begab mich am gleichen Tag in das Büro, stellte mich dem Bürovorsteher vor und erklärte ihm den Grund meines Besuches. Ich erfuhr daraufhin, daß es der Herr Adjutant selbst gewesen war, der mich aufgesucht hatte.

Während ich die Schreibmaschinen untersuchte, von denen es drei gab, erklärte mir der geschwätzige Vorsteher, den ich mir durch eine Zigarette und eine pikante Anekdote aus dem Offiziersleben schon zum Freund gemacht hatte, folgendes:

Diese unlängst aus Sankt Petersburg bezogenen Maschinen arbeiteten anfangs ausgezeichnet; bald aber begann zuerst die eine, dann eine zweite und schließlich die dritte auf dieselbe Weise zu bocken: Das Farbband lief nicht mehr. Nacheinander versuchten der Adjutant, der Intendant und andere sie wieder in Ordnung zu bringen, aber so sehr sie es auch versuchten, es gelang keinem. Und seit drei Tagen mußten alle Schriftstücke wieder mit der Hand geschrieben werden.

Während er mir das alles erzählte, hatte ich die Schreibmaschinen untersucht und bereits festgestellt, was an ihnen nicht stimmte.

Ich weiß nicht, welches System die heutigen Schreibmaschinen haben, früher jedoch spulte sich das Farbband in gewissen Maschinen durch den Druck einer Feder ab, die sich im hinteren Teil der Maschine in einer besonderen Dose befand und die man durch das Drehen dieser Dose aufzog.

Da das Band sich langsam bewegte, dauerte es lange, bis die Feder, die ziemlich stark war, ihre Spannung verlor, von Zeit zu Zeit mußte sie aber wieder aufgezogen werden.

Es war offensichtlich: Als die Maschinen geliefert wurden, waren ihre

Federn voll aufgezogen gewesen, und da sie im Laufe der Zeit abgelaufen waren, mußten sie einfach neu aufgezogen werden. Aber dieses System des Aufziehens ohne Schlüssel und Kurbel war für den, der nicht auf dem laufenden war, schwer zu erraten.

Natürlich hütete ich mich, den Sekretären etwas davon zu sagen, ich nahm jedoch ihre Einladung zum Essen an, und nachdem ich gute Kohlsuppe und *Kascha* auf Kosten des Staates gegessen hatte, fuhr ich auf meinem vorsintflutlichen Fahrrad und dem, was von seinen Reifen übriggeblieben war, nach Hause.

Am selben Abend kam der Adjutant wieder in meine Werkstatt und fragte in dem gleichen überheblichen Ton: «Nun, wie steht's? Hast du herausgefunden, warum diese nagelneuen Schreibmaschinen nicht funktionieren?»

Schon seit langem war ich ein alter Hase in der Kunst, eine Rolle zu spielen. So nahm ich jenen Gesichtsausdruck an, den die wahren Schauspieler *respektvolle Schüchternheit und scheue Ehrerbietung* nennen, und fing an, in bombastischen Fachausdrücken, die verschiedenen russischen technischen Werken entstammten, die Vollkommenheit dieses Maschinensystems in jeder Hinsicht zu rühmen, außer in einem Punkt, wo eine offen gestanden komplizierte und schwierige Veränderung leider unumgänglich sei.

Was die auszuführende Arbeit betraf, so veranschlagte ich ihre Kosten auf ungefähr ein Viertel des Kaufpreises der Maschinen selber.

Am nächsten Tag wurden die Maschinen, die in tadellosem Zustand waren, von einer ganzen Gruppe Soldaten mit dem Adjutanten an der Spitze feierlich in meine Werkstatt gebracht.

Ich nahm sie sofort in Empfang, erklärte dann mit größtem Ernst, daß die Maschinen auf keinen Fall früher als in zehn Tagen fertig werden könnten.

Sehr verärgert bat mich der Adjutant, sie möglichst schnell zu reparieren, da die Arbeit im Büro fast zum Erliegen komme.

Nach langem Hin und Her erklärte ich mich schließlich bereit, nachts zu arbeiten und eine erste Maschine in zwei Tagen abzuliefern; dafür bat ich ihn aber, er möge so gut sein und seinen Soldaten befehlen, die Essensreste aus dem Offizierskasino für meine drei Ferkel zu bringen, die ich gerade gekauft und in meinem kleinen Hof untergebracht hatte.

Nach zwei Tagen war eine Maschine «fertig», und die anderen versprach ich Ende der Woche zu liefern.

Neben dem Dank und den achtzehn Rubel, die ich für die Reparatur jeder Maschine erhielt, brachten die Soldaten meinen Saugferkeln täglich Futter und kümmerten sich um sie während der drei Monate, die ich in Aschchabad blieb, an deren Ende meine Schweinchen ausgewachsene Mastschweine geworden waren.

Natürlich erklärte ich den Sekretären, was getan werden mußte, wenn das Federwerk abgelaufen war, aber worin meine «Reparatur» bestanden hatte, schienen sie gleichwohl nicht zu verstehen.

Solche Geschichten wiederholten sich später in Merw, wohin ich meine Werkstatt verlegte und wo ich zwei Monate lang die gleiche Arbeit fortführte.

Eines Tages kam der Inspektor der Mittelschule – oder des Gymnasiums, ich erinnere mich nicht mehr – zu mir und bat mich, eine elektrische Maschine, mit der physikalische Experimente gemacht wurden, zu reparieren.

Es war eine gewöhnliche Elektrisiermaschine, die, wenn sie sich dreht, Funken sprüht und die zu besitzten jede Schule damals aus irgendeinem Grund für ihre Pflicht hielt.

In den berühmten sogenannten Physikstunden machten die Lehrer hochtrabend und als ob sie ein Ritual vollzögen, mit Hilfe dieser Maschine «Vorführungen», die einfach darin bestanden, die Scheiben der Maschine zu drehen und die Kinder zu zwingen, nacheinander die Kugeln der Leidener Flaschen anzufassen. Die schmerzvollen Grimassen, die auf den Gesichtern der Kinder beim Berühren der Kugeln erschienen, riefen stets schallendes Gelächter hervor, das diese Pädagogen als «äußerst verdauungsfördernd» bezeichneten.

Der Inspektor hatte eine solche Maschine bestellt und sie von der deutschen Firma Siemens & Halske in Sankt Petersburg unmontiert erhalten. Mit Hilfe der anderen Lehrer, seiner Kollegen, hatte er sie nach der beiliegenden Betriebsanleitung aufgestellt, doch war es ihnen trotz vereinter Anstrengungen nicht gelungen, einen einzigen Funken hervorzubringen. So war der Inspektor schließlich gezwungen, sich an meine Werkstatt zu wenden.

Ich sah sofort, daß alles in Ordnung war, nur befanden sich die zwei Scheiben, die den Hauptteil dieser Maschine bilden, zueinander nicht ganz in der richtigen Stellung. Die Schraubenmutter auf der Achse mußte etwas gelockert und eine der Scheiben leicht verstellt werden: Dies hätte ich in einer Minute tun können. Aber ich zwang diesen ehrwürdigen Pädagogen, der andere lehrte, was er selbst nicht wußte, viermal in die Werkstatt zu kommen und zehn Rubel fünfundsiebzig Kopeken zu zahlen für das Nachladen der Leidener Flaschen, die das nicht nötig hatten.

Solche Fälle ereigneten sich, solange meine Werkstatt existierte, fast täglich. Während ich den Armen stets auf halbem Wege entgegenkam, hielt ich es für keine Sünde, von der Dummheit jener zu profitieren, die unverdientermaßen und nur dank einer zufällig erworbenen Stellung die örtliche Intelligenzija darstellten, dagegen auf der Stufenleiter der wahren Intelligenz sehr viel tiefer standen als die Bevölkerung, die ihnen untergeordnet war.

Das originellste und gleichzeitig einträglichste Geschäft aber war ein Geschäft mit Korsetts.

Zu jener Zeit hatte sich in Paris die Mode der Korsetts einschneidend geändert: Nachdem man sie sehr hoch getragen hatte, begannen die Frauen plötzlich, sie sehr kurz zu tragen.

Diese neue Modetorheit war durch die Modejournale dort schon bekannt, aber die Korsetts selber gab es in dieser abgelegenen Gegend noch nicht zu kaufen, und so brachten mir viele Frauen ihre alten Korsetts, um herauszufinden, ob es nicht möglich sei, sie in modische zu verwandeln.

Dieses Korsettgeschäft wurde für mich eine Goldgrube.

Und zwar aus folgendem Grund:

Ich brauchte eines Tages Fischbeinstäbe für das Korsett einer beleibten Jüdin, das ich kürzer machen und übrigens wegen der ständig zunehmenden Gürtellinie der Besitzerin auch erweitern mußte. Als ich mich nach langer, ergebnisloser Suche wieder einmal in einem Laden befand, der keine Fischbeinstäbe vorrätig hatte, riet mir der Verkäufer, ganz einfach ein altmodisches Korsett zu kaufen, das mir der Geschäftsinhaber sicherlich zum Preis des Fischbeins überlassen würde. So wandte ich mich an den Inhaber.

Während ich mit ihm handelte, reifte in meinem Kopf ein anderer Plan, und ich kaufte von ihm nicht nur wie beabsichtigt ein Korsett, sondern alle, die er auf Lager hatte, das heißt fünfundsechzig altmodische Korsetts zum Preis von zwanzig Kopeken das Stück, statt des gewöhnlichen Preises von vier oder fünf Rubel. Danach kaufte ich schleunigst in allen anderen Läden von Aschchabad Korsetts auf und zahlte sogar noch geringere Preise, denn jeder war froh, seinen Bestand an dieser unverkäuflichen Ware loszuwerden.

Ich ließ es nicht dabei bewenden, sondern schickte am nächsten Tag den Vater meiner zwei Lehrlinge, einen alten Juden, mit dem Auftrag auf die Reise, in allen Städten an der zentralasiatischen Eisenbahnlinie altmodische Korsetts aufzukaufen, während ich mich, mit Zange und Schere bewaffnet, daran machte, modische Korsetts zu fabrizieren.

Dies ging ganz einfach: Mit einem Stift zeichnete ich die Linie ein, wo das Korsett verkürzt werden mußte, wobei mehr von dem Oberteil und nur wenig vom unteren Teil abzutrennen war; entlang dieser Linie brach ich dann mit der Zange die Fischbeinstäbe durch und schnitt mit der Schere den Stoff ab. Die Mädchen, die unter der Leitung von Witwitskaja bei mir arbeiteten, trennten den Saum ab, verkleinerten ihn und nähten ihn wieder um die verkürzten Korsetts. Nun brauchte man nur noch die Hälfte der alten Schnur durchzuziehen, und das *reizende Korsett* nach der neuesten Pariser Mode war fertig zum Verkauf. Wir stellten auf diese Weise etwa hundert Stück pro Tag her.

Das Lustigste war, daß die Kaufleute, die von der Metamorphose ihrer alten Korsetts erfahren hatten, angesichts der großen Nachfrage gezwungen waren, sie mir zähneknirschend wieder abzukaufen, nicht für zehn oder zwanzig Kopeken, sondern zum Preise von dreieinhalb Rubel das Stück.

Stellen Sie sich vor: In den Städten Krasnowodsk, Kisyl-Arwat, Aschchabad, Merw, Tschardschou, Buchara, Samarkand und Taschkent kaufte und verkaufte ich auf diese Weise mehr als sechstausend Korsetts.

Dieser Erfolg, der in keinem Verhältnis stand zu dem Umfang des Unternehmens, rührte nicht nur von der Unwissenheit und Naivität der dortigen buntgemischten Bevölkerung her, auch nicht von meiner Schlauheit und Anpassungsfähigkeit an alle möglichen Verhältnisse, sondern vor allem von meiner mitleidlosen Haltung gegenüber jenen Schwächen, die in mir wie in jedem Menschen vorhanden sind und deren Gesamtheit das bildet, was man Faulheit nennt.

Es ist erwähnenswert, daß während jener Zeit im Funktionieren meines allgemeinen Daseins ein Prozeß ablief, der vom Standpunkt der gewöhnlichen Wissenschaft aus völlig unerklärlich ist und der sich im Laufe meines Lebens mehr als einmal wiederholte. Dieser Prozeß zeigte sich in einer besonderen Regulation des Tempos der Energiezuführung und -ausgabe, die es mir erlaubte, mehrere Wochen lang und manchmal sogar monatelang fast ohne Schlaf auszukommen, während ich gleichzeitig eine Aktivität entfaltete, die keineswegs vermindert, sondern im Gegenteil sogar noch intensiver war.

Als sich dieser Zustand das letzte Mal wieder einstellte, interessierte ich mich für dieses Phänomen so sehr, daß es für die bewußten Teile meines Daseins die gleiche Bedeutung annahm wie gewisse Fragen, die ich seit langem in mir trug und deren Lösung zum Sinn und Ziel meines Lebens wurde.

Ich beabsichtige sogar, wenn ich die Fragen im Zusammenhang mit dem Grundprogramm des Instituts geregelt habe und die Hälfte meiner Zeit wieder subjektiven Interessen widmen kann, der Aufklärung dieses Problems den Vorrang zu geben.

Diese mir noch unverständliche Eigentümlichkeit des allgemeinen Funktionierens meines Organismus zu jener Zeit zeigt sich deutlich in der Situation, die ich nun beschreiben will.

Den ganzen Tag über brachte ein fast ununterbrochener Strom von Kunden, die einen geschwätziger als die anderen, ihre alten kaputten Sachen zu mir oder holte die reparierten ab, so daß ich den größten Teil des Tages damit verbrachte, die Aufträge anzunehmen und auszuhändigen. Die seltenen Augenblicke der Ruhe nutzte ich, um eiligst Ersatzteile und verschiedene notwendige Materialien zu kaufen. So mußte die Arbeit selber in der Nacht verrichtet werden.

Solange diese Werkstatt bestand, mußte ich meine Zeit auf diese Weise einteilen: den Tag für die Kunden und die ganze Nacht für die Arbeit.

Ich muß erwähnen, daß mir in diesem Fall Witwitskaja sehr half, die recht bald eine Expertin in allen möglichen Arbeiten wurde und sich gut auf das Beziehen von Regenschirmen, die Veränderung von Korsetts und Damenhüten und vor allem auf die Herstellung künstlicher Blumen verstand. Ferner halfen mir die zwei Söhne meines alten Juden: Der ältere

Bube säuberte und polierte die zu galvanisierenden Artikel; der jüngere machte Besorgungen, entfachte und unterhielt das Schmiedefeuer.

Gegen Ende bekam ich auch Hilfe, und keineswegs schlechte, von sechs jungen Mädchen aus patriarchalischen Familien der Stadt, deren Eltern ihnen eine «vollständige Erziehung» geben wollten und sie in meine universale Werkstatt schickten, damit sie sich in feiner Handarbeit vervollkommneten.

Selbst am Anfang, als wir nur vier waren, erweckte die Menge der ausgeführten Arbeit den Eindruck, daß im rückwärtigen Teil der Werkstatt ein paar Dutzend fachkundiger Spezialisten sich zu schaffen machten.

Über der Tür, die in den Hinterraum führte, hing natürlich ein Schild: «Unbefugten Zutritt streng verboten.»

Die Werkstatt bestand in Aschchabad drei Monate lang; während dieser Zeit verdiente ich siebentausendfünfhundert Rubel. Wissen Sie, was eine solche Summe damals darstellte? Zum Vergleich muß man sich daran erinnern, daß das Gehalt eines durchschnittlichen Beamten damals dreiunddreißig Rubel dreiunddreißig Kopeken im Monat war und daß von einer solchen Summe nicht nur ein Junggeselle, sondern eine Familie mit einer ganzen Kinderschar zu leben vermochte. Das Gehalt eines höheren Offiziers: fünfundvierzig bis fünfzig Rubel, galt als sehr viel Geld, und es war der Traum jedes jungen Mannes, so viel zu verdienen.

Ein Pfund Fleisch kostete damals sechs Kopeken, Brot zwei oder drei Kopeken, gute Trauben zwei Kopeken. Bei hundert Kopeken je Rubel stellten siebentausendfünfhundert Rubel ein wirkliches Vermögen dar.

Während dieser Zeit bot sich mir mehrmals die Gelegenheit, in Unternehmungen außerhalb meiner Arbeit noch größere Gewinne zu machen. Aber eine Bedingung der Wette war, das Geld nur durch Handarbeit und durch kleine Handelsgeschäfte zu verdienen, die sich von Zeit zu Zeit unvermeidlich daraus ergeben würden, und ich erlag einer solchen Versuchung nicht ein einziges Mal.

Die Wette war schon lange gewonnen, und ich hatte in Aschchabad viermal mehr verdient, als ausgemacht worden war, trotzdem beschloß ich, dieselbe Arbeit in einer anderen Stadt weiterzuführen.

Fast alles war abgewickelt. Witwitskaja war schon bei ihrer Schwester, und ich selbst schickte mich an, drei Tage später nach Merw zu reisen.

Das bisher Erzählte hat Ihnen wahrscheinlich schon eine hinreichende Vorstellung von dem gegeben, was ich Ihnen durch diese Geschichte klarmachen wollte: Daß nämlich jener besondere Zug der allgemeinen Psyche des Menschen, der bei Amerikanern zu einem Ideal wurde und den Sie die kaufmännische Ader nennen, auch und sogar höher entwickelt (zusammen mit anderen Adern, die Sie Amerikaner nicht besitzen) bei Völkern auf anderen Kontinenten vorkommt.

Um Ihnen jedoch ein vollständigeres Bild meiner damaligen Aktivitäten zu geben, will ich noch von einem raffinierten «Geschäft» berichten, das ich kurz vor meiner Abreise von Aschchabad machte.

Ich muß erwähnen: Bald nach der Eröffnung meiner Werkstatt gab ich auch bekannt, daß ich alle möglichen alten Sachen ankaufen würde. Dies tat ich aus zwei Gründen. Erstens erforderten die Reparaturen sehr oft neue Teile; nun hatte ich die Vorräte der Geschäfte sehr schnell aufgekauft und auch den Trödel der Märkte, wo ich beschädigte Gegenstände fand, aus denen ich die verwendbaren Teile herausholte. Zweitens hoffte ich, unter den Dingen, die man mir brachte oder die ich in den Häusern abholte, etwas Seltenes und Wertvolles zu entdecken, was häufig der Fall war.

Kurzum, ich war auch Trödler geworden.

Einige Tage vor meiner Abreise begegnete ich im Basar einem Georgier, den ich in der Gegend von Tiflis kennengelernt hatte, wo er die Wirtschaft eines der Bahnhöfe der Transkaukasischen Eisenbahn geleitet hatte, und der jetzt Armeelieferant war. Er bot mir mehrere alte Eisenbetten, die er zuviel hatte, zum Kauf an.

Am gleichen Abend begab ich mich zu ihm. Wir gingen in den Keller, um uns die Betten anzusehen, doch dort herrschte ein so unerträglicher Gestank, daß man es fast nicht aushalten konnte. Nachdem ich die Betten hastig untersucht hatte, ergriff ich sofort die Flucht, und erst auf der Straße sprachen wir über den Preis. Ich erfuhr da, daß der Gestank von zwanzig Fässern Heringen ausging, die er in Astrachan für das Offizierskasino gekauft hatte. Als die ersten zwei Fässer geliefert und geöffnet wurden, hielt man die Heringe für verdorben und verweigerte die Annahme. Der Georgier, der um seinen guten Ruf bangte, wagte nicht, sie anderswo anzubieten: Er nahm sie mit nach Hause, stellte sie einstweilen in den Keller und vergaß sie schließlich. Erst jetzt, nach drei Monaten, als das ganze Haus danach roch, hatte er sich entschlossen, sie schnellstens zu beseitigen.

Was ihn ärgerte, war nicht nur, daß er an den Heringen Geld verloren hatte, sondern daß er noch dafür würde bezahlen müssen, daß sie auf die Müllkippe gekarrt würden, wenn er nicht wollte, daß das Gesundheitsamt davon erfuhr und ihm eine Geldstrafe auferlegte.

Während er mir dies erzählte, arbeitete mein Denken aktiv, wie immer in solchen Fällen, und ich fragte mich, ob es nicht möglich wäre, durch irgendein Mittel Nutzen aus dieser Sache zu ziehen.

Ich rechnete mir aus:

«Er hat zwanzig Fässer mit verdorbenen Heringen, die weggeworfen werden müssen. Aber die leeren Fässer sind wenigstens je einen Rubel wert. Wenn ich sie nur irgendwie umsonst geleert bekäme... Sie wegkarren lassen würde sonst fast soviel kosten, wie die Fässer wert sind... Was tun?»

Plötzlich kam mir der Gedanke, daß Heringe – vor allem verdorbene – ausgezeichneten Dünger abgeben würden. Ich überlegte: «Ein Gärtner wäre für kostenlosen guten Dünger sicherlich bereit, die Fässer abzuholen, sie zu entleeren, auszuspülen und zu mir in die Werkstatt zu bringen. Nachdem ich sie ausgeräuchert hätte, würde ich sie im Nu verkaufen, denn Fässer sind sehr begehrt, so daß ich auf diese Weise in weniger als einer halben Stunde zwanzig Rubel verdienen würde. Und jeder käme auf seine Kosten, selbst der Georgier, dem nach dem Verlust der Ware wenigstens die Ausgaben für den Transport erspart blieben.»

Nachdem ich die Dinge so durchgedacht hatte, sagte ich zu dem Georgier: «Wenn Sie den Preis der Betten ein wenig herabsetzen, werde ich dafür sorgen, daß der Transport der Fässer Sie nichts kostet.» Er war einverstanden, und ich versprach, ihn am nächsten Morgen von diesem Ansteckungsherd zu befreien.

Ich bezahlte die Betten, lud sie auf meinen Karren und nahm auch eins der nicht geöffneten Heringsfässer mit, um es einem Gärtner oder einem Faßbinder zu zeigen. Zur Werkstatt zurückgekehrt, luden wir alles ab und stellten es in den Schuppen.

Es war die Stunde, in der der alte Jude, der Vater meiner Lehrlinge, gewöhnlich hereinkam, um ein Schwätzchen zu halten und manchmal sogar seinen Söhnen bei der Arbeit zu helfen.

Ich hatte mich in den kleinen Hof gesetzt und rauchte eine Zigarette, als mir plötzlich der Gedanke kam, die Heringe meinen Schweinen zu geben; vielleicht könnten die sie fressen.

Ich bat den alten Mann, ohne ihm irgend etwas zu erklären, mir beim Öffnen des Fasses zu helfen.

Als der Deckel abgenommen war, beugte sich der alte Jude darüber, um den Geruch einzuatmen, dabei verklärte sich sein Gesicht, und er rief aus: «Das nenn' ich Heringe! Heringe wie diese habe ich, seit ich in dieses verdammte Land kam, nicht mehr gesehen!»

Ich war ratlos. Da ich die meiste Zeit im Orient gelebt hatte, wo man keine Heringe ißt, konnte ich, wenn ich schon einmal welche vorgesetzt bekam, niemals sagen, ob sie gut oder schlecht waren. Sie hatten für mich alle den gleichen unangenehmen Geruch. So konnte ich nicht anders als dem Urteil des alten Juden Glauben schenken, um so mehr als er früher in seiner Heimat, in Rostow, einen Fleischerladen gehabt hatte, wo er auch Fische verkaufte.

Gleichwohl war ich nicht ganz überzeugt, und ich fragte ihn, ob er sich nicht in der Qualität der Heringe irren könne. Tief gekränkt antwortete er mir: «Ich mich irren, nie im Leben! Das sind wunderbare, echte Heringe...» (Ich weiß nicht mehr, wie er sie nannte.)

Da ich noch immer Zweifel hatte, sagte ich ihm, ich hätte zufällig eine ganze Sendung von Heringen gekauft, und es sei bei uns ein gutes Omen, wenn man gleich beim Auspacken der Ware etwas davon verkaufe: ein Zeichen, daß der gesamte Absatz erfolgreich sein werde. Wir sollten also, ohne zu warten, wenigstens einige Heringe verkaufen. Ich bat ihn, dies umgehend zu versuchen. Ich wollte mich auf diese Weise vergewissern, daß das, was der Alte gesagt hatte, richtig war, und dementsprechend handeln.

In der Nähe meiner Werkstatt lebten viele Juden, zum größten Teil Geschäftsleute. Da es Abend war, hatten die meisten Läden schon zu. Genau mir gegenüber wohnte ein gewisser Friedmann, ein Uhrmacher. An ihn wandten wir uns zuerst, und er kaufte sofort ein ganzes Dutzend, wobei er, ohne zu handeln, fünfzehn Kopeken pro Paar bezahlte. Der nächste war der Besitzer der Apotheke an der Ecke, der gleich fünfzig Stück kaufte.

Die erfreuten Stimmen dieser Leute überzeugten mich, daß der alte Mann recht hatte. Am nächsten Morgen mietete ich bei Tagesanbruch Lieferwagen und transportierte alle Fässer zu mir nach Hause, mit Ausnahme der zwei, die geöffnet worden waren, deren Inhalt tatsächlich verdorben war und von denen der entsetzliche Gestank herrührte. Diese ließ ich auf die Mülldeponie bringen.

Die übrigen achtzehn Fässer erwiesen sich nicht nur als gut, sondern waren sogar von allerbester Qualität.

Offensichtlich kannten sich der Einkäufer des Offizierskasinos und der georgische Händler, der aus Tiflis stammte, wo man keine Heringe ißt, genauso wenig damit aus wie ich; sie hatten die Heringe aufgrund ihres eigentümlichen Geruchs für verdorben angesehen, und der Georgier hatte sie in den Schornstein geschrieben.

Innerhalb von drei Tagen waren mit Hilfe des alten Juden, dem ich eine halbe Kopeke pro Hering bezahlte, worüber er sich sehr freute, alle Heringe en gros und im Einzelhandel verkauft.

Inzwischen hatte ich alle meine Geschäfte liquidiert, und am Abend vor meiner Abreise lud ich jenen Georgier zusammen mit vielen anderen Bekannten zu einem Abschiedsessen ein. Bei Tisch erzählte ich ihm, wie diese Angelegenheit ausgegangen war, zog das Geld aus der Tasche und bot ihm an, meinen Gewinn mit ihm zu teilen. Der Georgier aber hielt sich an ein in Transkaukasien wie auch Transkaspien in Ehren gehaltenes Geschäftsprinzip und weigerte sich, das Geld anzunehmen. Er sagte, er sei überzeugt gewesen, als er mir die Ware überlassen habe, daß sie nichts wert sei, wenn es sich als Irrtum herausgestellt habe, so sei es ein Glücksfall für mich und Pech für ihn, und er sehe es daher für unredlich an, aus meiner Freundlichkeit Nutzen zu ziehen.

Darüber hinaus fand ich am nächsten Tag, als ich nach Merw abreiste, im Eisenbahnwagen unter meinen Sachen einen Weinschlauch, den mir dieser Georgier geschickt hatte.

Mehrere Jahre vergingen – voller Abenteuer, unvorhergesehener Ereignisse und Zufälle – in denen ich unablässig arbeitete, um all die Bedingungen zu erfüllen, die für die Verwirklichung des Hauptziels meines Lebens notwendig waren.

Wenngleich die vielen abenteuerlichen Ereignisse dieser Jahre von großem psychologischem wie auch praktischem Interesse sind, will ich sie mit

Stillschweigen übergehen, um mich nicht von der Frage zu entfernen, die Sie heute abend aufgeworfen haben, um so mehr als ich ein ganzes Buch über diese Jahre der Suche zu schreiben gedenke.

Ich möchte nur sagen, daß ich durch diese Geschehnisse große Erfahrung und große Sicherheit erlangte. Und als ich alle meine Fähigkeiten auf die Aufgabe richtete, Geld zu verdienen, um jederzeit ein Kapital zur Verfügung zu haben – obwohl mich dieses Streben der Menschen an sich nie interessierte –, widmete ich mich ihr daher auf solche Weise, daß die Ergebnisse den Neid Ihrer größten Experten im Dollar-Business hätten erwecken können.

Ich ließ mich auf die unterschiedlichsten Unternehmungen ein, bisweilen auf recht große: Ich schloß mit Privatpersonen oder mit dem Staat Verträge ab über die Materialbeschaffung und den Bau von Eisenbahnlinien oder Straßen; ich eröffnete eine Reihe von Läden, Restaurants und Kinos und verkaufte sie, wenn sie gut gingen; ich organisierte landwirtschaftliche Betriebe und den Viehtrieb aus mehreren Ländern, hauptsächlich aus Kaschgarien, nach Rußland; ich beteiligte mich an Ölquellen und Fischgründen – und betrieb manchmal mehrere dieser Unternehmungen gleichzeitig.

Aber das Gewerbe, das ich allen anderen vorzog, war der Handel mit Teppichen und Antiquitäten, der sehr einträglich war und mir die Wahl meines Wohnsitzes und meiner Arbeitszeit ließ.

Nach vier oder fünf Jahren intensiver Arbeit liquidierte ich schließlich alle meine Geschäfte, und als ich gegen Ende des Jahres 1913 nach Moskau ging, um mit der praktischen Verwirklichung dessen zu beginnen, was ich als eine heilige Aufgabe betrachtete, besaß ich die Summe von anderthalb Millionen Rubel und außerdem zwei Sammlungen von unschätzbarem Wert, die eine von seltenen Teppichen und die andere von altem Porzellan und chinesischen Zellenschmelzarbeiten.

Dieses Kapital, so schien es damals, würde mich von materiellen Sorgen bei meiner Unternehmung befreien und mir eine ausreichende Unabhängigkeit sichern, um die Ideen in die Praxis umzusetzen, die in meinem Denken bereits Gestalt angenommen hatten und auf denen mein Institut beruhen sollte: Es handelte sich darum, Verhältnisse um mich herum zu schaffen, in denen der Mensch durch eine unvermeidliche Reibung zwischen seinem Gewissen und den automatischen Äußerungen seiner Natur ständig an den Sinn und das Ziel seiner Existenz gemahnt würde.

Es war ungefähr ein Jahr vor dem Weltkrieg. In Moskau und etwas später in Sankt Petersburg hielt ich eine Vortragsreihe, die zahlreiche Intellektuelle und Wissenschaftler anzog, und der Kreis derer, die sich für meine Ideen interessierten, nahm bald zu.

Gemäß meinem allgemeinen Plan leitete ich damals erste Schritte ein zur Errichtung meines Instituts.

So begann ich das vorzubereiten, was für die Ausführung meines Projekts notwenig war: Ich erwarb einen Grundbesitz, bestellte in verschiedenen europäischen Ländern, was ich mir in Rußland nicht beschaffen konnte, kaufte Instrumente und andere unentbehrliche Geräte. Ich zog sogar die Möglichkeit in Betracht, eine eigene Zeitung herauszugeben.

Als diese Organisationsarbeit auf vollen Touren lief, brach der Krieg aus, und ich mußte sie einstellen, wenn auch in der Hoffnung, alles wiederaufzunehmen, sobald sich die politische Lage bessern würde.

Die Hälfte meines Kapitals war für diese vorbereitende Organisation schon ausgegeben.

Der Krieg nahm immer größere Ausmaße an, und da die Hoffnung auf baldigen Frieden mehr und mehr schwand, war ich gezwungen, Moskau vorübergehend zu verlassen und das Ende der Feindseligkeiten im Kaukasus abzuwarten.

Wenngleich die politischen Ereignisse das Denken aller mit Beschlag belegte, nahm in gewissen Gesellschaftskreisen das Interesse an meiner Arbeit zu. Menschen, die meine Ideen wirklich kennenlernen wollten, kamen nach Essentuki, wo ich damals wohnte, und zwar nicht nur aus der unmittelbaren Umgebung, sondern aus Sankt Petersburg und Moskau. So mußte ich, ohne die Rückkehr nach Moskau abzuwarten, an Ort und Stelle eine Organisation aufbauen.

Auch hier entwickelten sich die Ereignisse bald in einer Weise, daß nicht nur das Arbeiten, sondern sogar das Weiterleben zu einem Problem wurde; man wußte nie, was der nächste Tag bringen würde.

Das Gebiet von Mineralnyje Wody, wo wir lebten, wurde ein Zentrum des Bürgerkriegs, und wir gerieten buchstäblich zwischen zwei Feuer.

Die Städte gingen von Hand zu Hand: heute an die Bolschewiken, morgen an die Kosaken und übermorgen an die Weiße Armee oder an eine neugebildete Partei.

Manchmal wußte man morgens beim Aufstehen nicht, unter welcher Obrigkeit wir an dem Tag waren und welche Politik es zu befolgen galt, wenn man auf die Straße ging.

Es war die Zeit der stärksten nervlichen Anspannung, die ich je in Rußland durchmachte. Ich mußte mich nicht nur abmühen, die unentbehrlichsten Lebensmittel aufzutreiben, die kaum mehr erhältlich waren, sondern mich auch ständig um das Leben von rund hundert Menschen sorgen, die in meiner Obhut waren.

Am meisten beunruhigte mich die Lage von etwa zwanzig meiner Schüler, die im wehrpflichtigen Alter waren. Jung und alt wurde täglich bald von den Bolschewiken, bald von der Weißen Armee eingezogen. Diese dauernde Anspannung war nicht länger auszuhalten, und es mußte, koste es, was es wolle, ein Ausweg gefunden werden.

Als eines Nachts mehr als gewöhnlich geschossen wurde und aus den angrenzenden Zimmern das Echo der verängstigten Gespräche meiner Gefährten zu mir drang, fing ich an, sehr ernsthaft nachzudenken.

Während ich mir Auswege aus dieser Sackgasse überlegte, erinnerte ich mich assoziativ an eine Aussage des weisen Mulla Nassr Eddin, die für mich seit langem zu einer Art fixen Idee geworden war und die einem empfahl, sich in allen Lebensumständen stets zu bemühen, «das Nützliche für die anderen mit dem Angenehmen für sich selbst zu verbinden».

Seit vielen Jahren interessierte ich mich für ein archäologisches Problem, und um gewisse Einzelheiten aufzuklären, mußte ich so genau wie möglich die Lage und Anordnung jener sehr alten Denkmäler herausfinden, die man heute unter dem Namen *Dolmen* auf fast allen Kontinenten an ganz bestimmten Orten findet.

Ich wußte, daß an verschiedenen Stellen des Kaukasus Dolmen existierten, und von einigen kannte ich sogar die ungefähre Lage, da sie von der offiziellen Wissenschaft ermittelt worden war. Obgleich ich nie hinreichend Zeit gehabt hatte, um diese Orte systematisch zu untersuchen, versäumte ich auf meinen häufigen Reisen durch diese Berge keine Gelegenheit, sie zu besichtigen – wenn mir beim Verfolgen meines Hauptziels eine Atempause vergönnt war.

Durch persönliche Forschungen war ich zu der Überzeugung gelangt, daß in den Gebieten zwischen der Ostküste des Schwarzen Meeres und den Bergen des Kaukasus, besonders in der Nähe einiger Pässe, die ich noch nicht überquert hatte, einzeln oder in kleinen Gruppen Dolmen eines besonderen Typus vorkamen, die mich sehr interessierten.

Da ich von der übrigen Welt abgeschnitten war und meine Tätigkeit durch die Umstände zum Stillstand kam, beschloß ich, die mir zur Verfügung stehende Zeit für eine Expedition in jenes Gebiet des Kaukasus zu benutzen, um nach diesen Dolmen zu forschen und sie zu untersuchen – und gleichzeitig uns in Sicherheit zu bringen, mich und diejenigen, die in meiner Obhut waren.

Gleich am nächsten Morgen bot ich alle meine Kräfte und Mittel auf, um mit Hilfe einiger Menschen, die mir mehr oder weniger ergeben waren und irgendeine Beziehung zu den damaligen Machthabern hatten, zu versuchen, eine amtliche Erlaubnis zur Organisation einer wissenschaftlichen Expedition in die Berge des Kaukasus zu bekommen.

Als ich die Genehmigung in den Händen hatte, beschaffte ich mir durch allerlei Tricks das, was für eine solche Reise notwendig war. Unter den Schülern, die zu mir gekommen waren, wählte ich diejenigen aus, die am gefährdetsten waren, wenn sie im Bezirk von Mineralnyje Wody blieben. Nachdem ich für den Unterhalt der anderen gesorgt hatte, teilten wir uns in zwei Gruppen auf, die sich an einem vereinbarten Ort treffen sollten.

Die erste Gruppe von zwölf Personen brach von Pjatigorsk aus auf; die andere, in der ich mich mit rund zwanzig Personen befand, machte sich in Essentuki auf den Weg.

Offiziell wurden diese beiden Gruppen als völlig voneinander unabhängig angesehen und so, als hätten sie nichts miteinander gemein.

Ohne die Verhältnisse, die damals im Lande herrschten, wirklich zu kennen, ist es fast unmöglich, es sei denn, man ist mit einem besonders reichen Vorstellungsvermögen begabt, sich auch nur ungefähr auszumalen, was es bedeutete, in einer solchen Zeit eine wissenschaftliche Expedition zu organisieren, noch dazu eine offiziell genehmigte.

Ich beabsichtigte, von Essentuki aus durch bewohnte Gebiete zum Berg Induk zu gehen, der nicht weit von Tuapse liegt, und meine Forschungen in südöstlicher Richtung zu beginnen längs einer Linie, die vierzig bis hundert Kilometer von der Küste des Schwarzen Meeres entfernt war.

Es gelang mir unter enormen Schwierigkeiten, von den bolschewistischen Behörden zwei Eisenbahnwaggons zu bekommen, und dies zu einer Zeit, wo es wegen der dauernden Truppenbewegungen undenkbar war, daß jemand, selbst einzeln und ohne Gepäck, mit der Bahn reiste.

Nachdem ich einundzwanzig Personen, zwei Pferde, zwei Maultiere und drei zweirädrige Karren mit großer Mühe in diese Eisenbahnwaggons hineingepfercht hatte, ganz zu schweigen von der Ausrüstung, die für die Expedition gekauft worden war, Zelte, Waffen und Lebensmittel, fuhren wir ab.

Wir reisten mit dem Zug bis nach Maikop. Dort aber war der ganze Bahnkörper der Eisenbahnstrecke am Tag zuvor durch eine neue Rebellenbande, die sich die *Grünen* nannte, zerstört worden, und so mußte unsere Expedition zu Fuß und im Karren weiterziehen, doch nicht mehr in Richtung Tuapse, sondern zum Engpaß des Flusses Bielaia.

Um zu den unbesiedelten Regionen zu gelangen, mußten wir durch bewohnte Gebiete ziehen und passierten dabei die Stellungen der Bolschewiken und der Weißen Armee nicht weniger als fünfmal.

Sooft ich mir jetzt all diese unsäglichen Schwierigkeiten ins Gedächtnis zurückrufe, da sie nur noch eine ferne Erinnerung sind, entsteht in mir ein Gefühl echter Befriedigung, daß ich in der Lage war, sie glücklich zu bestehen.

Es war, als geschähen während der ganzen Zeit für uns Wunder.

Die gewaltige Fanatismus- und Haßepidemie, die alle um uns herum erfaßt hatte, berührte uns überhaupt nicht: Man hätte meinen können, daß ich und meine Gefährten unter übernatürlichem Schutz standen.

Genau wie unsere Haltung gegenüber beiden Seiten unparteiisch war, als wären wir nicht von dieser Welt, so war auch deren Haltung uns gegenüber stets die gleiche: Sie betrachteten uns als völlig neutral, was wir tatsächlich auch waren.

Mitten im Chaos, umgeben von menschlichen Bestien, die bereit waren, um der kleinsten Beute willen einander zu zerfleischen, bewegte ich mich ganz offen und ruhig, ohne etwas zu verbergen, ohne zu einer List zu greifen. Obgleich das «Plündern durch Beschlagnahmung» in vollem Gange war, wurde uns nichts abgenommen, nicht einmal die zwei Alkoholfässer, die wegen der allgemeinen Knappheit den Neid aller erregten.

Während ich Ihnen dies heute erzähle, zwingt mich der Sinn für Gerechtigkeit, für die wahre Gerechtigkeit, die vom Verständnis für die Psyche der Menschen bei solchen Ereignissen herrührt, jenen Bolschewiken und Freiwilligen der Weißen Armee Anerkennung zu zollen, von denen die meisten wohl nicht mehr am Leben sind, deren wohlwollende Einstellung gegenüber meiner Tätigkeit unbewußt und rein instinktiv zum guten Gelingen dieser gefahrvollen Unternehmung beitrug.

Wenn ich aus jener «Hölle», im vollen Sinn des Wortes, entkommen konnte, so verdanke ich es nicht allein meiner Fähigkeit, die geringsten Schwankungen in den gewöhnlichen Schwächen der Menschen, wenn sie einer Psychose dieser Art ausgeliefert sind, zu erkennen und auszunutzen – denn unter den Verhältnissen, unter denen diese unerwarteten, wechselvollen Geschehnisse abliefen, wäre ich, selbst wenn ich Tag und Nacht aktivste Wachsamkeit beibehalten hätte, außerstande gewesen, alles vorauszusehen und die notwendigen Vorkehrungen zu treffen.

Meines Erachtens entkamen wir deshalb unversehrt, weil im allgemeinen Dasein dieser Menschen, die sich gleichwohl in einem psychischen Zustand befanden, in dem jede Spur von gesundem Menschenverstand verschwindet, der Instinkt, der allen Menschen erlaubt, Gutes von Bösem objektiv zu unterscheiden, nicht völlig abwesend war, so daß sie in meinen Tätigkeiten den lebendigen Keim jenes heiligen Impulses ahnten, der als einziger der Menschheit wahres Glück zu bringen vermag, und deshalb unterstützten sie nach besten Kräften den Prozeß der Durchführung dessen, was ich bereits lange vor diesem Krieg auf mich genommen hatte.

Bei allen unseren Kontakten mit den Bolschewiken wie auch mit der Weißen Armee stießen wir nicht ein einziges Mal auf eine Situation, aus der es mir nicht gelang, einen Ausweg zu finden.

Ich will übrigens noch hinzufügen: Wenn das Leben der Menschen eines Tages wieder normal verlaufen sollte und Spezialisten dann Forschungen über Ereignisse dieser Art unternähmen, so würden die verschiedenen Dokumente, die mir von den beiden gegnerischen Parteien ausgestellt wurden, um meine Belange und mein Hab und Gut zu schützen, für sie höchst aufschlußreiche Beweise darstellen für die außergewöhnlichen Vorfälle, die während solcher Massenpsychosen eintreten können.

Zum Beispiel gibt es unter diesen zahlreichen Dokumenten ein Schriftstück, auf dessen einer Seite geschrieben steht:

Der Besitzer dieser Bescheinigung, Bürger Gurdjieff, hat das Recht, überall einen Revolver Kaliber... Nummer... zu tragen.

Beglaubigt durch Unterschrift und Siegel.

Der Präsident des Soldaten- und Arbeiterrates

RUCHADSE

Ausgestellt am... in Essentuki

SEKRETÄR SCHANDOROWSKY

Und auf der Rückseite dieses Schriftstückes steht:

Der besagte Gurdjieff hat das Recht, einen Revolver zu tragen, dessen Nummer umseitig angegeben ist.

Beglaubigt durch Unterschrift und Siegel.

Für General Denikin:

GENERAL HEYMANN

Chef des Sekretariates:

GENERAL DAWIDOWITSCH NASCHINSKY

Ausgestellt in Maikop, den...

Nach beträchtlichen Anstrengungen, um zahlreiche unvorhergesehene Schwierigkeiten zu überwinden, zogen wir durch verwüstete Kosakendörfer und gelangten schließlich nach Chamischki, der letzten Ortschaft vor der Wildnis der kaukasischen Berge. Von dort an gab es keine benutzbaren Wege mehr.

In Chamischki kauften wir eilig, was an Nahrungsmitteln noch zu haben war, unsere Karren überließen wir ihrem Schicksal, luden einen Teil unserer Sachen auf die Pferde und Maultiere, und indem wir den Rest selbst trugen, setzten wir unseren Weg fort.

Als wir den ersten Bergsattel überschritten hatten, atmeten wir endlich frei auf; aber gerade dort begannen die wirklichen Schwierigkeiten.

Über die eigentliche Expedition von Chamischki nach Sotschi über den Engpaß der Bielaia durch die unwirtliche kaukasische Bergkette, eine etwa zweimonatige Wanderung, die von seltsamen, ja außerordentlichen Abenteuern begleitet war, will ich nichts sagen, weil, wenn meine Informationen richtig sind, unsere Flucht aus dem Zentrum der Hölle durch die fast unpassierbare Wildnis dieser Berge wie auch die Erforschung der Dolmen und aller sichtbaren und verborgenen Reichtümer dieser Gegend schon von einigen Teilnehmern dieser einzigartigen «wissenschaftlichen Expedition» beschrieben worden sind in Texten, die zweifellos bald veröffentlicht werden.

In der Gruppe, die sich um mich gebildet hatte, gab es Techniker und Fachleute für verschiedene Zweige der Wissenschaft, die durchaus qualifiziert waren, unser Unternehmen zum Erfolg zu führen, und die mir wirkungsvoll halfen, das Problem der Dolmen zu lösen.

Aus den Eindrücken, die wir im Laufe dieser Reise empfingen, wurde deutlich, daß die Gebiete zwischen Chamischki und Sotschi, besonders von dem Paß bis zum Meer, tatsächlich den emphatischen Namen «irdisches Paradies» verdienen, den die sogenannte Intelligenzija oft anderen Teilen des Kaukasus verleiht.

Obgleich diese Gebiete sich gut für die Landwirtschaft und den Thermalbäderbetrieb eignen und nicht weit von Bevölkerungszentren entfernt liegen, bleiben sie trotz des wachsenden Bedarfs an Raum und Bodenschätzen aus irgendeinem Grund unbewohnt.

Früher waren sie von Tscherkessen besiedelt, die vor vierzig oder fünfzig Jahren in die Türkei auswanderten; seit jener Zeit liegt das Land verlassen da, und keines Menschen Fuß hat es betreten.

Unser Weg führte durch einst ordentlich bebaute Felder und prächtige Obstgärten, die, wenn auch brachliegend und von Unkraut überwuchert, noch immer so viele Früchte trugen, daß sie Tausende von Menschen ernähren könnten.

Einige Wochen später erreichten wir, von den Strapazen völlig erschöpft und fast ohne Lebensmittelvorräte, die Stadt Sotschi an der Küste des Schwarzen Meeres.

Einige Mitglieder der Expedition hatten sich auf unserem Leidensweg, wie er genannt werden könnte, als der Situation nicht gewachsen erwiesen und sich in einer Weise verhalten, die der Größe unseres Zieles in nichts entsprach; ich beschloß daher, mich von ihnen zu trennen, und setzte mit den anderen meinen Weg bis nach Tiflis fort, wo unter der Herrschaft der menschewistischen Demokraten georgischer Nationalität noch relative Ordnung herrschte.

Vier Jahre waren seit den Anfängen der Organisation des Instituts in Moskau verstrichen. Mit der Zeit war das Geld allmählich zusammengeschrumpft, um so mehr als gegen Ende die Mittel nicht nur für das Werk selbst ausgegeben werden mußten, sondern für vieles andere, was in den ersten Berechnungen nicht vorausgesehen worden war.

Die katastrophalen Ereignisse in Rußland, die ungeheuren Umwälzungen infolge des Weltkrieges und des Bürgerkrieges hatten die Menschen aus dem Gleis geworfen; alles war so durcheinandergebracht und auf den Kopf gestellt, daß die Wohlhabenden und Privilegierten von gestern die Hungerleider von heute waren. In der Lage befanden sich viele von denen, die alles zurückgelassen hatten, um meinen Ideen zu folgen, und die durch ihre Aufrichtigkeit und ihr Verhalten für mich gleichsam zu nahen Verwandten geworden waren. So mußte ich jetzt für den Lebensunterhalt von fast zweihundert Menschen sorgen.

Fast alle meine Verwandten waren in einer noch schlimmeren Lage; und ich mußte sie nicht nur finanziell unterstützen, sondern für sie und ihre Familien auch ein Obdach beschaffen, denn die meisten von ihnen hatten in Transkaukasien in Orten gelebt, die durch den Bürgerkrieg oder durch die Türken ausgeplündert und verwüstet worden waren.

Damit Sie sich ein Bild machen können von der Grauenhaftigkeit der allgemeinen Lage, will ich eine der zahlreichen Szenen beschreiben, die ich erlebte.

Zu jener Zeit wohnte ich in Essentuki, das noch verhältnismäßig ruhig war.

Ich unterhielt damals zwei Häuser, in denen meine Angehörigen und die Anhänger meiner Ideen zusammen lebten, das eine in Essentuki mit fünfundachtzig Personen und das andere in Pjatigorsk mit sechzig Personen.

Die Lebenskosten stiegen täglich. Es wurde immer schwieriger, für beide Gemeinschaften Nahrungsmittel aufzutreiben, und ich kam gerade so über die Runden.

Eines regnerischen Morgens saß ich am Fenster und dachte darüber nach, wie ich dieses und jenes beschaffen könnte, als ich zwei sonderbare Gespanne an meiner Tür vorfahren sah, aus denen langsam unförmige Schemen hervorkamen. In meiner Überraschung verstand ich nicht sofort, worum es sich handelte, aber nach und nach erkannte ich Menschen oder (genauer gesagt) Skelette, in denen nur die brennenden Augen zu leben schienen. Sie waren in Lumpen gehüllt, die nackten Füße mit Wunden und Schwären bedeckt. Im ganzen waren es achtundzwanzig, darunter elf Kinder im Alter von ein bis neun Jahren.

Es stellte sich heraus, daß diese Leute Mitglieder meiner Familie waren, darunter meine Schwester mit sechs kleinen Kindern.

Sie hatten in Alexandropol gewohnt, wo zwei Monate zuvor die türkische Offensive begonnen hatte.

Da damals weder die Post noch der Telegraphendienst funktionierte, waren die Einwohner von allem abgeschnitten und erfuhren vom Anmarsch der Türken erst, als diese schon in der Nähe der Stadt waren. Diese Nachricht rief eine unbeschreibliche Panik hervor.

Können Sie sich ausmalen, was Menschen, deren Nerven bereits zum Zerreißen gespannt sind, empfinden müssen, wenn sie begreifen, daß der Feind, an Stärke und Bewaffnung überlegen, unvermeidlich in die Stadt eindringen und nicht nur die Männer, sondern auch die Frauen, die Alten und die Kinder unbarmherzig und wahllos niedermetzeln wird – was dort an der Tagesordnung war.

Meine Verwandten, die wie viele andere erst in letzter Minute benachrichtigt wurden, flüchteten, von Panik ergriffen, ohne irgend etwas mitzunehmen.

Kopflos und blindlings davonjagend, liefen sie anfangs sogar in die falsche Richtung. Erst nach einer gewissen Zeit, als sie vor Erschöpfung nicht mehr weiterkonnten, erkannten sie ihren Irrtum und nahmen die Richtung nach Tiflis.

Sie mußten zwanzig endlose Tage lang über die Berge marschieren auf häufig ungangbaren Wegen, bisweilen sogar kriechend, bei Hunger und Kälte und erreichten schließlich, kaum noch am Leben, Tiflis.

Dort erfuhren sie, daß ich in Essentuki wohnte. Da die Verkehrswege zwischen den beiden Städten noch nicht unterbrochen waren, gelang es ihnen, mit Hilfe von Freunden zwei Planwagen zu mieten, und so zogen sie auf der georgischen Militärstraße dahin und landeten in einem Zustand, der sie unkenntlich machte, am Ende bei mir.

Stellen Sie sich meine Lage vor, als ich dieses Bild sah. Ich spürte, daß ich trotz der Schwierigkeiten jener Zeit der einzige war, der sie beherbergen, einkleiden, für sie sorgen und ihnen kurz gesagt wieder auf die Beine helfen konnte und mußte.

Zu diesen unvorhergesehenen Ausgaben kamen die Kosten für die Expedition und das Geld für den Lebensunterhalt derer, die im Distrikt Mineralnyje Wody blieben.

Daher waren, als ich mit meiner zahlreichen Begleitung in Tiflis ankam, meine Rücklagen aufgebraucht – und darunter verstehe ich nicht nur das Bargeld, sondern auch all die Wertsachen, die meine Frau und ich bis dahin bei unseren ständigen Ortsveränderungen hatten mitnehmen können.

Was die anderen Wertgegenstände betrifft, die ich während vieler Jahre gesammelt hatte, so waren nur wenige gleich zu Beginn dieser chaotischen Ereignisse von einigen meiner Moskauer und Sankt Petersburger Schüler verkauft worden, die später mit ihren Familien zu mir nach Essentuki kamen; alles übrige, darunter die zwei erwähnten einzigartigen Sammlungen, waren in Petrograd und in Moskau geblieben, und ich wußte nicht, was mit ihnen geschehen war.

Schon am zweiten Tag nach meiner Ankunft in Tiflis hatte ich keinen Pfennig mehr in der Tasche, und ich mußte die Frau eines meiner Begleiter bitten, mir ihren letzten Ring, dessen Diamant etwas mehr als ein Karat wog, zu leihen oder ganz einfach zu schenken. Ich verkaufte ihn sofort, damit an jenem Abend alle zu essen hatten.

Die Dinge verschlimmerten sich noch durch eine Krankheit, die ich mir in den kaukasischen Bergen zugezogen hatte, wo man zwischen Tag und Nacht enormen Temperaturschwankungen ausgesetzt ist. Mein Zustand wurde ernst, weil ich nicht im Bett bleiben konnte: Bei Fieber bis zu 40°

mußte ich in der Stadt umherlaufen, um, koste es, was es wolle, einen Ausweg aus dieser verzweifelten Lage zu finden.

Ich erkundigte mich nach den dortigen geschäftlichen Möglichkeiten, und als ich erkannte, daß trotz der allgemeinen Flaute in Transkaukasien der Handel mit alten und modernen Orientteppichen noch immer blühte, beschloß ich sogleich, in dieser Richtung etwas zu unternehmen.

Unter meinen Schülern und den Mitgliedern meiner Familie wählte ich mehrere geeignete Personen aus, und nachdem ich sie angelernt hatte, organisierte ich rasch einen richtigen Teppichhandel. Einige meiner Mitarbeiter durchstreiften Tiflis und die benachbarten Städte und kauften alle möglichen Teppiche auf. Eine zweite Gruppe wusch und reinigte sie, während eine dritte sie reparierte. Danach wurden diese Teppiche sortiert: Ein Teil wurde im Einzelhandel verkauft, ein anderer en gros, entweder für den einheimischen Markt oder für die Ausfuhr nach Konstantinopel.

Von der dritten Woche an brachte dieses Teppichgeschäft mehr ein, als für den Lebensunterhalt aller notwendig war. Bei diesen Gewinnen und der Aussicht auf eine Ausweitung des Geschäfts entstand in mir der Wunsch, ohne den Frieden abzuwarten, mein Institut vorübergehend hier zu errichten, um so mehr als ich stets die Absicht gehabt hatte, in Tiflis eine Zweigstelle zu eröffnen.

Während ich den Teppichhandel weiterführte, machte ich mich also daran, das Institut zu gründen; aber es stellte sich bald heraus, daß es mir wegen der Wohnungsnot unmöglich sein würde, ohne Unterstützung ein meinen Zwecken entsprechendes Haus zu finden, und so wandte ich mich an die georgische Regierung. Diese stand unserer Bitte aufgeschlossen gegenüber und wies den Bürgermeister von Tiflis an, mir in jeder Weise behilflich zu sein, damit ich ein Gebäude fände, das «einer für das Land so bedeutsamen Anstalt würdig» sei.

Der Bürgermeister und mehrere Stadträte, die an meiner Arbeit interessiert waren, bemühten sich intensiv, das erforderliche Haus zu finden. Aber trotz all ihres guten Willens konnten sie nichts Passendes entdecken, und so boten sie uns provisorische Räume an, wobei sie versprachen, diese bald gegen geeignetere zu tauschen.

So versuchte ich zum dritten Mal, mein Institut aufzubauen. Erneut stellten sich die gleichen Probleme, erneut hieß es, sich auf die Suche nach Möbeln und unentbehrlichen Materialien zu begeben.

In Tiflis waren viele Menschen von den Veränderungen in ihren Lebensverhältnissen tief betroffen, und sie verspürten das Bedürfnis, sich neuen Werten zuzuwenden, daher waren eine Woche nach der Eröffnung des Instituts alle Klassen belegt, und dreimal so viele Menschen hatten sich in Wartelisten eingetragen für Kurse, die ich beginnen wollte, sobald wir ein größeres Gebäude hätten.

In diesen provisorischen Räumlichkeiten, die für unsere Bedürfnisse gänzlich ungeeignet waren, und unter äußerst schwierigen Umständen begann die *Arbeit an sich selbst* ins Leben zu treten. Dank einer Einteilung der Schüler in verschiedene Gruppen und der Staffelung der Arbeitsstunden von frühmorgens bis spät in die Nacht hinein konnte das Studium mehrere Monate lang fortgesetzt werden.

Allein die Behörden zögerten, ihr Versprechen zu halten, und der Platzmangel machte die Arbeit immer unmöglicher. Als dann mit der Offensive der Bolschewiken die Schwierigkeiten des täglichen Lebens noch zunahmen und die Stabilität der georgischen Regierung ins Schwanken geriet, gab ich es schließlich auf, meine Zeit und Kraft im Kampf mit den Verhältnissen um mich herum zu vergeuden. Ich beschloß nicht nur, alles in Tiflis aufzulösen, sondern auch mit allem, was mich bislang an Rußland gebunden hatte, zu brechen, die Grenze zu überschreiten und mein Institut in einem anderen Land zu gründen.

Die Einrichtung des Instituts verkaufte ich für ein Butterbrot und reiste unter großen Schwierigkeiten nach Konstantinopel ab, wobei ich dreißig Personen mitnahm.

Der Teppichhandel hatte mir bis zu meiner Abreise aus Tiflis eine beträchtliche Summe eingebracht. Ich rechnete, nachdem ich für den Unterhalt derjenigen, die in Georgien blieben, so gut ich konnte, gesorgt und die Kosten der Reise nach Konstantinopel beglichen hätte, daß uns genügend Geld verbleiben würde, um längere Zeit im Ausland leben zu können.

Aber wir hatten die Rechnung ohne die Georgier gemacht!

Die Landeswährung war damals außerhalb Rußlands wertlos, und man konnte sie nirgends wechseln; wer ins Ausland ging, nahm statt Devisen

Diamanten und Teppiche mit. Ich entschloß mich ebenfalls, an Stelle von Geld ein paar Edelsteine und zwanzig seltene Teppiche mitzunehmen, und nachdem ich alle Exportformalitäten erfüllt hatte, verteilte ich sie unter meinen Schülern.

Doch als wir Batum verließen – wir hatten Dokumente, die bestätigten, daß Zoll und Steuern bezahlt worden waren – konfiszierte ein sogenanntes «Georgisches Sonderkommando», das an irgend etwas Anstand nahm, in illegaler Weise, angeblich nur vorübergehend, fast alle Teppiche, die ich meinen Leuten übergeben hatte. Als wir später von Konstantinopel aus Schritte unternahmen, um sie wiederzuerlangen, war Batum von den Bolschewiken eingenommen worden, die Räuberbande war mit ihren Anführern verschwunden, und von den Teppichen gab es natürlich keine Spur mehr.

Von den zwanzig Teppichen entgingen nur zwei der Beschlagnahmung, weil sie in einem Diplomatenkoffer transportiert wurden, den der finnische Konsul einem Mitglied meines Instituts, einem Finnen, anvertraut hatte.

So befand ich mich bei der Landung in Konstantinopel in fast der gleichen Lage wie bei der Ankunft in Tiflis.

Ich hatte nur zwei kleine Diamanten und die beiden besagten Teppiche zur Verfügung. Bei ihrem Verkauf, selbst zu einem guten Preis, konnte ich nicht mit einer Summe rechnen, die auch nur kurze Zeit für den Lebensunterhalt so vieler Menschen reichen würde, um so mehr als wir alle neue Kleider brauchten; in Tiflis konnte man keine kaufen, und die Sachen, die wir trugen, waren so zerschlissen, daß wir uns darin in dieser Stadt, wo das Leben mehr oder weniger normal war, nicht sehen lassen konnten.

Doch das Glück war mir hold: Ich stieß sofort auf einige einträgliche Geschäfte. Unter anderem half ich einem alten Freund beim Vertrieb großer Kaviarlieferungen; dann war ich am Verkauf eines Schiffes beteiligt, und meine Finanzen verbesserten sich wieder.

Als ich in Tiflis den Plan aufgab, Rußland zum ständigen Zentrum meiner Aktivitäten zu machen, kannte ich die Lebensverhältnisse in Europa nicht genügend, um im voraus zu wissen, in welchem Land ich mich niederlassen würde. Bei genauerer Überlegung schien mir allerdings, daß Deutschland aufgrund seiner zentralen geographischen Lage und seines kulturellen Niveaus, von dem ich so viel gehört hatte, besser als jedes andere Land meinen Absichten entsprach.

Doch mehrere Monate lang wurde ich durch die ewige Geldfrage, die für jeden, der keinen Onkel in Amerika hat, so schmerzlich ist, in Konstantinopel aufgehalten, und ich mußte mich wieder einmal mit allen möglichen Geschäften abgeben, um in der Lage zu sein, weiterzureisen. Damit jene Menschen, die mich begleitet hatten, in der Zwischenzeit die unter meiner Leitung angefangene Arbeit wiederaufnehmen konnten, mietete ich im Stadtteil Pera, wo fast alle Europäer leben, das einzige geräumige Lokal, das ich finden konnte. In meinen freien Stunden leitete ich erneut die Bewegungsklasse, die ich in Tiflis begonnen hatte, und veranstaltete samstags öffentliche Vorführungen, um meine Schüler daran zu gewöhnen, sich durch die Gegenwart Fremder nicht stören zu lassen.

Die Türken und Griechen, die von unseren Vorführungen angelockt wurden, brachten den Bewegungen und der Musik, die ich eigens dafür komponiert hatte, großes Interesse entgegen, und auch den verschiedenen Tätigkeiten, die meine Schüler im Hinblick auf die künftige Arbeit des Instituts in Deutschland unternahmen. Und die Anzahl derer, die darum baten, an dieser Arbeit teilnehmen zu dürfen, wuchs ständig.

Andererseits blieb die allgemeine Lage der europäischen Länder labil, das gegenseitige Mißtrauen der Regierungen machte es sehr schwer, Einreise- oder Transitvisa zu bekommen; die Wechselkurse waren täglich starken Schwankungen ausgesetzt, und alle meine Vorhaben waren bedroht.

Daher beschloß ich, meinen Tätigkeitsbereich zu erweitern, indem ich öffentliche Vorträge veranstaltete, um einige Aspekte meiner Grundgedanken darzustellen, und Kurse anbot, die dem Studium von drei Gebieten des menschlichen Ausdrucks: den Bewegungen, der Musik und der Malerei, in ihren Beziehungen zur objektiven Wissenschaft gewidmet waren.

So stürzte ich mich kopfüber noch einmal in eine fieberhafte Tätigkeit. Während ich weiterhin auf jede erdenkliche Weise Geld verdiente, in Konstantinopel wie auch in Kadiköi auf der gegenüberliegenden Seite des Bosporus, wohin ich fast jeden Tag mit dem Boot fuhr, verwendete ich meine übrige Zeit für die Arbeit, die ich ins Leben gerufen hatte und an der jetzt viele neue Schüler teilnahmen. Für Entwurf und Zusammenstellung der Vorträge, die einige besonders vorbereitete Schüler halten sollten, blieb keine andere Zeit als die während der Hin- und Rückfahrten mit dem Schiff und der Straßenbahn.

Inmitten dieser gewaltigen Aktivität lebte ich ungefähr ein Jahr lang, bis die lang erwarteten Visa eintrafen, genau zu einem Zeitpunkt, wo es mir gelungen war, das große Loch in meiner Tasche, das durch den schnellen Gelddurchfluß entstanden war, einigermaßen zu stopfen.

Da zu jener Zeit die Besserwisserei der *Jungtürken* einen beunruhigenden Geruch annahm, beschloß ich, verschiedene Annehmlichkeiten, die sich unweigerlich daraus entwickeln mußten, nicht abzuwarten und mich mit meinen Leuten, ehe es zu spät war, davonzumachen. Nachdem ich meine Klassen in aller Eile nach Kadiköi verlegt und einige der geeignetsten meiner neuen Schüler an ihre Spitze gestellt hatte, fuhr ich nach Deutschland ab.

In Berlin brachte ich diejenigen, die mir gefolgt waren, in Hotels unter und mietete im Stadtteil Schmargendorf einen großen Saal, wo die unterbrochene Arbeit fortgesetzt werden konnte. Dann reiste ich in Deutschland umher, um mir an verschiedenen Orten Gebäude anzuschauen, die nach Mitteilung einiger Bekannter den Bedürfnissen des Instituts zu entsprechen schienen.

Nachdem ich eine Reihe davon besichtigt hatte, fiel meine Wahl schließlich auf ein Gebäude in Hellerau, nicht weit von Dresden, das für eine neue Bewegung, die kurz zuvor unter dem Namen System Dalcroze viel von sich reden gemacht hatte, eigens gebaut und großzügig eingerichtet worden war.

Da ich der Ansicht war, daß dieses Haus und seine Ausstattung sich für die Errichtung und künftige Entwicklung des Hauptsitzes des Instituts mehr oder weniger eignete, beschloß ich, das ganze Anwesen zu kaufen. Aber während ich mit dem Besitzer in Verhandlungen stand, wurde mir von einer Gruppe von Engländern, die von meinen Ideen angezogen waren, der Vorschlag unterbreitet, mein Institut in London zu eröffnen; sie erboten sich, alle Kosten und Organisationsprobleme zu übernehmen.

In Anbetracht der unsicheren finanziellen Lage, in der wir uns befanden, reizte mich dieses Angebot, und ich fuhr nach London, um mich an Ort und Stelle mit der Lage der Dinge in diesem Land vertraut zu machen. Da der Fortgang der Arbeit in Berlin für mich von großer Bedeutung war und eine längere Abwesenheit nachteilig gewesen wäre, andererseits jedoch die verschiedenen Fragen, die den englischen Vorschlag betrafen, nicht aus der Ferne entschieden werden konnten, beschloß ich, alle zwei oder drei Wochen für drei, vier Tage nach London zu reisen.

Ich wählte dabei jedesmal eine andere Reiseroute, um verschiedene europäische Länder kennenzulernen. Die Beobachtungen, die ich auf diesen Reisen machte, führten mich zu dem Schluß, daß der für mein Ziel günstigste Ort weder Deutschland noch England war, sondern Frankreich.

Frankreich machte damals den Eindruck eines Landes, das politisch und ökonomisch stabiler war als die anderen, und trotz seiner weniger zentralen Lage, verglichen mit Deutschland, schien es mir dank der Stadt Paris, die als die Hauptstadt der Welt gilt, ein Treffpunkt aller Rassen und Nationen zu sein. Es stellte daher in meinen Augen das für die Verbreitung meiner Ideen am besten geeignete Land dar.

England hätte aufgrund seiner Insellage in dieser Hinsicht keine Entwicklung erlaubt; und ein Institut hätte dort den engen Charakter einer lokalen Einrichtung angenommen.

Deswegen lehnte ich das Angebot der Engländer schließlich ab; ich erklärte mich jedoch bereit, ihnen Ausbilder, die ich eigens vorbereitet hatte, und auch eine Anzahl von Schülern zu schicken, die bis zur Eröffnung der englischen Zweigstelle des Instituts dort versorgt werden sollten.

Kurzum, bei unserer Ankunft in Frankreich im Sommer 1922 besaß ich, als die Reisekosten beglichen waren, noch einhunderttausend Franc.

In Paris brachte ich meine Schüler vorübergehend in einem Fremdenheim unter und mietete als Provisorium die Räume der Dalcroze-Schule, wo wir unsere Arbeit fortsetzten. Dann fing ich an, nach einem Haus für das Institut zu suchen und nach den erforderlichen Geldmitteln, um es einzurichten.

Nachdem ich in der Umgebung von Paris zahllose Objekte besichtigt hatte, fiel meine Wahl auf einen Besitz, der mir ausgezeichnet zu passen schien, der des *Prieuré*, nicht weit von dem berühmten Schloß Fontainebleau entfernt. Die Besitzerin, die ihn von einem berühmten Rechtsanwalt geerbt hatte und ihn wegen der hohen Unterhaltskosten möglichst bald loswerden wollte, zog es vor, ihn zu verkaufen, statt zu vermieten. Sie zögerte die Verhandlungen mit mir hinaus und zeigte dabei Tendenzen, die heutige Meteorologen so ausgedrückt hätten: «Entweder Schnee oder Regen oder beides.»

Nach vielen Winkelzügen erklärte sie sich schließlich bereit, den Verkauf um ein Jahr zu verschieben; sie vermietete mir den Besitz für fünfundsechzigtausend Franc pro Jahr und gab mir sechs Monate Zeit, mich zu entscheiden; danach würde sie das Recht haben, den Besitz anderweitig zu verkaufen, und ich würde ihn dann von heute auf morgen räumen müssen.

Nach Abschluß der Verhandlungen zog ich am nächsten Tag mit etwa fünfzig Schülern in das Château du Prieuré. Es war der 1. Oktober 1922. Von diesem Tag an begann unter mir ganz fremden, spezifisch europäischen Verhältnissen eine der verrücktesten Perioden meines Lebens.

Als ich vor dem Tor des Schlosses erschien, war es, als würde ich, nach dem alten Pförtner, von Madame Notlage begrüßt, denn meine einhunderttausend Franc hatten sich bereits bis auf den letzten Sou verflüchtigt, zum Teil in die Miete, zum Teil in die Kosten für den dreimonatigen Paris-Aufenthalt all meiner Schüler. Während ich weiterhin für den Unterhalt dieser Menschenmenge aufkam, mußte ich ein unmittelbares Problem angehen, das darin bestand, unentbehrliche Möbel und Einrichtungsgegenstände zu kaufen, denn weder das Mobiliar des Schlosses noch die anderen Hausgeräte waren für so viele Personen vorgesehen, zu denen eine große Anzahl weiterer Gäste aus England hinzukommen würde, die jeden Tag eintreffen konnten, da wir auf die Eröffnung der Londoner Zweigstelle verzichtet hatten.

Meine Lage wurde noch dadurch erschwert, daß ich bei meiner Ankunft in Paris keine westeuropäische Sprache sprach.

Diese Sprachenfrage hatte mich schon bei meiner Abreise in Batum zu beunruhigen begonnen. In Konstantinopel brauchte ich mir keine Sorgen zu machen, da ich die drei dort gesprochenen Sprachen: Türkisch, Griechisch und Armenisch, gut beherrschte. Doch bereits in Berlin traten ernste Schwierigkeiten auf. Und in Paris, wo ich vor der Notwendigkeit stand, Mittel und Wege zu finden, um riesige Ausgaben zu bestreiten, empfand ich mehr denn je, wie sehr mir die mangelnde Kenntnis westeuropäischer Sprachen schadete; nun hatte ich aber nicht eine einzige freie Minute, um sie zu erlernen.

Es war mir fast unmöglich, Dolmetscher zu verwenden, vor allem bei

Handelsgeschäften, wo man den Gemütszustand desjenigen, den man vor sich hat, erfassen und mit seiner Psychologie spielen muß; selbst bei einem guten Übersetzer zerstören die langen Unterbrechungen, die für die Übersetzung nötig sind, die gesamte Wirkung dessen, was man gesagt hat, ganz zu schweigen von der Schwierigkeit, den Tonfall wiederzugeben, der in solchen Verhandlungen so wichtig ist.

Übrigens verfügte ich nicht einmal über einen guten Dolmetscher, da diejenigen meiner Schüler, die ich um Hilfe hätte bitten können, Französisch so sprachen, wie Ausländer, und besonders Russen, es gewöhnlich sprechen, recht gut, um Salongespräche – wenn auch nicht in Frankreich – zu führen, während ich ständig ein genaues Französisch für ernste Handelsgeschäfte benötigte.

Die Menge an Nervenkraft, die ich im Laufe dieser ersten beiden Jahren verbrauchte in den Augenblicken, wo ich fühlte, daß man meine Worte nicht richtig übersetzte, hätte wohl für die Tätigkeit von hundert Ihrer Maklerlehrlinge an der New Yorker Börse vollauf ausgereicht.

Da für die erste Einrichtung unverzüglich eine beträchtliche Summe nötig war, die man unmöglich sofort verdienen konnte, sah ich mich nach einer Möglichkeit um, sie zu leihen, um den dringendsten Bedürfnissen abzuhelfen. Meine Absicht war, die Arbeit des Instituts vorläufig so einzurichten, daß ich die Hälfte meiner Zeit darauf verwendete, Geld zu verdienen, und so dieses Darlehen allmählich abbezahlte.

Diese Anleihe nahm ich in London bei verschiedenen Menschen auf, die sich für meine Projekte interessierten. Damit wich ich zum ersten Mal von dem Grundprinzip ab, das ich mir vor fünfzehn Jahren auferlegt hatte: für die Verwirklichung meines Werkes die alleinige Verantwortung zu übernehmen und keine materielle Hilfe von außen zu akzeptieren.

Ich kann kategorisch versichern, daß ich trotz der enormen Ausgaben, der Fehlschläge und Verluste, die nicht durch mein Verschulden, sondern durch die politischen und wirtschaftlichen Verhältnisse der letzten Jahre verursacht worden waren, bis dahin niemandem einen Pfennig schuldete: Alles stammte aus meiner eigenen Arbeit.

Freunde und Menschen, die für meine Ideen Interesse oder Sympathie verspürten, hatten mir wiederholt Geld angeboten, aber jedesmal, selbst in schwierigen Augenblicken, hatte ich abgelehnt, weil ich es vorzog, die Hindernisse durch eigene Anstrengungen zu überwinden, statt meine Prinzipien zu verraten.

Als die unmittelbare Schwierigkeit durch dieses Darlehen gemildert worden war, stürzte ich mich feurig in die Arbeit.

Meine Aufgabe war zu dieser Zeit, man kann wohl sagen, übermenschlich.

Manchmal mußte ich vierundzwanzig Stunden am Tag arbeiten, des Nachts in Fontainebleau und tagsüber in Paris, oder umgekehrt.

Selbst die Hin- und Rückfahrten waren mit Korrespondenz und Verhandlungen ausgefüllt.

Meine Geschäfte gingen gut, aber der übermäßige Druck dieser Monate, die auf acht Jahre ununterbrochener mühevoller Arbeit folgten, ermüdete mich derart, daß meine Gesundheit erschüttert wurde und ich allem Verlangen und Bemühen zum Trotz nicht mehr die gleiche Intensität aufrechterhalten konnte.

Ungeachtet der Hindernisse, die meiner Arbeit im Weg standen und sie einschränkten – mein schlechter Gesundheitszustand, die Schwierigkeit, ohne Sprachkenntnisse Geschäftsverhandlungen zu führen, und die Zahl meiner Feinde, die nach einem bestimmten Gesetz proportional zur Zahl der Freunde wuchs –, gelang es mir, in den ersten sechs Monaten das meiste von dem zu erreichen, was ich mir vorgenommen hatte.

Da bei der Mehrzahl von Ihnen, modernen Amerikanern, das Denken erst vor dem vertrauten Bild einer Bilanz in Schwung kommt, möchte ich ganz einfach die Ausgaben aufzählen, die ich seit meinem Einzug in das Château du Prieuré bis zu meiner Abreise nach Amerika zu bestreiten vermochte:

Als Anzahlung die Hälfte des Kaufpreises der großen Besitzung, plus einer bedeutenden Summe zum Kauf eines kleinen angrenzenden Besitzes;

die Gesamtkosten der Erstausstattung und Einrichtung des Instituts einschließlich:

Reparaturen, Änderungen und Instandsetzung der Besitzung,

Anschaffung von neuen Möbeln und vielerlei Hausgeräten,

Kauf von verschiedenen Materialien, Werkzeugen und Landmaschinen, Instrumenten und Apparaten für die medizinische Abteilung usw.,

Kauf von Vieh: Pferden, Kühen, Schafen, Schweinen, Geflügel usf.

Hinzu kamen noch die beträchtlichen Ausgaben für Bau, Ausstattung und Ausschmückung eines Gebäudes, das für die Bewegungsübungen und Vorführungen gedacht war und das die einen das *Study-House* nannten und die anderen das *Theater*.

Schließlich gelang es mir in dieser Zeit, während ich für den Unterhalt der Gäste und Schüler des Instituts sorgte, einen Teil des Darlehens, das ich aufgenommen hatte, zurückzuzahlen.

Eine meiner besten Einnahmequellen während dieser Monate war die psychologische Behandlung einiger schwieriger Fälle von Alkoholismus und Rauschgiftsucht.

Ich galt vielerorts als einer der besten Fachleute auf diesem Gebiet, und die Familien dieser Unglücklichen boten mir manchmal beträchtliche Summen, damit ich mich mit ihnen befaßte.

Ich erinnere mich besonders an ein reiches amerikanisches Ehepaar, das mir seinen als unheilbar geltenden Sohn anvertraute und das aus Freude über seine Heilung spontan die dafür vereinbarte Summe verdoppelte.

Außerdem trat ich mit einigen Geschäftsleuten in Verbindung und unternahm mit ihnen mehrere Spekulationsgeschäfte. Einen bedeutende Gewinn erzielte ich zum Beispiel aus dem Weiterverkauf eines Ölaktienpaketes zu einem unerwartet guten Kurs.

Zwei einträgliche Geschäfte machte ich mit einem Partner, indem ich auf dem Montmartre schnell hintereinander zwei Restaurants eröffnete, die ich in wenigen Wochen so weit hatte, daß sie gut gingen, und dann verkaufte.

Daß ich diese Ergebnisse jetzt so leicht aufzählen kann, erscheint mir sonderbar, wenn ich mir die unglaubliche Anspannung ins Gedächtnis zurückrufe, die sie mir abforderten, und die schrecklichen inneren Prüfungen, die mich damals bis ins Innerste aufwühlten.

Während dieser Monate mußte ich mich um acht Uhr morgens an die Arbeit machen und war erst um zehn oder elf Uhr abends fertig; den Rest der Nacht verbrachte ich auf dem Montmartre, nicht allein wegen des Restaurantunternehmens, sondern auch um einen Alkoholiker zu behandeln, den ich dort jede Nacht betrunken antraf und der mir sehr viel Mühe machte, weil er nicht geheilt werden wollte.

Es ist erwähnenswert, daß das, was man von meinem äußeren Leben in jener Zeit wußte, das heißt das Zubringen jeder Nacht auf dem Montmartre, dem Klatsch vieler Leute, die mich genauer oder auch nur ungefähr kannten, reichliche Nahrung gab. Die einen beneideten mich darum, daß ich ausgelassen feiern konnte; die anderen hielten es mir mit Bitterkeit vor. Was mich angeht, so würde ich solche Feten meinem ärgsten Feind nicht wünschen.

Kurzum, die dringende Notwendigkeit, eine dauerhafte Lösung für das finanzielle Problem des Prieuré zu finden, die Hoffnung, mich nun endlich von diesen chronischen materiellen Sorgen zu befreien und mich ganz meiner wirklichen Arbeit widmen zu können, das heißt der Unterweisung der Ideen und Methoden, die dem Institut zugrunde liegen – ein Wunsch, dessen Erfüllung von Jahr zu Jahr verschoben wurde aus Gründen, die nicht von mir abhingen – all dies zwang mich, übermenschliche Anstrengungen zu machen, ohne Rücksicht auf die verheerenden Folgen, die sich für mich daraus ergeben konnten.

Doch trotz meiner Abneigung, auf halbem Wege stehenzubleiben, war ich auch diesmal gezwungen, kurz bevor ich die Bedingungen bereitgestellt hatte, die allein die Durchführung der Hauptaufgaben des Instituts ermöglicht hätten, alles zu unterbrechen.

Während der letzten Monate hatte sich mein Gesundheitszustand tatsächlich so verschlechtert, daß ich meine Arbeitszeit einschränken mußte. Als dann aber gewisse Störungen, die ich noch nie gehabt hatte, wiederholt auftraten, begann ich mir ehrlich gesagt Sorgen zu machen, und ich beschloß, jede aktive geistige wie auch körperliche Arbeit einzustellen; doch schob ich diese Maßnahme immer wieder hinaus, bis zu dem Tag, an dem eine böse Erkältung mich zwang, wohl oder übel alles abzubrechen.

Die Umstände sind beschreibenswert.

Eines Abends beendete ich meine Arbeit in Paris früher als gewöhnlich, kurz nach zehn Uhr, und da ich am nächsten Morgen unbedingt im Prieuré sein mußte, wo ich den Besuch eines Ingenieurs erwartete, um mit ihm die Pläne und den Kostenvoranschlag für ein besonderes Dampfbad zu besprechen, das ich zu bauen gedachte, beschloß ich, sogleich dorthin zu fahren, früh ins Bett zu gehen und gut zu schlafen. Ohne mich irgendwo aufzuhalten, nicht einmal in meiner Stadtwohnung, machte ich mich auf den Weg nach Fontainebleau.

Es war feuchtes Wetter. Ich schloß die Fenster meines Wagens, und während der ganzen Fahrt fühlte ich mich so wohl, daß ich sogar anfing, Pläne zu machen für den Bau eines Brennofens im Institut nach der Art der alten persischen Öfen.

Als ich mich dem Wald von Fontainebleau näherte, erinnerte ich mich, daß sich an dieser Stelle nachts oft Nebel entwickelt, wenn das Wetter feucht ist. Ich schaute auf die Uhr: Es war Viertel nach elf. Ich stellte die großen Scheinwerfer an und gab Gas, um diese unangenehme Stelle schneller zu passieren.

Von dem Augenblick an erinnere ich mich an nichts mehr... weder daran, wie ich fuhr, noch an das, was geschah.

Als ich wieder zu mir kam, sah ich das folgende Bild: Ich saß im Wagen, der fast in der Mitte der Straße stand. Um mich herum der Wald. Die Sonne schien hell; vor dem Auto hielt ein großer Heuwagen; der Fuhrmann stand neben meiner Tür und klopfte mit der Peitsche an die Scheibe – davon war ich aufgewacht.

Allem Anschein nach war ich am Abend zuvor, nachdem ich auf die Uhr geschaut hatte, noch ein oder zwei Kilometer weitergefahren und dann, ohne es zu wollen, eingeschlafen, was mir in meinem ganzen Leben noch nicht passiert war. Ich hatte bis zehn Uhr morgens durchgeschlafen.

Zum Glück war mein Auto fast vorschriftsmäßig auf der rechten Hälfte der Straße zum Stillstand gekommen, und der ganze Morgenverkehr muß um mich herumgefahren sein, ohne meinen Schlaf zu stören. Der Heuwagen jedoch war zu groß, um an mir vorbeizukommen, und so mußte mich der Fuhrmann wecken.

Obgleich ich unter diesen seltsamen Bedingungen recht gut geschlafen hatte, zog ich mir dabei eine so schlimme Erkältung zu, daß ich ihre Nachwirkungen noch heute spüre.

Von da an fiel es mir sehr schwer, selbst wenn ich mir Gewalt antat, meinem Körper eine lang anhaltende Anstrengung abzuverlangen.

Wohl oder übel mußte ich mit allen meinen Geschäften aufhören.

Die Lage des Instituts wurde damit äußerst kritisch: Nicht nur konnten unerläßliche Aufgaben nicht zu Ende geführt werden, sondern auch alles schon Erreichte war vom Ruin bedroht, da Rechnungen fällig wurden und keiner imstande war, sie an meiner Stelle zu begleichen. Ich mußte mir also etwas ausdenken.

Als ich eines Tages auf der Terrasse des berühmten *Grand Café* saß und über die Auswirkungen meines Gesundheitszustandes auf meine laufenden Geschäfte nachdachte, überlegte ich folgendermaßen:

«Da ich in meinem jetzigen Zustand mindestens einige Zeit lang nicht mit der Intensität arbeiten kann und darf, die eine so große Aufgabe erfordert, sondern mir, wenn auch nur vorübergehend, völlige Ruhe gönnen muß, warum sollte ich nicht meinen Plan einer Amerikareise unverzüglich ausführen, ohne mich lange mit den Reisevorbereitungen aufzuhalten?

Eine Rundreise durch die verschiedenen Staaten Nordamerikas bei ständigem Unterwegssein, ständigem Wechsel der Umgebung und dem Fremdheitsgefühl, das sie mit sich brächte, wäre eine immer neue Quelle ungewohnter Eindrücke und schüfe bei meiner Veranlagung die unerläßlichen Voraussetzungen für eine echte Erholung.

Und dies um so mehr, als ich – fern von dem Ort, wo alle meine gegenwärtigen Interessen konzentriert sind – eine Zeitlang von einem bestimmten Charakterzug befreit wäre, der mich während meiner häufigen Expeditionen durch unwirtliche Gebiete, sooft ich die «freundlichen» Bekundungen zwei- oder vierfüßiger Gottesgeschöpfe zu erdulden hatte, allemal zwang – wie böse ich auch von ihnen zugerichtet worden war –, mich irgendwie wieder aufzurappeln und mich sofort erneut in die jeweilige Unternehmung zu stürzen.»

Damit Sie verstehen können, was ich mit dem Satz «ohne mich lange mit den Reisevorbereitungen aufzuhalten» meine, müssen Sie wissen, daß ich seit den Anfängen der Organisation meines Instituts in Frankreich Material für eine Vortragsreihe vorzubereiten begann, die der Öffentlichkeit die Grundgedanken des Instituts bekannt machen sollte und auch ihre Anwendung auf unterschiedliche Gebiete wie Psychologie, Medizin, Archäologie, Architektur, Kunst und sogar auf verschiedene übernatürliche Erscheinungen.

Außerdem hatte ich Schüler für eine Reihe von Vorführungen vorbereitet, die ich auf einer großen Tournee durch Europa und Amerika geben wollte. Mein Ziel war, auf diese Weise die Bedeutung dieser Ideen in den Prozeß des alltäglichen Lebens der Menschen einzuführen und die praktischen Ergebnisse, die sie zeitigen könnten, deutlich zu machen – Ideen, die auf einem Material beruhten, das ich in verschiedenen, dem gewöhnlich Sterblichen unzugänglichen Gebieten Asiens zusammengetragen hatte.

Am Ende dieser Überlegungen auf der Terrasse des *Grand Café* beschloß ich also, ein Risiko einzugehen und sofort aufzubrechen, indem ich mich mit dem begnügte, was schon vorbereitet war.

Ich gab mir sogar das Versprechen, vom Zeitpunkt der Abreise aus Frankreich bis zur Rückkehr an nichts Ernsthaftem zu arbeiten, sondern gut zu essen, sehr viel zu schlafen und nur solche Bücher zu lesen, deren Inhalt und Stil mit dem Geist und Charakter der Geschichten Mulla Nassr Eddins in Einklang standen.

Ich war deshalb bereit, mich auf dieses Wagnis einzulassen, weil ich die Hoffnung hatte, daß meine Schüler eine Reihe von Vorträgen und Vorführungen jetzt allein und ohne meine Beteiligung in Amerika würden organisieren können.

Eine der Hauptgefahren dieses plötzlichen Entschlusses, den ich gefaßt hatte, um meine Gesundheit wiederherzustellen und gleichzeitig die materielle Situation meines Instituts in Ordnung zu bringen – dieses Kindes, das ich unter unglaublichen Schwierigkeiten zur Welt gebracht hatte und das gerade erst anfing, ein unabhängiges Leben zu führen – lag darin, daß ich, wollte ich Erfolg haben, sechsundvierzig Personen mitnehmen mußte, deren Unterhalt in Amerika wie in Frankreich natürlich voll und ganz zu meinen Lasten ginge. Es war die einzige Möglichkeit, dieses quälende Problem zu lösen, jedoch mußte man sich darüber im klaren sein, daß im Fall eines Mißerfolges die allgemeine Lage sich noch zuspitzen würde und sogar zur Katastrophe führen könnte.

Was eine Amerika-Reise mit sechsundvierzig Menschen finanziell bedeutet, werden Sie bei Ihrer Leidenschaft für häufige Fahrten nach Europa leicht begreifen. Das Bedenkliche dieses extravaganten Unternehmens können Sie noch besser ermessen, wenn Sie die einfache Tatsache berücksichtigen, daß Sie für diese Reise Dollar in Franc umwechseln, wohingegen ich Franc in Dollar wechseln mußte.

Als ich den Entschluß faßte, nach Amerika zu fahren, hatte ich als einzige Reserve die dreihunderttausend Franc, die ich im Hinblick auf den fünfzehnten Februar, den Tag, an dem die Urkunde über den Kauf des Château du Prieuré endgültig unterzeichnet werden sollte, auf die Seite gelegt hatte. Trotzdem beschloß ich, dieses Geld für die Reise auszugeben, und begann eilig, die Abfahrt zu organisieren.

Während ich die notwendigen Vorbereitungen traf, das heißt Schiffskarten bestellte, Visa beantragte, Kleider kaufte und Kostüme für die Tanzvorführungen herstellte usw., konzentrierte ich meine ganze Aufmerksamkeit auf die Bewegungsklassen und hielt in dem endlich fertiggestellten *Study-House* immer mehr Proben ab.

Da ich wieder einmal bemerkte, wie sehr die Teilnehmer durch die Anwesenheit fremder Zuschauer verwirrt wurden, beschloß ich, ganz kurz vor der Abreise im Théâtre des Champs-Elysées in Paris einige öffentliche Vorführungen zu geben.

Obgleich ich ahnte, daß mich diese Unternehmung in letzter Minute eine Menge Geld kosten würde, sah ich nicht im geringsten voraus, daß der Gesamtbetrag solch phantastische Höhen erreichen würde.

Und tatsächlich, die Vorführungen in Paris, die Schiffskarten, die Bezahlung der dringendsten Rechnungen, das Geld für die, die in Europa blieben, sowie einige unvorhergesehene Ausgaben verschlangen die gesamten dreihunderttausend Franc schon vor meiner Abreise.

So befand ich mich in letzter Minute in einer «supertragikomischen» Lage. Alles war für die Abfahrt bereit, aber ich konnte nicht reisen. Sich mit so vielen Personen auf eine solche Fahrt zu begeben, ohne die geringsten Bargeldreserven für dringende Fälle zu haben, war einfach undenkbar.

Diese Lage enthüllte sich in ihrer vollen Pracht drei Tage vor Abgang des Schiffes.

Da aber ereignete sich, wie es mir in kritischen Augenblicken meines Lebens mehr als einmal widerfahren war, etwas völlig Unerwartetes.

Allem Anschein nach handelte es sich um einen jener Eingriffe, welche Menschen mit der Fähigkeit zu bewußtem Denken seit jeher für Zeichen der gerechten Vorsehung der höheren Mächte gehalten haben. Meiner Ansicht nach war es das gesetzmäßige Ergebnis der unerschütterlichen Ausdauer, die ein Mensch an den Tag legt, um alle seine Bekundungen mit den Prinzipien in Einklang zu bringen, denen er sich bewußt unterwirft, um ein bestimmtes Ziel zu erreichen.

Es geschah folgendes:

Ich saß in meinem Zimmer im Prieuré und suchte nach einem Ausweg aus der unglaublichen, Situation die nun entstanden war, als plötzlich die Tür aufging und meine alte Mutter hereintrat. Sie war vor wenigen Tagen angekommen zusammen mit einigen Mitgliedern meiner Familie, die nach meiner Abreise aus Rußland im Kaukasus geblieben waren; es war mir erst kürzlich gelungen, sie nach Frankreich kommen zu lassen.

Meine Mutter kam auf mich zu und überreichte mir ein Päckchen, wobei sie sagte:

«Bitte, nimm mir diese Sache ab; ich bin's leid, sie immer mit mir herumzutragen.»

Zuerst verstand ich nicht, wovon sie sprach, und öffnete das Päckchen mechanisch. Als ich jedoch sah, was darin war, mußte ich an mich halten, um nicht aufzuspringen und vor Freude zu tanzen.

Bevor ich Ihnen erkläre, was die Sache war, die in diesem hoffnungslosen Augenblick bei mir ein solches Gefühl hervorrufen konnte, muß ich Ihnen sagen, daß zu der Zeit, als ich nach Essentuki zog, die Erregung, die sich ganz Rußlands bemächtigt hatte, im Bewußtsein jedes vernünftigen Menschen die Ahnung von einem drohenden Unheil aufsteigen ließ. Deshalb holte ich meine alte Mutter aus Alexandropol zu mir, um sie in meiner Nähe zu haben. Und als ich etwas später die erwähnte wissenschaftliche Expedition unternahm, vertraute ich sie denen an, die in Essentuki zurückblieben.

Andererseits verlor der Rubel 1918 im Kaukasus wie in ganz Rußland täglich an Kaufkraft; wer Geld hatte, versuchte es in sichere und allgemeingültige Werte umzuwechseln wie zum Beispiel Edelsteine, Edelmetalle, seltene Antiquitäten usw. Auch ich tauschte mein ganzes Kapital in derartige Wertsachen um, die ich ständig bei mir trug.

Da jedoch, getarnt als Durchsuchung und Beschlagnahme, überall Plünderungen wüteten und es riskant gewesen wäre, all diese Werte bei mir zu führen, verteilte ich am Tage vor dem Aufbruch der Expedition einen Teil davon an meine Gefährten in der Hoffnung, daß, selbst wenn wir der Plünderung nicht entgingen, einer von uns das Glück haben würde, wenigstens etwas zu retten. Den Rest teilte ich unter jene auf, die das Land nicht verlassen konnten.

Unter den Dingen, die ich meiner Mutter gab, war eine Brosche, welche ich kurz zuvor in Essentuki einer Großherzogin abgekauft hatte, die dringend Geld benötigte. Als ich sie meiner Mutter gab, riet ich ihr, auf diese Brosche besonders achtzugeben, da sie sehr wertvoll sei.

Ich war überzeugt, daß sie das Juwel seit langem notgedrungen verkauft oder daß man es ihr während der ständigen Ortsveränderungen gestohlen hatte, denn jede Stadt war damals in der Gewalt einer Plündererbande, die vor niemandem und nichts Achtung hatte – oder schließlich, daß sie es ganz einfach verloren hatte, was unterwegs viele Male hätte geschehen können.

Kurzum: An diese Brosche hatte ich überhaupt nicht mehr gedacht, und der Gedanke, sie in meine Berechnungen einzubeziehen, hätte in keinem Winkel meines Gehirns je entstehen können.

Aber anscheinend glaubte meine Mutter, als ich ihr die Brosche anvertraute und sie bat, besonders darauf achtzugeben, es handle sich um ein mir persönlich sehr wertvolles Andenken, das sie aufbewahren solle, um es mir zurückgeben zu können. So hatte sie die Brosche in all diesen Jahren wie ihren Augapfel gehütet, hatte sie niemandem in ihrer Familie gezeigt und sie, eingenäht in ein kleines Säckchen, wie einen Talisman immer bei sich getragen. Jetzt war sie froh, sich dieser Sache endlich entledigen zu können, die ihr dauernd Sorge bereitet hatte.

Können Sie sich meine Erleichterung vorstellen, als ich diese Brosche wiedererkannte und begriff, welches Kapital ich daraus schlagen konnte?

Am nächsten Tag borgte ich mir, die Brosche in der Tasche, ohne zu zögern, von einem Freund zweitausend Dollar; und ich nahm das Juwel mit nach Amerika, da man mir in Paris nur einhundertfünfundzwanzigtausend Franc dafür bot, während es meiner Meinung nach viel mehr wert war – was sich als richtig erwies, als ich es hier in New York verkaufte.

An dieser Stelle unterbrach Herr Gurdjieff seine Erzählung, und in der Stille, die in dem Raum herrschte, fing er an, das ihm eigene Lächeln auf den Lippen, eine Zigarette zu rauchen. Herr H. stand auf, ging zu ihm hin und sagte:

«Herr Gurdjieff, nach all den Scherzen, die Sie über die materielle Frage gemacht haben, weiß ich nicht mehr, ob es an der besonderen Anordnung liegt, die Sie Ihrer Erzählung gegeben haben, oder an meiner Naivität oder meiner Beeinflußbarkeit, aber es besteht kein Zweifel, daß ich von ganzem Herzen bereit bin, alles daranzusetzen, die schwere Last zu verringern, die Sie freiwillig auf sich genommen haben.

Und ich muß Ihnen gestehen, daß ich mich hierzu durch den Eindruck veranlaßt fühle, den ich während Ihrer ganzen Erzählung hatte, daß Sie bei dieser Aufgabe, die die Kräfte eines gewöhnlichen Menschen übersteigt, bis jetzt völlig allein waren.

Erlauben Sie mir, Ihnen diesen Scheck zu überreichen, der das darstellt, worüber ich im Augenblick verfügen kann. Gleichzeitig verpflichte ich mich in Gegenwart aller hier Anwesenden, Ihnen jedes Jahr die gleiche Summe zu zahlen, ganz gleich, wo Sie sich befinden und in welchen Verhältnissen Sie leben.»

Herr H. wischte sich sichtlich bewegt die Stirn ab.

Darauf stand Herr Gurdjieff seinerseits auf, legte ihm die Hand auf die Schulter, schaute ihn mit jenem durchdringenden und gütigen Blick an, den man nicht vergessen kann, und sagte schlicht:

«Danke, mein Bruder, den Gott mir heute sendet!»

Ein unerwarteter Beweis für den großen Eindruck, den Herrn Gurdjieffs Erzählung gemacht hatte, war die Erklärung einer gewissen Frau L., die auf der Durchreise in New York war und sich als Gast von Herrn R. an jenem Abend unter uns befand. Mit großer Aufrichtigkeit sagte sie plötzlich:

«Herr Gurdjieff, ich nehme mehr durch Zufall an dieser Zusammenkunft teil und konnte so Ihrer Geschichte zuhören, die mich leidenschaftlich interessiert hat. Allerdings hatte ich schon öfter Gelegenheit, von Ihren Tätigkeiten und den hilfreichen Ideen zu hören, die Ihr Institut mit Leben erfüllt; ich hatte sogar einmal das Glück, zu einer der Vorführungen zugelassen zu werden, die Sie jede Woche im Study-House im Park des Prieuré veranstalteten, und habe einige Beispiele Ihrer Leistungen mit eigenen Augen gesehen. Sie werden deshalb nicht verwundert sein, wenn ich Ihnen sage, daß ich oftmals an Ihre Arbeit gedacht und stets den Wunsch empfunden habe, Ihnen in irgendeiner Weise nützlich zu sein. Und nachdem ich jetzt die Geschichte Ihrer Bemühungen gehört und mit weiblicher Intuition die Wahrheit dessen, was Sie der Menschheit bringen, gefühlt habe, verstehe ich, wie sehr Ihre Tätigkeit durch den Mangel an Geld gelähmt ist, dieser treibenden Kraft im Leben der Menschen, und so möchte auch ich einen Beitrag zu Ihrem Werk leisten.

Vergleiche ich mich mit der Mehrzahl der Menschen, so sind meine Geldmittel sicher überdurchschnittlich und sollten es mir erlauben, Ihnen eine größere Summe anzubieten. In Wirklichkeit reichen sie gerade aus, um den Anforderungen eines standesgemäßen Lebens zu entsprechen. Den ganzen Abend habe ich überlegt, was ich für Sie tun könnte, und ich habe an eine Summe gedacht, die ich nach und nach für schlechte Zeiten auf die Seite gelegt und in einer Bank deponiert habe. Bis ich mehr tun kann, habe ich beschlossen, Ihnen die Hälfte davon zinslos zur Verfügung zu stellen, solange mich kein ernstes Ereignis nötigt, auf diese Ersparnisse zurückzugreifen... denn Gott weiß, was die Zukunft bringt!»

Während Frau L. ihre Gefühle auf diese Weise zum Ausdruck brachte, hörte ihr Herr Gurdjieff ernst zu. Dann antwortete er:

«Danke, hochgeschätzte Frau L. Mir gefällt Ihre Offenheit. Und da ich jetzt den Gedanken der Unterstützung bei der materiellen Verwirklichung meines Werkes anerkannt habe, nehme ich dieses Darlehen an, das mir bei meiner jetzigen Tätigkeit eine große Hilfe sein wird. Da Sie die Zukunft ansprechen, will ich meinerseits mit Ihnen offen reden: Ich kann Ihnen voraussagen, daß ich Ihnen dieses Geld in genau acht Jahren zurückzahlen werde, in einem Augenblick, wo Sie, wenngleich bei bester Gesundheit, das, was heutzutage, wie Sie so richtig gesehen haben, die treibende Kraft im Leben der Menschen darstellt, dringendst benötigen werden.»

Herr Gurdjieff verharrte lange in Schweigen, als wäre er in bedrückende Gedanken versunken. Er sah plötzlich müde aus. Seine Augen ruhten einen Augenblick auf jedem von uns.

.....

In einem Restaurant in der Stadt New York mit dem Namen *Child's*, an der Ecke Fifth Avenue und 56. Straße, sehe ich diese von meinen Schülern verfaßte Erzählung durch, unter den gleichen Bedingungen, unter denen ich in den letzten sechs Jahren immer schrieb – haben doch die Cafés, Restaurants, Klubs oder Tanzlokale mit den menschenunwürdigen und meiner Natur widerstrebenden Erscheinungsformen, die dort üblich sind, offenbar einen günstigen Einfluß auf meine Schaffenskraft. Und ich möchte

Sie auf eine sonderbare Tatsache hinweisen, die Sie nach Belieben als ein zufälliges Zusammentreffen oder als die Wirkung einer übernatürlichen Vorsehung betrachten können: Ohne es angestrebt zu haben, beende ich heute die Durchsicht dieses Textes in dieser selben Stadt, auf den Tag genau sieben Jahre nach dem Abend, der soeben geschildert wurde.

Um diese Erzählung abzurunden, möchte ich einfach folgendes sagen: Obgleich diese erste Reise nach Amerika ein riskantes Unternehmen war – wenn man sich daran erinnert, daß meine *Truppe* aus Menschen bestand, die keinen Pfennig in der Tasche hatten und kein einziges Wort der örtlichen Sprache kannten, daß das Programm der geplanten Vorführungen noch nicht völlig aufführungsreif war und daß es darüber hinaus unmöglich gewesen war, die geringste Werbung zu organisieren –, überstieg der Erfolg dieser Vorführungstournee, die die Ergebnisse der Arbeit des Instituts bekannt machen sollte, meine Erwartungen bei weitem.

Ich wage zu behaupten: Wenn ein schwerer Unfall, den ich einige Tage nach meiner Rückkehr nach Frankreich erlitt, mich nicht daran gehindert hätte, sechs Monate später wie beabsichtigt nach Amerika zurückzukehren, so hätte all das, was ich mit Hilfe meiner Begleiter auf diesem Kontinent unternommen hatte, es mir ermöglicht, nicht nur meine gesamten Schulden zurückzuzahlen, sondern auch die Existenz aller Zweigstellen des Instituts für die harmonische Entwicklung des Menschen für die Zukunft zu sichern – derjenigen, die schon tätig waren, wie auch jener, die ich im nächsten Jahr zu eröffnen gedachte.

Aber... lohnt es sich, heute darüber zu sprechen?

Während ich an diese Jahre in meinem Leben denke, kommt mir unwillkürlich der Ausspruch unseres teuren Mulla Nassr Eddin in den Sinn: *Was nutzt es, in Erinnerung an das schöne Haar des Verurteilten Tränen zu vergießen?*

Als ich diese letzten Worte schrieb, kam jemand und setzte sich zu mir an den Tisch. Alle meine Freunde kennen die Bedingung, die für jeden gilt, der mit mir sprechen will, und die darin besteht, solange zu warten, bis ich zu schreiben aufhöre und selber die Unterhaltung beginne. Nebenbei gesagt, obwohl diese Regel stets eingehalten wurde, habe ich gleichwohl sehr oft gespürt, daß manche dabei mit den Zähnen knirschten, als wären sie bereit, mich in einem Löffel voll mit der neuesten modischen Arznei zu ertränken. Als ich mit dem Schreiben fertig war, wandte ich mich dem Neuankömmling zu, und gleich die ersten Worte, die er sprach, lösten in mir eine ganze Reihe von Überlegungen aus, die mich zu einem kategorischen Entschluß führten.

Unterließe ich es jetzt, von diesem Entschluß und den Überlegungen, die ihn entstehen ließen, zu sprechen, so hieße das wirklich, den Grundprinzipien zuwiderhandeln, die sich wie ein roter Faden durch diese ganze Erzählung ziehen.

Um meine Lage in diesem Augenblick zu verstehen, muß man wissen, daß die Person, die sich zu mir an den Tisch setzte, niemand anders war als mein geheimer Geschäftspartner im Antiquitätenhandel. Ich sage «geheim», weil niemand, auch keiner meiner Verwandten, von diesen Geschäftsbeziehungen etwas wußte.

Ich war vor sechs Jahren, ein paar Monate nach dem Unfall, mit ihm in Verbindung getreten. Damals war ich körperlich noch sehr schwach, aber nach und nach stellte sich mein gewohntes Denkvermögen wieder ein, und ich begann, meine materielle Lage in ihrer ganzen Nacktheit zu bedenken, die teils von den enormen Kosten der Amerikareise herrührte, teils von den Ausgaben, die die schweren Krankheiten meiner Mutter und meiner Frau mit sich brachten. Da mir die lange Bettruhe zu einer immer unerträglicheren Qual wurde, machte ich Autotouren, um dieses Leiden durch abwechslungsreiche Eindrücke zu lindern und auch um zu versuchen, irgendeine Geschäftstätigkeit ausfindig zu machen, die mit meiner damaligen Lage vereinbar war.

In Begleitung einiger Personen, die man immer an meiner Seite sah, verkehrte ich hier und da, vor allem in den Versammlungsorten der russischen Flüchtlinge in Paris.

So kam eines Tages in einem berühmten Pariser Café ein Mann an meinen Tisch, den ich nicht sofort erkannte. Erst im Laufe der Unterhaltung erinnerte ich mich, daß ich ihn in verschiedenen Städten des Kaukasus, Transkaukasiens und Transkaspiens viele Male getroffen hatte.

Als Antiquitätenhändler war er in diesen Gebieten von Stadt zu Stadt gereist, und er war mit mir zusammengetroffen, weil ich in Asien als Fachmann für antike Gegenstände und als ausgezeichneter Teppich-, Chinaporzellan- und Cloisonnéhändler galt. – Er berichtete mir unter anderem, daß es ihm gelungen sei, ein gewisses Kapital vor dem russischen Zusammenbruch zu retten und daß er mit Hilfe seiner Englischkenntnisse den gleichen Handel in Europa fortgesetzt habe.

Als er von seinen Geschäften sprach, beklagte er sich über die Schwierigkeit des europäischen Marktes, der mit Imitationen aller Art überschwemmt sei, und plötzlich fragte er mich:

«Übrigens, lieber Landsmann, wie wäre es eigentlich, wenn Sie sich an meinem Geschäft beteiligten, sei es auch nur zur Begutachtung und Taxierung der Antiquitäten?»

Schließlich trafen wir eine Vereinbarung, die mich für vier Jahre zu seinem Teilhaber machte. Vor dem Ankauf irgendwelcher Antiquitäten sollte er sie mir zur Begutachtung bringen. Wenn die Sachen sich an Orten befänden, deren Besuch sich mit den Reisen verbinden ließe, welche ich bei meiner schriftstellerischen Tätigkeit unternehmen mußte, so würde ich sie an Ort und Stelle besichtigen und ihm meine Meinung in einer zwischen uns vereinbarten Weise mitteilen.

Die Dinge liefen so einige Zeit lang. Er reiste das ganze Jahr über durch Europa, stöberte und kaufte alle möglichen seltenen Gegenstände auf, die er hierher nach Amerika brachte, wo er sie an Antiquitätenhändler hauptsächlich in New York weiterverkaufte. Mir oblag stets nur die Begutachtung.

Im letzten Jahr jedoch, als die Krise meiner materiellen Situation gerade ihren Höhepunkt erreichte, während dieses Geschäft weiterhin sehr gut ging, da wir zahlreiche Absatzmärkte gefunden hatten und Europa Waren dieser Art in Hülle und Fülle besaß, kam mir der Gedanke, meine Finanzen mit diesem Handel zu sanieren.

Daher beschloß ich, den Umfang der Unternehmungen meines Geschäftspartners so weit wie möglich zu vergrößern.

Anstatt mir vor und nach meinen ermüdenden Reisen etwas Ruhe zu gönnen, wie ich es mir in den letzten Jahren angewöhnt hatte, mußte ich folglich alle meine verfügbare Zeit darauf verwenden, bei einigen Menschen, die mir vertrauten und mit denen ich aus dem einen oder anderen Grund in Verbindung stand, Geld zu leihen. Als ich eine Summe von mehreren Millionen Franc zusammengebracht hatte, investierte ich sie ganz in dieses Geschäft.

Ermutigt durch die Entwicklung unseres Unternehmens und die Aussicht auf beträchtliche Gewinne, bemühte sich mein Teilhaber, keine Anstrengungen scheuend, Waren zu beschaffen, und er kam wie vereinbart sechs Wochen vor mir mit seiner ganzen Sammlung nach Amerika.

Unglücklicherweise war es inzwischen zu der allgemeinen Wirtschaftskrise gekommen, und da sie diesen Geschäftszweig besonders in Mitleidenschaft zog, konnten wir mit keinem Gewinn mehr rechnen, ja nicht einmal hoffen, unser Kapital zurückzuerhalten. Er war gekommen, um mir genau dies mitzuteilen.

Mit welchen Worten soll ich diese unerwartete Situation beschreiben, da ich ja schon von der Krise des letzten Jahres sagte, daß sie ihren «Höhepunkt» erreicht habe?

Ich kann keinen besseren Ausdruck finden als einen Spruch Mulla Nassr Eddins, der mir soeben einfällt: *Daß die älteste alte Jungfer des Dorfes diesem Spitzbuben von Mulla eine kahle Tochter geboren hat, ist kein Grund zur Verwunderung. Aber daß ein Elefantenkopf und ein Affenschwanz auf dem Körper einer Wanze wachsen, ja das wäre überraschend.*

Um zu begreifen, warum meine materielle Lage damals eine solche Krise durchmachte, braucht man kein Hochschulstudium absolviert zu haben.

Als ich mich im letzten Jahr entschloß, mein Antiquitätengeschäft in Amerika in großem Stil aufzuziehen, rechnete ich damit, daß die Gewinne es mir ermöglichen würden, nicht nur alle meine angehäuften Schulden zu tilgen, sondern auch, ohne daß ich von jemandem abhinge, die erste Serie meiner Werke zu veröffentlichen, die ich bis dahin druckreif machen wollte, und meine gesamte Zeit der zweiten Serie zu widmen. Aber unglücklicherweise hat mich diese unvorhergesehene amerikanische Krise, wie Mulla Nassr Eddin gesagt hätte, in eine so tiefe Galosche versenkt, daß heute nur hin und wieder ein einzelner Lichtstrahl zu mir dringt.

Um das Material für die drei Bücherserien, die ich zu schreiben beabsichtigte, vorbereiten zu können, mußte ich sechs Jahre lang immer und überall, unter allen Bedingungen und Umständen, *mich meiner erinnern* und mich der Aufgabe erinnern, die ich mir gestellt hatte, durch deren Bewältigung ich den Sinn und das Ziel meines Lebens rechtfertigen wollte und es noch immer will. Ich mußte mich, ohne schwächer zu werden, inmitten der verschiedensten Gefühle auf einer extremen Intensitätsstufe der inneren Tätigkeit halten, um *mich* mit nichts zu *identifizieren*. Ich mußte mich durch eine unerbittliche Haltung mir gegenüber jeder Veränderung widersetzen in dem automatisch ablaufenden Vorgang der Denk- und Gefühlsassoziationen, die den gedanklichen Themen entsprachen, welche ich in dieser Zeit ausarbeitete. Schließlich mußte ich mich bemühen, nichts zu vernachlässigen oder auszulassen, was auf irgendeine der zahllosen Reihen selbständiger Ideen, deren Gesamtheit die Substanz meiner Werke ausmacht, sich beziehen, ihr logisch entsprechen oder widersprechen konnte.

Bei meinem Bestreben, mein Denken in einer für andere zugänglichen Form darzustellen, erreichte meine psychische Konzentration immer wieder einen solchen Grad, daß ich für eine ungewöhnlich lange Zeit sogar meine wichtigsten Bedürfnisse vergaß.

Das objektiv Ungerechteste und für mich Schmerzlichste war jedoch, daß ich mich während dieser inneren Konzentration all meiner Kräfte auf die Weitergabe wahren Wissens an die Menschen häufig von diesem Zustand losreißen und mir um den Preis letzter Energiereserven, die ich in den kurzen Pausen zwischen den Stunden intensiver Arbeit mit großer Mühe angesammelt hatte, komplizierte Pläne ausdenken mußte, um eine Zahlung hinauszuschieben oder gewisse Schulden zu begleichen.

In diesen sechs Jahren ermüdete ich bis zur Erschöpfung, und zwar nicht durch das endlose Schreiben, Umschreiben und Ergänzen der vielen Manuskripte, die sich in dem eigens zu meinem Archiv hergerichteten Keller stapelten, sondern durch die Notwendigkeit, immer wieder Mittel und Wege zu ersinnnen, um mit diesen unaufhörlich anwachsenden Schulden fertig zu werden.

Sooft ich bisher zur Erfüllung meiner Aufgabe jener Unterstützung bedurfte, die durch das Wort «Geld» verdeutlicht wird, und sie nicht erhielt, vermochte ich mich noch damit abzufinden, denn ich verstand, daß die wirkliche Bedeutung meiner Tätigkeiten nicht allen klar sein konnte. Jetzt aber, da die Bedeutung und das Ziel meiner Tätigkeiten durch das, was ich in den letzten sechs Jahren verwirklicht habe, für alle erkennbar sind, habe ich nicht länger die Absicht, mich damit abzufinden; ich halte mich im Gegenteil mit ruhigem Gewissen für berechtigt, von jedem, der mit mir in Kontakt kommt, ohne Rücksicht auf die Rasse, den Glauben, die materielle oder soziale Stellung, zu fordern, daß er mich wie seinen Augapfel hütet, damit meiner Kraft und Zeit Tätigkeiten vorbehalten bleiben, die meiner Individualität entsprechen.

Um auf den kategorischen Entschluß zurückzukommen, den ich faßte, als mein geheimer Teilhaber *Child's* wieder verlassen hatte, so besteht er in folgendem: Solange ich hier bin, unter Menschen, die an den katastrophalen Folgen des letzten großen Krieges nicht gelitten haben und die mir heute, natürlich ohne es zu wollen, beträchtliche Verluste zufügen, will ich noch einmal aus eigener Kraft, ohne daß andere die Initiative ergreifen und natürlich auch ohne ein Mittel anzuwenden, das in mir eines Tages Gewissensbisse hervorrufen könnte, bestimmte Fähigkeiten gebrauchen, welche in mir durch eine richtige Erziehung entstanden, die ich in der Kindheit erhielt, um einen Geldbetrag zu erwerben, der mir erlaubt, alle meine Schulden zu begleichen und auf den Kontinent Europa zurückzukehren und zwei oder drei Monate lang geldsorgenfrei zu leben.

Indem ich die Wahrheit der Ideen dieser Erzählung, die ich soeben durchgesehen habe, noch einmal in der Praxis beweise, werde ich erneut die höchste Befriedigung empfinden, die Unser Gemeinsamer Vater dem Menschen gewährte und die der ägyptische Priester, welcher der erste Lehrer des heiligen Moses war, einstmals bestimmte *als Zufriedenheit mit sich selbst, entstanden aus dem erfinderischen Erreichen des eigenen Ziels in der Gewißheit, daß man ein reines Gewissen hat.*

Heute ist der 10. Januar. In drei Tagen wird nach dem alten Julianischen Kalender um Mitternacht das Neue Jahr gefeiert, eine für mich denkwürdige Stunde, da es diejenige ist, in der ich zur Welt kam.

Nach einem seit meiner Kindheit bestehenden Brauch habe ich allemal von jener Stunde an begonnen, einem neuen Programm entsprechend zu leben, das stets auf einem ganz bestimmten Prinzip beruhte, demjenigen, mich in allem so oft wie möglich meiner zu erinnern und meine Äußerungen wie auch meine Reaktionen auf die Äußerungen anderer willentlich in einer Weise zu gestalten, die es mir ermöglicht, die Ziele zu erreichen, die ich mir für das kommende Jahr gesteckt habe.

Dieses Jahr will ich es mir zur Aufgabe machen, alle Fähigkeiten in meiner Individualität zu konzentrieren, um bis zu meiner für Mitte März geplanten Abreise aus eigener Kraft die Geldsumme aufbringen zu können, die ich zur Tilgung meiner gesamten Schulden benötige. Bei meiner Rückkehr nach Frankreich werde ich wieder zu schreiben anfangen, aber unter der einzigen Bedingung, daß ich in Zukunft aller materiellen Sorgen enthoben bin und meine Lebensweise auf einem gewissen Niveau beibehalten kann.

Wenn es mir jedoch aus irgendeinem Grund nicht gelingen sollte, die Aufgabe zu erfüllen, die ich mir gestellt habe, werde ich gezwungen sein, den illusorischen Charakter all der Ideen, die in dieser Erzählung dargestellt wurden, sowie die Überspanntheit meiner Phantasie anzuerkennen; und meinen Prinzipien getreu werde ich dann mit eingezogenem Schwanz, wie Mulla Nassr Eddin gesagt hätte, «in die tiefsten alten Galoschen kriechen, die je von Schweißfüßen getragen wurden».

Und falls dies der Fall ist, werde ich kategorisch beschließen, nur die Manuskripte veröffentlichen zu lassen, die ich in der endgültigen Form durchgesehen habe, das heißt die erste Serie meiner Werke und zwei Kapitel der zweiten, für immer mit dem Schreiben aufzuhören und bei meiner Heimkehr auf dem Rasen vor meinem Fenster ein großes Freudenfeuer zu entzünden, um alle meine übrigen Schriften bunt durcheinander hineinzuwerfen.

Danach werde ich ein neues Leben beginnen, indem ich die Fähigkeiten, über die ich verfüge, nur zur Befriedigung meines persönlichen Egoismus gebrauche.

Meinem verrückten Gehirn schwebt schon ein Plan für meine künftigen Tätigkeiten vor.

Ich sehe mich ein neues *Institut* organisieren mit vielen Zweigstellen, diesmal aber nicht mehr für die *harmonische Entwicklung des Menschen*, sondern für das Erlernen bislang unbekannter Mittel der Selbstbefriedigung.

Und Sie können mir glauben, ein solches Geschäft geht wie geschmiert.

INHALT

SPHINX

G. I. Gurdjieff

Das Leben ist nur wirklich wenn «Ich bin»

200 Seiten, gebunden

Gurdjieff wendet sich an den Menschen von heute, der die Wahrheit nicht mehr durch die verschiedenen Formen hindurch zu erkennen vermag, in denen sie ihm seit den ältesten Zeiten offenbart wurde. Er wendet sich an jenen zutiefst unzufriedenen Menschen, der sich isoliert und ohne Daseinsgrund fühlt.
Gurdjieff verstand es, jede Lebenssituation zu benutzen, um die Wahrheit ins Bewußtsein zu bringen. Es war nicht mehr die Unterweisung einer Lehre, sondern das inkarnierte Handeln eines Wissens.
Das vorliegende Buch, selbst unvollständig und unvollendet, enthüllt das Handeln des Meisters, der einen allein durch sein Dasein zwingt, sich zu entschließen und zu erkennen, was man will.